本书为国家社会科学基金重点项目"当代中国志愿服务文化建设研究"（项目编号：17AKS011）的最终成果

当代中国志愿服务文化建设研究

Research on the Construction of Volunteer Service Culture in Contemporary China

卓高生◎著

中国社会科学出版社

图书在版编目（CIP）数据

当代中国志愿服务文化建设研究／卓高生著 . —北京：中国社会科学出版社，2024.1
ISBN 978 - 7 - 5227 - 3005 - 9

Ⅰ.①当… Ⅱ.①卓… Ⅲ.①志愿—社会服务—研究—中国—现代 Ⅳ.①D669.3

中国国家版本馆 CIP 数据核字（2024）第 033997 号

出　版　人	赵剑英
责任编辑	张　林
责任校对	闫　萃
责任印制	戴　宽
出　　版	中国社会科学出版社
社　　址	北京鼓楼西大街甲 158 号
邮　　编	100720
网　　址	http://www.csspw.cn
发 行 部	010 - 84083685
门 市 部	010 - 84029450
经　　销	新华书店及其他书店
印刷装订	北京君升印刷有限公司
版　　次	2024 年 1 月第 1 版
印　　次	2024 年 1 月第 1 次印刷
开　　本	710 × 1000　1/16
印　　张	26.25
插　　页	2
字　　数	433 千字
定　　价	149.00 元

凡购买中国社会科学出版社图书，如有质量问题请与本社营销中心联系调换
电话：010 - 84083683
版权所有　侵权必究

目 录

第一章 导论 …………………………………………………… (1)
 一 研究缘起 ………………………………………………… (1)
 二 研究意义 ………………………………………………… (6)
 三 研究思路、内容和方法 ………………………………… (7)
 四 研究创新之处 …………………………………………… (12)

第二章 志愿服务文化建设研究文献回顾及评析 ……………… (14)
 一 国内志愿服务文化建设研究现状 ……………………… (14)
 二 国外志愿服务文化建设研究现状 ……………………… (32)
 三 文献评述与启示 ………………………………………… (53)

第三章 中国志愿服务文化内涵、结构与功能研究 …………… (56)
 一 中国志愿服务文化的理论内涵 ………………………… (56)
 二 中国志愿服务文化的要素结构 ………………………… (67)
 三 中国志愿服务文化的特征与功能 ……………………… (74)

第四章 当代中国志愿服务文化建设思想资源研究 …………… (85)
 一 马克思主义理论中的志愿服务文化建设思想 ………… (85)
 二 中国共产党执政文化中的志愿服务文化建设思想 …… (108)
 三 中华优秀传统文化中的志愿服务文化建设思想 ……… (150)
 四 国外志愿服务文化建设理论借鉴 ……………………… (169)

第五章　当代中国志愿服务文化建设的历史考察 （182）
一　当代中国志愿服务文化建设的历史演变 （182）
二　当代中国志愿服务文化建设的主要成就 （195）
三　当代中国志愿服务文化建设的基本经验 （207）

第六章　当代中国志愿服务文化认同及影响因素研究 （216）
一　当代中国公民志愿服务文化认同及影响因素理论模型 （216）
二　当代中国公民志愿服务文化认同态度量表及影响因素问卷设计 （220）
三　当代中国公民志愿服务文化认同态度量表预测试分析 （224）

第七章　当代中国公民志愿服务文化认同态度现状及归因研究 （234）
一　当代中国志愿服务文化认同及影响因素调查数据采集 （234）
二　当代中国志愿服务文化认同态度现状 （239）
三　当代中国公民志愿服务文化认同影响因素 （253）

第八章　当代中国志愿服务文化建设的地方实践案例探析 （259）
一　新时代文明实践志愿服务文化建设的温州样本研究 （259）
二　温州"新青年下乡"志愿服务文化建设与思想政治教育价值 （275）
三　温州鹿城区"红日亭"社区志愿服务文化建设 （292）

第九章　国外志愿服务文化建设的吸收借鉴 （305）
一　美国志愿服务文化建设及经验分析 （305）
二　英国志愿服务文化建设及经验借鉴 （317）
三　新加坡志愿服务文化建设及经验启示 （330）

第十章　当代中国特色志愿服务文化建设对策研究 （341）
一　中国志愿服务文化建设的指导思想 （341）
二　中国志愿服务文化建设的目标取向 （348）
三　中国志愿服务文化建设的基本原则 （357）

四　中国志愿服务文化建设的践行路径 ………………… (364)

结　语 …………………………………………………… (378)

附录1　公民志愿服务文化认同态度调查问卷(预测试版) ……… (381)

附录2　公民志愿服务文化认同态度调查问卷(正式版) ………… (383)

参考文献 ………………………………………………… (389)

后　记 …………………………………………………… (414)

第 一 章

导　　论

志愿服务是广大志愿者奉献爱心的重要渠道，是新时代培育和践行社会主义核心价值观的重要载体。在北京冬奥会、冬残奥会总结表彰大会上，习近平总书记指出："广大志愿者用青春和奉献提供了暖心的服务，向世界展示了蓬勃向上的中国青年形象。"[①] 习近平总书记强调："要在全社会广泛弘扬奉献、友爱、互助、进步的志愿精神，更好发挥志愿服务的积极作用，促进社会文明进步。"[②] 新时代中国志愿服务在各个领域、各项工作中绽放光芒，成为精神文明建设的一道亮丽风景线。学者们有从文化学路径寻找分析我国志愿服务事业蓬勃发展的内在原因，如人类学家罗伯特·F. 墨菲就文化和生活的意义阐释道："文化赋予我们的生活以意义，给予我们自身同一性，并从芸芸众生中理出秩序。"[③] 本书将聚焦志愿服务文化建设论题，旨在为中国志愿服务理论体系和实践体系发展作出应有的努力。

一　研究缘起

志愿服务文化是中国特色社会主义先进文化在现代社会呈现的一种独

[①] 习近平：《在北京冬奥会、冬残奥会总结表彰大会上的讲话》，人民出版社2022年版，第6—7页。

[②] 习近平：《在北京冬奥会、冬残奥会总结表彰大会上的讲话》，人民出版社2022年版，第13页。

[③] ［美］罗伯特·F. 墨菲：《文化与社会人类学引论》，王卓君译，商务印书馆1991年版，第35页。

特文化状态和精神风貌，是志愿服务价值观的形态化过程中生成的制度、行为、心理与物化形象标识的总和。对我国志愿服务文化建设开展研究有着重要的现实依据和理论需求。

（一）推进志愿服务事业发展已纳入国家治理和现代化发展的顶层设计

当前，我国志愿服务事业蓬勃发展，各级党委政府高度重视志愿服务文化建设，并纳入国家治理和现代化发展的战略高度予以顶层设计。党的十八大以来，习近平总书记多次回信志愿者给予点赞，如给"本禹志愿服务队"（2013）、"郭明义爱心团队"（2014）、"南京青奥会志愿者"（2014）、"复旦大学《共产党宣言》展示馆党员志愿服务队全体队员回信"（2020），在中国志愿服务联合会第二届会员代表大会上发去贺信（2019），勉励志愿者、志愿服务组织、志愿服务工作者立足新时代、展现新作为，弘扬奉献、友爱、互助、进步的志愿精神，继续以实际行动书写新时代的雷锋故事。

在多次考察和重要大会上习近平总书记表扬志愿者并提出殷切期望。2016 年，中央全面深化改革委员会 24 次和 27 次会议两次专题审议部署志愿服务工作，为新时代志愿服务工作指明方向；2017 年 11 月，在对老挝人民民主共和国进行国事访问之际，习近平主席在老挝三家媒体上发表了题为《携手打造中老具有战略意义的命运共同体》的署名文章，文章特别提到"中国上海近百名青年志愿者先后赴老挝从事网络技术、体育教学等工作，其中一名志愿者就任老挝国家男篮主教练"[①]；此后，在天津和平区新兴街朝阳里社区考察（2019）、宁夏吴忠市利通区金花园社区考察（2020），在全国脱贫攻坚总结表彰大会上的讲话（2020）、在统筹推进新冠肺炎疫情防控和经济社会发展工作部署会议上的讲话（2020）、在北京冬奥会、冬残奥会总结表彰大会上的讲话（2021）等都点赞志愿者优异表现，对志愿者、志愿服务组织、志愿服务工作者提出殷切期望、

---

① 《中国青年志愿者上海援老挝海外计划项目》，中国文明网，2017 年 12 月 6 日，http：// www.wenming.cn/specials/zyfw/zhiyuanfuwu _ 2017sige100/2017sige100 _ zuimeizhiyuanfuwuxiangmu/201712/t20171206_4515912.shtml。

作出重要批示，这是党和政府高度重视志愿服务事业发展、促进志愿服务文化建设的重要表现。

一系列法律法规和国家发展规划的发布实施进一步推动志愿服务文化的建设。2014年2月，中央文明委印发《关于推进志愿服务制度化的意见》，2015年教育部印发《学生志愿服务管理暂行办法》，2016年中宣部等部门先后联合印发《关于支持和发展志愿服务组织的意见》《关于公共文化设施开展学雷锋志愿服务的实施意见》，2016年《中华人民共和国慈善法》颁布，2017年国务院《志愿服务条例》颁布实施，2020年民政部颁布《志愿服务记录与证明出具办法（试行）》，2021年民政部制定出台《志愿服务组织基本规范》国家标准。《中国国民经济和社会发展第十三个五年规划纲要》明确"十三五"末我国"注册志愿者人数占居民人口比例达到13%"[①]的目标任务，《中华人民共和国国民经济和社会发展第十四个五年规划和2035年远景目标纲要》明确指出："支持和发展社会工作服务机构和志愿服务组织，壮大志愿者队伍，搭建更多志愿服务平台，健全志愿服务体系。"[②]这些法律法规和政策文件的颁布实施有力推动着中国志愿服务文化建设发展，保障了志愿者、志愿服务组织、志愿服务对象的合法权益，鼓励和规范着志愿服务事业发展，促进社会文明进步。由此，从物质、行为、制度和精神等多层面研究当代中国志愿服务文化建设是国家治理现代化的重大课题。

（二）志愿服务文化建设有利于个人、社会和国家现代文明的提升

志愿服务文化建设是推进现代社会文明进步的重要任务，是加强精神文明建设、培育和践行社会主义核心价值观的重要内容。志愿服务内涵的社会人际关系，对于个人和社会的福祉都是至关重要的。习近平总书记在2007年就曾经指出："志愿者事业是一项高尚的事业，志愿者身上体现了

[①] 国家发展和改革委员会：《〈中华人民共和国国民经济和社会发展第十三个五年规划纲要〉辅导读本》，人民出版社2016年版，第181页。

[②] 《中华人民共和国国民经济和社会发展第十四个五年规划和2035年远景目标纲要》，人民出版社2021年版，第153页。

助人为乐、扶贫济困、乐善好施的优良品德。……发扬服务人民、奉献社会的志愿者精神，更能提升自我。"① 当前，志愿服务已经覆盖到社会生活的各个领域，成为公民参与公共生活的重要平台，志愿服务既体现出公民的社会责任，也体现出公民的生活品质与生活方式。《2011 年世界志愿服务状况报告——为全球福祉服务的普遍性价值》指出："志愿服务精神所蕴含的团结、互惠、互信、归属感、自我提升等力量，都是提升生活质量的重要因素。"② 志愿服务内涵的"参与、信任、团结、互惠、理解和共同的责任感"等精神内涵是当前以经济为中心的发展模式中尤其需要的，正像联合国志愿人员组织（2000 年 11 月）主张的："相互关爱和分享已不再是一种慈善行为，而是生存的必需。"③ 今天，从冬奥会的"小雪花"，到疫情防控一线的"大白"；从"进博会"的"小叶子"，到防汛抗洪、抢险救灾的"红马甲"……广大志愿者把服务他人、服务社会与实现个人价值有机结合起来，这是生成志愿服务文化自觉的一个个鲜活的行动表达，更是呈现一个国家现代文明的精神风貌和道德生态。因此，开展志愿服务文化建设研究，是探讨现代社会公民个人德性、社会和谐、文明生成的重要论题。

（三）志愿服务文化是人类追求文明进步的一种共同价值

全人类共同价值是人类智慧的结晶，是人类宝贵的精神财富，它反映和代表了最广大人民群众的价值理想、价值愿望和价值追求，成为人类处理人与自然、人与社会、人与人、人与自我关系的共同价值准则，也可以成为一个国家、一个民族治国理政、管理社会的共同价值原则。2015 年 9 月，国家主席习近平在第十七届联合国大会演讲中明确指出："和平、发展、公平、正义、民主、自由是全人类的共同价值，也是联合国的崇高目标。"④ 共同价值尊重文化多元性和价值多样性，在超越文化差异的基础

---

① 《习近平会见沪志愿者代表强调发扬光大志愿者精神》，《解放日报》2007 年 8 月 14 日。
② 金安平编：《国外志愿服务重要文献选辑》，张俊虎、刘浩译，中国文联出版社 2018 年版，第 24 页。
③ 金安平编：《国外志愿服务重要文献选辑》，张俊虎、刘浩译，中国文联出版社 2018 年版，第 31 页。
④ 习近平：《携手构建合作共赢新伙伴 同心打造人类命运共同体》，《人民日报》2015 年 9 月 29 日。

上寻求各民主国家的共同价值。作为一种利他性的亲社会性行为，志愿服务是人类文明进步的重要共识，参与志愿服务在提升公民意、促进社会融合、缓和暴力冲突甚至冲突后的和解等方面都发挥着重要作用。自国际志愿者年以来（2001），世界各国尤其是发展中国家的志愿服务取得显著进展，志愿服务作为发展计划中的宝贵组成部分愈发得到重视，各国在"提高对志愿服务的认识、推动、联络和倡导，各国政府制定了为志愿服务提供支持的全面行动建议"①。志愿服务是促进合作、鼓励参与、推动个人及社会福祉的强大力量，是社会和国家可持续平等发展的基本要素。《2010年全球人类发展报告》指出："以人为核心的发展，是将进步建立在公平和广泛包容的基础上，使人成为变革的积极参与者。志愿服务是充分发挥各国越发明确人们潜能的高度行之有效的渠道。"② 由此，联合国开发计划署署长 Helen Clark 说："激励志愿者的动力，是体现在《联合国宪章》中的公平、正义和自由的原则。只有支持和鼓励多种形式志愿服务的社会，才有可能提高所有公民的福祉。"③ 联合国志愿人员组织执行协调员 Flavia Pansieri 也说："一个真正人性化的社会应该是信任、团结和互相注重的，这也激励所有志愿者的价值观。"④ 今天，志愿服务事业发展和志愿服务文化建设已经成为人类共同的价值，它是人类命运共同体构建中基于人类共同生存和发展需要而形成的集体信念，是全球化时代文明交流必须掌握的共同行动语言。因此，开展志愿服务文化建设研究是进一步深化人类对志愿服务动力、价值观和影响力认识的有益探索。

（四）志愿服务理论体系创新研究有待进一步深化

《中国志愿服务发展报告（2021—2022）》指出，根据全国志愿服务信息系统显示，截至 2021 年 10 月 30 日，我国志愿者总人数达 2.17 亿

---

① 金安平编：《国外志愿服务重要文献选辑》，张俊虎、刘浩译，中国文联出版社 2018 年版，第 25 页。
② 金安平编：《国外志愿服务重要文献选辑》，张俊虎、刘浩译，中国文联出版社 2018 年版，第 6 页。
③ 金安平编：《国外志愿服务重要文献选辑》，张俊虎、刘浩译，中国文联出版社 2018 年版，第 1 页。
④ 金安平编：《国外志愿服务重要文献选辑》，张俊虎、刘浩译，中国文联出版社 2018 年版，第 8 页。

人，平均每万人中就有1544人注册成为志愿者，约占总人口比例的15.4%；志愿团体113万个，志愿项目621万个；累计志愿服务时长达16.14亿小时，人均志愿服务时长为7.44小时，全社会参与志愿服务热情高涨，无论是志愿者人数，还是志愿服务组织、志愿服务活动项目、参与志愿服务的时间都已经达到了相当规模。[①] 进入21世纪特别是新时代以来，我国志愿服务事业发展迅猛，相关理论研究越发活跃，理论成果丰厚。其中，志愿服务文化建设逐渐受到学界的关注，丁元竹、江汛清、谭建光等在《中国志愿服务研究》（2007）一书中较早提出了志愿服务文化建设的初步构想。之后，研究者围绕志愿服务文化内涵、结构、特点、功能、培育对策等基础性问题进行探讨。其中，文化学者沈望舒先生的《论中国特色志愿服务文化——人之良善的社会行走》一书是我国志愿服务理论体系构建中的一部重要著作，作者以行动观察的角色思考志愿服务文化"是什么""为什么""干什么"三个重要命题展开系统论述。但总体来看，相对于发展迅速的志愿服务事业，在志愿服务理论研究尤其是志愿服务文化研究方面总体水平是滞后于实践发展水平的。因此，本书将在前人研究基础上，着力通过志愿服务文化建设学理性阐释、实证性验证、实践性探索、对策性思考等进一步提升志愿服务理论研究水平。

二　研究意义

文化是一个国家、一个民族的灵魂。文化兴则国运兴，文化强则民族强。新时代我们需要从建设社会主义文化强国的高度，增强文化自觉和文化自信。志愿服务事业在中国的繁荣发展，根本在于文化建设。因此开展志愿服务文化建设研究具有重要的学术价值和应用价值。

第一，有助于进一步深化中国志愿服务理论体系建设。本研究突出以马克思主义理论为依据，坚持以习近平新时代中国特色社会主义思想为指导，立足于中国新时代现实背景和世界百年未有之大变局，强调志愿服务文化建设的中国学理化阐释，从志愿服务文化内涵结构、特征价值、历史

[①] 《中国志愿服务发展报告（2021—2022）》发布：我国志愿者总人数达2.17亿》，《公益时报》2022年6月25日。

演变、经验规律、作用机理进行深入探讨,有助于丰富志愿服务理论研究视域,推进中国特色志愿服务理论体系的创新发展。

第二,有助于进一步丰富中国特色社会主义先进文化的研究视野和领域。志愿服务文化是社会主义先进文化的重要形态,是社会文明道德风尚形成的重要推动力量,加强志愿服务文化建设研究对于深入开展群众性精神文明创建活动和理论研究具有重要价值。

第三,有助于加强志愿服务文化建设的国际交流。本书站在人类命运共同体视角,就国内外志愿服务建设及相关问题进行全面深入的研究,特别是就志愿服务文化建设的国外理论基础借鉴做出思考,对美国、英国、新加坡等国家的志愿服务文化建设经验进行梳理,有助于进一步加强志愿服务文化建设的互动交流,促进中外志愿服务文化建设的比较研究和经验交流。

第四,有助于把社会主义核心价值观融入志愿服务文化建设。本研究旨在推动志愿服务理论和实践研究,倡导"奉献、友爱、互助、进步"志愿精神和"行善立德"志愿服务理念,发挥公民主体在建设中国特色志愿服务文化的独特作用,提出志愿服务文化建设的指导思想、目标取向、基本原则和具体路径,有助于促进中国志愿服务事业的常态化、制度化、社会化发展,在更广领域团结和凝聚志愿服务力量为实现中华民族伟大复兴而奋斗。

三 研究思路、内容和方法

(一) 研究思路

本书研究对象为志愿服务文化,总体研究思路如下:经过前期的充分调研,在全面收集、深入研读、系统分析国内外志愿服务文化相关文献基础上,将马克思主义理论作为立论依据,坚持以习近平新时代中国特色社会主义思想为指导,遵循由理论到实际、由历史到现实、由抽象到具体、由定性到定量的研究脉络,综合运用多学科相关理论观点,一是探讨当代中国志愿服务文化是什么,重点围绕志愿服务文化的内涵结构、特征功能、思想渊源进行研究;二是分析中国志愿服务文化建设怎么样,重点围绕我国志愿服务文化建设的发展历程及主要经验、志愿服务文化建设的认同现状及地方实践案例进行研究;三是思考新时代中国志愿服务文化如何创新发展,重点围绕国外志愿服务文化建设的经验借鉴、新时代中国志愿服务文化建设的指导思想、基本原则、目标取向、具体路径等问题开展研究。

（二）研究技术路线和主要内容

本书按照"问题提出—理论分析—实证调查—比较借鉴—对策思考"的思路，对中国志愿服务文化建设进行系统深入研究，旨在推进中国志愿服务事业发展，推进中国志愿服务理论体系创新发展。本书研究的技术路线图详见图1-1。

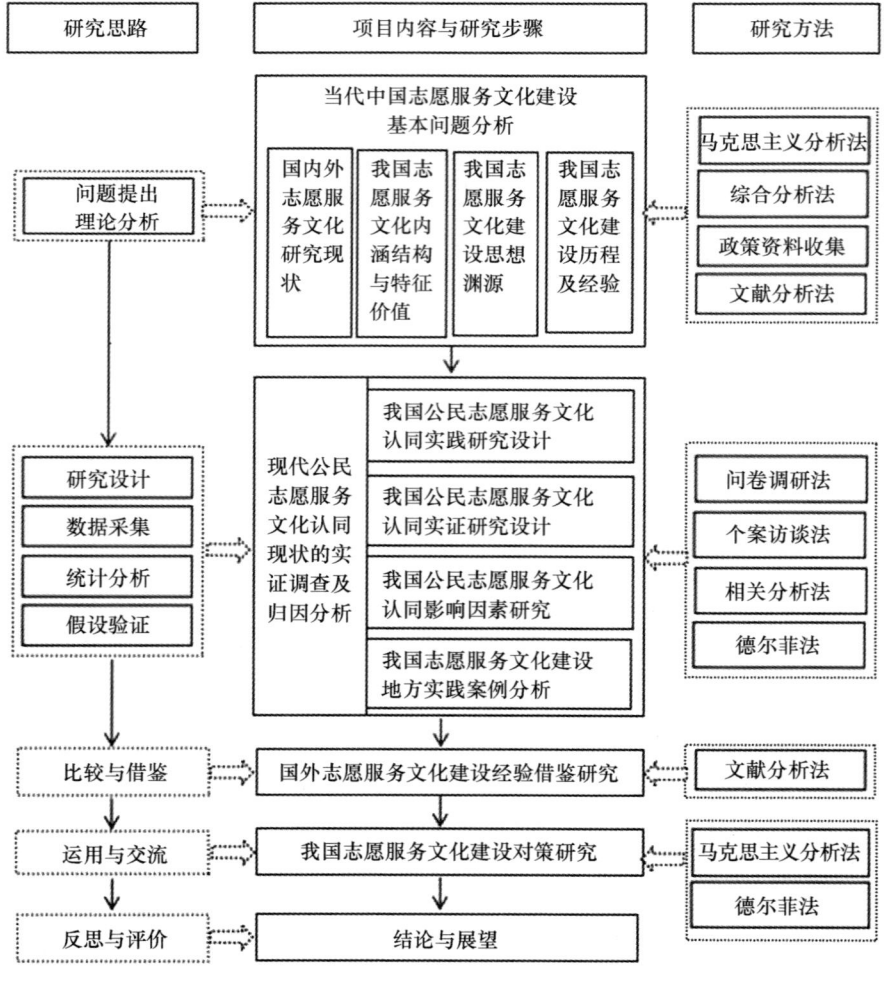

图1-1　本书研究的技术路线图

本书总体研究框架和基本内容共分十章，具体如下：

第一章 绪论。本章简要介绍了研究论题的背景和意义、研究思路和方法、创新之处，指出加强对当代中国志愿服务文化建设的研究，努力构建体系完善的志愿服务文化建设理论体系是推进社会主义文化建设的现实呼唤和时代要求。

第二章 志愿服务文化建设研究文献回顾及评析。本章借助知识图谱分析方法对国内和国外志愿服务文化建设研究状况做出全面翔实分析。一是围绕国内志愿服务文化研究，以来源于 CSSCI 收录期刊（含扩展版）的 20 年共计 987 条文献记录为样本，通过文献计量分析、研究热点分布与演化、聚类分析等全面呈现国内志愿服务文化及相关领域研究现状；二是围绕国外志愿服务文化研究，以两本被 SSCI 收录的志愿服务研究专业类期刊《非营利与志愿部门季刊》（*Nonprofit and Voluntary Sector Quarterly*）和《志愿与非营利组织国际期刊》（*Voluntas*）为文献来源，对共计 16 年（2005—2021）714 篇志愿服务论文通过文献计量分析、研究热点和特征分析等，系统记录国外该领域研究成果的发展动态；三是在综合分析国内外研究基础上，探索展望未来我国志愿服务文化研究的若干领域。

第三章 中国志愿服务文化内涵、结构与功能研究。本章从"文化"的语义考察及其内涵出发，对志愿服务文化及中国志愿服务文化的内涵进行阐释，并从志愿服务文化的思想观念层面、制度机制层面、外在物质层面、行为文化层面分析其结构要素，探讨中国志愿服务文化的基本特征和多元功能，澄明中国志愿服务文化是吸收中华传统优秀文化的创造性转化和创新性发展的成果，是中国迈向社会主义现代化国家新征程的现实逻辑的文化映照。

第四章 中国志愿服务文化建设思想渊源研究。本章从马克思恩格斯慈善思想、精神文明建设理论、社会交往理论、共同体思想等探索志愿服务文化建设的马克思主义理论资源，围绕党的执政理念、执政使命、执政方略探求志愿服务文化建设的党建思想渊源，结合天人合一、仁者爱人、乐群贵和、崇德尚义、自强不息等中华优秀传统文化探寻志愿服务文化建设的思想根基，从福利经济学思想、社会资本理论、积极公民教育思想等角度分析我国志愿服务文化建设的国外思想借鉴。

第五章 中国志愿服务文化建设历史考察与基本经验研究。本章系统梳理了新中国成立以来我国志愿服务文化建设的初步萌芽、自发探索、组织推动、全面参与四个历史发展阶段，结合我国经济社会发展系统分析了志愿服务的物质文化、制度文化、行为文化、精神文化等方面取得的成就，并从"融入国家发展大局，与主流价值观同频共振""坚持以人民为中心，推动社会文化发展进步""依托制度建设，坚持守正与创新相统一""优化社会环境，推动社会多方互动"等方面全面总结我国志愿服务文化建设的基本经验。

第六章 当代中国志愿服务文化认同及影响因素研究设计。本章首先就当代中国公民志愿服务文化认同及影响因素进行理论模型构建，其次对公民志愿服务文化认同态度量表及影响因素开展问卷设计，并就公民志愿服务文化认同态度量表进行探索性分析、正式问卷信效度分析和验证性因素分析以提高量表科学性与有效性。

第七章 当代中国公民志愿服务文化认同态度现状及归因研究。本章运用描述性统计分析、相关性分析、T检验等统计方法，对当代中国公民志愿服务文化认同与内外多重因素、人口学特征内部差异显著性问题等做进一步数据分析，确证公民志愿服务文化认同的内外动因要素。

第八章 志愿服务文化建设的地方实践案例探析。本章选择全国文明城市温州作为案例，从市级全域角度探索新时代文明实践志愿服务文化建设的工作举措、主要成效和经验总结，从大学生新青年下乡志愿服务文化建设项目的运行机制与思想政治教育价值看青年志愿服务风采，从"全国学雷锋示范点""红日亭"社区志愿服务建设体悟"大爱城市、诚信社会、道德高地"的文化力量。

第九章 国外志愿服务文化建设的吸收借鉴。本章选择美国、英国和新加坡三个发达国家志愿服务文化建设为研究对象，主要从其发展历程、主要成效、经验启示等方面展开探讨，以期进一步拓宽我国志愿服务文化建设的国际视野和发展格局。

第十章 新时代中国志愿服务文化建设对策研究。本章研究指出，新时代坚定中国特色志愿服务文化自觉，推进中国特色志愿服务事业发展，需要我们进一步立足中国实际，明确发展方向，探索志愿服务文化运行与发展的基本规律，创新性回答好中国特色志愿服务文化建设的指导思想、目标取向、基本原则和践行路径等时代命题。

（三）研究方法

1. 马克思主义研究方法。构建中国特色志愿服务理论体系，离不开马克思主义方法论的运用。本书运用马克思主义理论为指导，通过对马克思、恩格斯有关理论文献和马克思主义中国化理论成果特别是习近平新时代中国特色社会主义思想为总指导，运用历史与逻辑相一致、理论联系实际、阶级分析法等展开具有中国特色、中国风格、中国气派的志愿服务文化建设论题研究。

2. 综合分析法。志愿服务文化建设研究是一个跨学科的综合性命题，除了要坚持以马克思主义理论为指导外，还需要政治学、社会学、心理学、文化学等学科知识进行综合研究，以更全面呈现当代中国志愿服务文化体系的建构与培育问题。

3. 文献分析法。一是对国内外志愿服务文化建设研究现状进行全面梳理，夯实本书的文献资源；二是对中国志愿服务文化内涵结构特征及思想渊源等基本问题进行系统梳理，寻找本研究的理论资源；三是对中国志愿服务文化发展的四个阶段进行回顾总结，寻找本研究的实践资源；四是对国外志愿服务文化培育的先进理念和管理方式进行借鉴，寻找本书的经验资源。

4. 实证研究法。通过前期调研走访，设计研究量表和问卷，经过试调查和信度、效度检验后修订完善调查问卷，在"问卷星"和"志愿汇"平台上面向浙江、上海、河北等全国30个省（市）开展随机抽样调查和数据分析工作，经回收筛选有效问卷共计3233份，以探讨不同人群对志愿服务文化认同的总体现状；选取志愿者代表80余位作为质性研究访谈对象，从外部环境和内部因素分析我国志愿服务文化生发的动力机制，并结合访谈情况做志愿服务文化建设个案研究。

5. 德尔菲法（专家意见法）。通过电子邮件和当面访谈，征询相关领域专家对调查问卷和访谈方案具体设计的意见和建议，提升实证研究科学性。并选择宣传部、文明办、共青团、民政局等党委政府有关部门负责人和专家学者进行访谈，分析新时代我国志愿服务文化建设的可行性方案。

四　研究创新之处

本书对国内外有关研究成果运用知识图谱文献计量方法，全面翔实地呈现志愿服务文化研究动态，并对我国志愿服务文化建设有关问题进行了较为深入全面的理论分析和实证研究，我们认为，本书的可能创新之处有以下几个方面：

第一，系统性分析中国志愿服务文化的内涵、结构与功能，进一步推进志愿服务学术观点上的创新。本书指出，志愿服务应是社会个体德性生活方式的自觉选择，是一种日常化、规范化、基层化和可持续化的文明建设方式，而非运动式、活动化、表层化、短期化行动。在对现有界定的阐发基础上进一步明确"志愿服务文化"的内涵为在志愿服务活动中奉行的价值观和态度的总和，这些价值规范包含着主体以自愿、利他、无偿、公益的高尚精神和服务造福社会的理念，从而实现更新和发展志愿者自身的一种生存状态。结合中国实际，研究进一步阐明中国志愿服务文化是社会主义先进文化的重要形态，是吸收中华传统优秀文化的创造性转化和创新性发展的成果，是中国迈向社会主义现代化国家新征程的现实逻辑的文化映照。

第二，创新性开掘中国志愿服务文化的马克思主义理论、中国共产党执政文化等思想资源。现有志愿服务文化思想渊源从中华优秀传统文化和西方相关理论基础分析的较多，本书坚持在前人研究成果的基础上，进一步从马克思、恩格斯的慈善思想、精神文明建设理论、社会交往理论和共同体思想，中国共产党的执政理念、执政使命和执政方略等视角开发挖掘中国志愿服务文化建设的理论资源，自觉用中国的理论研究和话语体系解读中国志愿服务文化建设的丰富实践，凸显志愿服务文化建设的中国特色、中国风格、中国气派。

第三，探索性回答志愿服务文化建设的指导思想、目标取向、基本原则等时代命题。新时代坚定中国特色志愿服务文化自觉，推进中国特色志愿服务事业发展，需要我们进一步立足中国实际，明确发展方向，在指导思想上做到"四个坚持"：坚持以马克思主义为志愿服务文化建设根本指导思想，坚持以党的领导统揽志愿服务文化建设之全过程，坚持以人民为中心坚定志愿服务文化建设之价值立场，坚持以社会主义核心价值观发掘志愿服务文化之要义精髓；在目标取向上做到"四个面向"：面向人民，凝聚新时代志愿服务德性之力；面向强国，夯实新时代志愿服务兴盛之本；面向强党，熔铸新时代志愿服务精神之魂；面向世界，绽放新时代志愿服务文明之光；在基本原则上做到"四个遵循"：遵循政治性为先导，确保志愿服务文化建设的中国立场；遵循先进性为内蕴，展现志愿服务文化的中国形象；遵循群众性为基石，体现依靠大众志愿的中国力量；遵循开放性为本色，创新志愿服务文化发展的中国样态。

第四，综合运用量化研究与质性研究方法，深入调研中国志愿服务文化认同现状及影响因素。依据文化洋葱理论设计志愿服务文化四维（物质、行为、制度、精神）结构调查问卷，面向全国抽选志愿服务组织及志愿者代表、党委政府有关部门就志愿服务文化建设进行深度访谈，调研我国志愿服务文化认同总体状况、特点与可能存在的困境，并从外部社会宏观环境和志愿者个体内部因素揭示影响志愿服务文化认同的具体因子，分析我国志愿服务文化生发可能的动力机制；另外，本书还就"志愿服务文化建设的地方实践案例"进行深入探讨，通过案例评析，总结地方实践经验。

第 二 章

志愿服务文化建设研究
文献回顾及评析

经验表明,对已有研究历史与成果进行考察和分析,开展有价值的学术研究不仅必要而且重要。国内外学者围绕志愿服务、志愿服务文化建设等问题已形成诸多研究成果。本章首先全面回顾国内外志愿服务和志愿服务文化问题的研究状况,并在此基础上展望中国志愿服务文化研究的未来趋势。

一 国内志愿服务文化建设研究现状

党的十八大以来,志愿服务事业的发展日益受到党中央重视,并成为近年来国内学者重点关注的研究话题之一。2012年以来,在国家社科基金项目数据库中,国家哲学社会科学规划办公室共支持有关志愿服务研究主题立项30项[①],其中涉及学科类别有管理学8项,社会学(人口学)7项,马列·科社6项,体育学5项,哲学2项,图书情报和历史学各1项。学者们围绕志愿服务行为习惯养成、志愿服务组织治理与能力发展、志愿服务与社会建设、专业(如文化、体育、大型赛会、图书馆)志愿服务发展、志愿服务伦理与美好生活等选题展开深入全面的研究,并产出诸多研究成果。

为了进一步推进志愿服务文化研究深入开展,有必要从更广范围和领域来研究当前国内外志愿服务研究的现状。本章借助知识图谱分析方法,以来源于CSSCI收录期刊(含扩展版)的论文为样本,展示国内关于志

---

① 统计时间为2022年4月30日。

愿服务主题的研究现状与发展趋势，从而为志愿服务文化研究和实践活动的未来高质量发展提供重要参考坐标。

（一）数据来源与分析方法

本研究选择中国知网（CNKI）的中国学术期刊全文数据库，"来源类别"选定为CSSCI，检索字段选择"主题"，以"志愿服务"和"志愿者服务"为检索词，时间跨度为1998—2018年，检索时间为2018年12月16日，检索获得1170条文献记录。经过对检索获得文献记录的人工排查，去除新闻报道、书评、声明等非学术类的记录，共获取论文文献987篇。以Refworks的文献格式导出，并对关键词中的启示、探索、对策、问题等泛义词进行规范处理。之后，将整理好的文献数据导入可视化分析工具CiteSpace V，绘制国内志愿服务相关研究的知识图谱。

CiteSpace是美国德雷塞尔大学（Drexel University）计算机与情报学学院陈超美教授开发的文献信息分析可视化软件[①]，通过可视化的手段可以呈现学科主题的分布和演化情况。在应用CiteSpace绘制的知识图谱中，通过节点、连线等体现文献关键词之间的共现关系，通过关键词的中介中心性和突现率来发现关键节点，以平均轮廓值判断主题类聚的状况。

（二）国内志愿服务研究的文献计量分析

在绘制知识图谱之前，本研究统计分析了987篇文献的时间分布、高产作者和机构、高被引作者、期刊分布以及学科分布情况等。

1. 文献时间分布

图2-1展现了1998—2018年国内志愿服务研究文献的时间分布情况。由图可见，1998—2007年相关文献数量较少，变化波动也较为平稳，2008年文献开始成倍增长，2009—2018年文献数量的年均增长超过60篇。

文献数量年度分布反映了志愿服务主题研究的变化情况。从文献时间分布来看，2008年是一个重要的时间节点，由于中国志愿者在汶川地震

---

① Chen, C., "CiteSpace Ⅱ: Detecting and visualizing emerging trends and transient patterns in scientific literature", *Journal of the American Society for Information Science and Technology*, Vol. 57, No. 3, 2006, pp. 359-377.

16 / 当代中国志愿服务文化建设研究

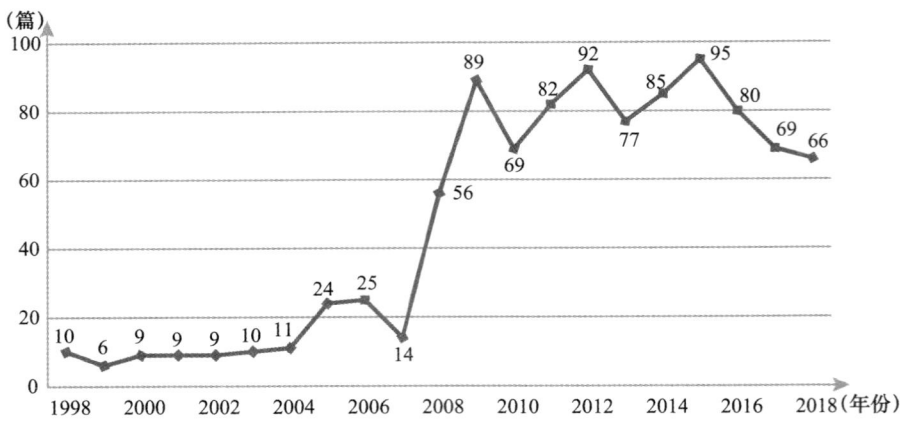

图 2-1　国内志愿服务研究 CSSCI 论文年度分布（1998—2018）

和北京奥运会中前所未有的积极行动，该年成为中国志愿服务史上最具历史意义的一年，也被称作"中国志愿服务元年"①。随之，志愿服务主题成为后继研究的热点。

2. 高发文作者与高被引作者

本章统计了 987 篇文献的第一作者。表 2-1 选择了发文数量大于 3 的作者，共 32 人，排在前 3 位的分别是广东青年干部学院的谭建光、南京工业大学的张勤和中国农业大学的张晓红。另外，论文被引频次排名前五位的分别是谭建光（511 次）、江汛清（341 次）、邓国胜（337 次）、党秀云（215 次）、吴鲁平（215 次）。

表 2-1　　　　　国内志愿服务研究高发文作者　　　　（单位：篇；次）

序号	作者	文献数量	被引频次	机构	序号	作者	文献数量	被引频次	机构
1	谭建光	23	511	广东青年干部学院（广东青年职业学院）、中国青年志愿者协会等	17	梁绿琦	3	111	北京青年政治学院

---

① 丁元竹、魏娜、谭建光：《北京奥运志愿服务研究》，北京出版社 2009 年版，第 120 页。

续表

序号	作者	文献数量	被引频次	机构	序号	作者	文献数量	被引频次	机构
2	张勤	9	88	南京工业大学、南京航空航天大学	18	丁元竹	3	75	国家行政学院
3	张晓红	9	84	中国农业大学、北京科技大学	19	蔡建淮	3	71	南京人口管理干部学院
4	陶倩	6	118	上海大学	20	魏娜	3	64	中国人民大学
5	孙婷	5	100	中央民族大学	21	刘新玲	3	58	福州大学、福建农林大学
6	袁文全	5	46	重庆大学	22	汪海波	3	48	武汉大学
7	李茂平	5	16	湖南第一师范学院	23	张华	3	42	山东省青少年研究所
8	江汛清	4	341	中国青年政治学院	24	卓高生	3	40	温州大学
9	邓国胜	4	337	清华大学	25	曾骊	3	35	丽水职业技术学院
10	党秀云	4	215	中央民族大学	26	张萍	3	33	中央财经大学
11	王为正	4	90	哈尔滨师范大学	27	迟强	3	26	中国人民大学
12	肖金明	4	66	山东大学	28	罗婧	3	26	清华大学
13	沈蓓绯	3	77	河海大学	29	卢志成	3	23	嘉应学院、上海体育学院
14	张网成	4	50	北京师范大学	30	白兴勇	3	20	北京大学、山东省图书馆
15	吴鲁平	3	215	中国青年政治学院	31	王焕清	3	8	共青团广州市委
16	彭华民	3	131	南京大学、香港中文大学	32	黄金结	3	6	厦门大学、安庆师范学院

3. 高发文机构

本章统计了987篇文献的第一作者署名单位。表2-2选择了发文数量大于10篇及以上的机构，排在前3位的分别是中国人民大学、中国青年政治学院和北京师范大学。在高产机构中大部分是高校，其余的是团中央和中国青少年研究中心等机构。

表2-2　　　　　　　国内志愿服务研究高发文机构

序号	机构	文献篇数	序号	机构	文献篇数
1	中国人民大学	29	10	厦门大学	12
2	中国青年政治学院	26	11	山东大学	12
3	北京师范大学	23	12	武汉大学	12
4	广东青年干部学院（广东青年职业学院）	22	13	上海大学	11
5	中山大学	21	14	华南师范大学	11
6	南京大学	18	15	重庆大学	10
7	北京大学	17	16	东北师范大学	10
8	清华大学	14	17	华中师范大学	10
9	中央民族大学	14	18	中国农业大学	10

4. 期刊分布

本研究统计了987篇文献的发文期刊，文献发表于273种期刊之上。表2-3选择了发文数量8篇及以上的期刊，排在前3位的分别是《中国青年研究》《中国青年政治学院学报》和《思想教育研究》。表2-3列出的23种高发文期刊，主要分布在马克思主义理论、社会学、管理学、体育学、教育学以及图书馆、情报与文献学等学科领域（按照CSSCI的学科分类）。由此可见，志愿服务是一个跨学科的研究主题，体现了多学科研究的态势，不同的学科从各自的关注点展开探索。

表2-3　　　　　　　国内志愿服务研究高发文量期刊

序号	期刊	文献数量	序号	期刊	文献数量
1	中国青年研究	100	13	青年研究	12
2	中国青年政治学院学报	41	14	图书馆学研究	12
3	思想教育研究	30	15	图书馆	11
4	当代青年研究	28	16	图书情报工作	11
5	黑龙江高教研究	20	17	图书馆理论与实践	10
6	中国高等教育	18	18	成都体育学院学报	9

续表

序号	期刊	文献数量	序号	期刊	文献数量
7	思想理论教育	18	19	体育与科学	9
8	图书馆工作与研究	18	20	图书馆杂志	9
9	中国行政管理	17	21	体育文化导刊	9
10	图书馆建设	16	22	武汉体育学院学报	8
11	思想理论教育导刊	15	23	新世纪图书馆	8
12	青年探索	14	—		

5. 学科分布

按照中国知网提供的学科分类，收录的每篇论文至少会被归入一个学科。本研究统计了987篇论文的主要学科分布，表2-4列出了排在前10位的学科及其文献数量与比例。比例最高的是公共管理学，有316篇论文，占比32.02%；教育学有231篇论文，占比23.40%；社会学有156篇论文，占比15.81%。总体来看，志愿服务研究学者们多数从管理学、教育学、社会学视角来关注，而其他学科如政治学、图书情报与档案学、马克思主义理论等学科也有不少成果，体现了志愿服务研究的跨学科和多学科特征。

表2-4　　　　　国内志愿服务研究论文学科分布

序号	学科	文献数量	比例（%）
1	公共管理学	316	32.02
2	教育学	231	23.40
3	社会学	156	15.81
4	政治学	140	14.18
5	图书情报与档案学	134	13.58
6	体育学	93	9.42
7	法学	58	5.88
8	马克思主义	27	2.74
9	哲学	10	1.01
10	文化学	8	0.81

(三) 国内志愿服务研究的热点分布与演化

关键词是对论文主题内容的概括和浓缩，对关键词的统计分析可以体现学科主题领域的研究方向和层次，高频关键词则能够体现研究领域的热点和演化情况。在 CiteSpaceV 软件中，关键词的频次和中介中心性反映了特定阶段的研究热点。频次和中心性越高，它所指向的研究问题越热门。

通过 CiteSpaceV 对国内 987 篇志愿服务主题论文关键词的分析，设定时间跨度为 1 年，将前、中、后等三个时间分区中的引文数、共引频次和共引系数的阈值分别设置为（2，1，10）（2，1，10）（2，1，10），运行得到 143 个关键词节点（Nodes）、265 条连线（Links）。

1. 研究主题分布

经统计分析，关键词中出现频次最高的是"志愿服务"（313 次）。本研究选取了该领域出现频次排名前 30 位的热点高频关键词和高中心性关键词，详见表 2-5 和表 2-6。其中，关于志愿服务主题的研究主要关注志愿服务主体、志愿精神、志愿服务、图书馆行业的志愿服务、思想政治教育等。

表 2-5　　国内 987 篇志愿服务主题领域高频次关键词

序号	关键词	频次	序号	关键词	频次
1	志愿服务	313	16	青年志愿者	13
2	志愿者	144	17	思想政治教育	13
3	大学生	68	18	青年志愿者行动	11
4	志愿精神	47	19	高校	11
5	公共图书馆	31	20	长效机制	11
6	志愿组织	28	21	志愿者管理	10
7	青年	21	22	志愿活动	9
8	图书馆	18	23	奥运会	8
9	高校图书馆	18	24	志愿者组织	8
10	社会主义核心价值观	18	25	志愿文化	8
11	美国	17	26	志愿服务组织	7
12	大学生志愿者	15	27	志愿行动	6
13	大学生志愿服务	14	28	志愿行为	6
14	志愿者服务	14	29	文化志愿服务	6
15	和谐社会	14	30	社区志愿服务	6

第二章 志愿服务文化建设研究文献回顾及评析

表 2-6　　　　国内 987 篇志愿服务主题领域高中心性关键词

序号	关键词	中介中心性	序号	关键词	中介中心性
1	志愿服务	0.85	16	志愿者服务	0.16
2	志愿者	0.69	17	高校	0.16
3	和谐社会	0.64	18	奥运会志愿者	0.16
4	志愿精神	0.64	19	志愿服务体系	0.15
5	奥运会	0.40	20	高校图书馆	0.14
6	大学生	0.33	21	新时代	0.14
7	美国	0.32	22	实践育人	0.13
8	志愿组织	0.28	23	公民社会	0.12
9	公共图书馆	0.26	24	心理成长	0.12
10	服务对象	0.25	25	社会参与	0.12
11	青年志愿者行动	0.23	26	管理机制	0.11
12	志愿活动	0.22	27	中国	0.10
13	青年志愿者活动	0.19	28	体育管理	0.10
14	青年	0.16	29	长效机制	0.10
15	青年志愿者	0.16	30	北京奥运会	0.09

2. 研究热点演进

为了分析 1998 年至 2018 年研究热点的变化情况，本章使用了 CiteSpace 的两个重要功能：一是探测突变词功能（Detect Bursts），通过 CiteSpace 进行关键词的年度分布分析，发现年度论文骤然增多的关键词，该类关键词体现了当年的热点。二是关键词聚类时区视图呈现功能（Timezone View）。CiteSpace 绘制的关键词聚类时区视图可以从时间维度展示研究领域热点的演进情况，如果时区节点间连接线越多，说明两者之间关系越密切，有助于了解研究主题的阶段性特征。

（1）突现词

表 2-7 是志愿服务研究领域的突现词。这些突现词与国家和社会的实践活动以及政策方针高度相关，表明志愿服务的相关研究带有鲜明的实践性特征，根植于社会实践活动的土壤。

①1998—2008 年的突现词是"志愿活动"，1998—2005 年的突现词

是"青年志愿行动",2000—2006 年的突现词是"青年志愿者",2001—2005 年的突现词是"中国青年志愿者行动",2002—2005 年的突现词是"志愿服务"。在共青团中央号召下,1993 年 12 月中国青年志愿者行动正式启动,1998—2008 年正是中国青年志愿者行动的发展建设和深化推进,中国青年志愿者扶贫接力计划、大学生志愿服务西部计划等活动实施①。2000 年,共青团中央还确定 3 月 5 日为中国青年志愿者服务日。

②2006—2008 年的突现词是"和谐社会"和"奥运会"。党的十六届四中全会提出构建社会主义和谐社会的任务,志愿服务对和谐社会的构建具有积极推动作用。围绕 2008 年北京奥运会筹备,2005 年 6 月,北京奥组委推出《北京奥运会志愿者行动计划》。可见,国家重大事件与政策的调整,也推动志愿服务成为众多学者关注和研究的重要论题。

③2016—2018 年的突现词是"公共图书馆"。2015 年中共中央办公厅、国务院办公厅颁布了《关于加快构建现代公共文化服务体系的意见》,提出大力推进文化志愿服务,公共图书馆作为现代公共文化服务体系的重要组成部分,是提供文化志愿服务的主要平台和载体。2018 年 1 月 1 日,《公共图书馆法》正式施行,其中"鼓励公民参与公共图书馆志愿服务"。

表 2-7　　　　　　　　国内志愿服务领域研究突现词

序号	关键词	突现时间	突现率
1	志愿活动	1998—2008	3.1757
2	青年志愿行动	1998—2005	5.3368
3	青年志愿者	2000—2006	3.7178
4	中国青年志愿者行动	2001—2005	3.1764
5	志愿服务	2002—2005	6.1995
6	和谐社会	2006—2008	7.0116
7	奥运会	2006—2008	4.7775
8	志愿者	2008—2008	4.739

---

① 共青团中央、中国青年志愿者协会:《中国青年志愿者行动 20 年报告》,《中国青年报》2013 年 12 月 5 日。

续表

序号	关键词	突现时间	突现率
9	图书馆	2011—2014	3.2436
10	志愿者服务	2011—2013	3.228
11	社会主义核心价值观	2014—2018	5.7911
12	公共图书馆	2016—2018	4.807

(2) 主题演进

图 2-2 是 1998—2018 年志愿服务研究领域的高频关键词时区视图呈现，反映了国内志愿服务研究主题的演进和发展趋势。1998—2005 年，该领域的关键词主要围绕志愿服务本身展开，如志愿服务工作、志愿精神、志愿组织、青年志愿者等。2006 年之后，和谐社会、奥运会、思想政治教育、社会治理、文化志愿服务、社会主义核心价值观、社区服务、公共图书馆等关键词增多，说明国内关于志愿服务领域的研究深度和广度都有所拓展。

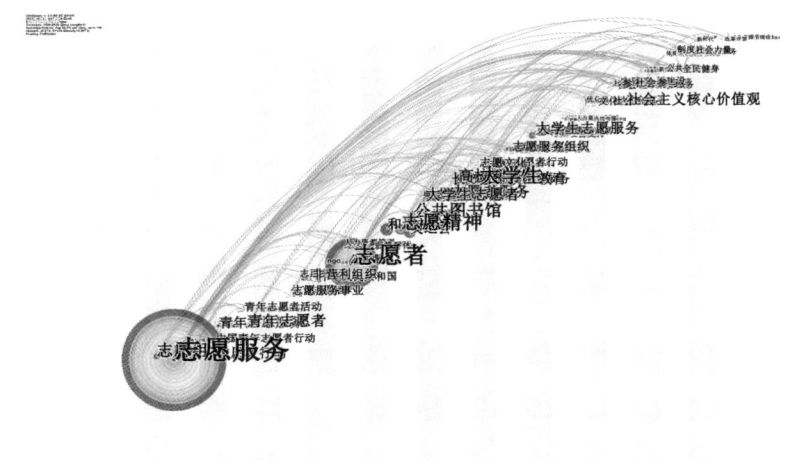

图 2-2 国内志愿服务研究主题演进图谱

（四）国内志愿服务研究的聚类分析

经过 CiteSpace 软件的运行，得到国内志愿服务领域研究关键词的聚类图谱，详见图 2-3。通过图谱可以看出，1998—2018 年国内关于志愿服务领域研究主题大体可以分成以下七个大方向：志愿服务理论探索；大学生志愿服务与思想政治教育；志愿精神与志愿组织建设；社区志愿服务与青年志愿服务；赛会志愿服务；文化志愿服务与图书馆领域志愿服务；国外志愿服务经验借鉴。

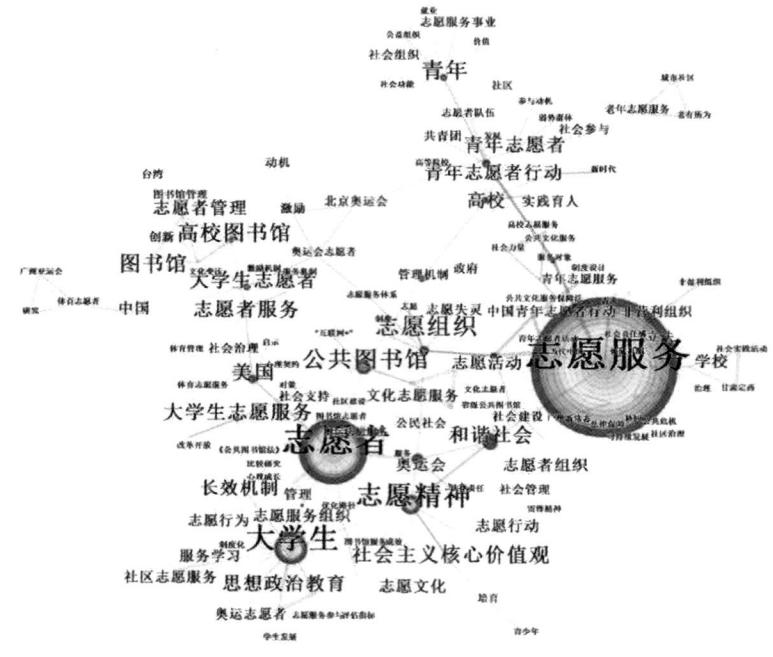

图 2-3　国内志愿服务研究主题聚类图谱

1. 志愿服务内涵、类型与理论基础探索

我国志愿服务的实践和研究起步较晚，学术界对其基本概念、发展模式以及理论基础等问题进行了关注和探讨。江汛清认为志愿服务概念的界定与民族的历史、文化、政治等因素相关联，志愿服务可定义为"任何人自愿贡献个人的时间和精力，在不为物质报酬的前提下，为推动人类发展、社会进步和社会福利事业而提供的服务"[①] 等。

改革开放以来，中国志愿服务事业得到持续发展，学者对国内志愿服

[①] 江汛清：《关于志愿服务若干问题的探讨》，《中国青年政治学院学报》2002 年第 4 期。

务的实践发展进行了理论凝练。谭建光、周宏峰对我国改革开放以来志愿服务发展情况进行了总结凝练，划分为公益转型、自发探索、组织推动、多元发展、全民参与等发展阶段，并认为国内志愿服务主体逐渐从青年走向全民参与，并形成了各具特色的服务模式，包括青年志愿组织、社区志愿组织、企业志愿组织、专业志愿组织、慈善志愿组织、宗教志愿组织、国际志愿组织等[①]。邓国胜对我国志愿服务的发展模式进行了理论总结，认为分成三种模式：一是以社区志愿服务为代表的"自下而上发起，自上而下推广"模式；二是以青年志愿者志愿服务为代表的"自上而下发起并推广"模式；三是以民间草根组织为代表的"自下而上发起，自下而上发展"模式[②]。

要推进志愿服务研究的理论视野，钟辰提出可基于"公共参与精神和人的全面发展理论、行动理论框架"[③] 予以阐析。李国荣则从理论层面对我国 20 世纪 80 年代以来出现的志愿服务行为和活动进行了探讨，认为中外传统慈善观念、公民社会理论、马克思主义社会和谐以及人的全面发展思想是其产生、发展的理论基础[④]。谭建光提出要构建既严谨又开放的中国特色的志愿服务理论体系需要溯源于"中华民族传统美德、雷锋精神、国外公益和中国改革创新实践"[⑤]。

2. 志愿服务与大学生思想政治教育

志愿服务作为社会主义精神文明建设的有效载体和社会化动员机制，在推进社会主义核心价值体系大众化过程中发挥着独特作用[⑥]，它是大学生参与社会实践活动的重要途径，也是新形势下高校思想政治教育的重要渠道，国内学者们就此问题展开了深入的研究。

一是志愿服务的大学生思想政治教育价值及定位。有学者认为志愿服务是引导和培养大学生践行社会主义核心价值观的重要平台，是推动高校

[①] 谭建光、周宏峰：《中国志愿者：从青年到全民——改革开放 30 年志愿服务发展分析》，《中国青年研究》2009 年第 1 期。

[②] 邓国胜：《中国志愿服务发展的模式》，《社会科学研究》2002 年第 2 期。

[③] 钟辰：《推进志愿服务的理论视野》，《当代青年研究》1998 年第 3 期。

[④] 李国荣：《现代志愿服务行为的理论基础研究》，《中国青年研究》2009 年第 1 期。

[⑤] 谭建光：《中国特色的志愿服务理论体系分析》，《青年探索》2015 年第 1 期。

[⑥] 李茂平：《志愿服务与社会主义核心价值体系大众化》，《社会主义研究》2012 年第 4 期。

思想政治教育与时俱进的重要方式，是大学生参与社会实践和提升能力素质的重要途径，是丰富大学生精神文化生活的有效载体①。罗明星、陈丽平认为"志愿服务可以成为思想政治理论课实践教学方式"②，《思想道德修养与法律基础》教材（2018）中明确将参与志愿服务活动作为大学生"向上向善、知行合一"的重要途径。

二是志愿服务在大学生思想政治工作中存在的问题。志愿服务活动能够推进大学生思想政治教育开展，但同时也面临着一定的挑战，如"志愿服务活动在高校思想政治工作中处于被边缘化的地位，学生志愿服务工作不受重视，学生参与积极性不高，对志愿者的管理和组织不到位等"③。

三是志愿服务在大学生思想政治工作中的对策与长效机制。关于如何提升志愿服务的思想政治教育效果，了解参与动机是重要的思路。有学者通过访谈研究发现志愿者存在基于责任感为轴心的传统型动机、基于个体发展为轴心的现代性动机和以快乐为轴心的后现代动机④。因此，学者们围绕大学生的思想政治工作有以下的对策：重视志愿服务活动的开展，提升志愿服务活动的水平，完善大学生志愿服务制度，建立大学生志愿服务基地，拓展志愿服务的内容，切实解决大学生志愿服务经费，积极打造志愿服务品牌，完善大学生志愿服务运行机制和激励保障措施等⑤。在志愿服务与思想政治教育融合方面，还需要构建志愿服务长效机制，在高校人才培养计划中纳入志愿服务的内容⑥，完善高校志愿服务教育课程的教育

---

① 顾洪英：《充分发挥志愿服务在大学生思想政治教育中的载体作用》，《思想理论教育导刊》2014 年第 6 期。

② 罗明星、陈丽平：《社区志愿服务：作为思想政治理论课实践教学方式的探讨》，《思想教育研究》2016 年第 6 期。

③ 傅帅雄、刘雨青、黄顺魁：《提升大学生志愿服务活动的思想政治教育功能的思考》，《思想理论教育导刊》2016 年第 11 期。

④ 吴鲁平：《志愿者的参与动机：类型、结构——对 24 名青年志愿者的访谈分析》，《青年研究》2007 年第 5 期。

⑤ 胡凯、杨欣：《论大学生志愿服务的思想政治教育功能》，《思想教育研究》2010 年第 2 期。

⑥ 陈曦、潘小俪、刘晓东：《构建大学生志愿服务长效机制　加强和改进大学生思想政治教育——北京科技大学实践类课程〈大学生志愿服务〉的建设和探索》，《思想教育研究》2009 年第 8 期。

3. 志愿精神与志愿组织发展

我国现代志愿服务事业发展既受到西方志愿精神的影响，也是中华传统慈善文化的延续与复苏[②]。志愿服务行为的实施和志愿服务事业的发展有其思想和组织条件，在思想意识层面需要有志愿精神作为基础，在组织层面需要有相应的志愿服务组织作为运行实施的保障。在国内志愿服务研究领域，志愿精神和志愿组织相关主题得到了关注。

有学者经过实证调研发现，我国志愿服务协议签订、志愿者培训、志愿服务内容、志愿者个人费用补偿等方面的管理现状堪忧、问题较大[③]，围绕在大学生群体中培养志愿精神问题，余蓝[④]分析了面临的4种障碍因素：一是对志愿精神内涵的认知不到位，二是未能内化成自觉行动，三是组织运行模式的行政化特征，四是没有成熟的社会化工作机制和激励机制等；并且，还提出了培养大学生志愿精神的相应对策，包括深入推广志愿精神的现代内涵、摸索和尊重培养规律等。卓高生、易招娣[⑤]提出可以借鉴服务学习理念与模式培育大学生志愿精神。

在志愿组织建设研究方面，苗大培等人[⑥]提出以公共管理领域的"第三部门"相关理论指导非营利体育志愿者组织的建设。张杰[⑦]分析了我国志愿组织出现的行政化倾向，并探索进行校正的路径。高小枚[⑧]分析了我国志愿服务组织发展面临的法律制度、管理制度和社会信任制度三个方面的困境，指出优化志愿服务组织发展的制度环境能够推进社会治理的现代化。

4. 社区志愿服务和青年志愿服务

改革开放以后我国志愿服务活动经历了起步、探索和深化的三个

[①] 张晓红：《高校志愿服务教育课程化路径探索》，《思想教育研究》2011年第5期。

[②] 魏娜：《我国志愿服务发展：成就、问题与展望》，《中国行政管理》2013年第7期。

[③] 张网成：《我国志愿者管理现状与问题的实证分析》，《中国社会科学院研究生院学报》2011年第6期。

[④] 余蓝：《大学生志愿精神培养的障碍性因素分析》，《当代青年研究》2009年第12期。

[⑤] 卓高生、易招娣：《服务学习理论视域下大学生志愿精神培育策略探析》，《河北学刊》2014年第3期。

[⑥] 苗大培等：《构建我国体育志愿者组织的理论探讨》，《体育科学》2004年第9期。

[⑦] 张杰：《我国志愿服务组织的行政化倾向及校正路径》，《理论月刊》2014年第9期。

[⑧] 高小枚：《论志愿服务组织发展的制度环境》，《山东社会科学》2015年第5期。

阶段[①]，其最早出现在社区层面，之后逐渐形成了社区志愿服务组织。20世纪90年代初，我国的青年志愿者服务力量开始积聚和发展。到目前为止，社区志愿者队伍和共青团系统的青年志愿者组织已经成为我国影响最大、最为活跃的两大志愿服务力量[②]。其中，国内社区志愿服务研究主要从社会治理、和谐社会、社会管理、运行机制等角度进行分析。社区志愿服务是进行社会管理创新的实践活动。有学者认为我国社区志愿服务可分成"政府驱动型"和"社会组织嵌入型"两个发展阶段[③]，当面临社区志愿服务失灵的困境时，可基于新制度主义理论分析其运行的意愿、激励、组织、资源、文化、技术、政府、社区居民委员会、社会组织等内外要素，探索相应的机制创新途径。高和荣[④]选取行政主导型、社会主导型以及混合型三种类型的社区志愿组织作为比较分析对象，提出通过健全登记注册制度、规范管理和运作、拓展服务内涵、加强政府指导与支持等策略完善社区志愿组织和服务体系建设[⑤]。

青年志愿者是中国志愿服务事业的主力军。有学者认为我国青年志愿服务具有"示范作用、政治意义以及社会功能"[⑥]，具有社会管理创新的内涵，逐渐成为一种新的"社会动员机制、社会心理机制、社会参与机制和社会整合机制"[⑦]，是社会自我管理和社会成员参与社会管理的一个新途径。新时期，需要建立和健全志愿服务的长效机制，促进志愿服务的常态化与可持续发展[⑧]，需要着力健全社会化参与机制、网络化组织机制、规范化管理机制、专业化培训机制、普及化激励机制、国家级法律机

---

① 陶倩：《科学发展观视野下志愿服务的思考》，《思想理论教育》2009年第13期。
② 李国荣：《现代志愿服务行为的理论基础研究》，《中国青年研究》2009年第1期。
③ 陈伟东、吴岚波：《困境与治理：社区志愿服务持续化运作机制研究》，《河南大学学报》（社会科学版）2018年第5期。
④ 高和荣：《论社区志愿组织与志愿服务的完善——以福建三个社区为例》，《福建论坛》（人文社会科学版）2011年第4期。
⑤ 曾天雄、卢爱国：《分开与合作：社区志愿服务机制创新研究》，《湘潭大学学报》（哲学社会科学版）2014年第1期。
⑥ 邵政严：《试论我国青年志愿服务的价值与影响因素》，《中国青年研究》2010年第7期。
⑦ 陈晶环：《青年志愿服务对社会管理创新的意义》，《中国青年政治学院学报》2012年第6期。
⑧ 党秀云：《论志愿服务的常态化与可持续发展》，《中国行政管理》2011年第3期。

制的建设①，着力推进志愿服务社会支持体系的建设。

老年志愿者是社区志愿服务的重要力量。老年社区志愿服务主要依托于社区居委会开展活动，除了公益无偿等普遍特点外，还具有"服务意愿持久、参与动机多元化、更看重荣誉激励、更多服务于老年群体"②等特征，新时期创新老年人社区志愿服务可从项目规划、组织能力推进、社区环境与氛围建设等方面予以突破。

5. 文化志愿服务与图书馆领域志愿服务

文化志愿服务围绕公益文化事业开展服务，是公共文化服务体系建设的组成部分。2016年7月，中华人民共和国文化和旅游部制定了《文化志愿服务管理办法》，推动文化志愿服务的规范化、制度化，构建机制健全的文化志愿服务体系。随着我国图书馆事业的发展，以及人民群众对参与公共文化活动热情的高涨，图书馆领域开展志愿服务的实践活动也得以推进。《中华人民共和国公共图书馆法》第四十六条规定了"国家鼓励公民参与公共图书馆志愿服务。县级以上人民政府文化主管部门应当对公共图书馆志愿服务给予必要的指导和支持"，至此，我国以法律的形式保障了志愿服务活动在图书馆领域中的地位与作用。在国外，图书馆引入志愿服务由来已久，而在我国相关的尝试和探索则是从进入21世纪后才开始③。因此，有学者对美国、加拿大、日本等发达国家的图书馆志愿服务工作内容、招募与培训、工作考评与权利等问题予以介绍和借鉴。在此基础上，也有研究者对国内图书馆开展志愿服务状况予以调查和分析，提出了公共图书馆、社区图书馆、志愿者组织三方互动合作④，合力组成志愿者服务管理新模式，推进公共图书馆志愿服务向基层用户服务、网络服务、真人图书馆服务、智慧服务等⑤方向延伸，逐渐引入专业志愿服务模式（Pro Bono）⑥。

---

① 高向东、章彬：《城市青年志愿服务的机制建设》，《当代青年研究》2006年第5期。
② 李芹：《城市社区老年志愿服务研究——以济南为例》，《社会科学》2010年第6期。
③ 韩芸：《图书馆志愿服务管理研究》，《中国图书馆学报》2008年第2期。
④ 杨洁：《主分馆制社区图书馆开展志愿者服务的管理模式探讨》，《图书馆》2013年第3期。
⑤ 刘冬林：《重视过程管理——关于高校图书馆志愿者服务可持续发展的思考》，《图书馆》2014年第2期。
⑥ 孙广成：《面向用户的公共图书馆志愿者服务延伸途径研究》，《图书与情报》2014年第5期。

6. 国外志愿服务经验借鉴

现代意义上的中国志愿服务实践起步较迟，而美国、日本、德国等发达国家在志愿服务等相关实践领域则积累了丰富的经验，对当代我国志愿服务的发展具有一定的借鉴意义。

高嵘[1]回顾了美国志愿服务的发展历史，发现志愿服务已成为美国社会发展的重要驱动力，并呈现如下特征：一是形成了志愿服务的文化传统；二是社区志愿组织拥有较大的影响力；三是志愿服务不仅得到各级政府的高度重视，还有法律的有效保障；四是在互联网环境下，志愿服务活动的范围和领域得到拓展；五是从青少年开始培养志愿精神、公民意识和社会责任感。邓国胜、辛华[2]分析了美国志愿服务相关法律法规等制度设计的特征，如顺应社会发展需求、构建统一协调管理机制、采用针对性激励措施、培育志愿精神等。

胡伯项、刘雨青[3]从组织形式、活动类型、资金来源、人才招募与培养等角度考察了日本志愿服务工作机制，着重分析了日本青年红十字志愿团和日本国际协作机构（Japan International Cooperation Agency，JICA）两个组织的志愿服务实践案例，提出了我国开展志愿服务应该重视相应观念的普及、拓展服务队伍的覆盖范围、完善激励机制、加强培训等举措。郑春荣[4]对德国志愿服务的现状、特点以及发展趋势等进行了分析，并梳理了德国政府促进志愿服务所采取的策略和方法。

7. 赛会志愿服务

在北京奥运会、上海世博会、广州亚运会等大型体育赛会举办中，志愿者发挥着不可替代的作用。同时，这些大型赛会也为国内志愿服务事业各方面的发展提供了契机。有学者提出举办大型赛会活动必将促进我国志愿服务事业发展，提升民众对志愿服务的认知、推动社会广泛的志愿行动、培育志愿服务相关人才、完善志愿服务法律法规及相关制度[5]。

---

[1] 高嵘：《美国志愿服务发展的历史考察及其借鉴价值》，《中国青年研究》2010年第4期。
[2] 邓国胜、辛华：《美国志愿服务的制度设计及启示》，《社会科学辑刊》2017年第1期。
[3] 胡伯项、刘雨青：《日本志愿服务的工作机制及其借鉴》，《国家行政学院学报》2015年第5期。
[4] 郑春荣：《德国志愿服务：特点、趋势与促进措施》，《中国青年研究》2010年第10期。
[5] 邓国胜：《奥运契机与中国志愿服务的发展》，《北京行政学院学报》2007年第2期。

8. 志愿服务文化

志愿服务文化是中国特色社会主义先进文化在现代社会呈现的一种独特文化状态和精神风貌，是志愿服务价值观的形态化过程中生成的制度、行为、心理与物化形象标识的总和。20 世纪 80 年代末以来，随着中国志愿服务事业的蓬勃发展，志愿服务文化逐渐受到学界的关注，丁元竹、江汛清、谭建光等在《中国志愿服务研究》（2007）一书中较早提出了志愿服务文化建设的初步构想。之后，研究者围绕志愿服务文化内涵、结构、特点、功能、培育对策等基础性问题进行探讨。

第一，关于志愿服务文化内涵、结构研究。国内志愿服务文化概念主要有从志愿者、志愿服务行为本身的单一视角来界定[1]，也有认为从作为主体的志愿者文化、作为实践方式的志愿服务文化氛围综合视角来界定[2]。作为一种文化形态，学者们认为从物质、精神和制度三维[3]以及物质、精神、制度、行为四维视角[4]剖析志愿服务文化内在结构。

第二，志愿服务文化特点、功能研究。志愿服务文化具有高尚的利他精神、突出的社会示范效应和普遍的价值认同性，学者们认为志愿服务文化建设具有国际性、民族性、时尚性、大众化等特点[5]；志愿服务文化"在促进志愿服务事业发展、培养公民社会责任感、促进社会和谐进步"等方面有重要作用[6]，而多数学者则立足大学校园研究志愿服务文化的德育功能等[7]。

第三，志愿服务文化构建研究。陆士桢认为我国志愿服务文化建设应结合执政党主流意识形态、执政目标与理念的坚守、世界先进志愿服务理念的吸收借鉴、中国传统文化的创造性转化与创新性发展来进行；沈杰则

---

[1] 田庚等：《我国新农村建设中社区志愿文化导向机制研究》，《重庆工商大学学报》（西部论坛）2008 年第 4 期。
[2] 李辉、孙雅艳：《志愿文化：高校德育的新载体》，《思想理论教育》2012 年第 5 期。
[3] 陶倩：《志愿文化：从自在走向自觉》，《思想理论教育》2012 年第 15 期。
[4] 余逸群：《我国青年志愿服务与慈善文化论纲》，《北京青年研究》2016 年第 3 期。
[5] 王莉、孙建华：《我国志愿文化发展路径研究》，《中华文化论坛》2016 年第 4 期。
[6] 尹强：《论当下中国志愿文化的兴起与发展——兼论中国优秀传统文化与西方进步文化的融通与结合》，《学术探索》2015 年第 1 期。
[7] 张红霞、张耀灿：《论校园文化建设视阈中的大学生志愿服务》，《思想理论教育导刊》2013 年第 1 期。

从志愿服务文化传播手段、发展载体、接受形式、心理机制等思考培育的具体路径①。

二 国外志愿服务文化建设研究现状

欧美发达国家有着广泛的志愿服务基础，志愿服务组织活跃，志愿服务运行机制完善，志愿服务文化氛围浓厚，志愿服务研究成果丰富。基于志愿服务研究的全球性发展视角，深入了解和分析国外志愿服务行为、观念、制度和物质文化多维研究现状，对全面推进中国特色志愿服务文化理论建设有着重要学术价值和现实指导意义。

（一）数据来源与分析方法

本章选取国外志愿服务研究两本重要的专业类期刊《非营利与志愿部门季刊》（*Nonprofit and Voluntary Sector Quarterly*）和《志愿与非营利组织国际期刊》（*Voluntas*）作为文献来源。这两本期刊均被 SSCI 收录，以此作为分析国际范围内志愿服务研究的文献来源，具有代表性和权威性。表 2-8 为这两本期刊的基本信息。

表 2-8 《志愿与非营利组织国际期刊》和《志愿与非营利组织国际期刊》期刊基本信息

期刊名称	ISSN 号	2020 年度影响因子	在 Social Issue 类别中的排序	JCR 分区
Nonprofit and Voluntary Sector Quarterly	0899—7640（Print）1552—7395（Online）	3.142	12/44	Q2
Voluntas	0957—8765（Print）1573—7888（Online）	2.468	20/44	Q2

《非营利和自愿部门季刊》是国际性、跨学科的非营利部门研究杂

---

① 沈杰：《志愿精神在中国社会的兴起》，《中国青年政治学院学报》2009 年第 6 期。

志，主要关注的领域包括：组织和领导（Organization and Leadership）、慈善事业（Philanthropy）、志愿主义（Voluntarism）、公共政策（Public Policy）和公民社会（Civil Society）。

《国际志愿和非营利组织》是国际第三部门研究协会（International Society for Third Sector Research，ISTR）的官方刊物，是全球第三部门（志愿与非营利组织）研究者的重要学术交流平台。

本章基于 Web of Science 核心合集数据库，在《非营利和自愿部门季刊》和《国际志愿和非营利组织》两本期刊中检索主题涉及志愿服务的论文。通过以下检索策略进行检索：

检索式：（TS = Volunt * and SO = "Voluntas"）OR（TS = volunt * and SO = "Nonprofit and Voluntary Sector Quarterly"）

文献时间跨度：2005—2021 年

文献类型：Article 和 Review

检索时间：2022 年 1 月 12 日

检索获取文献 714 条，提取每条文献题录的信息，包括作者、机构、摘要、关键词、发表年份、期（卷）、被引频次及参考文献等。

本章应用知识图谱可视化软件 VOSviewer 对收集的 714 篇文献题录数据进行了进一步处理和分析。VOSviewer 是一款知识图谱可视化工具，由荷兰莱顿大学开发，主要用于构建和绘制各个知识领域文献计量知识图谱。

（二）文献计量分析

1. 论文年度分布

论文的年度发表数量能够体现该主题的关注和研究热度。图 2-4 为 714 篇论文发表时间的分布情况。2009 年之后，研究人员对志愿服务主题关注度显著增强，论文数量明显增多，2019 年达到 83 篇。

2. 作者合作

学术共同体是一群志同道合的学者，遵守共同的道德规范，相互尊重、相互联系、相互影响，推动学术的发展，从而形成的学术性群体。它既是知识发现的主体，又是知识发展的机制。通过 VOSviewer 分析作者及其合作网络发现，714 篇论文涉及的作者共有 1387 个，图 2-5 为论文的

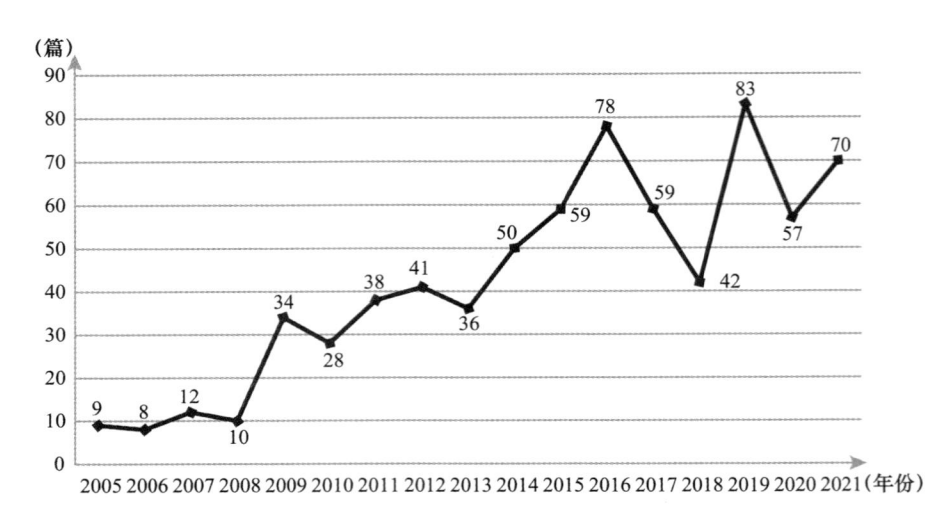

34　/　当代中国志愿服务文化建设研究

图 2-4　论文发表年度分布

作者合作网络图，相关领域的作者发文出现明显的集聚，形成了 18 个作者合作聚类。图中点的大小表示所代表的作者发文量的多少，连接作者之间的线段粗细代表了两个作者之间的合作程度。

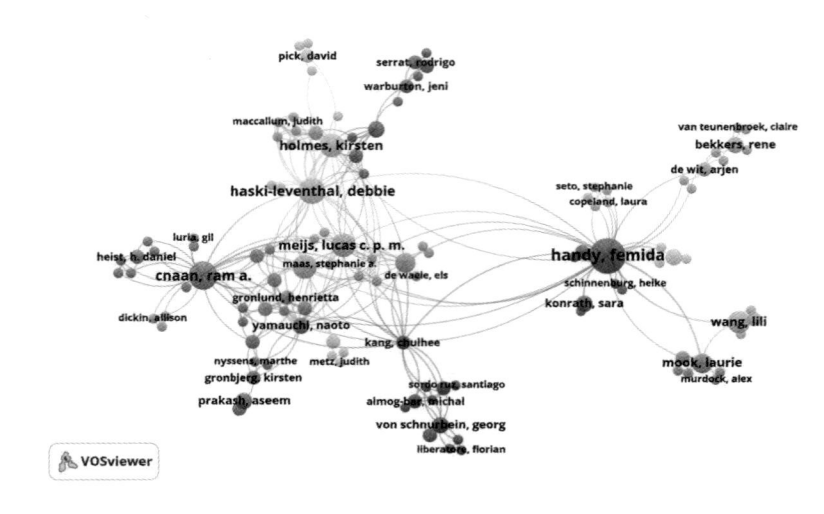

图 2-5　论文的作者合作网络图

表 2-9 列出了论文篇数大于 5 的作者（不区分作者的署名排序），一共 18 位。被引数为该作者所发表论文在 Web of science 数据库中的被引

用次数,可以体现作者研究成果的影响程度;链接强度表示该作者与他人合作的强度。排名第一位的是美国宾夕法尼亚大学的 Handy Femida,共发表相关论文 13 篇,所有论文的被引数也排在第一位,达到 523 次,链接强度也位列第一。

表 2-9　论文作者单位、论文数、被引与链接程度(论文篇数大于 5)

(单位:篇;次)

序号	作者	署名单位	论文数	被引数	链接强度
1	Handy, Femida	美国宾夕法尼亚大学(University of Pennsylvania)	13	523	36
2	Cnaan, Ram A.	美国宾夕法尼亚大学(University of Pennsylvania) 韩国庆熙大学(Kyung Hee University)	8	222	34
3	Nesbit, Rebecca	美国佐治亚大学(University of Georgia)	8	113	7
4	Taniguchi, Hiromi	美国路易斯维尔大学(University of Louisville)	8	276	4
5	Haski-Leventhal, Debbie	悉尼新南威尔士大学(University of New South Wales Sydney) 麦考瑞大学(Macquarie University)	7	266	35
6	Brudney, Jeffrey L.	美国克利夫兰州立大学(Cleveland State University) 北卡罗来纳大学威尔明顿分校(University of North Carolina Wilmington)	6	238	27
7	Gazley, Beth	美国印第安纳大学布卢明顿分校(Indiana University Bloomington)	6	148	4
8	Holmes, Kirsten	澳大利亚科庭大学(Curtin University) 英国萨里大学(University of Surrey)	6	217	31
9	Meijs, Lucas C. P. M.	荷兰鹿特丹伊拉斯姆斯大学(Erasmus University Rotterdam)	6	246	24

续表

序号	作者	署名单位	论文数	被引数	链接强度
10	Scheepers, Peer	荷兰奈梅根拉德布大学（Radboud University Nijmegen）	6	101	10
11	Eikenberry, Angela M.	美国内布拉斯加大学奥马哈分校（University of Nebraska Omaha）	5	211	3
12	Guentert, Stefan T.	瑞士苏黎世联邦理工学院（ETH Zurich）	5	127	12
13	Kulik, Liat	以色列巴伊兰大学（Bar Ilan University）	5	66	2
14	Rotolo, Thomas	美国华盛顿州立大学（Washington State University）	5	111	7
15	Wang, Lili	美国亚利桑那州立大学凤凰城校区（Arizona State University-Downtown Phoenix）	5	67	7
16	Wehner, Theo	瑞士苏黎世联邦理工学院（ETH Zurich）	5	127	12
17	Wicker, Pamela	德国科隆体育大学（German Sport University Cologne）澳大利亚格里菲斯大学（Griffith University）	5	143	6
18	Wilson, John	美国杜克大学（Duke University）	5	529	5

3. 机构合作

图2-6为论文的机构合作网络图，714篇论文涉及的署名机构有655个，通过VOSviewer分析，形成了32个机构聚类。表2-10列出了论文篇数大于8的署名机构（不区分机构的署名排序）。从论文数、被引数和链接强度来看，美国宾夕法尼亚大学都排在第一位。

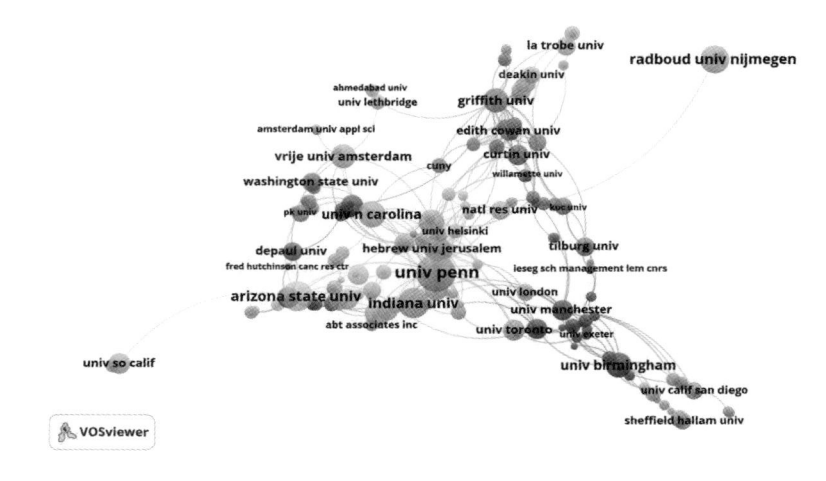

第二章 志愿服务文化建设研究文献回顾及评析 / 37

图 2-6 论文的机构合作网络图

表 2-10　　论文的署名机构分布（论文篇数大于 8）　　（单位：篇；次）

序号	机构	论文数	被引数	链接强度
1	美国宾夕法尼亚大学（univ penn）	25	666	56
2	美国亚利桑那州立大学（arizona state univ）	16	220	18
3	美国印第安纳大学（indiana univ）	16	334	10
4	荷兰奈梅根拉德布大学（radboud univ nijmegen）	14	144	7
5	美国北卡罗来纳大学（univ n carolina）	12	201	16
6	荷兰伊拉斯姆斯大学（erasmus univ）	11	292	32
7	美国印第安纳普渡大学（indiana univ purdue univ）	11	278	10
8	英国伯明翰大学（univ birmingham）	11	105	14
9	澳大利亚格里菲斯大学（griffith univ）	10	294	28
10	荷兰阿姆斯特丹弗里耶大学（vrije univ amsterdam）	10	133	14
11	美国路易斯维尔大学（univ louisville）	9	308	1
12	比利时布鲁塞尔弗里耶大学（vrije univ brussel）	9	296	8
13	以色列巴伊兰大学（bar ilan univ）	8	93	5
14	德国科隆体育大学（german sport univ cologne）	8	167	9
15	美国伊利诺伊大学（univ illinois）	8	94	14
16	美国南加州大学（univ so calif）	8	458	5
17	加拿大多伦多大学（univ toronto）	8	197	10

4. 国家/地区合作

图 2-7 为论文的国家/地区合作网络图，714 篇文献涉及 54 个国家/地区，通过 VOSviewer 分析，形成了 10 个机构聚类。表 11 列出了论文篇数前 30 的国家/地区。

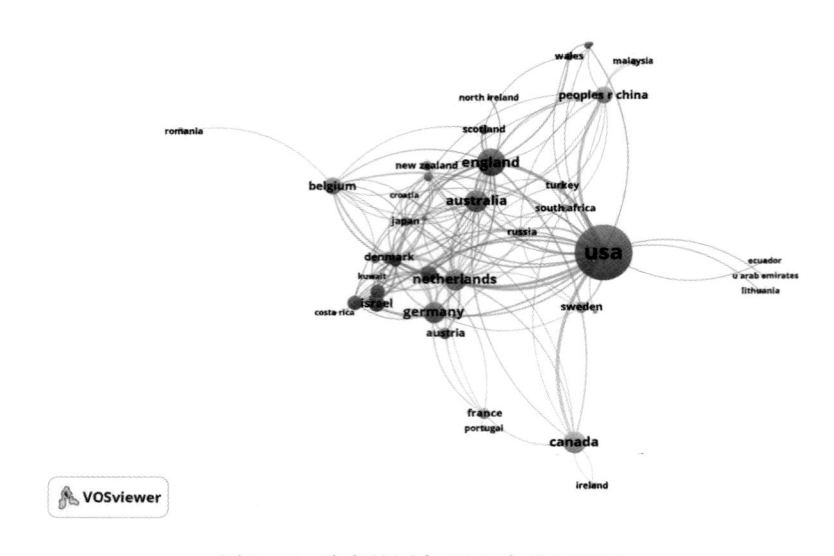

图 2-7 论文的国家/地区合作网络图

署名美国机构的论文数量最多，达到了 296 篇，其论文的影响力也最高，被引数为 6634 次，链接强度值为 97，体现了美国机构跨国家/地区合作的活跃度高。

表 2-11　　　　　论文的国家/地区分布（Top30）　　　（单位：篇；次）

序号	国家/地区	论文数	被引数	链接强度	序号	国家/地区	论文数	被引数	链接强度
1	美国（USA）	296	6634	97	16	奥地利（Austria）	13	357	4
2	英格兰（England）	73	1104	52	17	法国（France）	13	148	10
3	澳大利亚（Australia）	49	1077	34	18	苏格兰（Scotland）	10	143	7
4	加拿大（Canada）	48	926	27	19	日本（Japan）	9	224	20
5	德国（Germany）	45	694	20	20	新西兰（New zealand）	9	70	3
6	荷兰（Netherlands）	44	849	45	21	俄罗斯（Russia）	9	235	16
7	中国（China）	29	302	27	22	芬兰（Finland）	8	255	14

续表

序号	国家/地区	论文数	被引数	链接强度	序号	国家/地区	论文数	被引数	链接强度
8	比利时（Belgium）	27	716	22	23	挪威（Norway）	8	161	5
9	以色列（Israel）	25	445	10	24	南非（South africa）	7	96	9
10	意大利（Italy）	24	404	13	25	土耳其（Turkey）	7	67	4
11	西班牙（Spain）	19	224	7	26	威尔士（Wales）	7	66	8
12	瑞士（Switzerland）	19	457	14	27	中国台湾地区（Taiwan）	6	74	1
13	丹麦（Denmark）	15	63	10	28	巴西（Brazil）	5	46	5
14	韩国（Korea）	14	266	32	29	墨西哥（Mexico）	5	17	5
15	瑞典（Sweden）	14	137	7	30	葡萄牙（Portugal）	4	62	1

（三）研究热点分析

通过使用 VOSviewer 对 714 篇文献信息进行关键词共现分析，选择关键词共现频次大于 10，呈现 5 个主题聚类，见图 2-8。通过结合共现词频，分析可知国外志愿服务主题领域的研究方向主要有志愿服务组织管理、志愿服务动机、志愿服务公民参与、志愿服务行为影响因素、志愿者职业与性别等，具体见表 2-12。

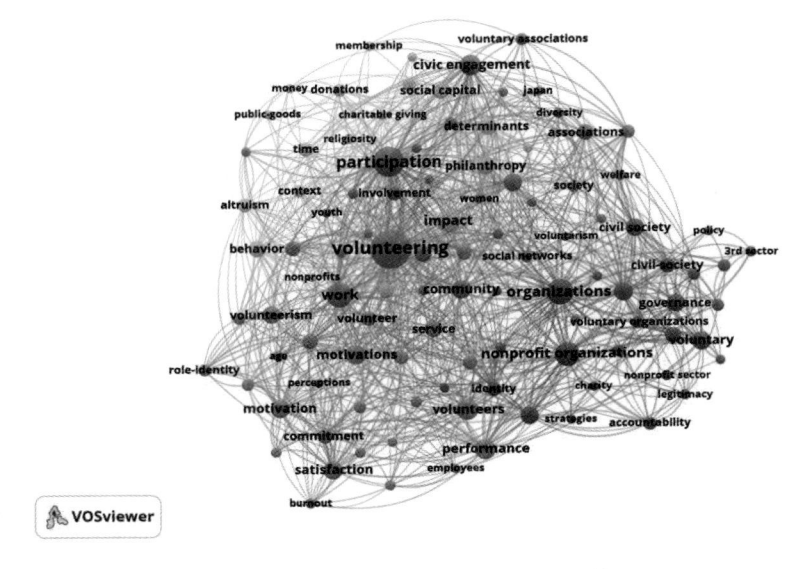

图 2-8 志愿服务文献关键词共现网络

表 2–12　　关键词共现主题分类及词频

聚类一 志愿服务组织 管理	共现次数	聚类二 志愿服务动机	共现次数	聚类三 志愿服务公民参与	共现次数	聚类四 志愿服务行为影响因素	共现次数	聚类五 志愿者职业与性别	共现次数
关键词	共现次数	关键词	共现次数	关键词	共现次数	关键词	共现次数	关键词	共现次数
非营利组织 nonprofit organizations	116	动机 motivation	103	参与 participation	101	影响 impact	63	志愿服务 volunteering	166
组织 organizations	75	志愿者 volunteer	78	公民参与 civic engagement	49	慈善事业 philanthropy	37	职业 work	72
公民社会 civil society	60	表现 performance	46	社区 community	40	社会资本 social capital	36	性别 gender	32
志愿 voluntary	40	满意 satisfaction	40	志愿协会 voluntary associations	35	行为 behavior	32	健康 health	26
治理 governance	36	服务 service	36	信任 trust	34	决定因素 determinants	31	就业 employment	23
志愿组织 voluntary organizations	35	志愿精神 volunteerism	35	协会 associations	28	资源 resources	27	利益 benefits	16
管理 management	34	个性 personality	26	参与 involvement	24	利他主义 altruism	23	福利 welfare	12
非营利部门 nonprofit sector	30	奉献 commitment	25	民主 democracy	21	时间 time	22	妇女 women	12
第三部门 third sector	28	参与 engagement	24	社交网络 social networks	14	宗教信仰 religion	21	成人 adults	11
非政府组织 ngos	18	角色认同 role-identity	18	文化 culture	13	捐赠 donations	20	性别差异 gender-differences	11

1. 第一聚类研究方向：志愿服务组织管理

第一聚类的关键词主要包括了非营利组织（nonprofit organizations）、非营利部门（nonprofit sector）、非政府组织（ngos）、志愿组织（voluntary organizations）、第三部门（third sector）、公民社会（civil society）、治理（governance）、管理（management）等，体现了志愿服务文化的组织与制度文化层面，该类研究方向可凝练为志愿服务的组织管理。

在不同的文献中，关于非营利组织、非政府组织、第三部门、志愿组织等的内涵以及相互关系的表述不尽相同，但从志愿服务的角度看，其基本特征为志愿性、公益性和非政府性，他们都是开展志愿服务的主要载体。随着社会的发展，非营利的志愿服务组织也发生了变化。Vantilborgh 等人[1]通过文献分析，发现在过去的几十年里开展志愿活动的非营利组织出现了两大演变，一是非营利组织更加的专业化，二是新志愿者与传统志愿者在志愿活动的动机、愿望和期望方面存在显著差异，这些变化为非营利组织的治理和管理带来了挑战。

志愿者及其组织的良好运行建立在高效管理的基础上。Dunn 等人[2]认为对于健康和福利领域的非营利组织而言，志愿者是重要的运营资源，经过调研该领域偶发性志愿服务的当代管理理念和实践情况，提出通过设计组织管理框架，增强偶发性志愿服务的能力。

志愿服务组织作为非营利、非政府组织的重要组成部分发挥着特有的社会功能。Kaltenbrunner 等人[3]通过对灾害管理中的志愿者与非营利组织合作研究，发现"避免误解"和"互动频率"等社会资本成分增强了非营利组织和志愿者之间的协作努力。Girginov 等人[4]研究了英国和俄罗斯

---

[1] Vantilborgh, T., Bidee, J., Pepermans, R. et al., "A New Deal for NPO Governance and Management: Implications for Volunteers Using Psychological Contract Theory", *Voluntas*, Vol. 22, No. 4, 2011, pp. 639–657.

[2] Dunn, J., Scuffham, P., Hyde, M. K. et al., "Designing Organisational Management Frameworks to Empower Episodic Volunteering", *Voluntas*, Vol. 33, No. 2, 2022, pp. 217–228.

[3] Kaltenbrunner, K., Renzl, B., "Social Capital in Emerging Collaboration Between NPOs and Volunteers: Performance Effects and Sustainability Prospects in Disaster Relief", *Voluntas*, Vol. 30, No. 5, 2019, pp. 976–990.

[4] Girginov, V., Peshin, N. & Belousov, L., "Leveraging Mega Events for Capacity Building in Voluntary Sport Organisations", *Voluntas*, Vol. 28, No. 5, 2017, pp. 2081–2102.

志愿性体育组织利用2012年伦敦奥运会和2014年索契奥运会提升能力,发现志愿性体育组织利用奥运平台在员工资质、组织学习及绩效管理三个方面提升其组织能力并创造公共价值。

开展志愿服务是公民参与公共生活的重要途径,志愿服务组织是公民社会的核心要素;同时,公民社会的建立,有助于形成合适志愿服务的社会环境。Simsa等人[①]调查了"2015欧洲难民危机"中的自发性志愿活动,实证分析了在民间社会组织主持下开展志愿服务组织的反应和经验,并得出了管理方面的启示;研究结果表明,社会危机中自发性志愿服务的环境不同于自然灾害情况下的环境,自发性志愿服务组织部分取代了官方的应急系统,这导致了高度的自我组织。

2. 第二类聚类研究方向:志愿服务动机

第二聚类的关键词主要包括了动机(motivations)、表现(performance)、满意(satisfaction)、个性(personality)、志愿精神(volunteerism)等,聚焦志愿者的思想意识活动,体现了志愿服务文化的观念文化层面,该类研究方向可凝练为志愿服务动机。

动机是激发志愿者产生志愿服务想法、做出志愿服务行为并且持续从事志愿服务的原动力。Stukas等人[②]使用志愿者功能量表(Volunteer Functions Inventory)对4085名澳大利亚志愿者进行了动机调查,并使用自尊(self-esteem)、幸福感(well-being)、自我效能感(self-efficacy)、社会联系(social connectedness)和社会信任(social trust)的测量方法对他们的幸福感进行了调查。

依据志愿服务动机,可以对志愿者进行分类。Demir等人[③]通过研究市场细分的定量营销方法,根据动机对伊斯坦布尔的志愿者进行了细分分

---

① Simsa R., Rameder P., Aghamanoukjan A., Totter M., "Spontaneous Volunteering in Social Crises: Self-Organization and Coordination", *Nonprofit and Voluntary Sector Quarterly*, Vol. 48, No. 2S, 2019, pp. 103S – 122S.

② Stukas AA., Hoye R., Nicholson M., Brown KM., Aisbett L., "Motivations to Volunteer and Their Associations With Volunteers' Well-Being", *Nonprofit and Voluntary Sector Quarterly*, Vol. 45, No. 1, 2016, pp. 112 – 132.

③ Demir FO., Kireçci AN., Yavuz Görkem Ş., "Deepening Knowledge on Volunteers Using a Marketing Perspective: Segmenting Turkish Volunteers According to Their Motivations", *Nonprofit and Voluntary Sector Quarterly*, Vol. 49, No. 4, 2020, pp. 707 – 733.

析，确定了志愿者的 5 种类型，即自我提升型（self-improver）、事业驱动型（career-driven）、善良灵魂型（benevolent soul）、社交型（social networker）以及忠诚精神型（faithful spirit）。不同类型的志愿者，其志愿服务动机也存在差异。Maki 与 Snyder[1]创建并验证了个人对行政志愿服务、帮助动物、人际互助（自主或依赖）、捐赠、体力志愿服务（建筑或自然环境）、政治志愿服务 8 种不同类型的志愿服务的兴趣清单，并将兴趣与志愿者的社会人格、动机以及满意度做了关联分析。

志愿者参与志愿服务的动机受到诸多因素的影响。Nencini 等人[2]以在 4 个不同非营利组织工作的 247 名志愿者为调查对象，探讨他们参加志愿活动的动机、满意程度和对所在非营利组织的工作气氛的看法；结果表明，组织气氛在自主动机和满意度之间以及外部动机和离职意向之间起着中介作用。Ferreira 等人[3]通过了解动机、管理因素和满意度来研究医院志愿者留在组织中的意愿。他们调查了 304 名医院志愿者，研究发现动机与满意度、管理因素与满意度、满意度与停留意愿以及动机与管理因素之间存在正相关关系。

关于国际志愿者服务动机的文献主要强调西方案例，而 Okabe 等人[4]对日本海外合作志愿者的动机进行分析，发现志愿者的动机主要包括 6 种类型：好奇（curious）、有商业头脑（business-minded）、发展援助（development assistance）、追求自我（quest for oneself）、以变化为导向（change-oriented）、利他主义者（altruist）。

随着互联网技术的发展，个人有可能在线志愿服务并参与非营利组织

---

[1] Maki A., Snyder M., "Investigating Similarities and Differences Between Volunteer Behaviors: Development of a Volunteer Interest Typology", *Nonprofit and Voluntary Sector Quarterly*, Vol. 46, No. 1, 2017, pp. 5 – 28.

[2] Nencini, A., Romaioli, D. & Meneghini, A. M., "Volunteer Motivation and Organizational Climate: Factors that Promote Satisfaction and Sustained Volunteerism in NPOs", *Voluntas*, Vol. 27, No. 2, 2016, pp. 618 – 639.

[3] Ferreira, M. R., Proença, T. & Proença, J. F., "Volunteering for a Lifetime? Volunteers' Intention to Stay in Portuguese Hospitals", *Voluntas*, Vol. 26, No. 3, 2015, pp. 890 – 912.

[4] Okabe Y., Shiratori S., Suda K., "What Motivates Japan's International Volunteers? Categorizing Japan Overseas Cooperation Volunteers (JOCVs)", *Voluntas*, Vol. 30, No. 5, 2010, pp. 1069 – 1089.

的研究活动，Cox 等人[1]研究了在线志愿者项目提供志愿服务的动机。

3. 第三类聚类研究方向：志愿服务的公民参与

第三聚类的关键词主要包括参与（participation）、公民参与（civic engagement）、社区（community）、参与（involvement）、信任（trust）、社交网络（social networks）等，体现了志愿服务文化的行为文化层面，该类研究方向可凝练为志愿服务的公民参与。

志愿服务活动是公民参与社会生活的重要途径，一方面体现了公民的社会责任，另一方面也反映了公民生活品质的提升和生活方式的转变。志愿服务发展状况也是"公民社会"完善程度的重要标志之一。Bonnesen[2]通过分析丹麦青年人的生活轨迹，研究了青年人参与志愿服务的社会不平等现象，发现性别、社会阶层和教育等因素影响年轻人参与志愿活动。Lanero 等人[3]对 408 位西班牙年轻人进行了调查，通过考虑动机的中介作用分析了个人公民参与和加入志愿服务协会意愿之间的关系。

志愿组织（Voluntary organizations）被誉为促进公民政治参与的"民主学校"（schools of democracy）。Lee Cheon[4]基于世界价值观调查（World Values Survey，WVS）中美国受访者的数据，探讨了公民参与志愿组织和政治参与之间的关系，研究发现只有某些类型的志愿组织促进了某些类型的政治参与，追求社会使命的志愿组织更有可能促进政治参与。

青年一代广泛使用在线社交网站，引起了研究人员对社交网站如何影响新一代公民参与志愿服务的关注。Lee Young-joo[5]利用 2013 年美国明

---

[1] Cox J., Oh EY., Simmons B., et al., "Doing Good Online: The Changing Relationships Between Motivations, Activity, and Retention Among Online Volunteers", *Nonprofit and Voluntary Sector Quarterly*, Vol. 47, No. 5, 2018, pp. 1031 – 1056.

[2] Bonnesen L., "Social Inequalities in Youth Volunteerism: A Life-Track Perspective on Danish Youths", *Voluntas*, Vol. 29, No. 1, 2018, pp. 160 – 173.

[3] Lanero A., Vázquez JL., Gutiérrez P., "Young Adult Propensity to Join Voluntary Associations: The Role of Civic Engagement and Motivations", *Nonprofit and Voluntary Sector Quarterly*, Vol. 46, No. 5, 2017, pp. 1006 – 1029.

[4] Lee C., "Which Voluntary Organizations Function as Schools of Democracy? Civic Engagement in Voluntary Organizations and Political Participation", *International Journal of Voluntary and Nonprofit Organizations*, Vol. 33, No. 2, 2022, pp. 242 – 255.

[5] Lee Y., "Facebooking Alone? Millennials' Use of Social Network Sites and Volunteering", *Nonprofit and Voluntary Sector Quarterly*, Vol. 49, No. 1, 2020, pp. 203 – 217.

尼苏达州青少年社区研究数据，实证检验了千禧一代社交网络使用与志愿服务的关系；研究发现社交网站可以成为传播信息和招募不定期志愿者的有用工具，促进青年一代公民参与志愿活动。

Wang 和 Handy[①]认为参加志愿协会是移民融入东道国的重要途径，他们研究考察了相对加拿大本地人移民自愿参与宗教和世俗组织的倾向性因素，以及移民与本地人在自愿参与方面的差异。研究发现，非正式的社交网络、宗教出席率和教育水平与移民和本地人参与宗教和世俗组织并成为其志愿者的倾向呈正相关。

4. 第四类聚类研究方向：志愿服务行为影响因素

第四聚类的关键词主要包括影响（impact）、慈善事业（philanthropy）、社会资本（social capital）、行为（behavior）、宗教信仰（religion）、捐赠（donations）、决定因素（determinants）等，体现了志愿服务文化的行为文化层面，该类研究方向可凝练为志愿服务行为影响因素。

志愿服务行为的有效开展受到志愿服务主体、管理组织、社会文化环境等的影响。Forbes 和 Zampelli[②]利用 2006 年社会资本社区调查（Social Capital Community Survey）的数据，研究社会资本、宗教资本、人力资本和态度对志愿服务的影响；研究发现，友情的多样化和教育程度的提高增加了志愿服务的可能性，宗教信仰的强烈程度提高了志愿服务的水平，更多的非正式社交网络和正式团体参与以及更多的宗教参与，都会增加志愿服务的可能性和水平。Wu 等人[③]使用 2013 年《中国城市居民的慈善行为调查》中的代表性数据集，研究公民网络（civic networks）、互惠规范（norms of reciprocity）、机构信任（institutional trust）、熟人信任（acquaintance trust）和陌生人信任（stranger trust）等社会资本对志愿服务和捐赠的影响；分析表明，在中国背景下，公民网络、互惠规范、机构信任

---

① Wang, L., Handy, F., "Religious and Secular Voluntary Participation by Immigrants in Canada: How Trust and Social Networks Affect Decision to Participate", *Voluntas*, Vol. 25, No. 6, 2014, pp. 1559 – 1582.

② Forbes KF., Zampelli EM., "Volunteerism: The Influences of Social, Religious, and Human Capital", *Nonprofit and Voluntary Sector Quarterly*, Vol. 43, No. 2, 2014, pp. 227 – 253.

③ Wu Z., Zhao R., Zhang X., Liu F., "The Impact of Social Capital on Volunteering and Giving: Evidence From Urban China", *Nonprofit and Voluntary Sector Quarterly*, Vol. 47, No. 6, 2018, pp. 1201 – 1222.

和陌生人信任与志愿服务和捐赠都呈正相关。Mesch 等人[1]利用美国印第安纳州的家庭数据,探讨种族、性别和婚姻状况对捐赠和志愿行为的影响;研究结果表明,即使控制了收入、年龄和学历等因素的差异,在慈善行为方面,性别、种族、婚姻状况等存在重要影响。

Taniguchi[2]利用2009年美国时间使用状况调查(American Time Use Survey)的数据,研究了在教育、有偿工作、家务和宗教等主要生活领域花费的时间在多大程度上与个人正式和非正式志愿服务的决定有关。Taniguchi[3]还利用2005年日本综合社会调查(Japanese General Social Survey)得出的数据,考察了社会信任和机构信任对日本正式志愿服务和慈善捐赠的影响。

Nesbit[4]认为在一个人的生命周期中,志愿服务的动机和模式会发生变化,并检验了志愿服务与孩子的出生、离婚、丧偶和一位家庭成员的死亡4个特定生活事件之间关系的假设。

Einolf[5]认为父母的慈善捐赠和志愿服务水平受子女生活转变的影响。他通过利用2001—2009年"收入动态追踪调查"(Panel Study of Income Dynamics)的纵向数据,研究发现,当一个新生婴儿到达时,父母的慈善捐赠和志愿服务减少了;当年龄最大的孩子达到2岁时,他们的捐款增加了,但他们的志愿服务却没有增加;当大孩子上初中和高中时,父母的慈善捐赠和志愿服务增加了;最小的孩子离开家时,父母减少了捐款和志愿服务,并将慈善捐款重新分配给了健康和环境组织;母亲对志愿服务的负面影响更大,而父亲对志愿服务的正面影响更大。

---

[1] Mesch DJ., Rooney PM., Steinberg KS., Denton B., "The Effects of Race, Gender, and Marital Status on Giving and Volunteering in Indiana", *Nonprofit and Voluntary Sector Quarterly*, Vol. 35, No. 4, 2006, pp. 565 – 587.

[2] Taniguchi H., "The Determinants of Formal and Informal Volunteering: Evidence from the American Time Use Survey", *Voluntas*, Vol. 49, No. 1, 2020, pp. 203 – 217.

[3] Taniguchi H., Marshall G. A., "The Effects of Social Trust and Institutional Trust on Formal Volunteering and Charitable Giving in Japan", *Voluntas*, Vol. 25, No. 1, 2014, pp. 150 – 175.

[4] Nesbit R., "The Influence of Major Life Cycle Events on Volunteering", *Nonprofit and Voluntary Sector Quarterly*, Vol. 41, No. 6, 2012, pp. 1153 – 1174.

[5] Einolf CJ., "Parents' Charitable Giving and Volunteering: Are They Influenced by Their Children's Ages and Life Transitions? Evidence From a Longitudinal Study in the United States", *Nonprofit and Voluntary Sector Quarterly*, Vol. 47, No. 2, 2018, pp. 395 – 416.

5. 第五类聚类研究方向：志愿者就业与性别

第五聚类的关键词主要包括志愿服务（volunteering）、职业（work）、就业（employment）、健康（health）、性别（gender）、福利（welfare）等，体现了志愿服务文化的物质文化层面，该类研究方向可凝练为志愿者职业与性别。

志愿者的就业状态等与志愿服务行为之间存在关联关系。Taniguchi[①]利用1995—1996年美国中年发展全国调查（National Survey of Midlife Development in the United States，MIDUS）的数据，研究了就业和家庭特征对白人成年人志愿服务影响的性别差异；研究发现，在就业状况影响男性和女性志愿行为的方式上存在统计上的显著差异；与全职工作相比，非全日制工作鼓励女性从事志愿工作，但不鼓励男性，而失业完全抑制了男性的志愿工作。Malinen和Mankkinen[②]认为要招募和留住消防志愿者，重要的是要了解这些志愿者所面临的障碍，以及这些障碍如何与他们的态度和行为意图相关联；他们对芬兰762名志愿消防员进行了调查，发现缺乏时间，与工作/学校的冲突以及其他与工作有关的挑战是最常见的障碍。

参与志愿服务的行为培养了志愿者的责任感，提高了他们的就业竞争能力。Slootjes和Kampen[③]对46名生活在荷兰的土耳其、摩洛哥和苏里南的第一代和第二代移民妇女进行了生活故事访谈，发现工作福利制志愿服务有助于移民提高就业能力和赋权能力。

性别差异与志愿者开展志愿服务行为的关系是众多研究人员关注的课题。Wemlinger和Berlan[④]利用1999—2002年的世界价值观调查（World

---

① Taniguchi H. , "Men's and Women's Volunteering: Gender Differences in the Effects of Employment and Family Characteristics", *Nonprofit and Voluntary Sector Quarterly*, Vol. 35, No. 1, 2006, pp. 83 – 101.

② Malinen S. , Mankkinen T. , "Finnish Firefighters' Barriers to Volunteering", *Nonprofit and Voluntary Sector Quarterly*, Vol. 47, No. 3, 2018, pp. 604 – 622.

③ Slootjes, J. , Kampen, T. , " 'Is My Volunteer Job Not Real Work?' The Experiences of Migrant Women with Finding Employment Through Volunteer Work", *Voluntas*, Vol. 28, No. 5, 2017, pp. 1900 – 1921.

④ Wemlinger E. , Berlan M R. , "Does Gender Equality Influence Volunteerism? A Cross-National Analysis of Women's Volunteering Habits and Gender Equality", *Voluntas*, Vol. 27, No. 2, 2016, pp. 853 – 873.

Values Survey）数据，探索男女志愿服务组织类型的差异，并讨论性别平等对这些志愿服务模式的影响。Quaranta[1] 研究了在意大利人们整个生命过程中参与志愿组织的性别差异。通过利用家庭调查"ISTAT 日常生活多用途调查"（ISTAT Multipurpose Survey—Aspects of daily life）的数据，发现离开父母对男性和女性参与志愿组织都有积极的关系，结婚和为人父母不利于女性参与志愿组织，而不对男性的参与产生不利。Fyall 和 Gazley[2] 以 2007 年参与美国志愿者行为调查的 23 个美国国际专业协会的 12722 名成员为样本，研究发现性别继续影响专业领域的志愿者行为，与男性相比，女性从事专业协会中常见的大多数志愿活动的可能性一直较低，但是当妇女年纪较大并充分就业时，这种性别差异将被部分抵消。Rotolo 和 Wilson[3] 对美国 1978—1991 年全国年轻女性群体纵向调查（Young Women's Cohort of the National Longitudinal Survey）数据进行分析，发现家庭主妇比全职工作者更有可能成为志愿者，其次是兼职工作者；学龄儿童的母亲最有可能成为志愿者，其次是无子女妇女和年幼儿童的母亲；学龄儿童的母亲如果是家庭主妇，就更有可能成为志愿者，而学龄前儿童的母亲如果全职工作，就不可能成为志愿者。

（四）国外志愿服务研究的特征

本章选择了 Nonprofit and Voluntary Sector Quarterly（《非营利和志愿部门季刊》）和 Voluntas（《国际志愿和非营利组织》）两种学术期刊作为文献来源，这两种期刊在志愿服务主题研究方面具有代表性，对其文献的分析能够一定程度地体现国外在志愿服务研究方面的特征。以下从研究方法、研究主题、研究对象、理论基础等角度阐释国外志愿服务研究的基本特征。

1. 从研究方法的角度来看，国外志愿服务研究注重应用实证研究的

---

[1] Quaranta, M., "Life Course, Gender, and Participation in Voluntary Organizations in Italy", *Voluntas*, Vol. 27, No. 2, 2016, pp. 874–899.

[2] Fyall, R., Gazley, B., "Applying Social Role Theory to Gender and Volunteering in Professional Associations", *Voluntas*, Vol. 26, No. 1, 2015, pp. 288–314.

[3] Rotolo T., Wilson J., "The Effects of Children and Employment Status on the Volunteer Work of American Women", *Nonprofit and Voluntary Sector Quarterly*, Vol. 36, No. 3, 2007, pp. 487–503.

方法。具体来说，就是通过观察、访谈、测验、调查、实验、案例分析、数理统计分析等方法开展相关研究。当然，一般在研究过程中都是多种研究方法组合应用。

观察法、调查法、访谈法、测验法是收集研究数据的常用方法，在国外志愿服务研究中也得到普遍应用，如：观察志愿服务项目的实施情况[1]；志愿者的在线调查[2]；通过深入访谈探讨移民和本地志愿者之间的互动关系[3]；通过量表测验志愿者动机[4]。

实验法在国外志愿服务研究中也得到应用，如：为研究社会信息对志愿服务的影响开展的实验[5]。案例分析法是对有代表性的事物或现象深入地进行周密而仔细的研究从而获得总体认识的一种科学分析方法。在国外志愿服务研究中，案例分析法得到广泛的应用，如：通过案例分析公民社会、志愿服务和社会运动之间的界线[6]。

伴随着学科的不断发展，定量分析的方法推进不断提升相关研究的科学性和严谨性。在应用数理统计分析方法方面，研究人员将广义线性混合模型（Generalized linear mixed models）[7]、线性回归模型（Linear regression

---

[1] Hjort, M., Beswick, D., "Volunteering and Policy Makers: The Political Uses of the UK Conservative Party's International Development Volunteering Projects", *Voluntas*, Vol. 32, No. 6, 2021, pp. 1241 – 1254.

[2] Trautwein S., Liberatore F., Lindenmeier J., von Schnurbein G., "Satisfaction With Informal Volunteering During the COVID – 19 Crisis: An Empirical Study Considering a Swiss Online Volunteering Platform", *Nonprofit and Voluntary Sector Quarterly*, Vol. 49, No. 6, 2020, pp. 1124 – 1151.

[3] Ruiz Sportmann, A. S., Greenspan, I., "Relational Interactions Between Immigrant and Native-Born Volunteers: Trust-Building and Integration or Suspicion and Conflict?" *Voluntas*, Vol. 30, No. 5, 2019, pp. 932 – 946.

[4] Erasmus, B., Morey, P. J., "Faith-Based Volunteer Motivation: Exploring the Applicability of the Volunteer Functions Inventory to the Motivations and Satisfaction Levels of Volunteers in an Australian Faith-Based Organization", *Voluntas*, Vol. 27, No. 3, 2016, pp. 1343 – 1360.

[5] Moseley A., James O., John P., Richardson L., Ryan M., Stoker G., "The Effects of Social Information on Volunteering: A Field Experiment", *Nonprofit and Voluntary Sector Quarterly*, Vol. 47, No. 3, 2018, pp. 583 – 603.

[6] Feenstra, R. A., "Blurring the Lines Between Civil Society, Volunteering and Social Movements. A Reflection on Redrawing Boundaries Inspired by the Spanish Case", *Voluntas*, Vol. 29, No. 6, 2018, pp. 1202 – 1215.

[7] Tang F., "Retirement Patterns and Their Relationship to Volunteering", *Nonprofit and Voluntary Sector Quarterly*, Vol. 45, No. 5, 2016, pp. 910 – 930.

model)①、分层非线性模型（Hierarchical nonlinear modeling）②、结构方程模型（Structural Equation Modeling）③、验证性因素分析（Confirmatory Factor Analysis）④、二元逻辑回归模型（Binary logistic regression models）、增长曲线模型（Growth curve modeling）⑤ 等数理定量分析方法和模型应用到志愿服务相关研究数据的分析中。

2. 从研究对象来看，国外志愿服务研究选取的对象完整多样，覆盖面广。通过文献分析发现，志愿服务参与主体的年龄阶段包括了儿童、青少年、青年、中年和老年，如：西班牙儿童和年轻人的志愿服务分析⑥；利用2013年美国明尼苏达州青少年社区队列研究的数据，实证检验千禧一代的社交网络网站使用与志愿服务的关系⑦；从丹麦青年的生活轨迹视角研究青年志愿服务中的社会不平等⑧；从志愿服务的视角考察了全球范围内不断扩大的老年人退休后的主观生活质量⑨。志愿服务的类型包括了

---

① Tiefenbach, T., Holdgrün, P. S., "Happiness Through Participation in Neighborhood Associations in Japan? The Impact of Loneliness and Voluntariness", *Voluntas*, Vol. 26, No. 1, 2015, pp. 69 – 97.

② Rotolo T., Wilson J., "State-Level Differences in Volunteerism in the United States: Research Based on Demographic, Institutional, and Cultural Macrolevel Theories", *Nonprofit and Voluntary Sector Quarterly*, Vol. 41, No. 3, 2012, pp. 452 – 473.

③ Gross HP., Rottler M., "Nonprofits' Internal Marketing and Its Influence on Volunteers' Experiences and Behavior: A Multiple Mediation Analysis", *Nonprofit and Voluntary Sector Quarterly*, Vol. 48, No. 2, 2019, pp. 388 – 416.

④ Mannarini, T., Talò, C., D'Aprile, G. et al., "A Psychosocial Measure of Social Added Value in Non-profit and Voluntary Organizations: Findings from a Study in the South of Italy", *Voluntas*, Vol. 29, No. 6, 2018, pp. 1315 – 1329.

⑤ Kim Y-I., Jang SJ., "Religious Service Attendance and Volunteering: A Growth Curve Analysis", *Nonprofit and Voluntary Sector Quarterly*, Vol. 46, No. 2, 2017, pp. 395 – 418.

⑥ Mainar, I. G., Servós, C. M. & Gil, M. I. S., "Analysis of Volunteering Among Spanish Children and Young People: Approximation to Their Determinants and Parental Influence", *Voluntas*, Vol. 26, No. 4, 2015, pp. 1360 – 1390.

⑦ Lee Y., "Facebooking Alone? Millennials' Use of Social Network Sites and Volunteering", *Nonprofit and Voluntary Sector Quarterly*, Vol. 49, No. 1, 2020, pp. 203 – 217.

⑧ Bonnesen, L., "Social Inequalities in Youth Volunteerism: A Life-Track Perspective on Danish Youths", *Voluntas*, Vol. 29, No. 1, 2018, pp. 160 – 173.

⑨ Taghian, M., Polonsky, M. J. & D'Souza, C., "Volunteering in Retirement and Its Impact on Seniors Subjective Quality of Life Through Personal Outlook: A Study of Older Australians", *Voluntas*, Vol. 30, No. 5, 2019, pp. 1133 – 1147.

国际志愿者、赛会志愿者,如:对日本海外合作志愿者(JOCV)的动机进行分析[1];研究国际体育赛事中的志愿服务行为[2]等。

国外志愿服务研究对象涉及微观个人层面、中观组织层面以及宏观国家地区层面;相关研究面向实践,包括微观志愿者行为、组织管理、慈善捐赠、社会政策与行政管理等不同领域。

3. 从研究的学科理论基础来看,国外志愿服务研究根植于社会学、政治学、管理学、经济学、法学、心理学等众多学科。志愿服务相关研究建立在一定的理论和框架基础上,不断进行拓展深化。通过文献分析,相关研究中应用的理论包括:自决理论(Self-Determination Theory)[3]、心理契约理论(Psychological contract theory)[4]、公民社会理论(Civil society theory)[5]、委托代理理论(Principal-agent Theory)[6]、制度理论(Institutional Theory)[7]、调节焦点理论(Regulatory focus theory)[8]、社会交换理论

---

[1] Okabe Y., Shiratori S., Suda K., "What Motivates Japan's International Volunteers? Categorizing Japan Overseas Cooperation Volunteers (JOCVs)", *Voluntas*, Vol. 30, No. 5, 2019, pp. 1069 – 1089.

[2] Güntert ST., Neufeind M., Wehner T., "Motives for Event Volunteering: Extending the Functional Approach", *Nonprofit and Voluntary Sector Quarterly*, Vol. 44, No. 4, 2015, pp. 686 – 707.

[3] De Clerck, T., Willem, A., Aelterman, N. et al., "Volunteers Managing Volunteers: The Role of Volunteer Board Members' Motivating and Demotivating Style in Relation to Volunteers' Motives to Stay Volunteer", *Voluntas*, Vol. 32, No. 6, 2021, pp. 1271 – 1284.

[4] Haski-Leventhal D., Paull M., Young S., et al., "The Multidimensional Benefits of University Student Volunteering: Psychological Contract, Expectations, and Outcomes", *Nonprofit and Voluntary Sector Quarterly*, Vol. 49, No. 1, 2020, pp. 113 – 133.

[5] Feenstra, R. A., "Blurring the Lines Between Civil Society, Volunteering and Social Movements. A Reflection on Redrawing Boundaries Inspired by the Spanish Case", *Voluntas*, Vol. 29, No. 6, 2018, pp. 1202 – 1215.

[6] Becker A., "An Experimental Study of Voluntary Nonprofit Accountability and Effects on Public Trust, Reputation, Perceived Quality, and Donation Behavior", *Nonprofit and Voluntary Sector Quarterly*, Vol. 47, No. 3, 2018, pp. 562 – 582.

[7] Sanzo-Pérez, M. J., Rey-Garcia, M. & Álvarez-González, L. I., "The Drivers of Voluntary Transparency in Nonprofits: Professionalization and Partnerships with Firms as Determinants", *Voluntas*, Vol. 28, No. 4, 2017, pp. 1595 – 1621.

[8] Nisbett, G. S., Strzelecka, M., "Appealing to Goodwill or YOLO-Promoting Conservation Volunteering to Millennials", *Voluntas*, Vol. 28, No. 1, 2017, pp. 288 – 306.

（Social exchange theory）[①]、归因理论（Attribution theory）[②]、布迪厄文化资本理论（Theory of cultural capital）[③]等。

4. 从研究数据的获取和利用来看，国外志愿服务研究将第三方收集调查数据作为重要数据源。实证研究离不开数据的支撑，研究志愿服务的数据分为一手数据和二手数据，一手数据来自田野调查、实验、调查问卷或访谈等，二手数据来自完成的相关调查项目、开放资料库等。通过文献分析，相关研究中的数据来源包括：英国家庭调查（BritishHousehold Panel Survey，BHPS）[④]、非洲晴雨表的调查数据（Afrobarometer survey data）[⑤]、日本综合社会调查（Japanese General Social Survey，JGSS）数据[⑥]、美国中年发展研究（National Survey of Midlife Development in the United States，MIDUS）调查数据[⑦]、欧洲健康、老龄化和退休调查（The Survey of Health，Ageing and Retirement in Europe，SHARE）数据[⑧]、第六次欧洲工作条件调查（European Working Conditions Survey，EWCS）数据[⑨]、比

[①] Kulik，L.，Arnon，L. & Dolev，A.，"Explaining Satisfaction with Volunteering in Emergencies: Comparison Between Organized and Spontaneous Volunteers in Operation Protective Edge"，*Voluntas*，Vol. 27，No. 3，2016，pp. 1280 – 1303.

[②] Hoogervorst N.，Metz J.，Roza L.，van Baren E.，"How Perceptions of Altruism and Sincerity Affect Client Trust in Volunteers Versus Paid Workers"，*Nonprofit and Voluntary Sector Quarterly*，Vol. 45，No. 3，2016，pp. 593 – 611.

[③] Dean J.，"Class Diversity and Youth Volunteering in the United Kingdom: Applying Bourdieu's Habitus and Cultural Capital"，*Nonprofit and Voluntary Sector Quarterly*，Vol. 45，No. 1，2016，pp. 95 – 113.

[④] Downward P.，Hallmann K.，Rasciute S.，"Volunteering and Leisure Activity in the United Kingdom: A Longitudinal Analysis of Males and Females"，*Nonprofit and Voluntary Sector Quarterly*，Vol. 49，No. 4，2020，pp. 757 – 775.

[⑤] Compion，S.，"The Joiners: Active Voluntary Association Membership in Twenty African Countries"，*Voluntas*，Vol. 28，No. 3，2017，pp. 1270 – 1300.

[⑥] Taniguchi，H.，Marshall，G. A.，"The Effects of Social Trust and Institutional Trust on Formal Volunteering and Charitable Giving in Japan"，*Voluntas*，Vol. 25，No. 1，2014，pp. 150 – 175.

[⑦] Marshall，G. A.，Taniguchi，H.，"Good Jobs，Good Deeds: The Gender-Specific Influences of Job Characteristics on Volunteering"，*Voluntas*，Vol. 23，No. 1，2012，pp. 213 – 235.

[⑧] Haski-Leventhal，D.，"Elderly Volunteering and Well-Being: A Cross-European Comparison Based on SHARE Data"，*Voluntas*，Vol. 20，No. 6，2009，pp. 288 – 306.

[⑨] Capecchi S.，Di Iorio F.，Nappo N.，"Volunteering and Self-Assessed Health Within EU28 Countries: Evidence From the EWCS"，*Nonprofit and Voluntary Sector Quarterly*，Vol. 50，No. 1，2021，pp. 93 – 117.

利时老龄化研究项目（Belgian Ageing Studies project）数据①。

三　文献评述与启示

通过全面调查研究分析发现，国内外学者在志愿服务和志愿服务文化主题领域已经形成了一定规模的研究成果，在这些研究的基础上，结合实践发展趋势，未来中国志愿服务文化相关研究将会在以下方向得到进一步的探索和分析。

展望一：志愿服务与党和国家发展战略的关系研究。2019 年 1 月，习近平总书记在天津考察调研时指出："志愿者是为社会作出贡献的前行者、引领者，志愿服务是社会文明进步的重要标志，是广大志愿者奉献爱心的重要渠道"②，并指出新时代志愿服务要同"两个一百年"奋斗目标、同社会主义现代化强国同行，志愿服务与社会主义现代化国家建设、与社会文明进步、与国家治理体系完善和治理能力提升相联系。由此，新时代志愿服务事业发展与中国共产党的政治指引，党的领导与志愿服务规范发展、党建工作与志愿服务组织发展有效融合，志愿服务与中华民族伟大复兴的战略目标、"四个全面"战略布局和"五位一体"总布局的关系等问题将会成为未来研究的热点，尤其是在全面建成小康社会的收官期围绕脱贫攻坚、乡村振兴等重大战略，围绕社区治理、扶老救孤、恤病助残、助医助学、防灾减灾、大型赛会等重点领域开展志愿服务的理论与实践研究将会成为关注的焦点。

展望二：志愿服务法治化建设研究。2017 年 12 月 1 日开始施行的《志愿服务条例》是新时代中国特色志愿服务道路、理论、制度和文化价值创新的可靠保障，《条例》的颁布和实施必将对志愿服务组织及其管理的科学化、法治化提供保障。由此，进一步健全和完善《条例》配套政策法规如志愿服务标准的制定等志愿服务法治体系建设，《条例》明确志

---

① Dury S., Brosens D., Smetcoren A-S., et al., "Pathways to Late-Life Volunteering: A Focus on Social Connectedness", *Nonprofit and Voluntary Sector Quarterly*, Vol. 49, No. 3, 2020, pp. 523－547.

② 翟雁：《2019：中国志愿服务"大"回眸》，《公益时报》2019 年 12 月 31 日。

愿服务管理体制调整后相关职能部门在推进志愿服务共治共管的过程中涉及管理体系架构及职能的优化,志愿服务参与社会治理的行政管理模式探索的实践经验等都是亟待研究的重要课题。

展望三:志愿服务制度化、专业化发展研究。志愿服务制度化的落脚点在基层社区,而目前基层社区的志愿服务工作力量总体来看较为单薄,因此在制度化建设中,强化以志愿服务为主要内容的文明实践中心阵地建设,创新制定社区志愿者管理、培训、激励等方面的具体措施,精准对接社区基层群众需求,以项目专业化带动组织和人才队伍的专业化等问题都是值得关注的重要命题。

展望四:"互联网+"志愿服务研究。在互联网时代,传统公益格局受到冲击和重塑,基于互联网的公益应运而生[①],借助互联网力量发展志愿服务事业也成为趋势。2018年9月,民政部印发《"互联网+社会组织"(社会工作、志愿服务)行动方案(2018—2020年)》,为推动"互联网+志愿服务"提供了框架性的设计和安排。顺应互联网时代的发展大势,如何将志愿服务与互联网紧密相结合,从服务、技术和管理层面更好地促进志愿服务健康有序发展,将是一个值得研究的方向。

展望五:志愿服务文化建设研究。志愿服务文化是中国特色社会主义先进文化在现代社会呈现的一种独特文化状态和精神风貌,是志愿服务价值观的形态化过程中生成的制度、行为、心理与物化形象标识的总和。当前对于志愿服务文化体系建设理论研究重视程度仍不够,志愿服务文化与志愿服务价值观、社会主义核心价值观、社会主义先进文化的内在关系辨析,关于当代中国志愿服务文化建设的思想渊源、历史变迁、规律探求、体系构建的深入探讨,不同国家和地区志愿服务文化传统的比较研究等都是未来研究值得关注的重要视域。

展望六:突发事件志愿服务研究。志愿服务是社会治理体系的重要组成部分,在重大突发事件应对中发挥着独特的作用。在我国,志愿服务实践工作经过不断地发展,在重大突发事件应急救助、灾情预警、救助动员、心理干预、维护秩序等方面发挥出独特的功能,得到了政府与社会的广泛认同。《中华人民共和国突发事件应对法》规定"县级以上人民政府

---

① 徐家良:《互联网公益:一个值得大力发展的新平台》,《理论探索》2018年第2期。

及其有关部门可以建立由成年志愿者组成的应急救援队伍",我国已逐步建立了多层次应急管理的志愿服务队伍体系,在各种突发事件的预防和应对中发挥了积极作用[①]。

2020年以来,新冠感染对经济发展、社会治理、公众心理状态等产生了重大的冲击。志愿服务工作有效地保障了防控期间社会的正常运转,对维护社会稳定、人心安定起到了关键作用。

构建面向应对突发事件的应急志愿服务体系和行动机制是当前危机管理和志愿服务发展的重要课题[②]。此外,以新冠感染等重大突发事件中志愿者、志愿服务工作为研究对象,进行经验和理论的总结和凝练,也值得学界重点关注。

展望七:志愿服务研究理论方法的借鉴与创新。国外志愿服务研究注重实证分析,运用观察、访谈、测验、调查、实验、案例分析、数理统计分析等多种多样的研究方法提升相关研究的科学性,通过案例分析厘清志愿服务工作的运行机理,通过调查统计分析志愿服务的影响因素,通过数理统计分析挖掘志愿服务发展逻辑,运用自然实验解析志愿服务的有效性等[③]。通过不断吸取和借鉴国外志愿服务研究的经验和长处,学习和引入其相关基础理论、研究方法、研究视角和研究主题等,国内志愿服务相关研究可以吸取国际经验,也能为国内志愿服务的实践探索提供一个值得借鉴的发展思路。另外,国内志愿服务相关研究要拓宽研究的广度和深度,打破学科壁垒,通过跨学科、跨文化研究扩展志愿服务的理论创新,探索建立中国特色的志愿服务理论研究。

[①] 张勤、艾小燕:《重大突发事件中提升志愿服务应急能力的现实思考》,《中国地震》2021年第3期。

[②] 魏娜、王焕:《突发公共卫生事件下应急志愿服务体系与行动机制研究》,《南通大学学报》(社会科学版)2020年第5期。

[③] 魏娜、王焕:《国内外志愿服务研究主题演进与热点比较研究——基于2008—2018年的数据分析》,《中国行政管理》2019年第11期。

第三章

中国志愿服务文化内涵、结构与功能研究

文化是民族之血脉，人民精神之家园。建设社会主义文化强国，其本质是建立在五千多年文明传承基础上的文化自信。志愿服务是全人类共同价值所追求的公益行为。对于中国志愿服务事业发展而言，要实现在中华大地上普及、繁荣和昌盛的局面必须着力推进志愿服务文化建设。那么，何谓志愿服务文化？志愿服务文化建设的内容结构和表现有什么？志愿服务文化建设的必要性和重要性有什么？这些问题的研究是中国特色志愿服务理论体系中不可或缺的重要内容，是扎实推进中国特色志愿服务文化建设必须回答的"前提性问题"。

一 中国志愿服务文化的理论内涵

问渠那得清如许，从文化的视角观察志愿服务，中国志愿服务文化自古有之，与中华文化血脉相承，其主体与中华优秀传统文化、革命文化和社会主义先进文化已然构成内在的有机统一。在当代中国，志愿服务文化表现出民族的、科学的、大众的社会主义先进文化性质，它是新时代中国式现代化社会文明的活力彰显。奋进于社会主义现代化强国的历史新阶段，当代中国志愿服务文化建设需立足全球发展，彰显中国智慧和中国担当。

（一）"文化"的语义考察及其内涵

从词源的角度考察，文化在拉丁语"Culture"中通常含有"耕耘"

"练习"或"掘种土地""动植物培养"之意,这种用法在"农业"(Agriculture)和"园艺"(Horticulture)两词的词根中至今仍保存着。古罗马时期,西塞罗所言"Cultura mentis"(耕耘智慧)①,是将文化的意蕴等同于哲学。在古代西方,还未有我们今天所涵盖人类群体生活一切的"文化"的名词。也可以说,到了近代西方才开始有"文化"这一概念,我们用来翻译的"文明""文化""人文"这三个词,本出于我国古代经典文献,只是在翻译近代西方的概念之时恰与之符合。

"人文"最早见于《周易·贲卦·彖辞》中,"刚柔交错,天文也。文明以止,人文也。观乎天文以察时变,观乎人文以化成天下"②。对此,宋代程颐释曰,"天文,天之理也;人文,人之道也。天文,谓日月星辰之错列,寒暑阴阳之代变,观其运行,以察四时之速改也。人文,人理之伦序,观人文以教化天下,天下成其礼俗。乃圣人贲之道也"③。由此得知,天文指自然界的运行规律,人文指人类社会的运行法则。观乎"人文"以察社会伦理秩序,广行诗书礼乐以教化天下,旨在善美情通,淳朴民风,美化心灵。"人文"与"化成天下"相结合,体现了古人在探究人与自然、社会、神灵及其人的外在举止言行中所流露的内在道德心性,呈现"天人合一"的辩证统一和谐观。从中可知,此处的"人文"泛指人世间的诸方事态与状况,即具有了人类文化的内涵。

"文"与"化"合成一个整词,最早见于西汉文献《说苑·指武》中,"文化不改,然后加诛"。考经据典,在古代国人的古老用法中,中国最早的"文化"含义是指文治和教化,文化就是"发于情止于理"。以伦理道德教诲世人,即如何善修德行、远离外物、善应天地,用感化、教育之方治天下。可以说,从精神的层面谈及文化的思路乃是先贤哲人沿袭的基本取向。正如词源之考,我们今天使用的"文化"(Culture)一词则是源于拉丁语的语汇,有所区分的是,中国的"文化"自始即较为偏重精神文化领域,而西方之"Culture"则展现了生发于人类的物质生产活

---

① [古罗马]西塞罗:《图斯库兰论辩集》,李蜀人译,中国社会科学出版社2021年版,第68页。
② 《周易译注:贲卦·彖辞》。
③ (宋)程颐:《伊川易传·卷二》,上海古籍出版社1989年版,第59页。

动并引申到精神活动的特征。

根据《现代汉语词典》中给出"文化"的三种解释①,大而言之,文化就是人类历史发展过程中所创造一切物质(财富)文明、精神(财富)文明和制度(财富)文明的总和。综合以上,从广义上讲,文化可分为包括物质(器物)文化、观念文化、制度文化和行为文化在内的诸多内容。从狭义来看,文化更多是指精神层面的内容,属于社会意识形态范畴。

文化语义丰富,古今中外对文化的解释纷繁复杂,但对文化的社会功效和影响却能达成共识。从文化现象及其历史发展来看,文化的定义其实不在定义里,而是流淌在文化所支撑、依其存续和繁衍的事物或过程之中,并表现为一种整体的生活方式、集体人格及其精神价值的传承。可以说,文化是人们在生产实践与创造中形成的产物,既是一种现实社会现象,也是一种历史现象,文化是人类社会发展的历史传承和积淀。

为什么要倡导文化的传承呢?文化对于人类具有强大的驱动力、掌控力,以及深远的影响力和引导力。20世纪初,马克斯·韦伯的一个重大发现,就是找到了欧美资本主义发展迅速的原因,即在于"新教伦理"所具有的特殊气质,并以"新教伦理+资本主义精神"作为理想构型解锁了西方文明的密码。进入20世纪70年代,哈佛大学哲学教授丹尼尔·贝尔发现,20世纪中叶以来的欧美资本主义经济运行中之所以频繁遭遇各种危机,其矛盾的根源就在于文化矛盾。因而,对文化的解构与重构似乎成为人类有史以来的永恒话题。

在现实生活中,如果我们从文化的外延来考察文化的这种强大力量,或许更有助于我们理解文化的内涵。丹尼尔·贝尔指出,"文化是为人类生命过程提供解释系统,帮助他们对付生存困境的一种努力"②。对于这一定义的解读,樊浩教授解析了这一概念中所包含的"文化"的四种要素,分别是"生命过程、生存困境、解释系统和超越性的'努力'"③。

---

① 《现代汉语词典(第七版)》,商务印书馆2018年版,第1371—1372页。
② [美]丹尼尔·贝尔:《资本主义文化矛盾》,赵一凡等译,生活·读书·新知三联书店1989年版,第24页。
③ 樊浩:《文化与安身立命》,福建教育出版社2009年版,第23页。

也即文化是人的"生命过程"中因超越"生存困境"需要而构成的一个"解释系统"。这套解释系统给文化建构了一种意义世界，即由主客体之间的关系所缔造的世界。显然，意义世界在此成为文化的核心。作为意义世界的解释系统，文化在本质上表现为人类通过建构合理的意义世界并不断超越生存困境的一种状态。

事实上，作为意义世界的文化与人类社会发展史相伴相生，从古代社会追求"大同社会"的构想，到马克思时代追求的"共产主义"社会，从基督教的"天堂永生"到佛教的"极乐世界"，都体现为一种对人之生存困境状态的超越性"努力"。从这一层面来说，文化的价值则在于创造意义世界，这与创造权力世界的政治任务、创造利益世界的经济价值是完全不同的。

进一步说，意义世界是相对于自然世界和世俗世界而言的，是作为社会主体的人在与世界发生关系的解释和创造中形成的价值世界。因此，我们常说"人化万物"并"以文化人"，意思是人要获得文化知识以适应并改造环境，创新和优化自然，进而要胸怀大局、志存高远，以先进文化为方向影响和教化后人。这时的文化即要求作为社会存在的个体的独立性要与群体的公共性相统一，通过文化的解释系统并超越生命过程中的生命困境，就能成为有"文化"素养之人。显然，这里的文化是作为生存方式的一种表达。

上述关于文化的理解，无论是将文化视为人类的"生存方式"，还是把所有的事物都包容进"社会结构"的文化，都具有一定的合理性，也都表明文化本身即构成一个多元复合的词素，是一种系统性的存在，这也成为我们分析和阐释志愿服务文化的必要和前提。

(二) 志愿服务文化的内涵界说

"志愿服务文化"是一个由"志愿服务"和"文化"共同组成的复合词，除了以上对"文化"的语义考察和内涵分析以外，还有必要对"志愿服务"（Voluntary Service，Volunteering）一词作出界定。笔者在《大学生志愿精神作用机理及实证研究》一书中，曾对"志愿者""志愿服务""志愿组织""志愿精神"等概念进行全面的分析，并综合词源发展和国内外志愿服务界定，得出"志愿服务"概念为"社会成员参与社会建设、改善公共福祉的重要途径，是参与主体自主自愿选择、超越常规经济交换活动领域、以造福他人和社会为目的、具有公益效应的个体性或组织性利他行为，具有'志愿性、无偿性、公益性、组织性'的特征"①。

志愿服务文化"受到历史、政治、宗教及区域文化的影响，是一个非常复杂的概念"②。从当前的研究状况看，对于"志愿服务文化"的理解，除了存在一定理解上的分歧，有的观点还存在一定概念认知上的模糊。如有的学者通过列举"志愿活动的形式和表现"并将其等同于"志愿服务文化"，有的将"志愿精神"当作"志愿服务文化"混同表达，也有将"志愿者文化"等同于"志愿服务文化"来阐述。总的来说，这些认识和理解"似是而非"，实际上是对"志愿服务文化"概念的混淆。无论"志愿服务文化"所包含的"志愿服务"以及"文化"的意义如何，在当代中国语境中，志愿服务文化形成了一些具有代表性的观点，呈现基于历时性和共时性意义上的观念碰撞，形成一种"差异与共在"的时空景象。

学者们有的从文化的构造出发给出定义，"志愿服务文化是文化的组成部分，是指志愿者长时间积累的一套适合自身特点的共同的思维方式、行为准则、责任使命、审美标准，以及相应的物质、符号和精神载体系统"③。有的从广义维度，认为"中国特色志愿文化具有优秀传统文化的内涵，是通过志愿实践活动与具体实际相结合而形成的包含物质层面、制度层面、精神层面与行为层面的全部成果的有机体"④。有的从志愿服务活动的关系考察并作出界定，"志愿文化是志愿服务的灵魂和价值基础，志愿文化为志愿服务提供了理论基础与支撑"⑤。有的从价值的层面指出，"志愿文化是个体出于本能反应而愿意为他人、组织、社会无偿贡献力量所形成的一种文化氛围，并成为主流文化价值观"⑥。中华人民共和国民

---

① 卓高生：《大学生志愿精神作用机理及实证研究》，中国社会科学出版社 2015 年版，第 61 页。
② 丁元竹、江汛清：《志愿活动研究类型、评价与管理》，天津人民出版社 2001 年版，第 3 页。
③ 魏娜：《志愿服务概论》，中国人民大学出版社 2018 年版，第 87—88 页。
④ 秦琴、孙玉曼：《中国特色志愿文化的丰富内涵与价值探析》，《理论观察》2019 年第 11 期。
⑤ 张祖冲：《我国志愿文化构建的维度》，《思想政治教育研究》2013 年第 5 期。
⑥ 袁桂娟：《创意中国的新文化——志愿文化的价值研究》，《继续教育研究》2014 年第 12 期。

政部发布的《志愿服务基本术语》中指出,志愿服务文化(Culture of Volunteerism)是指志愿者、志愿服务组织和社会所认同的志愿服务使命、愿景、宗旨、理念、价值观等精神要素,以及体现这些精神要素的物化载体和制度设计。[①] 这是目前为止从官方立场提出的基本看法。

综合来看,对于志愿服务文化基本内涵的界定,我们可以按照两条路径思索。一种是按照文化形成的历史线索,从古至今梳理不同时期创造的不同形式的志愿服务文化形态;一种是把握"人如何被化成"这一线索,即按照"文化就是人化"的逻辑线索来思考志愿服务文化的价值生成。

从文化的起源来说,人类的文化有两种概念,自然概念和建构概念。所谓自然的概念,指的是从文化即社会生活出发来做出界定和理解,那么志愿服务文化就是作为社会主体的人参与志愿服务行为及其表现的爱心和责任感在人类社会中的历史积淀,这种积淀是历史地生成于当地的社会生活中。从这一角度说,"文化"解释路径即包含了人类生活的全部,文化即是时代沉淀的印记和成果。"文化是一种精神性、本体性的存在,它表现为一个民族的生活方式和行为方式。"[②] 在中华民族五千多年的历史演变中,总存在某些相对不变的东西,而今天的文化绝大部分都是历史的传承,我们要发现的、推动的就是在中华民族的历史遗产中找到这些不变的东西,使之成为可以传承的文化基因。因而,志愿服务在不同的民族、种族、国家乃至不同的历史时期,在不同的社会群体中会呈现不同的志愿服务文化内涵,反过来不同的志愿服务文化对不同的历史群体的价值观又发挥着塑造力和凝聚力。在这一意义上,志愿服务成为一种文化,不仅是对历史演进中志愿服务基因的保存和传承,也是今天志愿服务的特质和样态的表现与刻画。

所谓建构的概念,是说文化具有与时俱进和不断演化的特征,文化本身即是一个建构的过程。作为建构的文化概念或形态对志愿服务文化建设有着直接的影响。众所周知,文化是一种社会现象,是一种承载了历史记忆、思想与观念的人文积淀,不同文化得以传承的根本在于其价值观的确

---

① 中华人民共和国民政部:《志愿服务基本术语》(行业标准 MZ/T 148-2020),2020年3月。

② 樊浩:《文化与安身立命》,福建教育出版社2009年版,第68页。

立，价值观是文化的最核心部分。这一原理对于志愿服务文化同样适用。这样说来，包含价值观在内的志愿服务文化内涵可以从三重结构[①]来作出完整的理解和把握。所谓文化结构就是一个民族相对稳定的生活意义和价值体系，它包含三个层次，外在的是物质器皿层次，中间是行为方式和社会制度，内在是核心价值体系[②]。根据任平教授的文化构造理论，我们做出如下三点理解：第一，志愿服务文化的外在结构，就是志愿服务文化的各类物质载体；第二，中间结构，即调整志愿服务的各种行动准则或行为规范、法律法规等制度；第三，内在结构，即志愿服务文化是人们从事志愿服务的内心世界的映现，在其本质上是一种观念、态度、思想和价值体系的集合。这三个层次构成了志愿服务文化的由外及内的过程。

无论是外在的表层结构，抑或内在的深层结构，实际上都是源自社会历史群体长期的志愿服务实践。所不同的是，内在结构作为最深层的结构，构成了志愿服务得以世代相传、经久不息的文化动力，中间结构的正式或非正式制度或规范对于志愿服务的建设与行动具有一定的指导意义。

这三方面包含着多重复杂的内容，从结构层面来说也是不可或缺的，其结构内核实质上是志愿服务的价值观，志愿服务价值观的塑造和凝聚是志愿服务文化之根本。作为价值、观念层面的志愿服务文化，它是人们在志愿服务活动中化育而生的思维方式、思想观念、价值取向的集合，是人们对他人尤其是弱势群体的关怀表达，其核心是个体之于社会的奉献精神的体现，也是衡量人们对志愿服务行为的价值评估与社会认同标准。

总的来说，作为"自然概念"的志愿服务文化，表现为一种"自然秩序"，强调的是经由人类历史自然形成和社会生活传承下来的理念和行为，以及"自然生发"而成并内嵌于民间社会的习惯、习俗与道德之中的非正式准则和规范；作为"建构概念"的志愿服务文化则呈现一种"伦理秩序"，则是经由国家层面将民间的智慧和创造提炼、升华为人们的价值观集合。

[①] 这里的"结构"是志愿服务文化的组织结构视角。下文的"要素结构"是指志愿文化理论体系的视角。

[②] 任平：《全球文明秩序重建与中国文化自信的当代使命——兼论建构马克思主义中国化的文化形态》，《中共中央党校学报》2017年第1期。

借由这一路径，志愿服务文化就是在志愿服务活动中奉献的价值观和态度的总和，这些价值规范包含着主体以自愿、利他、无偿、公益的高尚精神和服务造福社会的理念，从而实现更新和发展自己的一种生存状态。

（三）中国志愿服务文化的内涵界说

如何理解当代中国的志愿服务文化的内涵？陆士桢教授曾指出，"回答中国特色志愿服务的文化内涵，即中华民族传统优秀文化如何与当代中国社会核心价值观相互融合，建构起独具中国特色的志愿服务文化"[①]。这一认识高屋建瓴，成为回答这一问题的提纲挈领之道。

1. 中国志愿服务文化的界定依据

中国传统文化以儒家的"仁爱"构成了志愿服务文化的价值核心。对于儒家文化来说，"仁"是其人本主义的思想体系的核心，而"仁"的本意就是"仁者，爱人"，对应其内容就是首先要供奉双亲、爱及家人，进而才能善待他人，而后仁民爱物。反映了儒家尊崇推己及人、爱有差等的仁爱原则。由于"仁"本身体现的这种伦理特性，传统文化认为行善与否取决于个人的道德内驱力，即与个体的道德教化有关。因此，在传统文化中对关爱他人、帮助他人、奉献社群等体现志愿服务内涵的公益伦理活动并无强制性规定，应该说是作为个体的一种道德自律的内在要求。此时，公益性志愿服务活动并没有转化为社会成员的本能意识。将"仁"的思想理念提升到治国理政的高度，即意味着统治者要"为政以德"，关心民生。这一方面体现了政府体恤民情，实施社会救济之需，同时也是稳定社会秩序，安定民心的"仁政"之要。

传统文化的"仁爱"这一核心价值观能否成为构建当代志愿服务文化的价值观？回答是否定的。与传统社会的价值观不同，现代志愿服务文化倡导包括尊重、宽容、关爱等价值理念，提倡"奉献、友爱、互助、进步"的志愿精神，尊崇以人为本、利他主义、自愿原则等来从事志愿服务。并且，志愿者从事志愿服务是基于个体的责任、义务的一种使命感。志愿服务尤其成为新时代"青年参与社会治理、履行社会责任的一面旗帜，成为青年在奉献人民、服务社会中锻炼成长的重要途径"，通过

[①] 陆士桢：《中国特色志愿服务概论》，新华出版社2017年版，第193页。

志愿服务行动的倡导与推动，已然"在全社会形成团结互助、平等友爱、共同前进的新风尚"①。显然，社会主义的志愿服务文化超越了传统文化中的施舍、恩赐的助人理念，是建立在人格尊重立场上的团结互助、平等友爱与同舟共济，蕴含了人文关怀、人权平等的价值理念。从这一意义来讲，传统文化中"爱有差等"的仁爱思想与现代志愿服务的核心价值观显然不同。

西方志愿服务文化的价值观是当代中国志愿服务文化的重要借鉴元素。西方志愿服务文化的价值观能否成为构建当代志愿服务文化的价值观？众所周知，西方志愿服务文化的价值观源自基督教的慈善思想。美国最早的志愿者先驱被视为开创北美大陆的"五月花号"清教徒，在美国早期的殖民扩张中，清教徒以志愿互助的方式投身于国家建设，成为西方志愿服务精神宣扬的典范，乃至美国进入19世纪开展的"社区睦邻运动"，都是美国志愿奉献价值观的经典案例。其中，驱使美国公民从事志愿服务的道德力量离不开基督教的慈善思想。

基督教一向被界定为"爱"的宗教，而基督教慈善即是建立在爱人如己的诫命之上，只有爱才是连接人与上帝的纽带②。基督教的伦理观认为，在一切世俗伦理无法消解之时，爱即成为疏解矛盾的最终途径，由"爱"而生摒弃对物质欲望的执着，推崇内心境界的无限价值。这种爱即博爱，博爱是基督教的基本慈善思想，是一切所有社会关系的基础和灵魂。博爱是对任何其他人（包括仇敌）的仁慈之爱，这种爱深切关注处于物质或精神困境者的福祉，是一种超越了情感与经验之上的爱，是超自然的爱。超出了以亲情和血缘为纽带的亲缘范畴，超越了民族、种族、阶层，以至文化与国家的界限，荫及所有人，具有浓厚的普世思想。博爱精神的付诸实施需要人的慷慨、仁慈与自我牺牲精神，对于基督徒来说便是道德的升华。

总而言之，基督教慈善思想为人文关怀提供了深层的滋养，使得人们积极参与扶贫济弱成为一种义务与美德，激发了尤其是基督徒的助人助己、互助互爱的宗教伦理情感。在这一认识基础之上，奠定了西方志愿服

---

① 中华人民共和国新闻办公室：《新时代的中国青年》，人民出版社2022年版，第27页。
② 赵敦华：《基督教哲学1500年》，人民出版社1994年版，第53页。

务文化的理性精神。

可见，基督教慈善思想与儒家之"爱有差等"的仁爱思想完全不同，同儒家仁爱价值观相连的是"道德自律"的思想根基，而基督教文化基于"原罪"的宗教约束更加凸显出道德的强制性、他律性特征。可以说，西方的志愿服务文化是根植于基督教传统的，且因它而受惠，并营造出发达的志愿服务事业。

显然，西方的志愿服务文化价值观对于社会公益事业的发展发挥了重要的价值，但却不能成为我们建构当代志愿服务文化的价值观。究其原因，西方文化的根基渊源于基督教，基督教的慈善思想与我国本土文化的对接不仅需要获得中国人民的价值观认同，还需要与中华民族的思想资源、精神特质和价值理念取得一致。

不言而喻，在立足于我国传统文化基础上，借鉴、吸收西方的志愿服务文化之思想精华，才能构建适合当代中国社会发展的志愿服务文化。因此，建设中国特色的志愿服务文化，就要改变对西方志愿服务文化的盲目崇拜而形成对中国文化的不自信，同时要在社会主义核心价值观指导下发挥革命文化、社会主义先进文化的重要作用。

2. 中国志愿服务文化的概念界定

志愿服务文化总是历史地生成于志愿服务实践中。正如马克思所说，"人们自己创造自己的历史，但是他们并不是随心所欲地创造，并不是在他们自己选定的条件下创造，而是在直接碰到的、既定的、从过去承继下来的条件下创造"[1]。毛泽东曾指出，"我们这个民族有数千年的历史，……今天的中国是历史的中国的一个发展；我们是马克思主义的历史主义者，我们不应当割断历史"[2]。这一唯物史观的重要原则告诉我们，在现实生活中，我们不论怎样摆脱传统来随心所欲地创造现代都是不可能的，因而最重要的就是正确对待传统文化，即要在坚持批判性与继承性的基础之上兼顾二者的有机统一，否则就会违背人类文化传承发展的规律。

在北京冬奥会冬残奥会总结表彰大会上，习近平总书记指出，要在全

---

[1] 《马克思恩格斯选集》第1卷，人民出版社2012年版，第669页。
[2] 《毛泽东选集》第2卷，人民出版社1991年版，第533—534页。

社会弘扬志愿精神，"更好发挥志愿服务的积极作用，促进社会文明进步"①。志愿服务作为现代社会文明进步的重要标志，越是将志愿服务行动融入人们的社会生活中的地区和民族，其文明程度也就越高；同理，社会文明程度高的地区，其志愿精神也必然绽放人类不断进步的文明之光。

当我们总结出这一原则之后，我们发现在"中国特色"语境中的志愿服务文化建设中，有的属于对传统文化的传承，有的属于在志愿服务实践中的社会主义的文化创造，当然在中国引领构建人类命运共同体的新时代，也必然不能脱离世界多元志愿服务文化元素的对话、批判与继承。文化是人的一种生存方式，中国志愿服务文化的终极目标是迈向人类命运共同体的"天下观"以辉映全球，这既是其内涵价值，也是目标路径，它们共同构造、创新着中国志愿服务文化的新内容。

由此，我们可以把中国志愿服务文化概念表述为：中国志愿服务文化是以中华优秀传统文化为根基，融合中国革命文化与外来文化为一体，形成以中国共产党的领导为核心，以社会主义先进文化为主体，以学雷锋志愿服务为标志，彰显奉献、友爱、互助、进步的志愿精神为其文化形象，并呈现开放、包容、共享、幸福姿态的美美与共的独具特色的社会主义文化。这一界定无疑会对人们的文化需求产生极大的吸引力和感召力。

党的十九届四中全会作出"坚持以社会主义核心价值观引领文化建设制度"的重要论断，党的十九届五中全会提出"培育和践行社会主义核心价值观，推动形成适应新时代要求的思想观念、精神面貌、文明风尚、行为规范"的目标指向，党的十九届六中全会进一步强调了"党坚持以社会主义核心价值观引领文化建设"的重要经验。以上表述实际上表明，高度重视中国特色志愿服务文化建设，既是建设社会主义现代化国家的应有之义，也是践行社会主义核心价值观的应尽之为，更是增强文化自觉、自信以实现中华民族伟大复兴的应行之路。

志愿服务文化的中国逻辑是社会主义的文化本质，是对西方资本主义价值观的必然超越。中国志愿服务文化是吸收中华传统优秀文化的创造性转化和创新性发展的成果，是中国迈向社会主义现代化国家新征程的现实

---

① 习近平：《在北京冬奥会、冬残奥会总结表彰大会上的讲话》，人民出版社 2022 年版，第 13 页。

逻辑的文化映照。中国志愿服务文化之哲学精义在于使天下文明，并将为 21 世纪的人类文明贡献中国智慧和中国力量。

二　中国志愿服务文化的要素结构

志愿服务文化是属于内容丰富的文化结构复合体，仅孤立地分析志愿服务文化的理论内涵并不能真正从整体上了解和把握志愿服务文化的特质和功能，更无法知晓志愿服务文化产生、变迁和发展的内在逻辑和基本规律。由此，要把握志愿服务文化的整体特质、功能及其形成发展的机制，必须考察志愿服务文化的内在要素结构。

从概念本身看，"要素"是一个抽象的范畴，"要素"范畴的提出是由于对某一研究从表层向深层研究、从经验实践向抽象理论研究的需要，其意义在于它能够决定事物的性质与功能，是认识事物本质的必要途径。文化要素（cultural element）同样是个比较抽象的概念，人们对文化要素的理解比较复杂，观点各异。有学者认为，文化要素即文化所包含的各种基本成分，是指人类创造的一切可触及物质产品和可意会精神产品的总和[1]。也有将文化要素视为文化元素，用来指称"人类交往中形成的最具体的成果"[2]。并且，文化要素也具有多元性，每一种文化都由多种文化要素组成，它们的有机组合构成了这种文化的总体。[3] 这些见解都有一定的启发性，为进一步厘清这一概念的内涵，我们试图对文化要素的上位概念"要素"做进一步探讨。《汉语大词典》将要素解释为"构成事物的必要因素"。《现代汉语词典》中，要素是"组成系统的基本单元"。《牛津英语大辞典》中，要素有两种不同的解释，一是指抽象事物的某个部分或方面，特指必不可少的或特有的部分、方面。二是指基本物质单位，不能通过化学手段等转换或分解为其他物质，是构成事物的主要成分。

志愿服务文化的要素结构也有着多种不同的划分方式，陶倩教授将志愿服务文化要素用"分类"来表述，"志愿文化可以分为物质层面的志愿

---

[1] 谢伦灿：《文化概念的时代阐释》，华龄出版社 2019 年版，第 245 页。
[2] 刘新芳：《语篇类型共生关系研究》，厦门大学出版社 2018 年版，第 64 页。
[3] 刘新芳：《语篇类型共生关系研究》，厦门大学出版社 2018 年版，第 65 页。

文化、精神层面的志愿文化和制度层面的志愿文化三类"①。这是一个重要的视角，即是从通常的"器物文化、观念文化、制度文化"的文化形态学意义上进行的分类。

需要指出的是，所谓要素一般来讲具有相对稳定性。志愿服务文化要素结构的思索方向旨在探寻志愿服务文化内部诸要素之间的内在联系及其要素之间的组织结构形式。并且诸要素之间相互作用，相互关联，它们共同构成志愿服务文化发展、变迁与演进的动因。基于这一点，本节从动力要素、保障要素、载体要素、基础要素四重维度来概括当代中国志愿服务文化的要素构成。

（一）志愿服务文化的精神层面

处于志愿服务文化深层的是思想性或观念性的精神文化理念，是志愿服务文化的精髓。按照从感性到理性的认识论逻辑，可以进一步划分为：志愿服务心理意识、志愿精神和志愿服务思想与话语体系。

1. 志愿服务心理意识

志愿服务心理意识处于志愿服务文化深层结构中最外层的位置，是人们对志愿服务活动的一种感性认知和心理状态，是在日常生活中形成的风俗、习惯、自发的心态等心理层面的文化表现，如志愿服务动机。

志愿服务的心理意识是在长期的社会生活中积累并沉淀起来的，它有两个显著特点：一是具有潜意识性，志愿服务心理深藏于人的潜意识中，只有在有社会需求和特殊个体需要之时才得以显露，此时的志愿服务意识越强，则行动响应力也越强且迅速。二是志愿服务心理也具有多元化倾向。这是由社会个体的多样化决定的，不同地域、不同职业、不同阶层的利益群体，基于不同的地域风俗、文化背景及其角色身份等的差异，所具有的志愿服务意识亦有所不同。

2. 志愿精神

志愿精神是志愿服务文化的核心与灵魂，"志愿精神"是志愿服务主体基于一定的社会责任意识和利他情怀，自愿地、不为报酬而自觉参与推动人类发展、促进社会进步和完善社区工作的精神，是志愿服务主体思想

---

① 陶倩：《当代中国志愿精神的培养研究》，上海人民出版社2013年版，第106页。

品德的集中表现，是公民社会的精髓①。我国已经形成了"奉献、友爱、互助、进步"的志愿精神，成为有效推动中国志愿服务蓬勃发展的精神与动力支撑。

志愿精神始终伴随并融于整个志愿服务过程中，仅停留于豪言壮志，不以行动、过程以及结果来外化的志愿精神，志愿服务就会成为教条和形式化的展演。因此，志愿服务不能只停留于心理意识层面，而要将志愿服务行动在现实的时空场域中纳入志愿精神的要素，将志愿者的理性精神与行动热情充分结合，并对志愿服务的规律和节奏有所掌控，从而使得志愿服务成为一种有理念引导、有精神支撑的具有逻辑规律的社会行为。新的时代条件下，志愿服务与我国社会主义核心价值观融合，将不断激发全体社会成员的志愿精神和服务意识，引导人们在参与公共事务中，不断深化对志愿精神的认同。

3. 志愿服务理论与话语体系

理论与话语体系是志愿服务文化的理性表现，是抽象化、理论化、系统化的表现形态，一般以志愿服务学说或理论（体系）的形式呈现。志愿服务理论（体系）是研究者将志愿服务活动及其运行规律进行分析、提炼，并呈现为关于志愿服务的概念、特征等原理及其运行规律的理性化、体系化的知识结构。

志愿服务话语体系是依据志愿者、志愿服务及其行动的体验与践行，围绕其产生的志愿服务价值或影响所形成的话题、主题乃至解读或评论的抽象与概括。将志愿者、志愿服务的话题嵌入日常生活与社会场景中，可以使得志愿服务指向一种符号或社会标识，从而引导人们形成志愿信仰、凝聚社会认同、增进社会共识。可以说，志愿服务话语体系使得志愿服务作为一种文化符号形成，并获得人们的普遍接纳、认可与笃信。因此，志愿服务话语体系"实质上是志愿服务文化资本在话语符号体系中的成形过程"②，这种志愿服务文化资本在符号化之后，不断调整和影响着志愿者的行为和精神理念，进而也不断丰富和完善着志愿服务的理论与解释

---

① 卓高生：《大学生志愿精神作用机理及实证研究》，中国社会科学出版社2015年版，第62页。

② 卢德平等：《论中国特色志愿服务方法》，新华出版社2019年版，第49页。

框架。

（二）志愿服务文化的制度机制层面

志愿服务需要一套行之有效的顶层统筹战略与机制，以此树立公益事业的社会公信力，规范、巩固和保障志愿服务事业的健康发展。它是志愿服务思想观念要素的形式化、制度化的外化表现方式。志愿服务文化建设的顶层统筹规划服务于社会主义精神文明和国家治理的责任与使命，着眼于现实与长远战略所需的各类制度与机制资源，为志愿服务发展创造了健康与科学发展的内外部条件。志愿服务的保障要素主要包含以下内容。

1. 国家战略的顶层设计

志愿服务文化的顶层设计是依据志愿服务文化建设和发展的环境条件所创设的发展规划与纲要等，旨在保障志愿服务事业沿着正确的方向与道路健康、科学地发展。包括党和国家对精神文明建设的总体战略规划，包括对中国志愿服务事业的法治环境、制度资源、组织建设与运行管理等要素进行的统一规划和部署，在志愿服务的指导思想、方针政策、基本制度与理论实践等方面所做的整体设计与安排，如党的十九届四中全会将"健全志愿服务体系"作为坚持以社会主义核心价值观引领文化建设制度的重要内容；"十四五"规划和2035年远景目标纲要提出"广泛开展志愿服务关爱行动"。

党的十八大以来，习近平总书记从治国理政顶层设计视角充分肯定志愿服务事业发展的价值，就中国志愿服务文化建设作出一系列重要指示，对志愿服务事业寄予深厚期望。其一，明确了新时代志愿服务的地位作用。2019年，习近平总书记在天津朝阳里社区考察志愿者工作时，称赞志愿者是为社会做出贡献的前行者、引领者，指出志愿服务是"社会文明进步的重要标志"。其二，指明了新时代志愿服务的使命与任务。提出志愿者事业要同"两个一百年"奋斗目标、同建设社会主义现代化国家同行，勉励志愿者继续弘扬志愿精神，继续以实际行动书写新时代的雷锋故事[1]。其三，提出了新时代志愿服务的实践要求。习近平总书记多次在贺信、报告与指示中提出，要为志愿服务事业搭建更多平台和提供有效支

---

[1] 张晓红：《志愿服务理论与实践》，中国青年出版社2019年版，第1页。

持,推进志愿服务不断走向制度化和常态化。这些重要论述和指示,为新时代推进志愿服务事业发展、加强志愿服务文化建设提供了政治指引和根本遵循。

2. 立体布局的制度与机制

制度是组织以及组织化建设的核心,是执行顶层设计与路线的保证。作为新时代社会治理的重要环节,社会主义精神文明建设的升级和国家治理现代化的精准化,都对志愿服务提出了更多的新期待,志愿服务事业已经由数量规模型跨入质量效益型的高质量发展阶段。这就要求对志愿服务发展要侧重于从法律、制度、规章与机制方面进行完善、贯彻和落实。

首先,志愿服务法律制度构成志愿服务制度文化的核心内容,是志愿服务的践行依据。评判志愿服务文化的先进性,重在考察志愿服务的立法创制。党的十八大以来,中国志愿服务制度建设步伐加快,开启了志愿服务法治建设的新时代。作为公益慈善领域的根本大法,2016年实施的《中华人民共和国慈善法》以体系化方式覆盖了从事"公益慈善和志愿服务"的基本权益,为志愿服务提供了行动指南。

其次,行政法规、部门规章成为志愿服务制度文化的重要组成。2016年,中宣部、中央文明办、民政部等8部门联合印发了《关于支持和发展志愿服务组织的意见》,《意见》指明了我国志愿服务组织的发展方向,为志愿服务健康持续深入发展奠定了政策基础,并成为支持志愿服务发展的纲领性文件。随即,《志愿服务条例》(2017)的颁行成为新中国首部冠名志愿服务的国家行政法规,擘画了志愿服务实践的要义和地位。这两部法规和规范性文件互为补充,相得益彰,其所蕴含的价值理念、精神思想让中国志愿服务的实践跨入依法治理、依法运行的新阶段。

最后,地方志愿服务的立法先行以及部门行业标准的发布,为志愿服务制度化、常态化开展提供了保障。从1999年《广东省青年志愿服务条例》的诞生,到后来各省市陆续颁布和修订实施的"志愿服务条例"或"志愿服务促进条例",再到2015年国家发布的《志愿服务信息系统基本规范》,2020年国家发布的《志愿服务记录与证明出具办法(试行)》,2021年我国首个《志愿服务组织基本规范》国家标准发布,这些文件标准的出台都通过对志愿服务组织成立、组织管理、志愿者管理、服务管理、评估与改进等规范性引导促进志愿服务事业的发展。

（三）志愿服务文化的外在物质层面

外在物质层面的志愿服务往往通过一定的物质载体来呈现，是在志愿服务过程中呈现的志愿精神或价值观的感性物质存在。在我国，志愿服务的物质形态已经系统化并外化为广泛认可的文化符号。从广泛的意义上来讲，这些文化符号即是指象征事物、状态或性质的载体。符号即是文字、服饰、标识、口号与姿态等的表征，志愿服务文化符号是志愿服务物质文化的外显和文化凝聚[①]。

符号可以用来告知解释者，志愿服务的对象或情境有何特质或表现，还可以激发潜在志愿者对志愿行为情境的偏好，并鼓动一起加入从事志愿服务的行动，或者组织由其他符号引发的间接从事志愿行为的倾向。比如，通常表现为徽章、旗帜、奖牌、证书等物质实体，以及有关印刷、刻制、制作的公益产品等形式。

符号以文化的可见状态展现志愿服务的凝聚力和感召力。新的时代条件下，一系列规范性的志愿服务符号，如中国志愿服务标识、中国青年志愿者标识、2022年北京冬奥会、冬残奥会志愿者标识等不断形成。尤其蕴含着中国元素的志愿服务标识，如"鸟巢一代""小青柠"，互联网大会"小梧桐"、北京"志愿蓝"、遨游太空"飞天旗帜"、北京冬奥会和冬残奥会"天霁蓝"等，这些志愿标识成为弘扬中国志愿精神的重要"景观元素"，正在激励着我们在更高的起点上传递中国智慧，在世界的舞台上唱响中国声音，丰富着人类文明的新内涵，将中国志愿服务文化发扬光大。

这里需要指出的是，随着物联网、大数据与人类社会生活的深度融合，文化的载体也会随着科技的发展而不断创新，同时也依赖于文化的发展理念、文化的创新意识来进行支持。因而，要有意识地设计志愿服务的符号系统，做到喜闻乐见、深入人心，还要有效运用大数据系统对接符号系统对志愿服务的物质载体进行创新，从而为志愿服务的文化传播与文化普及提供良好的条件。

---

① 魏娜：《志愿服务概论》，中国人民大学出版社2018年版，第99页。

（四）志愿服务文化的行为层面

志愿服务的行为文化是通过人们投身志愿服务中表现的促进社会文明进步的特定行为方式与结果的凝结与表征，并与志愿服务的思想观念、制度机制、外在物质文化要素构成统一的有机整体。志愿服务只有通过行动和活动实践，才能形成独特的物质文化、制度文化和精神文化形态，而这些文化形态归根结底要通过志愿行为得以彰显和呈现。并且，只有在志愿服务实践中，才能检验现有的制度、精神与理念是否符合社会建设与文明进步的与时俱进，若仅有思想而不付诸志愿行动，就不会产生志愿服务文化的社会效应。

从新中国成立初期的"爱国卫生运动"肇始，成千上万的技术工作者、医务工作者奔赴朝鲜前线保家卫国的志愿创举，到社会主义革命和建设时期无数青年志愿团队"奔赴北大荒""开拓大陈岛""援外医疗队"等标志性志愿活动的书写，以及"南京路上好八连""学雷锋志愿活动""五讲四美三热爱"等志愿服务热潮的兴起和展开，这些爱国行动无不篆刻了志愿服务行为的时代印记，彰显了高度的爱国主义精神，也因而催生了改革开放以来组织化、规模化、制度化志愿服务活动的高速发展，燃起了"大学生西部计划""大学生村官扶贫""青春同行，抗疫有我"等一系列志愿行动的青春火焰。实践证明，志愿服务行动正在与政治、经济、文化和社会发展紧密相连，并不断融入国家现代化建设与发展的大局中。

需要指出的是，在现代社会，志愿服务作为一种组织化的社会行动，不能仅停留于对志愿行为本身的认知与体悟上，还要有更深层次的精神层面的指引与价值观念的塑造，形成与社会发展相契合的志愿文化的器物、观念与制度要素的有机统一。从这一意义上说，志愿服务行为文化的塑造与养成，实际上是主体从行为认知走向价值认同的过程，也是主体从内心自发走向行动自觉的过程，进而才能形成公民志愿服务意识的增强和参与热情的提升。换言之，作为迈向新时代的志愿服务行为文化，它是社会成员关注公共生活的意识表现，是参与社会进步的基本方式，也是迈向美好社会的行动路径，其彰显和映现着特定的精神理念和价值表达。

通过以上分析，作为一种行动和动因意义上的志愿服务文化要素，承载着志愿服务文化赓续的遗传基因，是社会个体形成志愿认同、生成志愿精神的关键。中国志愿服务文化所包含的要素架构中，以志愿服务的思想观念要素为动力，以志愿服务的战略机制要素为保障，以志愿服务的物质产品要素为载体，以志愿服务的行为要素为基础或前提，共同建构并生成中国志愿服务文化共同体。其中，以志愿服务思想特别是其中的志愿服务价值观为核心，共同塑造着中国志愿服务文化的价值诉求。

三　中国志愿服务文化的特征与功能

古今中外，志愿服务都以自愿、利他、无偿和公益等理念绽放着人类文明进步的智慧和光辉。作为文化体系的组成部分，志愿服务文化受到一国历史与国情的影响而具有多元化和多样性特征，并且因地域性、民族性与时代性特征而各具特色。中国志愿服务文化与中华文化一脉相承、延续发展，其内涵与特质已融入中华优秀传统文化、革命文化和社会主义先进文化所构成内在有机体中。这一内在逻辑铸就了志愿服务文化的中国特色，呈现与西方志愿服务文化的明显不同，也决定了志愿服务文化格局的脉络与走向。

（一）中国志愿服务文化的基本特征

1. 社会主义的中国特色

马克思主义社会形态学说认为，社会主义是比资本主义更加高级和更为先进的社会形态。作为社会主义制度优越性的体现，社会主义是我国一切制度的内在规定，社会主义国家不但要具备经济的富庶和强大的物质基础，还要满足人们的精神需求，建设人类文明的理想社会。这是构建社会主义的志愿服务文化的基础和前提，其构成中国特色志愿服务文化形态的首要特征。这一特征决定了中国特色志愿服务文化建设应以中国特色社会主义道路、理论、制度为根本前提，应当以社会主义核心价值观为统领，并凸显尊重人民的主体地位。

第一，社会主义核心价值观引领的志愿服务生动表达了中国特色的文化姿态。"社会主义核心价值观不仅概括和勾勒了我国的国家价值观，提出了人们对国家应承担的责任和持有的态度，还给予了人们辨识自我政治身份、激发国家自豪感的依据。"① 与之相应，社会主义核心价值观还表达了国家对人民的价值承诺，即以全体人民的自由、平等、公正和法治为利益核心，凸显的是社会主义国家、社会与人民的有机统一。

显然，这与基于自由主义的西方价值观完全不同，西方价值观强调个人对于权利的行使完全不受任何约束制约，是一种绝对的消极的自由观，这就或将导致个人对于某种权利或责任的规避或逃避，从而导致个人与国家之间的价值鸿沟。如果说"志愿服务"是作为外来词引入的，中国志愿服务则是直面中国实践迎上而生。因此，把握社会主义的中国特色最重要的是以社会主义核心价值观引领中国特色志愿服务文化。只有在社会主义制度下，国家的命运与人民的命运紧密相连，人们积极主动地参与志愿服务，履行社会责任，积极奉献国家和社会，人民才能享有良好的生存与发展环境，而国家的发展也能够满足人民的利益需求。中国志愿服务文化已经在国际舞台上展现出无穷的魅力，北京 2022 年冬奥会结束后，国际奥委会主席巴赫致信中国志愿者，"我要向你们，北京 2022 全体志愿者，表示由衷的感谢和钦佩。你们的笑容温暖了我们的心"②。

第二，在社会主义国家，人民的主体地位凸显在志愿者参与的政治生活中。资本主义制度下，生产资料的资本主义所有制不仅决定了人们经济地位的不平等，也使得政治参与成为空谈。与之不同，社会主义国家强调人民是国家的主人，这就从根本上确立了人与人之间的平等地位。人们参与志愿服务不再是以自由的劳动者身份参与社会生活，而是以自由的社会主体身份志愿服务于社会公共事务与公共生活中。

党的十九届六中全会指出，"必须坚持以人民为中心的发展思想，发展全过程人民民主"③。全过程人民民主充分彰显了社会主义的国家性质。因此，在把握志愿服务的社会主义特性之时，要充分发挥全过程人民民主

---

① 李建华：《社会主义核心价值观构建与践行研究》，人民出版社 2017 年版，第 62—63 页。

② 《巴赫致信北京 2022 全体志愿者：你们的笑容温暖了我们的心》，北京 2022 年冬奥会和冬残奥会组织委员会网站，2022 年 4 月 7 日，https：//www.beijing2022.cn/wog.htm？cmsid = 20220407006673. 2022 - 04 - 07。

③ 《中共中央关于党的百年奋斗重大成就和历史经验的决议》，人民出版社 2021 年版，第 24 页。

的优势所在，确保人民在日常政治生活中志愿服务参与社会治理的热情，激发志愿服务的创造活力，在全过程人民民主中满足人民对美好生活的诸多期待。

2. 集体主义的行动准则

集体主义是马克思主义伦理思想的基本原则。集体主义强调人们之间基于自主自愿的联合而建立的实质上的利益共同体，其本质在于协调、缓和个人与其他成员利益、个人局部利益与社会整体利益、个人暂时利益与社会长远利益之间的差异与矛盾的行动准则，从而建立起基于个体与群体之间的和谐互助与内在统一的合作关系。在这一问题上，资本主义遵循的是功利主义的道德体系，其陷入的是个人权利与整体利益何者优先的价值困境。在人际交往关系中，集体主义表达的是对他人的人格尊重、友爱与互助；在个体与社会的范畴中，集体主义表达的是个体之于社会的责任承担与无私奉献。

第一，集体主义的"行动准则"是志愿服务的基本内涵。与西方崇尚个人主义的价值观不同，新中国成立以来的志愿服务主体大部分都是在党的领导下的群团组织带领下开展的，呈现组织化推动、集体性开展的鲜明特色。集体主义原则在现实生活中是通过群众路线来推动的。群众路线，是中国共产党的工作的生命线。党的群众路线是党以人民为中心的价值观在群众工作中的贯彻和表达。回望党的百年奋斗史，无不是党的先进群团组织的革命奋斗史和新中国发展建设史，在发挥群团组织的枢纽力量之下，党和国家的事业从革命走向胜利，从社会主义开拓不断奔赴前进，无不是发起群众、依靠群众的力量成就了今天的伟业。可以说，党的群团组织是党的群众路线的"同盟军"，也是中国志愿服务的"主力军"。在这一群团组织构成的集体中，人们能够自由支配自己的意志，志愿服务于社会所处的生存环境与条件，人们的价值正是在其创造地服务社会的生活中得以实现。这才是马克思所说的"真正的自由人的联合体"。

历史照进现实，中国特色社会主义事业是亿万人民的事业，党的群团工作使命在肩。习近平总书记指出，"在革命、建设、改革各个历史时期，在党的领导下，工会、共青团、妇联等群团组织积极发挥作用，组织动员广大人民群众坚定不移跟党走，为党和人民事业发展作出了重大贡献"①。无数中国群团志愿者就是投身于革命志愿服务事业的先驱者。

第二，志愿服务也为集体主义的行动准则开辟了践行路径。在党的志愿服务事业中，群团组织的集体记忆历历在目，从 20 世纪 50 年代的"星期六义务劳动"到"青年垦荒队"，从 60 年代的"国民经济困难"到"社会主义建设高潮"，从"学雷锋做好事"到"学大庆苦奋斗"，从"汶川地震"到"新冠疫情"，从"改革开放大潮涌"到"新时代的中国青年"，每一次艰难起步，都有群团组织的志愿豪情、英勇破冰，每一次党的号召，都有群团组织的集体响应、冲锋陷阵。可以说，群团组织已经成为中国志愿服务事业发展的枢纽和桥梁。

其中，有中国共青团发起的青年志愿者行动的"大学生暑期三下乡""西部计划"的宏大创举，有中华全国总工会的"农民工维权"的爱心公益奉献，有中华全国妇女联合会的"春蕾计划""母亲水窖"的巾帼志愿服务，还有众多历史悠久的行业性、地方性群团的倾情奉献。诸多群团组织在扶贫济困、大型活动、抢险救灾中做出了重要贡献，必将成为全面建设社会主义现代化国家的中坚力量。集体主义精神已然成为中国志愿服务文化的精神因子，成为中华民族风雨同行的重要支撑，成为中国志愿服务事业可持续发展的行动准则。

3. 雷锋精神的经典传承

雷锋精神，是一座屹立于世界文明史上的精神丰碑。雷锋精神不仅是雷锋同志本人的精神，它篆刻了在革命的特殊年代人民群众与社会主义发展进步交相辉映的思想烙印，成为中国社会蓬勃向上的活力写照。在今天，雷锋精神依然是中国社会持续进步的不竭动力，成为"世界人民领略'中国精神'的示范模本和文化符号"②，"雷锋精神"开启了中国志愿服务文化在神州大地的星火燎原之势，矗立了中国志愿服务文化的品牌与旗帜，是社会主义核心价值观的生动体现。这一宏伟的中国烙印源于

---

① 《习近平：切实保持和增强政治性先进性群众性，开创新形势下党的群团工作新局面》，《人民日报》2015 年 7 月 8 日。

② 朱薇：《新中国思想道德的顶层号召和战略引领》，《雷锋》2022 年第 3 期。

"人民和领袖共同选择了雷锋"①。

第一，学雷锋志愿服务之永恒之源。从 1963 年 3 月 5 日《人民日报》刊发毛泽东主席题词"向雷锋同志学习"的伟大号召伊始，跨越一甲子之时空，学雷锋、树新风、做好人、做好事几乎贯穿成为中华民族每一个历史阶段的"时代最强音"。提倡"雷锋精神"就是提倡雷锋的为人民服务的坚定信仰，为社会做贡献的人生追求，提倡以脚踏实地的忠诚行动投入到革命和工作中的热情，体现的是对知行合一的高尚人格的赞许和推广。这与中华民族经久传承的传统美德一以贯之、一脉相承，早已成为刻写在中国人民内心深处的座右铭。

在毛主席题词之后，每逢 3 月 5 日的"学雷锋纪念日"就成为社会主义精神文明的主题活动日，时至千禧之年，中国共产主义青年团中央委员会又将该日确定为"中国青年志愿者服务日"。至此，"学雷锋"与"志愿服务""喜结连理"，并与中国共产党的"为人民服务"宗旨"并驾齐驱"，成为跨越革命战争年代，并连接社会主义建设时期和改革开放时期的共同历史主题②。可以说，"雷锋精神为当代中国志愿服务的成长孕育了力量，成为中国志愿精神的标志"③。

在雷锋精神的旗帜下，无数志愿者为人民无私奉献，众多贤达善者以一己之力传递志愿情怀，一代代中华儿女在"学习雷锋好榜样"的乐章中陶冶着民族信念、爱国情操，而且虽跨越时空，却历久弥新、永放光芒。雷锋精神对国家和民族的事业发挥了重要的价值。在中华大地上，雷锋精神影响着每一代人、每一个人，他们用"学雷锋""做好事"的实际行动"做雷锋精神的种子，把雷锋精神广播在祖国大地上"④。

第二，学雷锋志愿服务之战略引领。雷锋精神蕴含着忠诚于党和人民的公而忘私精神，工作中热情似火、艰苦奋斗、刻苦钻研的敬业精神，生活中"毫不利己专门利人"的助人精神，做好事扎扎实实、长期一贯的持之以恒精神。学习雷锋就是要引导人民群众将人生的价值定位于服务人

---

① 沈望舒：《论中国特色志愿服务文化》，新华出版社 2021 年版，第 70 页。
② 沈望舒：《论中国特色志愿服务文化》，新华出版社 2021 年版，第 272 页。
③ 卢德平等：《论中国特色志愿服务方法》，新华出版社 2019 年版，第 14 页。
④ 2014 年 3 月 11 日，习近平总书记出席十二届全国人大二次会议解放军代表团全体会议，亲切接见部分基层代表，对某工兵团"雷锋连"指导员谢正谊所说。

民，坚定社会主义的理想信念，激发全体人民主动投身于建设社会主义国家的积极性。可以说，雷锋是弘扬中华民族道德风尚并开启中国精神文明建设的领航者。

党的十七届六中全会提出"推动学雷锋活动常态化"，为响应这一号召，2012年3月2日党中央发布《关于深入开展学雷锋活动的意见》，"学雷锋志愿服务"这一提法正式出现在国家规范性文件中，并对学雷锋活动进行了文化定位与战略部署，提出"以传承和弘扬雷锋精神为主题"，"以社会志愿服务为载体"，"广泛进行雷锋事迹、雷锋精神和雷锋式模范人物的宣传教育，广泛开展学雷锋实践活动和社会志愿服务活动"，"推动学雷锋活动常态化、机制化"。同时，该文件对志愿服务进行了文化定位，在"志愿服务文化"之前赋予定语"学雷锋"之称谓，旨在强调中国志愿服务不是别的什么服务，而是以雷锋精神为核心与旗帜的服务；对志愿服务进行了战略部署，开启了学雷锋活动从"运动式"转向"常态化、制度化"的推广之路。自此，"学雷锋"与"志愿服务"概念合二为一，出现于党和国家的战略规划中，不断书写着中国志愿服务文化建设的新篇章。

第三，学雷锋志愿服务之与时俱进。党的十八大以来，习近平总书记立足统揽全局的战略自觉，更加重视对学雷锋活动的战略指导，分别在各种座谈、调研、复信等场合强调学习雷锋精神达20多次，对发展志愿服务事业作出了一系列重要指示。2018年9月，在参观抚顺市雷锋纪念馆时，习近平总书记殷殷嘱托道，"我们要见贤思齐，把雷锋精神代代相传下去"。2019年7月，习近平总书记在给中国志愿者联合会的贺信中说，"希望广大志愿者、志愿服务组织、志愿服务工作者立足新时代，展现新作为，弘扬奉献、友爱、互助、进步的志愿精神，继续以实际行动书写新时代的雷锋故事"[①]。2019年10月颁行的《新时代公民道德建设实施纲要》中明确提出，"要弘扬雷锋精神和奉献、友爱、互助、进步的志愿精神"。习近平总书记定位学雷锋与志愿服务之文化引领，赋予了中国志愿服务文化以雷锋精神的充沛活力，彰显中国志愿者的人格魅力，以此推动

---

① 《弘扬奉献友爱互助进步的志愿精神 以实际行动书写新时代的雷锋故事》，《人民日报》2019年7月25日。

雷锋精神引领志愿服务文化。

（二）中国志愿服务文化的主要功能

文化具有意识形态的社会属性，因而中国志愿服务文化发挥对于社会个体的道德思想的"赋能"功效；从志愿服务文化之源头来看，其源于中华优秀传统文化的润泽，是对传统文化的经典传承，因而从文化传承的维度，其彰显出文化自信的深厚底蕴；国家"十四五"规划明确将志愿服务列为基层社会治理的重要社会力量，提出支持发展志愿服务组织，搭建志愿服务平台并健全志愿服务体系。2020年新冠疫情以来，习近平总书记多次在重要场合称赞志愿者是为社会做出贡献的引领者、前行者，志愿服务要和社会主义现代化国家建设同向同行。这意味着从社会建设维度，志愿服务要为社会治理助力。由此，从社会个体、文化本体和社会本体角度可以作为阐释中国志愿服务文化独特功能的重要视角。

1. 主体自我提升维度，培育道德形塑之本

文化本身具有主宰主体的思维，掌控主体的行动，是驱使主体行为的关键力量。从文化的作用看，一定的文化形态会通过主体的生活方式，所表现的集体人格，以及其内在独特的精神价值等层面呈现并发挥其社会效果。于此而言，中国志愿服务文化之功效发挥体现为个体思想的文化"赋能"作用。

第一，志愿服务文化形塑着个体道德，并不断实现自我发展与自我创造的"为他"价值。当志愿者在开展志愿服务活动，进行着内在精神塑造同时，也形塑着"为他"的价值理念。而这种自我塑造的过程本质上即是对志愿服务关系及其文化的内化过程。也就是说，通过志愿服务过程的体验，人们所创造的志愿服务关系及其文化就被参与主体所理解、接受，进而可能发生再次选择、传承和创新的机会。

需要强调的是，中国志愿服务文化表现为一种集体主义的行动特质，通过志愿服务的践行和过程体验，有助于带动志愿者群体形成整体的思维习惯、共同的社会心理和一致的行为模式等，反过来，也会推动社会个体自身道德情感与理念的完善与发展。

进一步而言，社会个体自我道德素质的提升也构成了志愿服务文化生成与发展的内在要素，社会主体具有内在个性的道德表达不断地普遍化，

因而也就不断丰富着志愿服务文化的内涵,并不断改变其状态和趋向,从而使得志愿服务及其文化内在生成于人的本质。如果志愿服务中离开了人对自我道德素质的内在塑造,人就失去了对志愿服务文化创造与创新的把握,就会偏离志愿服务文化发展为人自身之道德形塑的方向。在这一意义上讲,志愿服务文化功能之于社会主体而言,其实质是关注于人类的幸福与美好生活的向往。

第二,志愿服务文化形塑着个体道德提升的同时,也带动了社会整体精神境界之提升。在志愿服务所构成的社会关系中,不仅强调志愿者个体力量及其道德理念的提升,实际上更为注重对服务对象和社会关系的尊重和依存。这种双向的关系实现着人与自然、人与人之间关系的协调发展。

具体而言,志愿服务主体通过切身体验、参与志愿服务的过程,感受到助人为乐、服务他人的欣慰和满足,从而产生高度的道德责任心和坚强的意志力,而服务对象也体会到了人格受到尊重与精神上的愉悦。可以说,志愿服务活动是培育人世情感的良田沃土,是人之良善人性的教化载体。它不仅可以弥合人与人之间的情感冷漠,形成一种向上向善的人生观,更加培养了主体的豁达、公允、包容和慈爱的心态,在一定意义上说,有助于主体人性自觉的道德形塑。

摩尔根说,人类发展的"每一个阶段都包括一种不同的文化,并代表一种特定的生活方式"[①]。而这种不同文化与特定的生活方式却是围绕人的存在方式来展开的。以此推之,在每一个历史阶段的志愿服务文化都内在标示着社会个体具有不同的道德水平,可见文化对于个体道德形塑之功效。社会成员通过参与志愿服务实践创造了志愿服务文化,又通过志愿服务文化来形塑和发展人自身。因而,志愿服务文化的价值与人的发展在其本质上形成一致性。当然,文化是一个动态的生存与传播过程,要将志愿服务文化化育为社会主体的生活方式,并非一日之功。

2. 文化传承发展维度,提升文化自信之基

当代中国志愿服务文化之发展,其本质就是在对传统文化的经典传承基础上,将其建设为适合中国社会发展需要的先进文化,找寻其蕴含志愿服务文化认同的历史基础,从而把握中国志愿服务文化的价值自信。习近平总书

---

① [美]摩尔根:《古代社会》,杨东莼等译,商务印书馆1983年版,第9页。

记指出,"中国特色社会主义文化,源自于中华民族五千多年文明历史所孕育的中华优秀传统文化,熔铸于党领导人民在革命、建设、改革中创造的革命文化和社会主义先进文化,植根于中国特色社会主义伟大实践"①。

中国志愿服务作为"先进文化",一是具有鲜明的时代性。中国志愿服务文化根植于当代中国社会主义现代化建设的实践,同时又与世界文明发展的趋势一致,习近平总书记指出,"志愿服务是现代社会文明程度的重要标志"。显然,这充分体现了中国志愿服务文化的时代精神,其独具特色的"文明标志"展示着人类文化发展与前行的方向。

二是具有突出的民族性。中国志愿服务文化源自传统文化的滋养,具有鲜明的中华民族特色,在伦理道德层面,它充分呈现着中国人民的道德本性、伦理精神、行为方式和价值取向,是中华民族的精神力量之源。

三是具有典型的人民性。中国志愿服务文化坚持人民群众创造历史的唯物主义观点,充分关注社会各类人群的物质利益和精神需求,以无私奉献的精神服务于人民群众的需求和愿望。

四是具有不懈的进取性。中国志愿服务文化传承着中华优秀文化的自强不息、勇于创新本色,致力于追求人类文化发展的目标理想,并在志愿服务实践中创新人的生活方式,不断超越社会现实对人的各种限制,为人的自由全面发展提供了内在动力。

党的十九届四中全会强调"坚持和完善繁荣发展社会主义先进文化的制度,巩固全体人民团结奋斗的共同思想基础"②,从社会的制度建设来说,把握志愿服务文化的先进性,能够凝聚全体人民共同奋斗的思想共识。可以看出,上述志愿服务文化所呈现的"先进"样态,为我们赢得了文化认同的基础,必将经由社会主义先进文化的志愿服务样态,提升文化自信的力量。

3. 社会共建共享维度,增进社会治理之力

随着志愿服务领域的延伸与拓展,从传统的帮扶济困到公益环保,从

---

① 习近平:《决胜全面建成小康社会 夺取新时代中国特色社会主义伟大胜利》,人民出版社 2017 年版,第 62 页。

② 《中国共产党第十九届中央委员会第四次全体会议文件汇编》,人民出版社 2019 年版,第 42 页。

大型赛会服务到老年关怀、医疗护理、法律援助,从汶川地震到新冠疫情等重大公共事件,再到社会治理、政策参与等领域,人民群众都能积极、深度参与其中,让世界见证了中国志愿服务文化已蔚然成风。

国家"十四五"规划纲要明确将志愿服务列为基层社会治理的重要社会力量,提出"支持和发展社会工作服务机构和志愿服务组织,壮大志愿者队伍,搭建更多志愿服务平台,健全志愿服务体系"[1]。由此可见,志愿服务已经深度融入并成为国家发展战略和社会治理规划的重要组成部分。当代中国志愿服务不仅是生活美好、人民幸福的组成部分,在聚焦社会民生、服务群众关切、参与共建共治等方面,更是其重要的起点和归宿。

志愿服务是体现和参与全过程人民民主的重要践行方式。志愿服务的发展是检验公民参与民主制度建设的标尺,志愿服务的参与度决定了其在动员社会力量参与民主政治生活的感召力和影响力。当代中国志愿服务作为一项自主自愿的组织化行动,为公民参与社会公共生活、塑造主体意识自觉创造了重要的渠道。

党的十九大报告指出:"推进诚信建设和志愿服务制度化,强化社会责任意识、规则意识、奉献意识。"[2] 社会主体自主参与志愿服务不仅可以实现其参与公共事务的公民权,还可以发挥志愿服务的示范引领作用,培养公民的社会责任感。可见,志愿服务是人民群众积极参与社会治理的重要方式,其在整合社会资源、协调社会利益、维持社会秩序中发挥了重要作用,不仅拓宽了人民群众积极参与社会治理的途径,极大提升了人民群众的民主参与和公共服务意识,也彰显了全过程人民民主在志愿服务实践中的现实展开。

志愿服务是现代公民积极参与政治的重要渠道,是践行公民服务社会重要理念的有效方式。志愿服务的特殊活动方式能够调动人民群众充分参与社会治理的热情,推动实现社会全体成员的最大意愿和最大公约数。据

---

[1] 《中华人民共和国国民经济和社会发展第十四个五年规划和2035年远景目标纲要》,人民出版社2021年版,第153页。

[2] 习近平:《决胜全面建成小康社会 夺取新时代中国特色社会主义伟大胜利》,人民出版社2017年版,第66页。

《2021年中国活跃志愿者现状调查报告》，我国"活跃志愿者的政治参与水平更高，政治效能感更强。……政治参与反映了公民对公共事务的关心和投入，是公民个人现代性的重要体现"①。而"公民现代性"恰体现在其参与人民民主这一"实质性"的全过程中。报告指出，志愿者政治参与的内容主要表现在（村）居委会选举、单位重大决策讨论、对政府公布的政策发表意见、以专业身份参与公共政策、公共事务论证会、出席听证会等方面。"活跃志愿者具有更高的社会信任、阶层认同、政治效能感和其他更为积极的社会评价，这表明我国的志愿者群体不仅创造了较高的社会经济价值，还是社会正能量的积极传播者。"② 随着国家治理能力的不断推进，志愿服务将成为社会治理中更加重要的力量。

---

① 邹宇春、梁茵岚：《2021年中国活跃志愿者现状调查报告》，转引自李培林等主编《社会蓝皮书：2022年中国社会形势分析与预测》，社会科学文献出版社2022年版，第198页。
② 邹宇春、梁茵岚：《2021年中国活跃志愿者现状调查报告》，转引自李培林等主编《社会蓝皮书：2022年中国社会形势分析与预测》，社会科学文献出版社2022年版，第200页。

第 四 章

当代中国志愿服务文化建设思想资源研究

作为中国特色社会主义文化建设的重要内容，当代中国志愿服务文化建设思想溯源，既要充分阐发马克思主义经典作家有关思想观点，也要深入开掘中华优秀传统文化中的志愿服务因子；既要在对中国共产党领导的执政文化中提炼志愿服务文化的"中国智慧"，也要在与全球志愿服务理论和实践的对话中实现本土化转换。唯有如此，才能夯实中国特色志愿服务文化建设的理论基础。

一 马克思主义理论中的志愿服务文化建设思想

马克思主义的创始人在其创立和形成世界观的过程中，对于"志愿""志愿服务""志愿服务文化"及其建设思想的直接论题甚少。如葛兰西所言："如果人们希望研究一种从来不曾被它的创始人所系统地阐明过的世界观的诞生……首先必须重现这位思想家的思想发展进程。"[①] 也就是说，我们若研究马克思主义的志愿服务文化建设思想，首先必须从马克思主义经典作家为数惊人的著作中寻找出来并加以梳理和概括。

事实上，在马克思的时代，"文化"作为一个概念尚未进入意识形态的领地，但马克思在创立唯物史观的过程中运用诸多概念与理论来构建了深邃的文化思想体系，在其论著中高频出现文明、观念、思想，以及意识

---

① ［意］葛兰西：《实践哲学》，徐崇温译，重庆出版社1990年版，第69页。

形态、社会意识、精神力量等内涵的表达。

在马克思的思想历程中,自始至终都贯穿着对人类生存境遇的终极关怀,对人的自由全面发展及人类彻底解放的崇高价值追求。因而,对于马克思主义而言,问题不在于马克思主义经典文本中是否提及"志愿服务文化"以及如何建设,而在于"志愿服务文化建设"的历史基础和本真意义。于此而言,马克思主义的志愿服务文化建设思想与当代中国的有机联系就自然包含着两层概要,一是作为志愿服务文化建设的价值理念框架,二是作为志愿服务文化建设的制度设计框架,这两个方面共同决定了挖掘志愿服务文化的思想资源、价值导向与行为方式,而作为社会的价值框架则代表着志愿服务的主流价值观与精神理念之集合。

(一) 马克思恩格斯慈善思想

就志愿服务文化的思想渊源,可从马克思恩格斯慈善思想开始溯源,因为两者息息相关。一直以来,人们认为,马克思恩格斯对慈善持否定态度。在马克思和恩格斯的思想视域中,并没有建构一个以"慈善"为概念、内容或线索的理论体系,导致在很长时间内,马克思恩格斯的慈善思想并没有在马克思主义的理论研究中得到足够的关注或充分的阐发。究其原因,在有关慈善的问题上,马克思恩格斯没有写过一篇全面系统阐述慈善概念或慈善思想的论文,更谈不上对慈善做过系统、全面的论述,而对于资产阶级的慈善活动的描述也大都是否定性态度。从理论到实践的过程中,包括苏联学者在继承马克思主义的同时,也都认为马克思恩格斯即使有一些关于慈善问题的论述,也主要是批判性的。在后来的马克思主义研究中,对于马克思观点的解读扩大化到对慈善事业的全盘否定态度。以致后来,新中国成立之后近 40 年的社会主义建设实践中,慈善事业的沉寂实际上也是由于这种对慈善价值认知的偏差。[1]

由于对马克思和恩格斯关于慈善概念或慈善思想的片面性和否定性的这种"误解"和"误读",慈善研究在马克思主义的理论体系中出现了集体"失语""失声""失踪"现象。这一点,已经被国内部分学者所注

---

[1] 吕鑫:《当代中国慈善法制研究困境与反思》,中国社会科学出版社 2018 年版,第 138 页。

意，如代表性学者楼慧心教授认为："慈善活动是现代社会利益再分配的重要途径，……理应成为马克思主义研究的重要内容。但是非常遗憾的是，当代中国马克思主义研究领域在慈善问题研究中却出现了集体失语现象。"① 任平教授认为："马克思主义并没有失语，而是彻底变革了以往一切理解和解释慈善行动的抽象的道德根基，为科学理解这一切事业提供了新的世界观、历史观和方法论原则。"② 可以说，立足中国立场，辩证地梳理马克思唯物主义视域下的慈善思想，尤其在现代社会发展的理论阐释中，马克思恩格斯慈善思想构成了马克思主义理论研究的重要组成部分。在发展中国公益慈善和志愿服务事业之时，更应当为回答中国慈善和志愿服务文化建设问题从源头上提供理论指引。

1. 马克思恩格斯对慈善的批判性论述

马克思恩格斯将资产阶级及其贵族的慈善称为"伪善"。在《英国工人阶级状况》中论述资产阶级对无产阶级的态度时，马克思恩格斯指出，资产阶级的堕落、腐朽以及"自私自利到不可救药"的地步，"贪得无厌和利欲熏心"的资产者"判断整个人生的逻辑公式"就是供应和需求，对无产者为所欲为但资本家却根本不会公开承认这种自私自利。"相反，他们用最卑鄙的伪善把它遮盖起来。"③ 恩格斯在此对资本家的慈善这种本质进行了更为直白的批判，针对资产阶级创办的"慈善机构"予以抨击，并直接将"慈善"以"伪善"予以揭示。"慈善机构！你们吸干了无产者最后一滴血，然后再对他们虚伪地施以小恩小惠，以使自己感到满足，并在世人面前摆出一副人类大慈善家的姿态，而你们归还给被剥削者的只是他们应得的百分之一，似乎这样做就是造福于无产者。"④ 在这里，可以发现，马克思恩格斯在看待资产阶级的慈善时愤怒地予以讽刺，因为这种"布施"不但没有实现慈善所具有的本真意义，没有抚慰无产者的心灵，资本家却反而以高高在上的所谓高尚"人格"迫使无产者为了生计所迫而"卑躬屈膝去乞求"，这使得无产者的人格遭受了"更大的侮

---

① 楼慧心：《马克思主义研究领域在慈善研究中的集体失语及其分析》，《人文杂志》2009年第2期。
② 任平：《论马克思主义慈善观》，《学术研究》2010年第5期。
③ 《马克思恩格斯文集》第1卷，人民出版社2009年版，第478页。
④ 《马克思恩格斯文集》第1卷，人民出版社2009年版，第478页。

辱"，丧失了最后的人性，使他们丧失掉了人之为"人的面貌"及"人的称号"。这就是资本家的伪善真面目。

不仅如此，马克思恩格斯将资产阶级的慈善称为"买卖"。恩格斯对资产阶级的慈善活动无情的抨击，"英国资产阶级行善就是为了他们自己的利益；他们不会白白地施舍，他们把自己的施舍看做一笔买卖"①。资产阶级为了他们所谓的"慈善事业"投入"那么多钱"，收买无产者的"不搅扰"，以免无产者以那副"穷相"来刺激他们的"敏感的神经"，因而无产者就得"待在自己的阴暗的狗窝里"。而实际上，资本家的所谓行善，不过是通过施舍工人阶级以小恩小惠，比起他们通过压榨工人的劳动所得，只不过是小到足以让人"察觉不到"的"恩惠"而已。这种"慈善"是资产阶级和无产者的交易，是叫人恶心的，是附带条件的"买卖"。然而，比起工人阶级的慈善行为来说，恩格斯引用帕金逊的言辞，"穷人从他们的穷弟兄那里得到的帮助，比从资产阶级那里得到的要多得多。"②

从上述论述中可以看出，通过马克思恩格斯对资产阶级的罪恶的揭露，对资产阶级慈善的虚伪性的批判，实际上蕴含着在当时资产阶级条件下，马克思恩格斯对工人阶级命运多舛的深切忧虑，饱含着他们的人道主义关怀，揭示了资产阶级的抽象的人性论本质。

值得一提的是，从坚持和发展马克思主义的理论研究的整体性要求出发，对马克思恩格斯慈善思想的确证和理解，就不能单就其文本层面做出梳理。如果我们像研究其他思想家一样，拘泥于通过慈善问题的具体的、单一的、直接地论述来把握他们的慈善思想，就很容易误入歧途。实际上，马克思恩格斯慈善思想的本真意蕴隐含在慈善问题的直接论述之外，并与资本、利益、阶级等思想形成关联，这些思想不是无序的、孤立的，它们构成其慈善思想内在的理论契合，这些思想服从于历史唯物主义关于社会发展学说的整体性逻辑。

2. 正确把握马克思恩格斯的慈善批判内涵

马克思恩格斯对慈善批判的相关内容集中在《神圣家族》《共产党宣

---

① 《马克思恩格斯文集》第 1 卷，人民出版社 2009 年版，第 479 页。
② 《马克思恩格斯文集》第 1 卷，人民出版社 2009 年版，第 480 页。

言》《英国工人阶级状况》《德意志意识形态》《雇佣劳动与资本》等文章与著作中。立足于历史唯物主义的视域,马克思恩格斯慈善思想有着深刻的学理背景。

(1) 马克思恩格斯对慈善批判的人道主义立场

马克思与恩格斯的成长与生活历程一直浸润在欧洲浓厚的基督教文化背景中,更是同时受到了各自家庭宗教氛围的熏陶,因而深深触发了马克思恩格斯对无产阶级的慈善情怀。马克思在《莱茵报》中为贫苦阶层给予道义支持,满怀激情地为无产阶级的公平与自由而呐喊,在阐述自己主张与观点的过程中,隐藏着他对正义、仁爱与人道等慈善意涵的理性意识。马克思写出《摩泽尔记者的辩护》等系列文章,为"政治上和社会上备受压迫的贫苦群众"的利益据理力争,以详尽的事实为贫困农民的不公正待遇进行了深刻分析,同样对贫苦大众给予了深切的同情。不仅如此,在《前进报》《德法年鉴》等诸多报刊上马克思恩格斯著书立说,通过对资本家剥削工人秘密的揭露,以及令人发指的罪行,生活境况的改变等不人道现实的谴责和批判,表达了他们对无产阶级处于悲惨处境的深切关爱与道德同情。可以说,这实质上是一种通过"慈善异化"表现的人的异化的揭露,马克思对资本主义社会慈善异化的强烈谴责恰是其人道主义精神的阐发。

按照上述理解,马克思只是在不同意义上使用人道主义的概念,并对资本主义的人道进行批判,因而对"博爱""慈善"等概念也同样使用批判性的论述方式。无论在革命实践和理论斗争中,人道主义构成了马克思恩格斯对资产阶级批判的全部出发点。在批判中,马克思恩格斯揭露写在资产阶级旗帜上的"自由、平等、博爱"在资本主义社会成为一种虚假和欺骗,因而资本主义的慈善是"虚伪"的慈善。他们强调的是,资产阶级为了践行自己的自由平等博爱口号及其道德理想,却走向了自身的反面。究其原因,资产阶级用物质欲望扼杀了人的精神性,是人的本质的丧失,这也就掩盖了事实上的不平等、不自由。需要注意的是,马克思恩格斯对资本主义的慈善虚伪和欺骗的批判,却并未否定慈善的社会道德价值的合理诉求,而是谴责资产阶级不能将这一道德诉求变成现实,使之成为虚伪和欺骗。

(2) 马克思恩格斯批判的是资产阶级的"慈善"

马克思恩格斯是全世界无产阶级伟大的革命导师，他们毕生精力都投身于推翻资本主义的革命中，致力于实现共产主义的事业。之所以以此为志向和抱负，一个重要的原因就是资本主义的人道灾难使得马克思恩格斯开始反思资本主义制度的价值诉求，而推动他们去揭露资产阶级的伪善面目，从而创建历史唯物论和剩余价值学说。恰是因由对资本主义的人道灾难反思，马克思恩格斯指出资产阶级现实中的不道德，不仅表现在资产阶级所宣称和标榜的所谓"自由"尽显虚假性，所谓"平等"已沦为欺骗性，最普遍的莫过于资产阶级的"慈善"同样带有伪善性。历史表明，资本主义的本质决定了人道主义及其自由、平等、博爱等口号在资本主义社会无疑是一种欺骗，在资产阶级掌握政权之处也不会成为现实。

在马克思看来，人是具体的人，是在历史发展中的现实的个人。因而，历史的基础并非基于"抽象的人"基础上的人本主义，而是以"现实的人"为出发点，这为马克思恩格斯的慈善思想提供了辩证的历史唯物主义的科学论证之源。从"现实的人"这一历史逻辑出发，马克思恩格斯并未否定无产阶级之间的慈善，反而热情地鼓励和赞扬。在《英国工人阶级状况》中恩格斯指出，工人阶级的仁慈表现在多个方面，形式也是令人愉悦的，并称赞道："在日常生活中，工人比资产者仁慈得多。……乞丐通常几乎只向工人乞讨，工人在帮助穷人方面总是比资产阶级做得多。……他们自己就是命途多舛的，所以能同情那些境况不好的人。在他们看来，每一个人都是人，而在资产者的眼中，工人却不完全是人。"[①] 可见，马克思恩格斯否定与批判的只是资产阶级为代表的剥削阶级的慈善。

综合以上分析可以看到，马克思批判资产阶级的慈善，是因为这些慈善作为其应有的社会价值与理想失落了，慈善在资本主义社会遇到了人道主义灾难。广大无产阶级在资产阶级面前，不仅物质幸福得不到实现，起码的生存条件也已丧失，因而资本家标榜的"慈善"人道主义必然是纯粹的虚伪与欺骗。同时，马克思的劳动异化理论也表明，不论是无产阶级和资产阶级都因追求物质财富让渡了人的自由，作为个体的人都处在物的

---

① 《马克思恩格斯文集》第1卷，人民出版社2009年版，第438页。

奴役的支配之中，人的本质异化了，资本家的类本质也异化了。从实践出发，按照马克思对人的本质的理解，从而自由是人的本质的思想，与人的本质在其现实性上是一切社会关系的总和，二者构成了内在的逻辑自洽。马克思恩格斯认为，"整个历史也无非是人类本性的不断改变而已"[①]。就是说，劳动实践不断改变生产力、生产关系及其一切社会关系，社会关系又决定了人的本质和本性。

按照这一观点，从消除人的本质的异化，走向人的本质的回归，是生产力发展到一定历史阶段的产物。在马克思看来，"无神论的博爱最初还只是哲学的、抽象的博爱，而共产主义的博爱则径直是现实的和直接追求实效的"[②]。马克思恩格斯关注的是无差等的全人类的幸福，而超越人类无差等的博爱，超越阶级对立的博爱，只有在进入共产主义社会才能真正实现。

3. 马克思恩格斯慈善思想对志愿服务的价值规定性

在面向当代中国志愿服务实践中，马克思恩格斯慈善思想凸显出重要价值。作为唯物史观范畴的重要组成部分，马克思恩格斯慈善思想立足于革命的实践语境，通过确证社会生产方式对人类社会发展的决定作用，对资产阶级的抽象慈善观予以无情批判，阐明了他们对无产阶级慈善的价值倡导，指明了通过慈善、关爱、利他的志愿服务是发展社会公益事业的途径，启示应充分认识慈善事业是促进人的全面发展的重要方式，要通过志愿服务创造更多公共价值。揭示了慈善这一美好的人性之爱在推动社会进步中的作用，启示志愿服务是表达个人情感和社会爱心与责任感的一种方式，应积极发扬志愿服务在构建和谐与美好社会中的价值。马克思恩格斯慈善思想对于指引志愿服务这一人类社会具有崇高精神追求和无偿为他人与社会提供服务的社会公益活动具有重要的价值和意义。

第一，发扬志愿服务的人道主义精神。人道主义提倡关怀人、尊重人，是"对个人的生存和幸福的关注"[③]，从而为"同情及帮助周围所有

[①] 《马克思恩格斯选集》第1卷，人民出版社2012年版，第252页。
[②] 《马克思恩格斯文集》第1卷，人民出版社2009年版，第187页。
[③] [法] 阿尔贝特·施韦泽：《文化哲学》，陈泽环译，上海人民出版社2017年版，第320页。

生命而努力"①。对弱势群体施以道义救助是志愿服务的内在本质规定之一。换言之,志愿服务"体现的是一种人道主义的伦理关怀精神"②。也有学者直接指出,"志愿服务所体现的核心精神是人道主义"③。人道主义发源于14—16世纪欧洲文艺复兴时期,它反对禁欲主义,打破神权垄断,宣扬个性自由与人性的高贵,主张人的价值与目的重要性,强调使人有尊严、幸福地生活,是以人为中心的世界观。

在现代社会,志愿服务的领域已然拓展到超出扶贫济困、关怀弱势群体的人道主义救助的范畴,但建立在人道主义思想基础上的志愿服务却是最常见领域,如果脱离了人道主义的精神支撑,是无法从事志愿服务的。在关怀弱势群体的志愿服务活动中,人道主义是一种必不可少的道德精神。因而,发扬人道主义,积极开展志愿服务活动,就成为从事志愿服务事业应具备的内在道德情怀。

需要指出的是,当代中国语境中的慈善话语观念已呈现多元性特征,在诸多不同文化意义观照下的慈善概念相互碰撞,造成了一种"异质时空同在"的现象。④ 人们使用慈善话语都自觉不自觉地表达某种文化,这种文化范畴有来自西方的、中国的、古代的和近代的含义都不一而足。因而,对于慈善的话语表达在当代中国也并未真正达成共识,比如,有人将"慈善"等同"公益",也有人认为,二者分别对应英文的"charity"和"philanthropy",因而有广义和狭义之分。如果扩展开来,慈善的话语更为宽泛,捐赠、募捐、捐款、筹款等几乎都可以包容进慈善的语义中。

不仅如此,慈善活动与志愿服务有诸多的相通性,使得在慈善与志愿服务的逻辑关联上也并未形成统一的体系。从思想起源看,二者具有共同的思想基础和来源,都是源于人类普遍的慈善情怀。因而,慈善话语观念的扩大导致慈善与志愿服务的内涵交叉并相互包容。如将这种慈善具象化,在日常生活中就是各种捐赠、救济、奉献、施舍、义工等通过自我牺

---

① [法] 阿尔贝特·施韦泽:《文化哲学》,陈泽环译,上海人民出版社2017年版,第326页。
② 彭柏林:《当代中国志愿服务伦理研究》,吉林人民出版社2017年版,第22页。
③ 王振友:《中国青年志愿者行动的由来、现状及发展趋势》,《内蒙古工业大学学报》(社会科学版) 2000年第2期。
④ 马剑银:《当代中国慈善话语的多元文化谱系》,《中国非营利评论》2021年第1期。

牲向他人提供服务和表达善意的利他活动都可以被视为志愿服务的范畴。在我国现代社会中，也正是由于志愿服务的外延的扩大，突破了传统的志愿服务的做好人好事等狭义内容，因而能够鼓励更多的人参与扶贫济困，投身于社会公共服务等公益事业中。

第二，志愿服务与公益慈善同属于社会公益服务的活动场域。从两者的构成要素看，早期的志愿服务活动直接渊源于西方宗教性的慈善服务，现代意义上的志愿服务与慈善活动均为有组织、有系统开展的社会公益事业。就此而言，马克思恩格斯的慈善思想能够面向当代中国的志愿服务实践。事实上，慈善事业必定要伴随着志愿服务的活动与行为。在蓬勃发展的志愿服务实践中，中华民族众志成城，万众一心参与到新冠疫情、地震、干旱、洪涝等重大灾害行动中，在亚运会、奥运会等大型赛事活动中日益展现出强大的慈善精神和道德价值，更深层地展现了志愿服务和慈善活动的价值一致性。可见，"志愿服务与慈善精神高度契合，最能体现慈善活动本质特征，是慈善活动的重要方式"[1]。

从我国立法规范看，二者位列同一立法框架下开展工作，均受《慈善法》（2016）的法律规制。慈善的本质是公益属性，提供社会服务是慈善的价值和功能之一。因而，《慈善法》中对慈善活动的领域和范围采用列举式的立法模式，这些领域都指向了"社会服务"的范畴，虽然现代慈善的价值远不止于此，比如还有更为重要的结社交往、社会需求等方面，但"社会服务"无疑是慈善事业不可或缺的使命价值。《慈善法》虽未冠名以"志愿服务"，但却是首个含有志愿服务及其活动规范的法律。在《慈善法》中涉及志愿者、志愿服务组织、志愿服务活动方面的条款共13条，志愿者提及22次，志愿服务提及3次。《慈善法》中明确，"慈善服务，是指慈善组织和其他组织以及个人基于慈善目的，向社会或者他人提供的志愿无偿服务以及其他非营利服务。"可见，"志愿服务"为现行的慈善法律规范所吸纳，志愿服务被囊括在"慈善服务"所包含的法律解释框架中。

从学理上看，慈善所提供的产品和服务包括"捐赠、捐献与慈善服务"，此处的慈善服务是指，"通过投入时间或专业技能为目标人群提供

---

[1] 吕晓莉：《慈善法与志愿服务的新发展》，《中国民政》2016年第13期。

不需要劳动报酬的服务"①。这一界定可以完全用"志愿服务"的特征来做出解读。可见，慈善的概念与志愿服务不仅在人类文明史上同根同源，在社会实践中也共进共生。随着社会的进步与发展，慈善与志愿服务也不断出现相互交织与彼此包容的趋向。

从上述分析可知，志愿服务与慈善服务具有同根同源的理论渊源与实践依据。我们可以将志愿服务与慈善服务在同一范畴内做出整体性理解。而在此意义上，将"志愿服务"与"慈善服务"放置于同一话语体系中，志愿服务文化的思想渊源即可在马克思主义慈善观视域中溯源。

（二）马克思关于精神文明建设的理论

《马克思主义大辞典》中界定了精神文明的概念，精神文明是"人类在认识和改造世界的过程中所创造的精神生产和精神生活成果的总和，表现为人们精神生产的进步和精神生活水平的提高"②。可见，精神文明是体现人类社会发展中道德与智慧的进步状态，加强精神文明建设有助于为社会发展凝聚强大的精神力量。对于精神文明建设问题，马克思和恩格斯虽未做过专门论述，涉及这一问题的论述都是围绕精神生产、精神交往、精神生活、精神活动，以及思想、观念、意识的生产等内容展开。这些内容共同构成了马克思恩格斯关于精神文明建设的理论。

1. 马克思关于精神文明建设的主要内容

（1）精神文明与物质文明的辩证关系

精神文明是人类社会发展到一定历史阶段的产物。马克思在《政治经济学批判序言》中指出："物质生活的生产方式制约着整个社会生活、政治生活和精神生活的过程。"③ 也就是说，马克思把人类生活区分为"物质生活""社会生活""政治生活"和"精神生活"。其中，物质生活是起到决定性作用的生活方式。这一论断指明了二者之间的关系，物质文明是精神文明的存在前提，对精神文明的发展起到奠基作用。

---

① 徐家良：《为慈善事业发展创造良好宽容的社会环境与舆论环境》，《中国社会报》2022年2月9日。
② 徐光春：《马克思主义大辞典》，崇文书局2018年版，第204页。
③ 《马克思恩格斯选集》第2卷，人民出版社2012年版，第2页。

人类历史的第一个活动就是物质生产本身，但"如果物质生产本身不从它的特殊的历史的形式来看，那就不可能理解与它相适应的精神生产的特征以及这两种生产的相互作用"①。由此，精神文明是物质文明发展到一定历史阶段的产物，在不同历史形态中精神文明表现为不同的形式与性质。

恩格斯在1890年写给康·施米特的信中谈道："物质存在方式虽然是始因，但是这并不排斥思想领域也反过来对物质存在方式起作用。"② 精神文明不仅取决于物质文明的水平，在一定程度上也影响着物质文明的发展，物质文明建设需要精神文明的智慧成果来提供必要的智力支撑，精神文明对物质文明构成反作用。

（2）精神文明及人的生存境界的提升

马克思并不否认人的精神活动。在马克思看来，精神生产与物质生产一样，构成了社会有机体思想的组成部分。顾名思义，精神生产是经由精神劳动所创造的精神产品或精神财富的活动，也就是马克思的"思想、观念、意识的生产"的内容。虽然精神生产之于物质生产而言，处于第二位，但精神需要却同样是人的本质需要。马克思指出："人的精神需要就像人体需要维生素一样，没有意识、理性、意志等精神活动的生命就是缺乏人性的动物的生命。"③

精神生产是人类的本质的体现，是与动物所不同的人特有的生命和活动方式。按照马克思的观点，人在精神生产中根据人的需要改造世界，并不断在追求真善美的过程中，从而实现人的合目的性与合规律性的统一。在这一过程中，只有社会主义社会不断批判和超越资本主义创造的全部文明成果，广大劳动人民才能根据需要创造并享受精神产品，人的精神生活不断丰富，精神需要不断满足，人的生存境界得以不断提升。

（3）精神文明与人的自由全面发展

只有"建立在个人全面发展和他们共同的、社会的生产能力成为从

---

① 《马克思恩格斯全集》第33卷，人民出版社2004年版，第346页。
② 《马克思恩格斯选集》第4卷，人民出版社2012年版，第598页。
③ 袁贵仁：《人的哲学》，人民出版社1987年版，第102页。

属于他们的社会财富这一基础上的自由个性"① 才是人的历史的真正的开始。在马克思看来,"人以一种全面的方式,就是说,作为一个完整的人,占有自己的全面的本质"②。而人的全面发展必然包含着精神文明和物质文明的同时发展。

物质文明和精神文明发展的成果也是社会历史不同发展阶段的标识。由于受到资本逻辑的支配,在资本主义社会,必然导致物的逻辑裹挟的人的自主性和现实性的丧失,以资本为导向的人的价值取向的逐利性倾向。随之,"资本"所创造的物质文明的极大丰富并未给人们带来全面、自由的发展;相反,却导致了人对物质的极度追捧生成了人的单一化。人的自我价值和社会价值的实现呈现分离状态,由此带来的精神文明及其成果的享有仍然跳不出"资本"的逻辑规则,它并未给人带来文化需要的舒心和享受,更无从谈及精神文明所能创造的幸福和愉悦。如何跳出资本逻辑的弊病,马克思指出了道路,共产主义是以"以每一个个人的全面而自由地发展为基本原则的社会形式建立现实基础"③,列宁给出的良方是"只有无产阶级专政"④,建立社会主义社会才能达到真正的人类文明。到了这一阶段,资本逻辑对人的控制和裹挟被打破。人的精神生活以物质生活为前提,又超越于物质生活,同时超越于自身个体存在的人的有限性,人的精神力量不断增强,并在有限的人生中实现超越人生无限的价值。

综合以上分析,精神文明水平反映了社会的存在和发展状态,表现为人对精神需求的无止境的超越,对美好生活的无止境的追求,主体自我价值获得内在提升,实现了个人全面发展。

2. 马克思关于精神文明建设理论对志愿服务文化建设的指导意义

(1) 以志愿服务增强社会凝聚力

随着我国经济不断迈向高质量发展阶段,人们对物质文明满足的基础上对精神文明的需求不断提升。社会主义精神文明建设旨在提升全体社会成员的文明素养、坚定理想信念、引领道德风尚,从而提升整个社会的文

---

① 《马克思恩格斯文集》第 8 卷,人民出版社 2009 年版,第 52 页。
② 《马克思恩格斯文集》第 1 卷,人民出版社 2009 年版,第 189 页。
③ 《马克思恩格斯选集》第 2 卷,人民出版社 2012 年版,第 267 页。
④ 《列宁全集》第 38 卷,人民出版社 2017 年版,第 210 页。

明程度。志愿服务与精神文明建设密切相关，是推进精神文明建设的重要载体。

志愿精神是新时代精神文明价值内涵的集中呈现与彰显。志愿者通过弘扬"奉献、友爱、互助、进步"的志愿精神，通过志愿服务的践行奉献了爱心，在服务社会过程中提升了社会责任感，将服务他人、奉献社会与实现个人价值有机结合，为引领社会形成良好风尚发挥了示范效应。人们在参与志愿服务活动中奉献关爱、共担责任、分享快乐，凝聚了共同的道德动力和精神支柱，形成了对人类美好生活的共同向往和价值追求。每一个人在知行合一的践行中提升了自我的境界，汇聚了社会整体的精神力量。

（2）以志愿服务提升人的精神风貌

在迈向建设社会主义现代化国家的新征程，志愿服务尤为彰显精神文明建设的时代价值。志愿服务作为群众性的精神文明创建活动，对社会整体的价值导向具有重要影响。社会是由一个个"自我"组成的社会，人们需要精神生活与物质生活的共同浸润，并最终通过人的精神生活状态展现出来，因为人的精神生活是物质生活的凝练和升华。可见，人的精神生活状态无不体现着一个社会的精神文明建设的质量和程度。于此而言，物质生活涉及的是物我关系，即作为社会主体的人与客观世界的"外物"关系；社会生活是人我关系，即个人与现实社会的"他人"关系。与物质生活和社会生活不同，精神生活是自我关系，即个人与自我世界的"我自己"的关系。因此，通过开展多种形式的志愿服务活动，满足人民群众的精神文化需求，倡导积极无私的奉献价值理念，还可以提高人们的道德认知，陶冶道德情操，提升道德境界，从而在整体上提升全体社会公众的精神面貌。

（三）马克思社会交往理论

交往关系是人类生产和生活的基础前提，其无疑是人类历史中最基本的社会关系，因而构成人类历史发展的条件和起点。在马克思经典文本中，交往是人类物质生产活动的重要方面，是马克思恩格斯建构唯物史观的基础性思想和总体性范畴，是阐释世界交往思想的理论依据。

1. 马克思交往理论的主要内容

（1）交往是人的本质体现

马克思通过对人类生产、劳动与交往实践的一系列考察从不同语境探讨了人的本质，从马克思提出"人是人的最高本质"①到"人的本质是人的真正的共同体"②，最终揭示出："人的本质不是单个人所固有的抽象物，在其现实性上，它是一切社会关系的总和。"③正因为"人的本质是人的真正的社会联系，所以人在积极实现自己本质的过程中创造、生产人的社会联系、社会本质"④。可见，与费尔巴哈的人本主义交往理论、黑格尔的唯心主义交往理论都不同⑤，马克思对人的本质的揭示与对交往的本质的揭示紧密相连。

马克思交往理论认为，交往活动是人类社会存在的基本方式。这也就是说，交往是人与社会联系的纽带，人们只有结成一定的交往关系才能共同生产、劳作，也只有在交往中才能形成人赖以生存的社会关系。因此，交往关系与社会关系具有共时性的特征。作为社会个体的人"意识到必须和周围的个人来往，也就是开始意识到人总是生活在社会中的"⑥。在社会交往的关系与实践中，人的本质不断得以生成和显现。

其次，意识和语言是人类交往的结果。作为意识和语言，其不为动物所有。意识是人与外界的联系中产生的，"语言也和意识一样，只是由于需要，由于和他人交往的迫切需要才产生的"⑦。就是说，意识源自人的生产和交往实践，同时，人们的交往活动决定意识活动。人类为了更好地生存，就必须达成人与人之间的交流与协作，就需要交往。在与他人的交往需要中，产生了作为意识符号的语言，并通过交往不断促进着人的意识和语言的赓续和演变。

最后，人类的交往与物质生产互为前提。马克思指出，"各个人——

---

① 《马克思恩格斯选集》第1卷，人民出版社2012年版，第10页。
② 《马克思恩格斯全集》第3卷，人民出版社2002年版，第394页。
③ 《马克思恩格斯选集》第1卷，人民出版社2012年版，第139页。
④ 马克思：《1844年经济学哲学手稿》，人民出版社2000年版，第170页。
⑤ 王让新：《理论溯源与意义探微——马克思恩格斯〈德意志意识形态〉若干重要思想研究》，电子科技大学出版社2016年版，第111—112页。
⑥ 《马克思恩格斯选集》第1卷，人民出版社2012年版，第161页。
⑦ 《马克思恩格斯选集》第1卷，人民出版社2012年版，第161页。

他们的力量就是生产力——是分散的和彼此对立的,而另一方面,这些力量只有在这些个人的交往和相互联系中才是真正的力量"①。只有在交往活动中,生产才是社会性的生产,人才能获得自身发展的社会属性。没有个人之间的交往,就没有物质生产活动,物质生产必须以社会个体的共同活动为前提。这也表明,交往成为现实的人的存在和发展的根本条件。

由于物质资料的生产是人类历史的第一个活动,"而生产本身又是以个人彼此之间的交往 [Verkehr] 为前提的。这种交往的形式又是由生产决定的"②。因而,在生产力发展的不同阶段,交往能力、交往关系的表现及其所发挥的作用不同,交往与生产(力)二者之间存在辩证的关系。生产力水平决定着交往的水平,而生产力水平表现为社会分工,社会分工越细化,人们的交往方式越频繁,就利于形成更大的交往范围,就越能建立起人们更普遍的社会联系。

(2)交往是人类社会发展的动力

人类社会不外是新旧交往形式的依次更替。马克思指出:"一切历史冲突都根源于生产力和交往形式之间的矛盾。"③ 马克思交往理论基于唯物主义的视角指出,正是由于交往与生产的辩证关系,当旧的交往形式成为生产力发展的桎梏而不能满足人们之需要,新的交往形式与生产力矛盾就会被打破而建立新的社会关系,从而推动社会发展。正如马克思所说,"只有随着生产力的这种普遍发展,人们的普遍交往才能建立起来。"④ 这种普遍交往进而成为个人全面发展的重要前提。马克思谈道:"在大多数生产劳动中,单是社会接触就会引起竞争心和特有的精力振奋,从而提高每个人的个人工作效率。……通过协作提高了个人生产力,而且是创造了一种生产力。"⑤ 因而,交往的普遍化推动人类社会得以不断发展。不仅如此,"交往的普遍性,从而世界市场成了基础。这种基础是个人全面发展的可能性。"⑥ 由上述论述我们可以看出,通过个体之间的交往成为人

---

① 《马克思恩格斯选集》第1卷,人民出版社2012年版,第208页。
② 《马克思恩格斯选集》第1卷,人民出版社2012年版,第147页。
③ 《马克思恩格斯选集》第1卷,人民出版社2012年版,第196页。
④ 《马克思恩格斯选集》第1卷,人民出版社2012年版,第166页。
⑤ 《马克思恩格斯文集》第5卷,人民出版社2009年版,第378—379页。
⑥ 《马克思恩格斯文集》第8卷,人民出版社2009年版,第171页。

的全面发展与社会进步的推动力量。

（3）交往是人类文明传承的重要途径

交往可以使既有的生产力得以保存和传播。马克思恩格斯通过对历史上战争的分析说明了"某一个地域创造出来的生产力，特别是发明，在往后的发展中是否会失传，完全取决于交往扩展的情况"①。

一定意义上来说，人类社会的文明进步是经由集团、民族、国家等组织体之间的交往实现的。马克思从纵向考察了交往在人类文明演进中的作用，指出人类社会历史从"部落所有制"进化到"古代公社所有制"，从"封建的或等级的所有制"、资本主义所有制到走向共产主义的各个阶段的演化，离不开交往的巨大作用。一如马克思在《共产党宣言》中的描述，由于开拓了世界市场，使一切国家的生产和消费都成为世界性的了；由于一切生产工具的迅速改进，由于交通的极其便利，把一切民族甚至最野蛮的民族都卷到文明中来了。② 包括马克思恩格斯对17世纪英国产业革命的分析，以及以印度为例对其与欧洲的迅速交往，都昭示了推动人类文明的动力在于，"交往扩大了，工场手工业和整个生产运动有了巨大的发展。……所有这一切产生了历史发展的一个新阶段"③。可见，在马克思看来，交往手段的不断革新、交往技能的不断提升以及交往范围的日益拓展，成为社会文明传承的重要途径。人类文明的开拓必将从世界历史的意义上来探寻出路，从而摆脱资本逻辑的支配，并不断扬弃异化。

2. 马克思社会交往理论对志愿服务的方法论意义

（1）志愿服务是一种特殊的交往活动

1846年，马克思在与致帕·瓦·安年科夫的信中指出："社会——不管其形式如何——是什么呢？是人们交互活动的产物。……在人们的生产力发展的一定状况下，就会有一定的交换［Commerce］和消费形式。……就会有相应的社会制度形式、相应的家庭、等级或阶级组织，一句话，就会有相应的市民社会。……为了不致丧失已经取得的成果，为了不致失掉文明的成果，人们在他们的交往［commerce］方式不再适合于

---

① 《马克思恩格斯文集》第1卷，人民出版社2009年版，第559页。
② 《马克思恩格斯文集》第2卷，人民出版社2009年版，第35页。
③ 《马克思恩格斯选集》第1卷，人民出版社2012年版，第190页。

既得的生产力时，就不得不改变他们继承下来的一切社会形式。——我在这里使用'commerce'一词是就它的最广泛的意义而言，就像在德文中使用'Verkehr'一词那样。"① 就是说，从马克思对交往的阐释来看，其至少涵盖交换、交互活动的内容，以及包含着生产关系层面的内涵。马克思是在最广泛的意义上来解释交往，志愿服务就是一种人与人之间的交互活动。交往和社会关系相连，交往产生社会关系，人的存在必须与他人交往，人才能获得社会属性。与他人结成一定的交往关系才能置身于更广阔的社会生产和共同行动中，志愿服务正是这种人与人之间的交往活动的实践形式之一。

交往是唯物史观的重要范畴。从物质生产实践出发，马克思的社会交往理论不仅包含物质生产过程中结成的物质交往关系，也包含源于物质交往所决定的精神交往关系，涵盖了包含经济、政治、文化等领域及其相互关系在内的整体性范畴。马克思社会交往理论为理解志愿服务的本质提供了智慧之匙，指明了社会交往是人的一种存在方式，是人类的一种生存境界，阐述了普遍交往是人类社会发展的动力和前提，启示作为志愿服务的社会交往是实现中国式现代化道路的应有模式。

（2）志愿服务活动体现人与交往的本质关系

马克思的社会交往理论对于志愿服务实践具有实践指导意义。从社会交往的视角看志愿服务，把志愿服务看作人的一种交往实践活动，这也是志愿服务发展创新的一个必经阶段。我们知道，志愿服务的对象是人，是面对"预交往""交往中""潜在交往"中的人。离开人的交往谈志愿服务就会把人抽象化，志愿服务过程中离开交往则会缺失主体规定性。马克思的著名论断，"人的本质不是单个人所固有的抽象物，在其现实性上，它是一切社会关系的总和"②。无不表明，作为社会主体的人因社会交往而获得了本质存在的意义，也因社会交往才能形成与他人的社会关系，才能获得社会的本质规定性。通过志愿服务的社会交往过程，人的社会属性得以张扬，从而赋予了人全面发展的可能。

---

① 《马克思恩格斯选集》第4卷，人民出版社2012年版，第408—409页。
② 《马克思恩格斯选集》第1卷，人民出版社2012年版，第139页。

(3) 志愿服务彰显人的全面发展的交往力量

马克思社会交往理论的基本判断启示我们,交往是人类社会发展的动力,因此,我们应积极创造良好的志愿服务文化空间,使普遍交往在志愿服务行动中进一步深化,进而为实现人的自由全面发展提供历史条件。在新的时代条件下,志愿服务成为一种崭新的社会交往方式,这种交往不仅能够激发个体的潜力并振奋个体的精神,是个体获取自身新的需要和能力的源泉,也是志愿服务精神和内涵得以丰富的重要方式。

每个人的自由发展是一切人的自由发展的条件。通过志愿者个体之间的不断交往,从而建立广泛的社会联系,不仅锻炼了志愿者个人的能力,又从志愿服务的交往对象之间获得了自身全面发展的新信息、新资源。在志愿者与他人交往的积极行动中,社会主体的能力得到自由发挥,才华得到充分展现,从而收获了个体发展与进步的新信息、新技能。

按照上述认识,通过志愿服务过程中因人与人之间的交往自然生成的信任、友善、团结和互惠等情感价值也都转化为精神上的新财富。"至于个人在精神上的现实丰富性完全取决于他的现实关系的丰富性。"[1] 可见,一个人参与志愿服务越积极,与他人的交往越频繁,越有利于生成个体健康积极向上的人格,扩大了志愿者交往的朋友圈,提升个人的交往能力,生成并促进个体意识的精神境界。简言之,个体通过交往实践改变了社会存在方式,改变了主体自我与他者的社会关系,个体也因融入交往实践中而获得了主体自我的价值实现,从而积淀了人的自由全面发展的条件。

(4) 志愿服务创造文明传承的交往价值

上述理论判断对于加快发展全球化背景下的中国志愿服务意义重大,启示我们应通过扩大交往不断拓展和丰富新时代的文明实践载体,以世界的眼光、开放的姿态传承中国志愿服务的文化基因,以开阔的胸怀、深邃的视野吸收借鉴世界志愿服务文化的优秀成果。

马克思社会交往理论不但从理论上指引志愿服务文化的研究,而且在实践上指导着志愿服务文化建设的开展。在全球化发展的国际舞台上,当代中国正在以一种"人类文明新形态"开启建设社会主义现代化国家的新征程,彰显出"人类文明进步"的重要价值,中国志愿服务在与世界

---

[1] 《马克思恩格斯文集》第 1 卷,人民出版社 2009 年版,第 541 页。

进行更普遍的交往中更加积极、主动,并与时代发展的潮流同频共振。

如前所述,马克思社会交往理论立足社会实践,从现实生活的层面关注人的实践活动,指明了扩大社会交往是提升社会管理和公共服务的重要途径。当越来越多的社会公众认同并践行志愿服务的理念,更多的人投身其中,志愿服务的交往价值则呈现个人自觉与奉献社会的有机统一。在马克思社会交往理论的视域中,志愿服务体现出与时俱进的特征,获得了开放性的内涵特质,志愿服务成为凝聚人类追寻的价值共识,成为推动社会发展的重要载体,构成世界维度的话语体系。在推动构建人类命运共同体,弘扬全人类共同价值观的新时代,马克思社会交往理论也揭示了"历史朝向世界历史转变"的必然趋势,启示中国志愿服务不断走出国门,在国际交流与合作中塑造中国形象,彰显中国智慧,才能不断获得他人的肯定,赢得国际社会的认可,进而不断扩大志愿交往的朋友圈。

(四) 马克思共同体思想

马克思并未对共同体作出具体的概念界定,但马克思却在多部著作中探讨过共同体问题。马克思主义创始人通过科学社会主义所提出的"自由人联合体"思想,迄今仍然是人类所追求的理论与实践主题。马克思曾对未来理想社会作出如下设想,这是一个消灭了阶级和阶级对立的社会联合体,"在那里,每个人的自由发展是一切人的自由发展的条件"[①]。马克思关于建立这样一个理想的"联合体"的经典性描述仍然为我们解决现代社会的"无知之幕"提供了基本思维和实践方向。

1. 马克思共同体思想的主要内容

(1) 共同体是人的社会存在的基本方式

共同体是人的生存与立足之基,而人是一切社会关系的总和。只有在共同体中,个人才能获得自由全面发展的手段,因而共同体构成了人与社会进行交往的基本场域。马克思从现实的个人与社会关系出发,概括了个人与共同体发展的特征及其规律。在《德意志意识形态》中马克思提出了著名的社会形态理论。马克思把人类社会分为自然共同体(传统社会)、虚幻共同体(资产阶级国家)和真正共同体(未来理想社会)三个

---

① 《马克思恩格斯选集》第1卷,人民出版社2012年版,第422页。

社会形态,旨在表明人类社会发展与进步的过程是一个从"人的依赖关系"到"物的依赖关系"再到彰显"自由个性的"发展过程。这一过程表明人类的社会形态是从低级到高级的不断生成与演进。

但人不能自由选择某一社会形态,从唯物史观出发,马克思透过不同社会发展阶段的社会现象,揭示了社会形态发展演变的规律。社会形态是马克思用来标识社会发展水平和社会发展阶段性特征的历史范畴。其中,劳动实践对社会形态的更替有着直接的影响。人类在改造自然的过程中,为了生产劳动能够顺利进行,就必然在相互合作与交往中发生一定的联系并形成一定的关系。同时,生产力的发展也推动着生产关系的不断改变。"生产关系总合起来就构成所谓社会关系,构成所谓社会,并且是构成一个处于一定历史发展阶段上的社会,具有独特的特征的社会。"① 显然,生产关系的总和决定着社会形态。也就是说,社会形态具有生产力发展的阶段性特征。而共同体则是表征某一社会发展阶段的产物,在社会发展的不同阶段对应着不同的共同体形态,而"不同样态的共同体折射出劳动活动方式的改变以及社会历史的进步"②。也就是说,不同的劳动形式对应着不同的社会形态,也就表现为不同的共同体。

共同体和社会发展是分不开的,在《神圣家族》中马克思提到的社会共同体指的是奴隶社会的共同体,《资本论》中谈到的共同体就是共产主义阶段的共同体。在资本主义社会中,以交换价值为追求成为资本家进行物质生产的推动力,此时,作为社会个体的人存在于虚幻的共同体中,是一种异化的共同体。而社会个体处于特定的阶级中,个体隶属于阶级就成为个人进入共同体的必要条件。"他们不是作为个人而是作为阶级的成员处于这种共同关系中的。"③ 在这种条件下,个体所创造的社会生产力为资本家控制,个体在出卖给资本家的劳动力并成为资本增值的工具。在这一过程中,劳动分工细化、生产效率随着机器大生产也得到提升,一定程度上也发展了个体的自身能力,但这只是某一方面的能力,是资本增值

---

① 《马克思恩格斯选集》第 1 卷,人民出版社 2012 年版,第 340 页。
② 杜仕菊、程明月:《马克思共同体思想:起点、要义及愿景旨归》,《马克思主义理论学科研究》2019 年第 6 期。
③ 《马克思恩格斯文集》第 1 卷,人民出版社 2009 年版,第 573 页。

过程中的必然"经历",资本依然占据统治地位。在虚幻的共同体中,个人拥有的只是现实的一种抽象,共同体成为个体发展最大的障碍,共同体迫使个体感觉个人成为异己的力量,究其原因在于个体与共同体都成为物的傀儡,受制于物而非物的主人,个体和共同体都遵循处于物化逻辑的支配。

此时,共同体成为虚假的共同体,遵循物化逻辑的共同体却并未有人的个性发展的空间,随着资本的扩张个体异化更为严重,人的社会性不见了,人的自由自觉也不见了,人越来越成为"虚假的个人"。正如马克思所言,只有消灭分工,消灭私有制,才能使人的本质的回归人自身,才能"确立有个性的个人"。只有在真正的共同体中,个体与共同体不断交融,人的自我异化得到积极扬弃,人才能作为一个完整的人,并以一种全面的方式占有自己的全面的本质。

(2) 共同体彰显个人的自由价值

马克思指出,"全部人类历史的第一个前提无疑是有生命的个人的存在"①。因此,第一个需要确证的就是作为生物组织体的个人及其与自然的关系。但比较而言,自由的位置更高。马克思从历史和现实出发,透过现象看本质,构想出共产主义就是人类的自由王国。

所谓自由,是指物质资料的生产处于人的控制之下,而不是以独立的力量来统治人,人的个性发展成为人的目的本身。在自由王国中,人不再受物化逻辑、资本逻辑的支配,当然并意味着个人完全摆脱了物质需要,而是在真正占有物质资料基础上实现个人自由。在自由王国中,个人克服和超越了人的动物性,完成了从人的本质的异化到人的本质的回归,因而获得了个性自由的充分发展。

与此同时,个人自由的实现,"只能靠个人重新驾驭这些物的力量,靠消灭分工的办法来消灭。没有共同体,这是不可能实现的。只有在共同体中,个人才能获得全面发展其才能的手段,也就是说,只有在共同体中才可能有个人自由"②。

这段论述表明了由于存在分工,人与社会的关系表现为物化逻辑,并

---

① 《马克思恩格斯选集》第1卷,人民出版社2012年版,第146页。
② 中央编译局:《德意志意识形态》,人民出版社2003年版,第63页。

成为异己的力量而剥夺人的自由。在马克思的语境中,"分工和私有制是相等的表达方式,对同一件事情,一个是就活动而言,另一个是就活动的产品而言。"① 因而,消灭分工就意味着消灭私有制,劳动者就不必受奴役服从分工,分工一旦消灭了,社会就成为自由人的联合体,人就能获得自由全面的发展,这样的共同体是真正的共同体。而不具备这样的内涵,在马克思看来,就是"冒充的共同体""虚假的共同体"和"虚幻的共同体",无论这几种形式有何不同,其本质意义上均反映着封建社会或资本主义社会的价值取向,是为统治阶级利益服务的。马克思向往的是每一个个人组成的联合体,每一个人的个性都能得到自由发展。因而,只有在"真正的共同体"内,个人自由的价值才能实现。进一步讲,马克思的"自由人联合体"也就彻底实现了个人价值与社会价值的内在统一。

2. 马克思共同体思想对志愿服务的方法论意义

共同体思想在马克思主义社会发展体系中具有奠基性意义。可以清晰地发现,马克思对共同体的论证与马克思的思想体系形成严密的逻辑链条,彰显出历史唯物主义和辩证唯物主义的有机统一。马克思思想中的共同体概念内涵所指并非抽象,更多体现为人的类本质存在的生成模式与生活方式的建构,隐含着对人类未来的历史趋势与价值的判断。可以说,马克思共同体思想,其出发点和落脚点是对人类命运的反思与人类社会永续发展的关注,在其实质上表现为个体与共同体之间的一种内在运动及其自我否定的辩证法过程。志愿服务正是这一过程的实践形式之一,这一思想对志愿服务的方法论意义表现在以下两个方面。

(1) 志愿服务促进真正共同体的建构,启示自我觉醒

随着改革开放和社会转型的持续深入,原有的原子式的个人已不复存在,个体的社会保障屏障陷入了变动之中,社会不稳定因素急剧增加。从全球来看,世界处于百年未有之大变局,价值失序、对抗冲突、战乱频仍等因素依然威胁着人类的家园,大数据、云计算、虚拟现实、人工智能时代的到来,给人类带来机遇的同时,新的不确定风险和潜在威胁也正在增加,个体自我保护不断增强,群体认同退居个体认同之后。这一切使得人类的交互性、相关性空前增强,也带来了发展的鸿沟和个体的生存困惑。

---

① 中央编译局:《德意志意识形态》,人民出版社2003年版,第28页。

当前，我们正处于"以物的依赖性为基础的人的独立性"的社会发展阶段，今天世界面临最大的危机就是人类命运的危机，资本逻辑支配全球时代愈演愈烈，因而那种虚幻的共同体已不符合人类生存之道，走向真正共同体的必要环节就是打通人类命运共同体之路，通过个体对人生意义的觉解，凝聚社会认同。觉解，顾名思义，是指觉悟和了解。志愿服务之于个体的觉解是一种精神上的独有状态，是一种个体对于某种精神境界和生活方式的追求，"是指个体在志愿服务过程中觉察到人生的意义所在以及实现人生价值的方式，它体现了志愿服务对提高个体的人生境界和精神层次的重要意义"[1]。

走向真正共同体，就要求每一个个体都要有共荣、共生的共同体意识，每一个个体都以觉解的姿态自觉地探索和坚持共同发展观，从人类整体利益出发；建树共同的责任观，坚持最普遍的人类共同利益；才能凝聚共同的价值观，体现马克思人类解放的价值诉求，以此提升自我认同到集体认同，民族认同到国家认同的境界和高度，从而提升对人类命运的自我觉醒。就此而言，志愿服务以组织化的形式成为共同面对风险、化解生存交流的主动积极方式。当前我国志愿服务组织在参与人工救援、公共危机防范、弱势群体救助等方面发挥了不可替代的作用，已广为国际国内社会所认可。志愿服务可重塑志愿者个体、志愿服务对象、志愿组织之间的相互关系，从而搭建新的交往关系网络，通过集体行动消解个体对共同体的排斥，消除个体与共同体之间的矛盾。通过志愿服务的积极奉献，重新定位个体的存在认知，摆脱自然的奴役、人类的精神枷锁，进而走向真正的共同体。

（2）志愿服务彰显价值共同体的生成，实现和谐共生

人是社会性的存在，古往今来共同体思想在人与社会之间形成巨大张力，不断解构和建构着人的存在方式。人也是类本质的存在，尤其是共同体概念的统一法则和秩序意义都在深深影响着人们的社会行为。换言之，任何社会只要作为一种存在的共同体，它就会贯穿某种基本的价值精神，就会存在某种共识。借用卢梭的话语表达，这种共识就是公意（general

---

[1] 陶倩、曾琰：《志愿服务之于价值共同体的建构探析》，《社会主义核心价值观研究》2017年第1期。

will），而这种共识、公意的形式与形成方式毋宁说在东西方存在天壤之别，从其源头上可溯源至古希腊城邦民主制。亚里士多德在《政治学》开篇指出，"所有城邦都是某种共同体，所有共同体都是为着某种善而建立的"①。于现代社会而言，作为一种"善"的共同体的要义和精髓总会让我们有所期盼，尤其在资本逻辑支配的全球化时代，人的灵魂与身躯又面临着失衡，传统"自然共同体"失去而幸福生活退去，所以每一个人都渴望共同体的价值和精神能"护佑"个人的自由与幸福。在此基础上，志愿服务以甘于奉献、乐于助人的道德实践，消融与缓释了个人与共同体之间的隔阂。

从一定意义上说，志愿服务扬弃了抽象的人的存在方式，以个体参与到组织的共同体中，个体成为普遍化的自我，共同体成为个体意志的主体，志愿服务组织构成了一个自由、自主、自觉的理性组织体。在这一共同体中，个人因奉献和服务获得了他人的赞许和肯定，也对他人的自由发展产生积极意义。与此同时，共同体也为个人生存和发展提供条件。在这一共同体中，志愿服务组织凝结了共同的目标和使命：公平、正义、自由、民主等，这些价值与马克思追求的真正共同体的价值理念构成内在一致性，彰显了志愿服务价值共同体在当代中国的实践意义。

总之，志愿服务建立了真正的个人与真正的共同体之间的关系，从真实的精神领域中打开了联通二者的桥梁，为缓解人与自然、人与社会等当前人类社会发展问题提供了实践切口，对于未来社会实现个人与共同体的和谐共生具有重要的现实意义。

二　中国共产党执政文化中的志愿服务文化建设思想

中国共产党的执政文化是党的政治理论的重要内容之一。执政文化是贯穿执政体系和执政过程中的思想、组织、制度和行为等规范及其观念化的意识、信仰、态度和情感的综合，是政党在长期执政实践中形成的表征

---

① ［古希腊］亚里士多德：《政治学》，颜一等译，中国人民大学出版社2003年版，第1页。

执政理念、意义、秩序和规律的文化成果,是推进执政系统运行、规范执政主体行为、引导政治共同体活动的指南。① 中国共产党执政文化以马克思主义为指导,以中华优秀传统文化为基础,以革命文化为源头,以社会主义先进文化为主体,在党的执政过程中充分体现了中国共产党的党性原则,是党的执政思想、执政理念、执政方略等价值、功能的集中体现,是全党全社会都认可的核心价值理念。从主体价值的维度来看,党的执政文化浸润着中国共产党不断发展壮大的丰厚滋养,是党团结带领全国各族人民实现民族伟大复兴中国梦的坚实支撑,也是实现中国式现代化的政治灵魂。与之相应,党的执政文化对于党在执政过程中开展各领域的文化建设实践具有重要的精神引领作用,并构成其他文化建设所遵循的指南和依据。

在建党百年的丰厚历史底蕴中,在中国共产党执政70多年的伟大实践中,党的执政文化中蕴含了丰富的志愿服务文化建设思想,对于习近平新时代中国特色志愿服务文化建设具有重要的思想引领。而从主体实践的层面来看,加强志愿服务文化建设对于巩固党的执政文化建设的制度基础,夯实党的执政文化建设的思想基础,以及营造党的执政文化建设的社会氛围具有重要的推动和促进作用。一言以蔽之,党的执政文化内蕴着志愿服务文化建设的思想,志愿服务文化建设实践中也在不断重塑和丰富着党的执政文化的内涵。

(一) 党的执政理念中的志愿服务文化建设思想

执政理念是执政党在执政过程中运用国家政权体现执政目标和执政价值的理性认识,它是执政党理论建设的重大命题,也是执政党指导实践的观点和认识的总和。

1. "以人民为中心"执政理念构成志愿服务文化建设之逻辑主线

始终秉持"以人民为中心"的执政理念,贯穿中国共产党建党百年的伟大实践中,这一执政理念前提必然成为中国志愿服务文化建设的价值遵循。

第一,志愿服务彰显共产党人"人民性"的理论品格。人民群众是历史的主体,是社会变革的决定性力量。在志愿服务实践的每一个环节都

---

① 陈元中:《中国共产党执政文化建设研究》,人民出版社2012年版,第24页。

闪烁着以"人民"为主体与核心的伟大光环。马克思恩格斯指出,"过去的一切运动都是少数人的,或者为少数人谋利益的运动。无产阶级的运动是绝大多数人的、为绝大多数人谋利益的独立的运动"①。这一鲜明的政治立场,指明了无产阶级建立政党就是为了广大劳动人民谋利益,充分肯定了共产党的党性与广大群众的根本利益是一致的,也即人民性与党性的内在统一,贯穿中国共产党的执政理念中。党是领导一切的,党的领导必然是系统的统一体,必然体现在政治建设、经济建设、文化建设、社会建设、生态文明建设等在内的各方面,这一执政价值观也必然体现在新时代中国志愿服务文化建设的体系与构建中。志愿服务是以人民的利益为根本出发点,体现的是服务人民大众的目标。因而,志愿服务必然彰显共产党人"人民性"的理论品格,人民性也必然成为贯穿志愿服务文化建设的鲜亮的理论底色。

第二,志愿服务传承党的"全心全意为人民服务"宗旨。习近平总书记指出,"解决问题的宗旨,就是为人民服务。老百姓都能够顺心满意,我们这个国家才能越来越好。"② 在广大志愿者自觉融入国家发展战略中,积极参与到为人民服务的社会建设中,就是要秉持"一切为了人民,一切依靠人民"③,践行志愿服务就是为了人民,从而贯彻党的全心全意为人民服务的根本宗旨,志愿服务更是依靠人民,这也是"人民是历史的创造者"这一唯物史观在志愿服务中的具体体现。这就意味着为人民服务成为党领导志愿服务文化建设的核心立场和价值取向,也必然应当在志愿服务文化建设的理论与实践中一脉相承。

第三,志愿服务表达党的"人民至上"的价值立场。在党的执政文化底蕴中,"人民立场"始终是中国共产党的根本政治立场。习近平总书记曾指出:"我们要始终把人民立场作为根本立场,把为人民谋幸福作为根本使命。"④ 可以确证,党之所以能够经得起各种风险的侵蚀,经得住

---

① 《马克思恩格斯选集》第1卷,人民出版社2012年版,第411页。
② 《解决问题的宗旨,就是为人民服务》,央广网,2022年3月29日,http://news.cnr.cn/dj/20220329/t20220329_525779154.shtml。
③ 中共中央文献研究室科研管理部:《中国共产党90年研究文集(上)》,中央文献出版社2011年版,第14页。
④ 习近平:《在纪念马克思诞辰200周年大会上的讲话》,人民出版社2018年版,第17页。

各种艰难险阻的考验，其根本在于始终坚持以人民为中心，始终担当为人民创造美好生活的历史使命。志愿服务是时代文明与进步的重要标志，是党和国家事业的重要组成部分，志愿服务文化事业要同建设社会主义现代化国家同行，要与"两个一百年"奋斗目标同向。这就要求广大志愿者要遵循党的号召，以党的旗帜为引领，以党的思想理论为行动指南，将党的"人民至上"的立场主张贯穿到志愿服务事业中，以确保志愿服务事业沿着正确的政治方向，并体现党的领导的价值取向。

党的领导是中国特色社会主义的本质特征。中华民族伟大复兴的推进与实现一定要坚持中国共产党的领导。与之相应，发展中国特色社会主义志愿服务事业也必定要坚持党的领导，不仅要以党的旗帜为引领，而且要把党的立场与主张贯彻到志愿服务事业中。"以人民为中心"的执政宗旨必然成为指引中国志愿服务文化建设的政治方向和前行力量。

2. 社会主义核心价值观引领志愿服务文化建设

社会主义核心价值观是中国共产党执政文化的重要体现。社会主义核心价值观的三个层面是在人民群众的价值共识中形成的，其文化内涵及其价值观的倡导引领着我国社会发展的基本方向，表达了我国社会发展基本的价值诉求，并对社会发展的方向和进路形成有力的内在规定性。志愿服务就是这一内在规定性的表现形式，其对志愿服务的价值指引彰显了社会主义核心价值观的方法论内涵。

第一，志愿服务文化建设内含"富强、民主、文明、和谐"的国家价值取向。志愿服务文化之水平立基于经济发展水平，内涵社会主义核心价值观之富强的要求。富强是国家繁荣昌盛、人民幸福安康的物质基础，更是中华民族与生俱来的美好夙愿，因而国富民强位列国家层面的核心价值倡导之首。富强的崇高理想与价值追求，能够推动志愿服务实践的发展与进步，激发志愿者服务社会的责任感和使命感。由此可见，富强是志愿服务文化内涵的题中之义。

民主是人民当家做主的根本主题和关键路径。"民主不仅是中国特色志愿服务的追求目标，同时作为一种价值观，贯穿于中国特色志愿服务始终，也是指导志愿服务理论与实践的重要基石。"[1] 因而，中国志愿服务

---

[1] 陆士桢：《中国特色志愿服务概论》，新华出版社2017年版，第260—261页。

需要调动人民大众的广泛支持参与，这既体现了志愿服务的社会功能，更体现了"民主"作为一种社会价值对志愿服务的指导意义。

文明是社会主义现代化建设的应然状态，是国家发展与社会进步的重要标志，也是实现中华民族伟大复兴的重要支撑，更是人类走向未来的价值认知与共识。从历史渊源看，志愿服务源于古老的中国文明，无疑是人类文明的重要代表，其发展进步一直是先进文化引领下的人生观、价值观的充分写照。与此相应，以文明的价值指导志愿服务不仅能够提升个体素质，对于营造社会文化氛围也具有重要意义。鉴于以上，文明必然成为志愿服务文化的重要内容。

志愿服务文化致力于社会进步，内含社会主义核心价值观之和谐要求。"和谐"在传统社会即为"和合"之表达意境，是现代社会评判国家秩序正义的出发点与归宿。我国传统文化中的"和为贵"思想，"君子和而不同"等和合理念都蕴含着现代意义的"和谐"之义。志愿服务以平等、友爱、团结、互助的精神在建设社会主义和谐社会中发挥不可替代的作用。可见，追求和谐不仅是社会主义核心价值观的内在义理，更是志愿服务在社会建设领域的重要任务。

第二，志愿服务文化建设内含"自由、平等、公正、法治"的社会价值诉求。志愿服务文化所要实现人的发展目标，内涵社会主义核心价值观之自由的要求。志愿服务文化所倡导的最终价值是为了更好地实现人的自由而全面发展。自由是志愿服务的内在要求，也是一种自我的超越状态。志愿服务所孜孜追求的自由，是社会主义制度优于资本主义制度之精髓所在，就必然体现为社会主义核心价值观之精髓所在。

志愿服务文化所诉诸的平等，内含社会主义核心价值观之平等的要求。平等是人类永恒的共同理想。在社会主义社会，平等意味着人人获得被尊重、被同等对待的权利和愿望。平等也是志愿服务不可或缺的价值目标，在志愿服务中，无论是组织者、参与者还是受助者，各方主体之间都享有平等的机会、平等的人格，平等体现了志愿服务的人文价值追求。

志愿服务文化所蕴含的公正，内含社会主义核心价值观之公正的要求。公正的内涵与社会文明程度相关，其价值理念通常指涉政治、经济、法律等领域。于志愿服务而言，公正意味着对公共资源与公共权利的分配与共享。以公正为价值追求，当代中国志愿服务在本质上体现为一种社会责任的担当，志愿服务领域涉及扶贫济困、灾害救援等民生范畴，随着社会的发展，其领域也逐渐拓宽至科技服务、资源环境、医疗支援等领域，都彰显出一种对社会公共资源的共建共享理念。可见，公正作为志愿服务文化的内在价值当为题中之义。

志愿服务文化所蕴含的法治，内含社会主义核心价值观之法治的要求。法治是治国理政的基本方式，强调了法律的至高无上。依法治国是社会主义民主政治的基本要求，志愿服务的法治化也是依法治国的必然主题。在法治理念的指引下，构建良好的志愿服务法律制度，完善志愿服务立法，能够更好地维护志愿者及受助者的合法权益，从而为志愿服务实践提供法律保障。

第三，志愿服务文化建设内含"爱国、敬业、诚信、友善"的个体道德准则。志愿服务所提倡的爱国精神，内含社会主义核心价值观之爱国的要求。爱国体现了个人对祖国的依存关系，反映了人民群众对自己祖国的热爱，热爱祖国历来都是中华民族最真挚、最深厚、最美好的一种情感。传统的爱国内涵是一种超出宗族血缘之爱的外延，通常体现为一种忠君的情感表达，而社会主义核心价值观的爱国则蕴含现代民族国家的政治哲学价值。因而，爱国是民族精神的核心，在其本质上表现为对国家的民族认同、历史认同、制度认同和文化认同所构成的身份认同的统一体。这种爱国的身份认同提供给人们共同的道德记忆，并形成一种特有的民族标识，成为维系人们情感的纽带。

在一定意义上说，爱国属于每一位公民应当履行的道德义务，爱国也是志愿服务所需的道路自信、理论自信、制度自信、文化自信的基础。[①] 因此，在爱国主义精神的激励之下，志愿者服务社会、关爱他人，促进社会的稳定与进步，这正是爱国主义精神的弘扬。同时，通过志愿服务增进了对国情、社情的了解，增强了社会成员爱国、爱社会、爱同胞的尊严感、荣誉感，也加深了对民族文化的归属感和认同感。由此可见，作为社会主义核心价值观的基础元素，爱国成为志愿服务的重要价值因子。

志愿服务所提倡的敬业素养，内含社会主义核心价值观之敬业的要求。敬业是一种职业行为准则的价值评判标准。首先敬业是对个人所选择

[①] 沈望舒：《论中国特色志愿服务文化》，新华出版社2021年版，第156页。

职业的热爱态度，无论从事何种职业，都应当对其投入极大的热忱，精其专业，以此将职业化为事业投入忘我的精神境界，才能实现个人价值与社会价值的统一。志愿服务就是公民对于所属社会的价值认同和责任意识的行为体现。其次，敬业意味着对职业道德的遵守，其核心是奉献的原则。顾名思义，奉献即是付出，其最基本的要求是对社会责任的承担和对公民义务的履行。所不同的是，志愿服务本身是以无私奉献、不计回报为其内在本质，这是敬业精神的最好诠释。无私奉献意味着自觉自愿，而其他行业虽不排除无私的情形，但大多是以获得某种回报为出发点。于此而言，志愿服务应当是一种人人都可参与的普适性义务与责任。最后，敬业蕴含着个人对职业的执着追求，是所从事之职业得以"行稳致远"的精神与灵魂，这就要不断提升并创新自身的专业技术水平。随着社会分工的加快，推动志愿服务的创新与发展，需要拓宽专业性志愿服务的领域，实现志愿服务与社会发展与需求的同步。显然，敬业与志愿服务息息相关，以社会主义核心价值观之敬业精神为引领，成为志愿服务道德实践的充分表达。

志愿服务所提倡的诚信品质，内含社会主义核心价值观之诚信的要求。诚信是社会主义市场经济中的基本契约原则，也是个体立身处世、行为交往和政治生活的伦理规范。诚信意味着重承诺、守信用，于己身要求坚守内心的道德法则，于他人及社会则要求恪守共同承诺的契约精神。在现代社会中，人们不断受到主流价值观的熏陶，也要面对唯利是图等陈腐观念的侵蚀，诚信价值观愈加凸显重要价值。于此而言，志愿服务本身即是志愿者取信于民、服务社会的一种承诺。通过志愿服务，志愿者自觉遵从公共秩序，遵守法律和社会规范，尊重对他人的服务承诺，铺就了社会成员之间社会联系的关系纽带，消弭了人们之间的疏离与陌生，增加了社会信任度，提升了社会主义核心价值观之认同感。可以说，诚信的价值观是志愿服务不可或缺的重要内涵。

志愿服务所提倡的友善美德，内含社会主义核心价值观之友善的要求。友善即与人为善，强调社会成员之间应相互关爱、彼此帮助，和睦友好。在现代社会，友善作为一种社会规范，是引领社会包容差异，维护社会公共秩序，培育健康和友好型社会的基石。作为一种伦理美德，友善是与人交往的道德动力，是一个人保持长期德行并内化为个体美德的脉动之源。志愿服务以利他主义为主旨，决定了志愿者在社会服务过程中将友善内化于心，通过个体的道德觉解，付诸一项内有善心、外有善行的自觉行动。可以说，志愿服务所彰显的友善价值观表达了对社会成员的友爱尊重、平等互助的社会心态，不仅能够获得群体的社会认同与社会尊重，也能营造和谐的社会氛围，志愿服务有赖于社会主义核心价值观的实践引领。

3. 志愿精神凝聚志愿服务文化建设之恒久主题

志愿精神是个人对生命价值、社会、人类和人生观的一种积极态度，在日常生活层面呈现为志愿服务。党的十八大以来，中国特色社会主义进入新时代，新时代中国人民的精神面貌焕然一新，以"奉献、友爱、互助、进步"为内涵的志愿精神为新时代所传颂和弘扬，成为人民有信仰、国家有力量、民族有希望的生动体现，并频繁出现在党的执政文件中，如国务院颁布的《志愿服务条例》（自2017年12月1日起施行），中共中央宣传部、中央精神文明建设指导委员会办公室、中华人民共和国民政部等8部门颁布的《关于公共文化设施开展学雷锋志愿服务的实施意见》（文明办〔2016〕10号）等。以"奉献、友爱、互助、进步"的概括表达激发了社会成员对美好社会的期望，彰显了人类文明的美好共识，志愿精神蕴含着丰富的思想内涵。

第一，奉献精神呈现志愿服务文化之价值本质。"奉献"即付出不求任何回报，以做出自己的贡献，其最基本的要求是切实地承担起自己对社会的责任和义务。[①] 在《现代汉语词典》中意指"恭敬地交付或呈献"。在传统价值观中，恭敬与呈献行为代表着一种仪式和礼节，有着下对上的礼仪、虔诚。其始于对长辈和尊贵者的虔敬，而在今天已经引申为对国家和人民的忠诚和热爱。

提倡奉献精神，究其原因是因由人的社会存在二重性决定的。我们熟知马克思的那句至理名言，"人的本质不是单个人所固有的抽象物，在其现实性上，它是一切社会关系的总和"[②]，这里所表达的意涵是说，人的社会存在始终兼具二重性。就是说，人生存于社会之中，既是社会之人，

---

① 彭柏林：《当代中国志愿服务伦理研究》，吉林人民出版社2017年版，第80页。
② 《马克思恩格斯选集》第1卷，人民出版社1995年版，第56页。

又是社会之产物,因而人的道德以及人与人之间的关系与其说是个人的问题,不如说是社会的问题,

"既然人天生就是社会的,那他就只能在社会中发展自己的真正的天性;不应当根据单个个人的力量,而应当根据社会的力量来衡量人的天性的力量。"① 显而易见,每一个具体的个人的道德观念的升华、精神境界的提升,关键在于个人所处的社会,在于所处的社会环境是否符合人性、是否符合道德。而资本主义及其之前的所有社会制度都是不道德的,因为它剥夺了人的自由,限制了人的类本质发展,那么,人必须通过改造人类社会使之在物质文明和精神文明上不断获得进步,使之无愧于人的类本性,使之成为个体生存和发展的前提和条件。这也是为何马克思将全部精力置于对资本主义的批判与改造上。因此,人为了维持自身的生存与发展,首先就必须维持人所赖以生存的社会共同体,发挥主观能动性来建设社会共同体之德性,而奉献就是个体之于社会所应当具备的道德品性。志愿服务所倡导之奉献精神表达了志愿服务之高尚义理价值。

志愿服务就是以奉献为其内在本质的。② 奉献则意味着个体对社会要有一种德性精神,即是人的社会二重性之必然。这种德性精神倡导人民追求真善美,倡导一种责任担当精神,还要有一种经世济民精神和牺牲精神。具体在志愿服务活动中,要求志愿者"奉献"出于无私之心,既要有爱己爱人爱世之念,服务贡献智慧力量之心,也要有尊重他人人格之德,以此之奉献精神领衔并铸造志愿服务行为之价值。在此奉献精神之感召之下,志愿者尽己所能,不求名利、不计报酬地奉献恰是志愿服务事业之真谛所在。

第二,友爱精神奠定志愿服务文化之伦理根基。"友爱"在《现代汉语词典》意指"友好亲爱"。友爱萌发于友善,在传统文化中表现为一种由内及外、由近及远的情感写照。从家人、亲人、族人到友人,再拓展至"幼吾幼以及人之幼、老吾老以及人之老",终至天下一家、四海之内皆兄弟之情感,皆为友爱之源。从这一意义而言,志愿服务倡导的"友爱"可以说是对传统文化之"仁爱"精神的传承与弘扬。

---

① 《马克思恩格斯文集》第 1 卷,人民出版社 2009 年版,第 335 页。
② 彭柏林:《当代中国志愿服务伦理研究》,吉林人民出版社 2017 年版,第 81 页。

友爱精神决定了志愿服务的基本态度。一方面，意味着在志愿服务活动中给人以人格的尊重。于弱势群体而言，只有维护他们做人的尊严，才能说是以真正的关怀、体贴与同情的姿态从事了自愿行为。在康德看来，你应当"这样行动，无论于己还是于他，任何情形之下都要把人作为目的，而绝不是作为手段。"① 就是说，每一个人都具有尊严并且保有和维护个体尊严的义务，任何把人视为物的手段而不将其作为主体的目的的思想都应当摒弃。而从法理上来说，人的尊严实质上是人生而为人所应有的一种普遍权利，是人权的一个方面。因而，"关爱""友爱"之于弱势群体的价值，就应该让他们享有个体尊严所应当享有的经济生活基础设施以及社会文化等公共资源，就应该得到人道的尊重及其人所固有的人格尊严的护佑。

另一方面，友爱精神出于一种平等待人的良好姿态，也可以说是和谐人际关系的价值追求。在志愿服务中秉持对人的身份、地位之平等心态，而无关贫富、职业、民族、文化等差异，才能保持谦逊友好、平等地对待他人；也非高高在上的施舍姿态，切忌不做了解而妄加论断，才能以服务之真诚传递人性之温暖，才能建立人与人之间的互助与交流情感，平复人的社会情绪，以此与受助者之间建立起一种平等和信任的关系。可以说，友爱精神是一种无差别的爱，志愿服务以友爱精神可以凝聚社会之力量，共同书写民族团结之力量。

第三，互助精神抒发志愿服务文化之人性之光。互助，即互相帮助、互相支持、互相合作以实现共同的利益和目标的社会关系。在中华民族的共同体血液中，从来不乏人们之间的自助和他助，以及相互援助之行为。互助精神尤其在突发自然灾害、重大公共事件之时，历来都凸显中国人民的集体主义之团结风范，可以说互助精神是集体主义的价值内核，尽显出个体之坚忍意志，集体之侠情仗义，民族之力量担当。"互助"涵入志愿精神坚定了志愿服务的互需互帮理念，是公正平等之价值彰显。

互助精神何须提倡？其道德精义已有无数思想家作出分析。马可·奥勒留指出，人"天生是要合作的，犹如手足、唇齿和眼睑。那么，彼此

---

① 彭柏林：《当代中国志愿服务伦理研究》，吉林人民出版社2017年版，第91页。

冲突就是违反自然的，就是自寻烦恼和自我排斥"①。可见，人类之互助合作犹如唇齿相依。亚当·斯密谈道，"人类社会的所有成员，都处在一种需要互相帮助的状况之中，……在出于热爱、感激、友谊和尊敬而相互提供了这种必要帮助的地方，社会兴旺发达并令人愉快。所有不同的社会成员通过爱和感情这种令人愉快的纽带联结在一起，好像被带到一个互相行善的公共中心"②。可见，互助作为一种社会性的伦理行为，对于人们之间形成亲密情感与交往桥梁，以及促进社会融合至关重要。

在一定意义上说，志愿服务是在人们一定社会关系中形成的物质性实践活动，是个体不断提升自我、超越自我，并进行自我价值实现的一种存在方式。在这一过程中，个体注定不是单个人在孤立的行动，通过志愿服务建立的是人与人之间的一种互助合作关系，在这一关系中通过互助的理念达成目的和利益，达到"互相行善的中心"。而"互助"之所以高尚，就在于现代社会的一切便利无不是人们互助合作与不断追求进步的结果，在志愿服务中所体现的"互助"精神和道德理念，有助于消除隔阂而产生社会认同感，能够重建信任并增强社会凝聚力，如此循环往复，有助于激发社会个体的道德自觉，进而在人与人之间、个人与社会之间获得共同进步、共同成长的力量。

第四，进步精神昭示志愿服务文化之前行动力。"进步"在《现代汉语词典》意指"向前发展、起促进作用的人或事物"。进步代表着智慧和不屈不挠，是一种积极向上、不断进取的精神状态，人类因为积极进步而不断优秀和能力提高，社会因为不断进步而向前发展，人类历史正是在不断进步中不断获得超越和突破。古往今来，无论是革命的志愿者、模范先锋志愿者都以坚定的理想信念参与到人类进步的历程中，贡献于民族伟大复兴之伟业中。

志愿服务致力于追求人类之间的互助互爱，在传递爱心过程中，汇聚成社会的暖流，传播了人类文明；志愿服务致力于整合社会资源，是建立

---

① ［古罗马］马可·奥勒留·安东尼：《沉思录》，陈洪操译，北京工业大学出版社2016年版，第13—14页。
② ［英］亚当·斯密：《道德情操论》，蒋自强、钦北愚、朱钟棣等译，商务印书馆2017年版，第106页。

信任、促进社会进步的有力纽带；志愿服务能够建立人与自然和谐发展的桥梁，是协调人与社会可持续发展的导向力量；志愿服务通过维护与平衡人际关系，能够健全自己的道德人格，其无疑是人类社会进步的一种积极的正能量。进步精神凝结了志愿服务之与时俱进的性质和方向，激励着志愿者不断奋进和创新，贡献于人类文明进步之事业中。

志愿服务是社会文明进步的重要标志。党的十八大以来，习近平总书记多次在参观考察、座谈交流与回复书信时对青年寄予厚望，鼓励"青年一代有理想、有担当，国家就有前途，民族就有希望"，点赞他们要弘扬"奉献、友爱、互助、进步"的志愿精神，坚持"与祖国同行，为人民奉献"，为实现中华民族伟大复兴贡献力量。[1] 勉励他们要站在世界的舞台上"积极传播中华文化、讲好中国故事"[2]，用青春激情为人类和平与发展事业做出贡献。并将志愿者称为"为社会做出贡献的前行者、引领者"，并对志愿者赞许和肯定，"你们所做的事业会载入史册"。[3] 针对新时代青年积极参与志愿服务，为他人、为社会贡献力量的志愿服务行动予以鼓励并强调弘扬志愿精神，"继续以实际行动书写新时代的雷锋故事"。[4] 也对志愿服务事业提出了殷殷期待，提出"让雷锋精神在祖国大地蔚然成风"，[5] "志愿者事业要同'两个一百年'奋斗目标、同建设社会主义现代化国家同行。"[6]

这些表述都表达了习近平总书记对弘扬志愿精神，发展志愿服务事业的倾情关怀、支持和鼓励。志愿精神蕴含的"奉献、友爱、互助、进步"的精神内涵已经融入中国人民的民族精神与时代精神之中，成为中国志愿

---

[1]《习近平给华中农业大学"本禹志愿服务队"的回信 勉励青年志愿者以青春梦想用实际行动为实现中国梦作出新的更大贡献》，《人民日报》2013年12月6日。

[2]《习近平给"南京青奥会志愿者"回信 勉励青年志愿者用青春激情打造最美"中国名片"》，《人民日报》2014年7月1日。

[3] 张晓红、苏超莉：《志愿兴城——北京市大兴区"志愿之城"建设研究》，人民出版社2019年版，第1页。

[4]《弘扬奉献友爱互助进步的志愿精神 以实际行动书写新时代的雷锋故事》，《中国青年报》2019年7月25日。

[5]《习近平总书记给"郭明义爱心团队"的回信》，中国政府网，2014年3月4日，http://www.gov.cn/xinwen/2014-03/04/content_2628706.htm。

[6] 中共中央宣传部宣传教育局：《〈新时代公民道德建设实施纲要〉学习读本》，人民出版社2020年版，第202页。

服务事业的思想旗帜，成为凝聚志愿服务文化建设恒久主题。

（二）党的执政使命中的志愿服务文化建设思想

习近平总书记指出，"回顾党的历史，为什么我们党在那么弱小的情况下能够逐步发展壮大起来，在腥风血雨中能够一次次绝境重生，在攻坚克难中能够不断从胜利走向胜利，根本原因就在于不管是处于顺境还是逆境，我们党始终坚守为中国人民谋幸福、为中华民族谋复兴这个初心和使命，义无反顾向着这个目标前进，从而赢得了人民衷心拥护和坚定支持"。[①] 既为中国人民谋幸福、为中华民族谋复兴，又为人类谋进步、为世界谋大同，彰显了中国共产党执政使命的丰富内涵。在新时代，党长期执政的使命践行，必然体现在党领导的中国特色社会主义各项事业的建设中，也必然成为志愿服务文化建设实践的使命追求。

1. 坚守"为人民谋幸福"之初心锚定志愿服务文化前进方向

作为拥有九千五百多万名党员的世界第一大执政党，"党的根基在人民、血脉在人民、力量在人民，人民是党执政兴国的最大底气"[②]。党的十八大以来，习近平总书记把"人民对美好生活的向往"作为谋人民幸福之具体奋斗路径，更加坚定了"紧紧依靠人民、不断造福人民"的发展思想和"始终全心全意为人民服务，始终为人民利益和幸福而努力工作"的初心。这一"为人民谋幸福"之党的初心作为理论之前提，作为人民的伟大革命与建设实践之根本，也必然在迈向社会主义现代化强国之新征程中，锚定中国志愿服务文化建设的前进方向。

为人民谋幸福，顾名思义就是执政党要满足人民对美好生活的需要，这种需要即是一种幸福感和满足感。习近平总书记曾强调，共产党人要树立和增进崇高的情感意识，从而培养对人民群众的深厚感情，这就要"学习雷锋的幸福感，雷锋虽然只活了22年，但他说：'什么是幸福？为人民服务是最大的幸福'。"[③] 我们当然记得毛主席的"向雷锋同志学习"

---

① 习近平：《习近平谈治国理政》第3卷，外文出版社2020年版，第415页。
② 《中共中央关于党的百年奋斗重大成就和历史经验的决议》，人民出版社2021版，第66页。
③ 习近平：《干在实处走在前列》，中共中央党校出版社2006年版，第527—528页。

的伟大号召，就是因为雷锋的为人民服务化身为幸福的音符，能够给人带来幸福感。

人们的幸福感取决于多方因素。受制于生产力发展水平的物质文化需要程度当然是影响人们感受幸福的首要因素。进入新时代，人民日益增长的美好生活需要和不平衡不充分的发展之间的矛盾，已成为社会主要矛盾。以为人民谋幸福为基点，致力于志愿服务文化建设即为满足人们对美好生活这一幸福感需求的创造性形式。或者说，人们的美好生活需要通过志愿服务文化建设的创新性载体可以获得充分阐释。

2. 坚定"为民族谋复兴"之信念凝铸志愿服务事业精神伟力

实现中华民族伟大复兴是近代以来中国人民和中华民族最伟大的梦想。习近平总书记在庆祝中国共产党成立100周年大会上指出："一百年来，中国共产党团结带领中国人民进行的一切奋斗、一切牺牲、一切创造，归结起来就是一个主题：实现中华民族伟大复兴。"[①] 中国共产党自成立伊始就担负起实现民族复兴这一历史使命，百年来党带领全体人民屡经磨难、饱受挫折、自强不息、艰苦奋斗，传承中华民族不懈奋斗的精神基因，完成了人民解放、民族独立的历史使命，取得了社会主义建设的重要成果，取得了改革开放的辉煌成就，创造了举世瞩目的中国奇迹。"一百年来，我们取得的一切成就，是中国共产党人、中国人民、中华民族团结奋斗的结果。"[②] 这一伟大奋斗精神在党领导的民族复兴之路上得到了充分阐释，在党执政七十多年的伟大征程中演绎了精彩画卷。

这一伟大奋斗精神谱写和刻画了中华儿女"为民族谋复兴"的伟大信念，也因由这一民族复兴之坚定信念传承了中华民族的精神基因，彰显了历史的主动基因，书写了强烈的民族责任与担当。党的百年奋斗重大成就和历史经验给予我们启迪，实现中华民族伟大复兴的中国梦，需要全体人民接续奋斗，更需要新时代青年不懈奋斗，以永远奋斗之信心和底气推进党的事业不断迈向前进。志愿服务的本质内涵决定了志愿服务事业已经

---

① 习近平：《在庆祝中国共产党成立100周年大会上的讲话》，人民出版社2021年版，第3页。

② 习近平：《在庆祝中国共产党成立100周年大会上的讲话》，人民出版社2021年版，第8页。

成为中国特色社会主义建设的重要组成部分，这一"为民族谋复兴"之伟大信念为志愿服务事业凝铸了伟大精神动力。

"人无精神则不立，国无精神则不强"，精神的力量是无穷的。志愿服务以"为实现中国梦提供精神动力和道德支撑为基本功能定位"[①]，以中华民族团结奋斗之信念汇聚了民众参与志愿服务的精神力量。同时，这一精神力量启迪中国志愿服务事业要同中华民族伟大复兴的奋斗目标同向，与建设社会主义现代化国家同行。"同行"意味着志愿服务事业的发展方向要融入国家治理体系现代化的总体部署中，成为国家现代化发展与建设目标的题中之义；"同向"意味着志愿服务文化建设要凝聚和动员全民族以团结、奋斗的民族精神，为民族振兴提供和发挥中国志愿服务的力量，影响和带动更多的民众参与其中。这一精神伟力是中华民族对伟大建党精神的丰富和延续，并深深熔铸在民族的生命力、创造力和凝聚力之中，发挥着志愿服务在推动经济、政治与社会发展中不可替代的凝心聚力的作用。

3. 肩负"为人类谋进步"之责任增进志愿服务事业人类福祉

建党百年之际，习近平总书记在中国共产党与世界政党领导人峰会上指出："政党作为推动人类进步的重要力量，要锚定正确地前进方向，担起为人民谋幸福、为人类谋进步的历史责任。"[②] 中国共产党一直都是人类文明进步的领跑者，在带领中国人民走向人类进步事业的征程上，中国共产党在世界政党中是优等生。正因为为人类谋进步的政治诉求，激励着中国共产党满怀豪情、勇往直前，以执政党本色在短短70多年"深刻改变了近代以后中华民族发展的方向和进程，深刻改变了中国人民和中华民族的前途和命运，深刻改变了世界发展的趋势和格局"[③]。这无疑是人类文明的重大进步，无不为世人赞同，为世界瞩目。这一崇高追求和使命担当内化为中国共产党的精神品格，在新时代对于构建志愿服务文化事业具

---

① 陆士桢：《论新时代中国特色志愿服务的新格局》，《中国青年社会科学》2019年第5期。

② 习近平：《习近平重要讲话单行本（2021年合订本）》，人民出版社2022年版，第104页。

③ 习近平：《在庆祝中国共产党成立95周年大会上的讲话》，人民出版社2016年版，第2页。

有重要的使命引领。

习近平总书记对志愿服务文化建设高度重视并强调,"志愿服务是社会文明进步的重要标志"①。之所以"文明",因其彰显出一种对人类价值与尊严的关怀,之所以"进步",因其表达了对他人的友爱与善良情感,传递了一种以人为本、公平正义和互助合作的向上向善的道德理念。恩格斯指出:"人们自觉地或不自觉地,归根到底总是从他们阶级地位所依据的实际关系中——从他们进行生产和交换的经济关系中,获得自己的伦理观念。"② 由此可见,作为建立在诚信奉献、互助友善、合作互信的基础之上的志愿服务,彰显着社会个体对个人与社会的关系协调,并更加关注超出物质生活之外的精神生活的价值需求。这种对个体与社会的关注有利于形成良好的社会风尚,对于提升精神文明水平、提高社会文明程度,进而提升人类社会福祉具有重要价值。

4. 着眼"为世界谋大同"之胸怀展现志愿服务文化世界启迪

习近平总书记在改革开放四十周年大会上指出,"自古以来,中华民族就以'天下大同''协和万邦'的宽广胸怀,自信而又大度地开展同域外民族交往和文化交流"。③ 天下大同,传承于中华优秀传统文化之精华。《礼记·礼运》中所载,"大道之行也,天下为公",大同世界展现的是人类对未来社会的美好憧憬。

所谓"大同",包含着古人的有容乃大之理念,融汇海纳百川之品性修养,与协和万邦、亲仁善邻、讲信修睦等人文境界交相辉映,其共同绘就了人类社会的理想美景。于现代社会而言,"大同"之内涵指向人人友爱、彼此互助,社会文明、和谐礼让,和平共处、求同存异,包含政治、经济、社会、文化与生态五位一体的全面发展与繁荣之景象。中华五千年的文明传统中,可以清晰展现和洞见中华民族主张的"和而不同""协和万邦""天下大同"的共同体理念,这些理念传递出中华民族勇担重任、爱好和平、普惠人类的天下胸怀。

---

① 《弘扬奉献友爱互助进步的志愿精神 以实际行动书写新时代的雷锋故事》,《中国青年报》2019年7月25日。
② 《马克思恩格斯选集》第3卷,人民出版社2012年版,第470页。
③ 中共中央文献研究室:《十九大以来重要文献选编(上)》,中央文献出版社2019年版,第737页。

中国共产党始终将为天下谋大同之情怀作为党的伟大志向，并根植于党的奋斗历程中。在长期的历史实践中，中国共产党洞悉了天下大同的核心要义，展现了中国道路的文明智慧和世界启迪。而中国道路的文明智慧和启迪，核心就是坚守中华民族的自尊与民族独立，尊重不同民族文化的多样性，彰显人类文明的交流、互鉴与共存，推动人类社会和平与进步，营造"美美与共，天下大同"的崭新格局。

党的十八大以来，人类社会的序章越发处于恢宏浩荡的历史之流，全球发展版图日趋均衡，科技革命与产业变革重塑着世界格局。中国共产党以坚强有力的领导和集中力量办大事的制度优势，书写了一枝独秀的发展奇迹和焕发了势不可当的生机活力，与西方之乱形成鲜明对比。

习近平总书记以顺应历史与世界之变的时代自觉，以深刻的历史洞察提出了"当今世界正处于百年未有之大变局"这一极为重大的政治判断，以推动构建人类命运共同体之维，提出了为世界谋大同的中国智慧，为破解世界治理之困、走出人类文明隔阂分享中国经验，展现了负责任大国的胸怀与担当。

由此可见，为世界谋大同的内涵、境界与价值表达，与中国志愿服务文化的价值追求及其时代意蕴构成高度的内在契合。伴随着中国共产党领导的外交格局的全方位、宽领域、深层次延展，着眼于构建人类命运共同体的主题，为志愿服务走向世界创造了新的机遇。通过中国志愿服务能够不断深化"为世界谋大同"的世界意义，在国际合作与交往中，以志愿服务为纽带的文化交流，不断增进民族间的相融相通，加深了民间外交的诚意和信任。同时，通过党领导的政党外交营造双方建设的人文与制度环境，启迪通过志愿服务这一载体展示志愿风范，通过与各国分享发展经验，促进双方包容互鉴，超越文明冲突、打破文明隔阂，实现民心相通等方面塑造了良好的大国形象。

（三）党的执政方略中的志愿服务文化建设思想

执政方略是执政党执政所遵循的大政方针政策，以及谋划国家发展的战略、策略。党的执政方略贯穿在国家的经济、政治、文化、社会与生态的诸多方面，其中对于志愿服务的思想、制度的领导力、执行力不仅体现在党的一系列纲领性文献、法律与方针政策，还通过与时俱进的国家发展规划、发展战略的设计与安排等体现在党的执政历程中,并在志愿服务实践中不断检验着党的执政能力。当前,中国共产党执政方略体现在"五位一体"总体布局和"四个全面"战略布局所构成的整体性的逻辑框架中,它内在地嵌入了志愿服务文化建设的方法论指引。

1. "五位一体"构筑中国志愿服务文化建设的总体遵循

"五位一体"是中国特色社会主义事业的总体布局,即经济建设、政治建设、文化建设、社会建设、生态文明建设的五位一体,它们是相辅相成的统一体。"五位一体"总体布局由党的十八大正式确定,并在党的十九大后写入党章。在中国共产党的执政理念中,《党章》是党执政的总章程、总规矩,是党执政的根本遵循。在《党章》的总依据之下,不论是条例、规定、办法都不能与《党章》相抵触、相背离。党的执政活动,除了必须遵守宪法和法律的规定,贯彻党的理论、路线、方针和政策都必须要以《党章》为根本依据。"五位一体"写入党章,表明只有这五个方面都包含了,且必须按照这五个方面统筹推进,才能说党领导的中国特色社会主义建设是全面的。党的十八大以来,党按照五位一体总体布局的战略思想不断推进了中国特色社会主义现代化建设的进程。

党的十九届六中全会通过的《中共中央关于党的百年奋斗重大成就和历史经验的决议》指出,"过去一百年,党向人民、向历史交出了一份优异的答卷,现在,党团结带领中国人民又踏上了实现第二个百年奋斗目标新的赶考之路","必须全面贯彻习近平新时代中国特色社会主义思想……坚持统筹推进'五位一体'总体布局"①才能"协同推进人民富裕、国家强盛、中国美丽"。这对未来提升更高水平的"物质文明、政治文明、精神文明、社会文明、生态文明"目标作出了顶层设计和战略部署。习近平总书记在天津市考察时,曾对志愿服务事业殷切嘱托道,"志愿者事业要同'两个一百年'奋斗目标、同建设社会主义现代化国家同行"②。"五位一体"总体布局为构筑中国特色志愿服务文化建设构筑了总体遵循。

---

① 《中共中央关于党的百年奋斗重大成就和历史经验的决议》,人民出版社2021年版,第72—73页。

② 中共中央宣传部宣传教育局:《〈新时代公民道德建设实施纲要〉学习读本》,人民出版社2020年版,第202页。

(1) 党的经济建设方略之于志愿服务文化建设的基本前提

志愿服务与经济发展是紧密相连的，党执政 70 多年的伟大征程中，尤其是改革开放 40 多年的实践证明，经济建设为志愿服务事业的不断发展提供了重要的资金支持和物质保障，在经济建设中，党的一系列执政政策为志愿服务发展提供了契机和平台，也需要志愿服务文化建设与之助力同行。

党的十九届四中全会审议通过的《中共中央关于坚持和完善中国特色社会主义制度、推进国家治理体系和治理能力现代化若干重大问题的决定》首次把"按劳分配为主体、多种分配方式并存"确定为社会主义基本经济制度，并首次提出要"重视发挥第三次分配作用，发展慈善等社会公益事业"①，这就从根本上明确了作为第三次分配的公益慈善事业在我国经济社会发展中的重要地位。

共同富裕是社会主义的本质要求，党的十九届五中全会审议通过的《中共中央关于制定国民经济和社会发展第十四个五年规划和二〇三五年远景目标的建议》提出"扎实推动共同富裕"的主题，将共同富裕的实施推进到实质阶段，再次强调要"发挥第三次分配作用，发展慈善事业，改善收入和财富分配格局"②。可见，第三次分配需要极大发挥慈善事业的作用。第三次分配与经济社会发展的目标也紧密相连。

中国共产党中央财经委员会第十次会议进一步指出，"构建初次分配、再分配、三次分配协调配套的基础性制度安排，使全体人民朝着共同富裕目标扎实迈进"③。可见，党和国家将第三次分配纳入基础性制度安排的一系列部署，表明党中央对第三次分配的重视已经升级到一定高度，上述论断也为充分发挥第三次分配的作用提供了根本遵循。

慈善事业作为第三次分配的主要方式，是以慈善捐赠和志愿服务为主要形式开展分配活动。④ 与初次分配依循市场机制分配，再分配依靠政府

---

① 《中共中央关于坚持和完善中国特色社会主义制度 推进国家治理体系和治理能力现代化若干重大问题的决定》，人民出版社 2019 年版，第 19—20 页。
② 《中华人民共和国国民经济和社会发展第十四个五年规划和 2035 年远景目标纲要》，人民出版社 2020 年版，第 32 页。
③ 刘尚希、傅志华等：《百年大党的人民财政观》，人民出版社 2022 年版，第 107 页。
④ 朱健刚、严国威：《治理吸纳慈善：2019 年中国慈善事业综述》，载杨团、朱健刚主编《慈善蓝皮书：中国慈善发展报告（2020）》，社会科学文献出版社 2020 年版，第 12 页。

主导分配的形式不同，第三次分配是依赖道德文化的驱动力量，从而实现社会资源的重新配置。从国民收入来看，它是社会财富分配环节的一种补充分配形式。从广义的层面来说，志愿服务是慈善的重要形式，具有直接高效的分配功能，[1] 是第三次分配不可或缺的重要形式，彰显了第三次分配的劳动价值。[2] 这一劳动价值即指通过自觉自愿的志愿服务活动所创造的社会价值，包括物质价值与精神价值。[3] 其中的物质价值即体现为通过志愿服务劳动贡献的"经济价值"。从现实来说，志愿服务为社会创造的社会价值越发凸显。根据相关测算数据，2020年志愿者服务贡献总价值为1620亿元，与上一年相比增长79.40%。与2013年的数据相比，志愿服务的经济价值体现在对经济社会发展的贡献增长3倍，其中对国内生产总值（GDP）的贡献，增长了3.4倍；对第三产业总产值的贡献，增长了2.54倍。[4]

这一数据表明，志愿服务为经济社会发展创造的社会价值正逐步呈增长态势，也表明第三次分配作为经济社会发展的"基础性制度安排"，体现在"五位一体"的总体布局中，党的经济建设的政策方略为志愿服务实现社会价值提供了基本前提。从国家层面看，志愿服务文化及其氛围的塑造是社会公益事业发展的终极使命，只有充分认识到志愿服务所得以产生的经济价值，在社会服务中引入志愿服务的实践平台，才能促其融入国家治理体系现代化的建设之中。同时，要更好地实现志愿服务在第三次分配中的作用发挥，需要与初次分配和再分配的协同配合，这就要求政府制定相关的法规政策、制度条例等，为志愿服务文化建设以制度激励、价值引导和道德嘉赏，引导人们自觉、主动地置身于志愿服务文化建设中。

（2）党的政治建设方略之于志愿服务文化建设的根本统领

政治建设与人类社会生活须臾不可分离。我们每一个人都生活在亚里

---

[1] 张佑辉：《第三次分配中的志愿服务：意义、机理与环境》，《中国志愿服务研究》2021年第2期。

[2] 李凌：《志愿服务对推动第三次分配、促进共同富裕的重要价值》，《中国志愿服务研究》2021年第2期。

[3] 彭柏林、易璐：《志愿服务的劳动伦理价值》，《贵阳学院学报》（社会科学版）2020年第3期。

[4] 翟雁等：《2020年中国志愿服务发展指数报告》，载杨团、朱健刚主编《慈善蓝皮书：中国慈善发展报告（2021）》，社会科学文献出版社2021年版，第52—53页。

士多德的"人天生是政治的动物"的概念逻辑中。于社会主义国家而言，政治建设是马克思主义政党的鲜明特征和政治优势，旗帜鲜明讲政治是马克思主义政党的根本属性和政治要求，是确保党领导人民进行社会主义现代化建设中步调一致的命脉所在、关键所在。习近平总书记指出："党领导人民治国理政，最重要的就是坚持正确政治方向，始终保持我们党的政治本色，始终沿着中国特色社会主义道路前进。"①"党的政治建设是一个永恒的课题，来不得半点松懈"②，在党领导人民进行志愿服务文化建设中，同样要遵循这一颠扑不变的真理。也就是说，坚持党的政治方向，才能够保证人民依法通过各种途径和形式参与志愿服务活动，积极投身志愿服务文化事业，巩固和发展安定团结的政治局面，营造生动活泼的社会氛围，充分发扬主人翁精神，体现人民当家做主的政治本色。

新中国成立 70 多年以来，党团结带领人民创造了世所罕见的两大奇迹与我国政治建设的根本统领是分不开的，其中的逻辑精髓就是坚持党的领导、人民当家做主与依法治国有机统一。恰是由于这精髓激励和鼓舞了全国人民自信地迈向第二个百年奋斗目标的新征程，这也为我国向社会主义现代化强国进军中各项事业的建设营造了良好的政治环境，为志愿服务文化建设事业提供了重要支撑与制度保障。

具体而言，推进志愿服务文化建设的关键在党。中国特色社会主义的最本质特征是中国共产党的领导，中国特色社会主义制度的最大优势是中国共产党的领导。以党的领导统揽全局、协调各方，是全面建设社会主义现代化国家新征程的关键所在。而党统揽全局，锚定未来某一阶段中国发展的奋斗目标和行动纲领即集中体现为党领导下的执政方略，具体包含着两层内涵：

第一，是指历届党的全国代表大会（党代会）和党中央全会的报告、决议、决定中体现了对志愿服务建设与发展的总体性规定。它们从意识形态高度规定了有关志愿服务的思想、组织、制度与文化建设等内容，其中蕴含着中国共产党关于志愿服务及其文化建设的规划、战略、路线等精神要领。

---

① 任仲文：《讲好中国共产党故事》，人民日报出版社 2021 年版，第 172 页。
② 习近平：《习近平谈治国理政》第 3 卷，外文出版社 2020 年版，第 92 页。

第二，是指全国人民代表大会（人代会）审议通过的"国民经济和社会发展五年规划"与"国家中长期经济社会发展远景目标纲要"中有关志愿服务及其文化建设的战略规划。这一点尤为重要，中国共产党执政以来，党的治国理政方略始终与国家发展、人民当家做主的意志是同步、同向发力的，党的领导主张很大程度上通过全国人民代表大会的形式，并以每一历史时期的"五年近期、中期及远景目标规划"等的精心谋划来集中体现和表达的。这些报告、决议、规划与纲要无不汇聚了党对国家治理谋篇布局的执政智慧，也包括党对志愿服务文化建设的非凡部署，彰显了党把舵定向的执政能力，更是凝结着党对人民事业的历史担当和深远谋划。党的执政方略贯穿到国家中长期的发展目标中，一茬接着一茬干，也是中国共产党的最大特色和最大优势体现。

（3）党的文化建设方略之于志愿服务文化建设的价值引领

建设社会主义现代化强国离不开经济建设和政治保障，也更需要文化的思想引领和培根铸魂。没有社会主义文化的繁荣发展，就谈不上建设社会主义现代化强国。党的十八大以来，中国共产党将文化建设提高到前所未有的高度。习近平总书记指出："统筹推进'五位一体'总体布局、协调推进'四个全面'战略布局，文化是重要内容；推动高质量发展，文化是重要支点；满足人民日益增长的美好生活需要，文化是重要因素；战胜前进道路上各种风险挑战，文化是重要力量源泉。"[1] 这一"文化的四个重要论断"表明文化建设作为党的执政方略之一，在经济社会发展格局中被提升到更加突出的位置，也为我们准确把握志愿服务文化建设提供了思想指引和具体要求。

第一，作为"重要内容"，志愿服务文化建设要开拓文化发展空间。组织建设是志愿服务文化空间拓展的重要载体。在支持和发展志愿服务组织建设方面，党的十八届三中全会审议通过的《中共中央关于全面深化改革若干重大问题的决定》中，在"创新社会治理体制"部分对"激发社会组织活力"的主题作出重要部署，提出要"正确处理政府和社会关系，加快实施政社分开"的重要任务规定。党的十八届四中全会审议通

---

[1] 习近平：《在教育文化卫生体育领域专家代表座谈会上的讲话》，人民出版社2020年版，第5页。

过的《中共中央关于全面推进依法治国若干重大问题的决定》中，围绕完善立法体制，加强重点领域的立法主题，进一步强调"加强社会组织立法，规范和引导各类社会组织健康发展"。两份决议都对"组织"载体予以部署，意味着进一步释放了志愿服务文化建设的领域空间，并赋予志愿服务文化的创新性扩展与推进动力，在马克思主义的指引下，党的这一执政主题也是当代中国志愿服务文化建设的马克思主义中国化。

党的十八届四中全会还对志愿者队伍建设提出了高要求，其围绕增强全民法治观念的法治主题提出"加强普法讲师团、普法志愿者队伍建设"；围绕增强法治工作队伍建设的主题提出"推动法律服务志愿者队伍建设"。文化建设归根结底是人的问题，志愿者及其素质的提升必然是志愿服务文化建设的主题。

第二，作为"重要支点"，志愿服务文化建设要激发社会创新活力。党的十八大报告在"扎实推进社会主义文化强国建设"的主题中提出"全面提高公民道德素质"，并指出要"深化群众性精神文明创建活动，广泛开展志愿服务，推动学雷锋活动、学习宣传道德模范常态化"[1]的要求。党的十九大报告围绕"推动文化事业发展"主题，提出要"丰富群众性文化活动"，"培育新型文化业态"，以此"提高国家文化软实力"；并明确指出，要推进志愿服务制度化。党的十九届四中全会要求健全志愿服务体系，党的十九届五中全会再次强调要"健全志愿服务体系，广泛开展志愿服务关爱行动"[2]。这些主题紧紧围绕社会创新与活力的主题，表明要加强志愿服务文化建设的价值引领。

第三，作为"重要因素"，志愿服务文化建设要引领社会文明风尚。党的十七大报告中，针对"开展群众性精神文明创建活动"的主题，要求"完善社会志愿服务体系"，形成"尊老爱幼、互爱互助"的社会风尚的相关部署。

党的十七届六中全会通过的决议中，围绕"践行社会主义荣辱观"

---

[1] 胡锦涛：《坚定不移沿着中国特色社会主义道路前进 为全面建成小康社会而奋斗——在中国共产党第十八次全国代表大会上的报告》，人民出版社2012年版，第32页。

[2] 《中华人民共和国国民经济和社会发展第十四个五年规划和2035年远景目标纲要》，人民出版社2020年版，第26页。

主题，提出"深化群众性精神文明创建活动，广泛开展志愿服务，拓展各类道德实践活动"之具体要求。

党的十九大报告围绕"加强思想道德建设"主题，提出"要提高人民思想觉悟、道德水准、文明素养，提高全社会文明程度"，提出要加强"集体主义"教育，引导人们树立正确的"历史观、民族观、国家观、文化观"；提出要"实施公民道德建设工程"，从而"激励人们向上向善"，并"深化群众性精神文明创建活动"；并提出"必须提供丰富的精神食粮"以满足人民美好生活的需要。

可见，推进公民道德建设，提高社会文明程度，通过党的执政思想引领对志愿服务文化建设的推进指明了方向，以此更好地提升和满足人们的精神文化需求。

第四，作为"力量源泉"，志愿服务文化建设要确立民族文化自信。加强中国特色社会主义文化建设，推动社会主义文化大发展大繁荣，应与人民生活的不同领域的文化载体及其内在不同元素紧密结合，满足人民的文化需求和增强民族精神力量。这就要以文化自信的立场坚持马克思主义在意识形态领域的指导地位，并以文化自强的立场传承民族精神与时代精神，并以社会主义核心价值观来推动文化强国建设。围绕这一主题在党的执政方略中的体现，可以为志愿服务文化建设提供理论依据。

党的十九大报告中在"坚定文化自信，推动社会主义文化繁荣兴盛"部分，围绕"培育和践行社会主义核心价值观"主题提出，"发挥社会主义核心价值观对国民教育、精神文明创建、精神文化产品创作生产传播的引领作用，把社会主义核心价值观融入社会发展各方面，转化为人们的情感认同和行为习惯"[1]。可见，社会主义核心价值观是民族赖以传承的精神纽带，凝结着全体人民的共同价值追求。为此，党的十九届四中全会作出"坚持以社会主义核心价值观引领文化建设制度"的重要论断，党的十九届五中全会提出"培育和践行社会主义核心价值观，推动形成适应新时代要求的思想观念、精神面貌、文明风尚、行为规范"[2] 的目标方

---

[1] 《中国共产党第十九次全国代表大会文件汇编》，人民出版社2017年版，第34页。
[2] 《中华人民共和国国民经济和社会发展第十四个五年规划和2035年远景目标纲要》，人民出版社2020年版，第102页。

向，党的十九届六中全会进一步强调了"党坚持以社会主义核心价值观引领文化建设"的重要经验。因而，以核心价值观引领志愿服务文化建设具有深厚的执政文化依据，体现了志愿服务文化建设同样要遵循这一规律。

党的十九届四中全会将马克思主义在意识形态领域的指导地位作为我国的根本文化制度提出来，"坚持以什么思想理论为指导，是文化建设的首要问题，关系到政党的性质、国家的方向，关系到民族的命脉、人心的凝聚"①。这集中体现了党的执政方略中要将志愿服务文化建设置于意识形态的高度加以重视。习近平总书记指出，意识形态工作是"为国家立心、为民族立魂的工作"，这就要求坚持以核心价值观引领志愿服务文化建设，也要用"社会主义先进文化、革命文化、中华优秀传统文化培根铸魂"②。这就要求让优秀传统文化中的志愿服务因子充分发挥其当代价值，使之稳如磐石立基于世界民族文化之林，终得增强我们的文化自信，进而要求，党在执政文化中要以社会主义核心价值观来准确把握志愿服务文化建设的前进发展和方向道路。党的十九届六中全会作出总结："没有高度文化自信、没有文化繁荣兴盛就没有中华民族伟大复兴。"③ 可见，文化自信与民族复兴置于同等重要地位，以文化自信进行志愿服务文化建设才能赋予国家不断强大的内生动力。

（4）党的社会建设方略之于志愿服务文化建设的具体要求

中国共产党历来重视民生改善、促进社会公平、增进人民福祉的社会建设主题。党的十九届四中全会指出，"新中国成立七十年来，我们党领导人民创造了世所罕见的经济快速发展奇迹和社会长期稳定奇迹"④。这一"经济和社会发展的两大奇迹"是中国共产党带领人民进行社会建设取得成就的重要标志，生动地体现了国家制度和国家治理体系的显著优

---

① 《〈中共中央关于坚持和完善中国特色社会主义制度、推进国家治理体系和治理能力现代化若干重大问题的决定〉辅导读本》，人民出版社2019年版，第94页。

② 《中共中央关于党的百年奋斗重大成就和历史经验的决议》，人民出版社2021年版，第226页。

③ 中共中央文献研究室：《十九大以来重要文献选编（上）》，中央文献出版社2019年版，第29页。

④ 《中共中央关于坚持和完善中国特色社会主义制度 推进国家治理体系和治理能力现代化若干重大问题的决定》，人民出版社2019年版，第2页。

势。小康社会建成后，站在新的历史起点上，与人民群众日益增长的美好生活需要相比，社会建设的内涵还需丰富，社会建设的目标还需提升，社会建设的质量还存在一定差距。因此，必须高度重视党对社会建设的执政方略并切实加以解决。

　　社会建设是人类生活的宏大主题。高水平的社会建设是经济发展和政治稳定的重要支撑，也是文化繁荣昌明、生态环境优化的基础保障，而社会建设水平是人的全面发展与社会发展进步的重要衡量依据，其涵盖人们对劳动就业、分配结构、教育文化、社会保障、卫生健康、公共服务、乡村振兴等社会各领域的关切和期待。实际上，人们在社会各领域中的具体活动，都包含两个方面的内容，一方面是在社会生活各领域中的内在具体规范等实证性内容，另一方面则是存在于社会各领域中的自由、平等、公平、正义等价值性内容。这就要求我们在这些具体社会活动领域中，不仅要看到其具体实证性的一面，还应把握其存在于这些社会领域中的价值性的一面。这一价值性内容则隐藏在社会活动及具体领域背后，这也构成了进行社会建设的主旨和关键。因而，从社会建设的价值领域来看，志愿服务作为一种由道德理念支配的社会活动，发挥着开展社会互助，积累社会资本，体现以人为本，培育公益精神等重要作用，其本身即包含着对人的价值追求的满足与提升，彰显出其推动社会公平正义的价值理念。

　　随着志愿服务在社会建设中的功能与作用凸显，在党的社会建设方略中蕴含着一系列引领并促进志愿服务文化建设的思想，这尤其体现在国民经济和社会发展五年规划纲要中，并有为其"量身定制"的一系列法规、规章等专项发展规划和具体措施。

　　首先，国家社会发展战略规划中的志愿服务文化建设指南。回顾"九五"规划以来的历史进程，全国人大会议审议通过的规划纲要中有关志愿服务的战略规划呈现如下。在国家社会发展战略中，八届全国人大审议通过《国民经济和社会发展九五计划和2010年远景目标纲要》（1996）中，提出"提倡开展社会志愿者活动和社会互助活动"[①]的要求，"志愿

[①] 《中华人民共和国第八届全国人民代表大会第四次会议文件汇编》，人民出版社1996年版，第102页。

服务"的内容作为社会建设与发展的主题首次出现在国家层面的战略文本中。随后，广大志愿服务工作者积极参与志愿服务。

十届全国人大四次会议审议通过的《国民经济和社会发展第十一个五年规划纲要》（2006）中，指出提高人民生活水平，就要"鼓励开展社会慈善、社会捐赠、群众互助等社会扶助活动，支持志愿服务活动并实现制度化"[①]的重要表述。至此，"志愿服务"作为一种国家制度建设的任务被提升到社会建设发展的战略主题中。

十一届全国人大四次会议审议通过的《国民经济和社会发展第十二个五年规划纲要》（2011）提出，要"引导各类社会组织，志愿者参与社区管理和服务"[②]；强调在突发事件中要发挥志愿者的作用，指出要建立"以志愿者队伍为辅助力量的应急队伍体系"；提出要"广泛开展志愿服务，建立完善社会志愿服务体系"[③]的思想主张。这是从志愿者队伍建设到志愿服务的目标体系完善提出的行动指南。

十二届全国人大四次会议审议通过的《国民经济和社会发展第十三个五年规划纲要》（2016）提出，"深化学雷锋志愿服务活动"，这一提法将"学雷锋"和"志愿服务"列为同一层级、同等地位，"学雷锋"成了志愿服务的中国特色、中国标志之称谓，以至志愿服务在中国的应用语境中，二者甚至可以相互替代。

十三届全国人大四次会议审议通过的《国民经济和社会发展第十四个五年规划和2035年远景目标纲要》中，将志愿服务作为"提升公民文明素养"的践行方略，要求"广泛开展志愿服务关爱行动"，这是提高社会文明程度，适应新时代文明风尚的实践指南。同时，对志愿服务在引导社会力量参与社会治理中发挥的重要作用予以肯定，并强调发挥群团组织在社会治理中的作用，畅通与规范"志愿者参与社会治理的途径""支持和发展社会工作服务机构和志愿服务组织，壮大志愿者队伍，搭建更多志

---

① 《中华人民共和国国民经济和社会发展第十一个五年规划纲要》，人民出版社2006年版，第67页。
② 《中华人民共和国国民经济和社会发展第十二个五年规划纲要》，人民出版社2011年版，第108页。
③ 《中华人民共和国国民经济和社会发展第十二个五年规划纲要》，人民出版社2011年版，第115页。

愿服务平台,健全志愿服务体系"①。可见,在党的社会建设方略中,对志愿服务参与构建基层社会治理新格局中的践行规范予以明晰,从而能够更好地发挥志愿服务作为提升社会建设水平的重要载体作用。

其次,专项法规与规章中的志愿服务文化建设具体规定。在当代社会,志愿服务不断参与到公共事务和社会治理中,发挥着充当政府"助手"的特殊功能与价值。党的十八大提出,要着力"深化群众性精神文明创建活动,广泛开展志愿服务"②。在这一思想的引领下,志愿服务呈现制度化发展趋势,并不断助力社会建设,有关志愿服务及其活动的规定也体现在一系列专项法规与规范性文件中。

早在2008年,中央文明委就出台了《关于深入开展志愿服务活动的意见》(2008),对于指引志愿服务活动的开展发挥了重要的规范性作用。随后,《关于深入开展学雷锋活动的意见》(2012)、《关于推进志愿服务制度化的意见》(2014)相继出台,尤其是《关于培育和践行社会主义核心价值观的意见》(2014)中,就关于"开展涵养社会主义核心价值观的实践活动"主题,提出"深化学雷锋志愿服务活动"的具体要求。《意见》指出,"大力弘扬雷锋精神,开展形式多样的学雷锋实践活动,采取措施推动学雷锋活动常态化"③。并强调把"学雷锋和志愿服务结合起来,……把学雷锋志愿服务活动做到基层、做到社区、做进家庭"④。这四份文件的相继颁行成为弘扬志愿服务文化的纲领性文件,被学者称为"构建中国特色志愿服务文化大厦的四梁八柱"⑤。

自此,制度的力量得以充分释放,志愿服务的文化力量更加点亮了人类的文明之光。习近平总书记多次指出,志愿服务是现代社会文明进步的重要标志。无疑,志愿服务精神是一种自觉自愿的奉献精神,是一种不求回报的无私精神。这种精神体现了中华民族的传统美德,拥有广泛的群众

---

① 《中华人民共和国国民经济和社会发展第十四个五年规划和2035年远景目标纲要》,人民出版社2020年版,第153页。
② 《中国共产党第十八次全国代表大会文件汇编》,人民出版社2012年版,第30页。
③ 中共中央文献研究室:《十八大以来重要文献选编(上)》,中央文献出版社2014年版,第584页。
④ 中共中央文献研究室:《十八大以来重要文献选编(上)》,中央文献出版社2014年版,第584页。
⑤ 沈望舒:《论中国特色志愿服务文化》,新华出版社2021年版,第203页。

性道德实践基础。因而，志愿服务是惠及社会大众的事业，是人民美好生活的需要，其作为道德实践必然要践行公益理念，寻求社会价值的提升。因此，进入新时代以来，党和国家对志愿服务的大力支持使之具有了制度层面的意义，日益成为我国社会建设的新平台，成为贯彻党的执政方略与厚植党的执政基础的新场域。新时代的志愿服务文化呈现鲜明的中国特色，国家通过各种政策予以支持、引导和规范，共同促进了志愿服务文化事业的塑造与建构，进而成为实现社会资源整合与民族团结进步的一种制度安排。

《中国社会服务志愿者队伍建设指导纲要（2013—2020年）》（2013）中，对"社会服务志愿者"的概念予以确定，并从四大部分、十三个重点提出了志愿服务的具体要求，畅通了志愿者参与社会服务的渠道，是指导志愿者参与社会服务的重要基础性文件。

《关于支持和发展志愿服务组织的意见》（2016）开宗明义提出"志愿服务是现代文明社会的重要标志"，是指导志愿服务组织发展的纲领性文件。在文化建设的指导层面，该文件突出了志愿服务的中国化方向，明确提出要"培育学雷锋志愿服务文化"的重要理念，在此意义上，"雷锋精神"与"志愿精神"在国家的规范性文件中首次获得了并列地位。这也体现了其对前述"十三五"规划中"深化学雷锋志愿服务活动"的制度回应。

随着志愿服务实践的深度推进，更宏大的制度主题是国家发改委等51个部门联合出台《关于实施优秀青年志愿者守信联合激励加快推进青年信用体系建设的行动计划》（2016），这是国家层面首个针对自然人志愿者的守信联合激励政策，旨在弘扬志愿者的诚信价值导向，营造诚信的社会文化氛围，并提出一系列针对优秀青年志愿者的制度激励举措。

需要指出的是《志愿服务条例》（2017），这是我国第一部关于志愿服务的专门性行政法规，其法律效力级别均高于前述的"纲要""文件""意见"等规范性文件，应当说该条例对涉及志愿服务的重要内容均给予明确规定，呈现了志愿服务规范与保障的体系化。其明确了志愿服务组织的法律地位，确立了志愿服务活动的运行规则，规范了志愿服务的行为方式，可以说有效弥补了《慈善法》对志愿服务规范的缺失与不足，标志着我国志愿服务事业进入了新起点和新阶段，对于推进志愿服务文化建设也具有重大的历史与现实意义。

随着互联网科技加速前行，人工智能已经深度嵌入社会生活中，志愿服务也被拽进了大数据时代，民政部适时出台《"互联网+社会组织（社会工作、志愿服务）"行动方案（2018—2020年）》（2018），其制度旨在发挥互联网的优势场景，加快助推大数据、人工智能与志愿服务的深度融合，提升公共服务的精准性和有效性，并激发志愿服务成为社会新风尚。

值得一提的是，2018年在推进全面建成小康社会的时代背景下，为动员社会各界爱心志愿者、志愿服务团队积极参与精准扶贫，国务院出台《关于打赢脱贫攻坚战三年行动的指导意见》（2018），其中在关于"动员全社会力量参与脱贫攻坚"专门部署中，重点提及"大力开展扶贫志愿服务活动"的基本方向和内容要求。至此，志愿服务已经明显呈现"组织化"的趋势与规模，并进入服务中国社会发展的重大战略主题中。在全体志愿者集中力量发扬无私奉献精神的感召之下，在庆祝中国共产党成立100周年大会上，习近平总书记向世界庄严宣告，中华大地全面建成小康社会，这是无数奋斗志愿者的光辉写照，是亿万劳动志愿者的伟大荣光。

综上所述，志愿服务的基础性制度安排体现在关于志愿者、志愿组织以及志愿服务体系的整体建构中，其每一份制度精髓都体现了对志愿服务实践的理性反思，也是对志愿服务文化建设的提炼升华。

（5）党的生态建设方略之于志愿服务文化建设的内涵提升

党的十九大报告指出，"生态文明建设功在当代、利在千秋"，[①]"建设生态文明是中华民族永续发展的千年大计"。[②] 生态文明事关人民福祉，也是中国式现代化的题中之义，在全面建成社会主义现代化强国的新征程，通过顶层设计规划生态文明建设的战略部署依然至关重要。十九届五中全会提出2035年远景规划的目标，对于生态文明指出"广泛形成绿色

[①] 中共中央文献研究室：《十八大以来重要文献选编（上）》，中央文献出版社2014年版，第513页。

[②] 习近平：《决胜全面建成小康社会 夺取新时代中国特色社会主义伟大胜利——在中国共产党第十九次全国代表大会上的报告》，人民出版社2017年版，第50—52页。

生产生活方式，碳排放达峰后稳中有降，生态环境根本好转，美丽中国建设目标基本实现"。站在新的历史起点，生态文明建设不仅要有明确的方向目标，还需要正确的思想引领。

习近平总书记多次阐发生态文明理念，提出"生态兴则文明兴""绿水青山就是金山银山""山水林田湖草沙冰是生命共同体""共谋全球生态文明建设"等重大科学论断，习近平生态文明思想已经植入社会各领域各环节，不仅是生态文明建设的根本遵循，也是对人类文明发展规律、经济社会发展规律的深化与总结，对于构建其他领域的生态格局也具有十分重要的借鉴与启示。生态文明思想对于指导志愿服务文化建设同样具有方法论意义。

一是生态文明思想启示关注生态环境志愿服务文化建设新场域的内涵拓展。而实际上，早在20世纪80年代的义务植树造林开始，生态环境领域的志愿服务就一直较为活跃。这表明，在生态环境类志愿服务领域，我国已经有着坚实的历史和文化基础。随着物质生活水平的提升，人们对美好生态环境的需要也日益强烈，"生态"作为事关民生的重大社会问题，不仅位列在"五位一体"战略布局中，而且人们的生态文明观也今非昔比，这承载了人们对诗意田园、碧水蓝天的美好家园的向往，进而也就激发了人们从事生态环境志愿服务的热情。这从中国志愿服务的参与状况调查也能看出，根据志愿服务内容（领域）的不同，2021年，志愿服务参与率最高的三个领域由高到低排序依次为环境保护（12.71%）、老年关怀（9.9%）、儿童关爱（8.57%）。[①]

广大志愿者在参与生态环境志愿服务的领域，涉及生态环保修复、野生动物保护、环保知识普及等公益善举，不仅有助于改善人与人之间的关系，养成良好的生态文明理念，而且对于促进资源节约型、环境友好型社会的构建，形成人与自然和谐发展的现代化建设新格局奠定了人文基础。可以说，生态环境志愿服务的价值已经远超出其本身的意涵。

二是生态文明思想启示生态环境志愿服务文化建设从服务生态文明走向传播人类文明。志愿服务生态环境不仅是应对和改善人类赖以生存的环

[①] 邹宇春、梁茵岚：《2021年中国活跃志愿者现状调查报告》，转引自李培林等主编《社会蓝皮书：2022年中国社会形势分析与预测》，社会科学文献出版社2022年版，第189页。

境问题，让我们的家园空气清洁、能源清洁、生态宜居、生态安全等，更是为了关切人的永续生存和发展；不仅要着眼于我国生态文明建设，还要在推进全球生态文明建设中，始终将本国利益与世界各国利益相结合，承担相应的大国责任。随着我国生态文明建设的不断深入，在国际交流中的生态环保类援助项目不断增多，在为发展中国家提供大量国际生态环境志愿服务的同时，也推动了全球生态文明建设的进程。习近平总书记多次发出构建人类命运共同体的倡议，坚定中国维护全球生态安全的"双碳"目标和承诺。中国在参与国际生态志愿服务中，要以"中国理论之思"回答"世界实践之问"，要在传递中国智慧的时代价值中，传递志愿服务新风尚，传播志愿文明新内涵。

习近平总书记指出："要积极推动全球可持续发展，秉持人类命运共同体理念，积极参与全球环境治理，为全球提供更多公共产品，展现我国负责任大国形象。"[①] 人类命运共同体就是包含了人类生态命运共同体、人与地球生命共同体等专门领域的共同体内涵，国之交在于心相通，深度参与国际志愿服务，在增进民族间的交流与互信中，积极志愿服务全球生态文明建设，才能推动人类文明向前发展。

2. "四个全面"战略布局引领中国志愿服务文化建设的具体安排

随着全面建成小康社会胜利在望，党的十九届五中全会提出向"全面建设社会主义现代化国家、全面深化改革、全面依法治国、全面从严治党"的战略目标整体、全面发力。从党的十八大"全面建成小康社会"到跃迁为"全面建设社会主义现代化国家"，作为新时代中国特色社会主义建设的治国方略，"四个全面"战略布局的内涵更新为实现社会主义现代化强国和中华民族伟大复兴设定了新的坐标。

（1）全面建设社会主义现代化国家为志愿服务文化建设提出更高要求

随着进入"十四五"时期的新发展阶段任务目标的变化，中国共产党对于文化建设的具体要求也逐步细化和深化，而贯穿其中的是以"文化"为价值引领之于建设社会主义现代化国家战略目标的深刻把握。

实现国家的现代化一直都是中华民族孜孜以求的梦想。现代化国家的

---

① 生态环境部：《奋力谱写新时代生态文明建设新华章》，《求是》2022 年第 11 期。

建设并非单一的领域，所谓现代化国家的衡量要素不仅指经济发展与物质富足的硬性指标，现代化还包含国民素质、精神面貌、智力支持等诸多软性要件及其治理体系的构建。当今世界正处于百年未有之大变局，国家之间的综合国力竞争不断呈现新的态势，而基于价值观、影响力和话语权的文化软实力较量日益凸显，成为大国博弈的关键因素。习近平总书记强调，"体现一个国家综合实力最核心的、最高层的，还是文化软实力，这事关一个民族精气神的凝聚"①。

在一定意义上说，现代化国家的发展与建设方向决定、规约着国家发展战略的制定，昭示着国家的前途命运，直接关涉社会主义现代化国家目标的实现。其中，体现在文化建设上，赋予了志愿服务文化建设新的历史使命。现代化的志愿服务要为人们美好生活的物质需求贡献更多的经济产值，还要为美好生活的精神需要提供更优质的文化产品。进入新时代，高品质的志愿服务体系还要发挥志愿服务在国家治理现代化总体部署中的重要作用。与此相应，志愿服务文化建设是国家治理的重要内容，是全面建设社会主义现代化国家的重要维度。

"四个全面"战略布局中，显然未见"文化""文化建设"之字眼与表述，但文化之内容可以说深蕴其中。习近平总书记指出，"一个国家、一个民族的强盛，总是以文化兴盛为支撑的，中华民族伟大复兴需要以中华文化发展繁荣为条件"②。具体而言，作为引领地位的战略目标，现代化国家之"全面"意味着志愿服务文化事业、志愿服务文化产业的繁荣发展，以及通过志愿服务文化建设对国家文化软实力的高度提升是不可或缺的因子。

可以说，志愿服务的高质量发展是社会主义现代化国家的必然要求，社会主义现代化强国也离不开高质量的志愿服务文化建设为支撑。纵观世界发达国家的现代化进程，通过从事志愿服务能够推动个体积极参与社会公益，形成社会团结友爱的风尚，践行公民的道德责任，弘扬集体主义精

---

① 《十谈》编写组：《加强和改进新形势下高校思想政治工作十谈》，人民出版社2017年版，第134页。

② 中共中央文献研究室：《习近平关于社会主义文化建设论述摘编》，中央文献出版社2017年版，第3页。

神，促进社会和谐与进步，提升人们的获得感等。经济的快速发展固然重要，而包括国民素质、文化认同、价值追求等在内的文化要素事实上成为国家现代化的关键。

（2）全面深化改革为志愿服务文化建设提供强大内生动力

党的十九届五中全会将"全面建成小康社会"的目标跃迁为"全面建设社会主义现代化国家"，作为引领地位的战略目标提升了，相应地，其他三个"全面"的内涵也有了新的更高要求。全面深化改革并非某个方面或某个领域的单项改革，其涉及党和国家事业全局的战略部署。党的十八届三中全会从经济、政治、文化、社会、生态文明等方面，具体部署了主要任务和重大举措。这表明推进全面深化改革，要应对新发展阶段的新挑战，体现新发展理念的要求，加快形成新发展格局，从而赋予了志愿服务文化建设以强大动力。

首先，推进全面深化改革，要求志愿服务文化建设应对新发展阶段的新挑战。这就要求志愿服务文化建设要做出新探索，把握新方位。新发展阶段是在世界百年未有之大变局和中华民族伟大复兴战略全局中展开的，在两个大局和新发展阶段的历史交会期，面对国际国内形势的深刻变化，对因势而谋把握意识形态建设提出了新的战略视野。因此，新发展阶段的历史条件表明，提高社会思想文化和价值观的整合能力成为志愿服务文化建设的必然要求。由于现代意义上的志愿服务在我国发展起步较晚，新发展阶段要求人们以志愿精神为纽带，增强认同感、获得感，提高人民思想觉悟和文明素养为思想文化建设方向，以此为推动志愿服务实践提供强大精神动力。

其次，推进全面深化改革，要求志愿服务文化建设体现新发展理念的新内涵。这就要求志愿服务文化建设中要以创新、协调、绿色、开放、共享这一新发展理念的内涵为引领。

一是以"创新"理念激发志愿服务文化发展活力。习近平总书记指出："回顾近代以来世界发展历程，可以清楚地看到，一个国家和民族的创新能力，从根本上影响甚至决定国家和民族前途命运。"[1] 推进志愿服务文化发展与繁荣，必须坚持创新发展。关键在于提升志愿服务文化的生

---

[1] 习近平：《深入理解新发展理念》，《求是》2019年第5期。

产力和原创力,以此激发志愿服务实践的发展活力。这就要贯彻创新理念,创新志愿服务文化的内容和形式,创新志愿服务的方式和方法,满足人们多层次、多样化、高品质的精神文化需求,从而赋予志愿服务文化以新的内涵和现代表达形式,使得志愿服务与现代社会相协调,与中国发展实际相适应。

二是以"协调"理念平衡志愿服务文化建设资源。文化的协调发展是文化发展高质量的内在要求,也是文化强国的必然逻辑,这一问题需要从国家战略定位出发,依据党中央的政策和意见为遵循,以此做出总体统筹推进与全局把握,志愿服务文化也不例外。当前,我国志愿服务文化发展存在一定不平衡,志愿服务文化事业与文化产业发展不同步,志愿服务文化发展质量与水平存在区域差距等困境。这就要遵循"协调"发展理念,解决好志愿服务文化发展的不平衡不充分问题,加大对志愿服务文化发展的技术、资金与人才投入,加强城乡、区域间的志愿服务文化合作与交流,统筹志愿服务文化产业的公共价值与社会效益,从而加快志愿服务文化的发展步伐。

三是以"绿色"理念构建志愿服务文化生态场域。"绿色"是富有生命力,生态和谐的象征。"绿色"发展理念不仅作用于经济发展、生态环境范畴,其对文化领域的绿色、永续发展也必然发挥重要的价值引领意义。因此,在志愿服务文化资源的配置上,避免志愿文化活动项目的同质性、雷同性和资源浪费,同时,要以"绿色"引领志愿服务文化产业升级,通过营造绿色的志愿服务文化生产空间,创造绿色健康的志愿服务文化生活方式,充分挖掘志愿服务文化的活动和载体,引导人们形成正确的价值取向,弘扬真善美。

四是以"开放"理念促进志愿服务文化交流互鉴。"文明因交流而多彩,文明因互鉴而丰富。"[①] 不同文明因开放包容而共同促进着人类文明的进步。推进文化繁荣兴盛,也要在开放包容中拓展志愿服务文化的发展空间,为志愿服务文化注入活力,并通过志愿服务文化为人类文明贡献中国智慧。促进文化交流互鉴,就要求志愿服务文化要用好国际国内两种市

---

① 习近平:《出席第三届核安全峰会并访问欧洲四国和联合国教科文组织总部、欧盟总部时的演讲》,人民出版社2014年版,第10页。

场，两种资源，以构建人类命运共同体的自觉意识，不断提升中国志愿服务文化的影响力和竞争力，彰显志愿服务文化的大国责任和崇高使命；既要通过志愿服务文化"走出去"，将中国志愿服务文化的价值观和创意设计产品切近和融入异国的生活世界，加强异国民众的沟通与了解，增进民间友谊，树立中国负责任的大国形象；还要通过文化的联动机制，积极将外来志愿文化"引进来"，并将其创造性转化、创新性发展，使其为中国志愿服务文化发展所鉴。因此，"开放"发展理念之于中国志愿服务文化，旨在融通外域优秀志愿服务思想资源，并将中国的志愿服务精神与价值优势转化为话语优势，服务于国家外交大局，彰显中国智慧和中国方案。

五是以"共享"理念彰显志愿文化人民主体地位。推进中国特色社会主义文化建设的高质量发展，要坚持发展为了人民、发展依靠人民、发展成果由人民共享，这体现了共享的实质在于坚持以人民为中心。因而，志愿服务文化的生产过程，归根结底来源于人民群众的生产与生活实践。这就要最大范围满足人民群众日益增长的精神文化需求，降低人民群众获得志愿服务优质文化资源的成本，以实现人们共享发展的成果。同时，还要打通人民群众参与志愿服务的渠道，构建全民共商、共建、共享的体系，让志愿服务文化散发时代魅力，尊重人民的情感和诉求，彰显出人民智慧和力量，与时代精神同频共振。

再次，推进全面深化改革，要求志愿服务文化建设为构建新发展格局助力。构建国内国际双循环相互促进的新发展格局，是我国经济高质量发展和全球经济再平衡的双重需要。稳定外需、扩大内需，加强国际合作与贸易往来是实现双循环新发展格局的基础，双循环新发展格局的提出赋予了志愿服务文化建设重要使命。双循环新发展格局的重要内容是以国内大循环带动国内国际双循环，而国际贸易是实现国外循环与贸易往来的关键路径选择。

这里需要指出的是，"一带一路"倡议为沿线国家的共商共建共享提供了合作平台，也成为双循环创新发展格局的重要平台。"一带一路"秉持文化先行原则，来增强中国与沿线国家的人文互通，"开创了多元文明交融的新路径"。① 显然，要发挥好文化在贸易往来中的润滑剂角色，但不同国家间会因为文化认知差异而形成文化距离。在将文化距离分维度检验时发现，沿线贸易国家与中国的文化距离越大，双边贸易往来越少，即"一带一路"沿线国家的文化距离对双边贸易呈显著的负向影响。② 鉴于此，在双循环新发展格局背景下，在推进"一带一路"倡议中可通过中国志愿服务文化架起桥梁，发挥志愿服务文化的价值优势，通过加强沿线国家的志愿服务实践拉近距离，为沿线国家提供专业技术以及社会、民生领域的志愿服务，从而增进友谊、弥合分歧、缩短文化距离，志愿服务文化无疑成为构建双循环新发展格局的助力因子。

综上所述，中国志愿服务事业的发展"是改革开放以来社会变迁与发展的必然产物"，中国志愿服务文化建设也必然在深化改革的大潮中继续提升自我、发展并完善。

(3) 全面依法治国为志愿服务文化建设提供可靠法治保障

推进全面依法治国，要推进法治国家、法治政府、法治社会的一体建设，为全面建设社会主义现代化国家提供可靠的法治保障。

这就要求志愿服务文化建设要以科学的法治理论为指导，运用好党关于新时代法治建设的理论成果。党的十八大以来，中国志愿服务的法治化进程加快，2016 年《慈善法》的颁行开启了志愿服务法治化的新时代。《慈善法》是含有"志愿服务"及其相关制度规定的法律，是志愿服务及其活动开展的最高律法遵循。

《慈善法》的主题虽为慈善，但由于慈善与志愿服务有着共同的历史渊源，在现代社会发展实践中也是同源而生、交织共进。《慈善法》作为慈善法治建设的基础性、综合性的法律文件，涉及志愿者及志愿服务的条款共 13 条。

首先，从《慈善法》的逻辑与架构来看，志愿服务是题中之义，自始囊括其中。第一章"总则"第一条明确，其立法旨在"弘扬慈善文化，

---

① 中共中央党校（国家行政学院）经济学教研部：《赶上时代：新中国 70 年经济发展轨迹》，人民出版社 2019 年版，第 248 页。

② 林海英等：《双循环新发展格局下文化距离影响了双边贸易吗？》，《财经理论研究》2021 年第 4 期。

规范慈善活动",并表明了保护志愿者合法权益的立法宗旨。于《慈善法》的整体框架而言,即涉及"慈善事业、慈善文化、慈善活动、慈善组织"等立法规范,其法律行为涉及慈善捐赠人、志愿者及其受益人等三方主体。从这一顶层设计的价值链指引得知,《慈善法》兼顾了志愿服务在内的广义范畴的慈善,呈现慈善立法的一种整体倾向和大局意识。

《慈善法》第三条,对慈善公益活动的开展囊括了"扶贫济困;优抚助残;灾害灾难等突发事件的救助;公共事业的促进与发展;公害污染等的保护与改善"这五大方面,并附带"其他公益活动"这一兜底条款。可以说,《慈善法》中对公益活动范畴的界定与志愿服务活动的主体领域构成内容上的一致性,其社会价值指向同根同源。

《慈善法》第四条,对慈善活动的从业禁止予以明确,开展慈善活动"不得违背社会公德""不得损害社会公共利益和他人合法权益"[①]。这一立法准则同样也是志愿者及志愿服务活动中应当予以遵守的慈善伦理规范。

其次,《慈善法》作为规范志愿服务的基础性法律,对志愿服务活动作出规范指引。具体而言,第七章"慈善服务"列出八项条款对志愿服务的制度框架专章列示,其中将"慈善服务"界定为"慈善服务,是指慈善组织和其他组织以及个人基于慈善目的,向社会或者他人提供的志愿无偿服务以及其他非营利服务"[②]。由此可知,《慈善法》中的"慈善服务"规定可以适用"志愿服务"的活动规范,表明在面向慈善捐赠的服务活动中,慈善服务与志愿服务的目的同源、性质同质,同时明确了慈善组织可以开展慈善服务,并可以"委托有服务专长的其他组织提供"[③]。这是志愿服务组织化开展的法律依据。

其一,《慈善法》第六十一条、第六十五条对"志愿者招募、注册、信息登记"等从事志愿服务的基本条件予以前提规定,其立法意图在于通过招募、注册,可以累积志愿者资源,建立稳定合理、素质优良、服务规范的从业队伍,为志愿服务的开展提供充足的人员保障;通过志愿者的

[①] 《中华人民共和国慈善法》,人民出版社2016年版,第3页。
[②] 《中华人民共和国慈善法》,人民出版社2016年版,第17页。
[③] 《中华人民共和国慈善法》,人民出版社2016年版,第17页。

信息登记，以便于合理安排志愿服务岗位，合理配置志愿服务资源，并为集中统筹社会力量贡献志愿服务积淀基础。于志愿者个人而言，通过"注册"这一法律规定，不仅是对志愿者自身行为的约束和规范，也能促进志愿者提高志愿服务质量，提升志愿服务技能，对于培养志愿者对志愿服务事业的敬畏感，增强志愿者的归属感作了立法上的指引。

其二，《慈善法》第六十三条、第六十六条、第六十七条对"志愿者的培训、管理"等事项予以明确和保证。其立法意图在于通过对志愿者进行必要的专业培训与学习提升，督促志愿者掌握从事慈善服务的基本知识，理解并认同志愿服务的理念，从而具备志愿服务的专业技能，保证志愿服务的质量。

其三，《慈善法》第六十五条规定对"志愿者服务的时间、内容等信息"应当予以记录和证明。对志愿者参与志愿服务的信息予以记载是对志愿者服务的社会评价，体现了对志愿者社会服务价值的认可和尊重，对于志愿服务的制度化、规范化发展提供了正向的激励机制。

其四，《慈善法》第六十八条对志愿者的合法权益保障设定了法律救济机制。有了法律权益的保障，这在一定程度上激发了人们从事志愿服务的积极性。

《慈善法》第十一章"法律责任"部分列明四项条款予以保护志愿者权益，如泄露志愿者隐私、不依法向志愿服务出具志愿服务记录证明、慈善服务中的侵权行为以及强行指定志愿者提供服务等事项予以明确规制。

需要指出的是，《慈善法》中对志愿服务文化建设的主张并未专门列出，但对慈善文化及其建设内容提出了具体要求和指引。《慈善法》总则第一条开宗明义指出，"弘扬慈善文化，促进社会进步，共享发展成果"是制定本法宗旨之一；第九章对文化宣传作出明示，第八十八条第一款规定，"国家采取措施弘扬慈善文化，培育公民慈善意识。"[1] 第二款规定，"学校等教育机构应当将慈善文化纳入教育教学内容。"[2] 第三款规定，各种媒体应"普及慈善知识，传播慈善文化"。[3] 可见，《慈善法》为慈善

---

[1] 《中华人民共和国慈善法》，人民出版社2016年版，第22页。
[2] 《中华人民共和国慈善法》，人民出版社2016年版，第22页。
[3] 《中华人民共和国慈善法》，人民出版社2016年版，第22页。

文化建设作出立法上的指引。

综合以上，指向"志愿服务"的专门列举和规定，可以说是《慈善法》对志愿服务事业的最大贡献。《慈善法》从法律这一最高层级对志愿服务的性质意义、志愿服务发展与建设的相关要素和内容等相关规定一并纳入其中，表明《慈善法》中关于慈善文化建设的具体要求也适用于志愿服务文化建设。从这一意义上讲，志愿服务文化建设可视为从属于慈善文化建设之体系之中，或者至少可以认为志愿服务文化建设与慈善文化建设同属于公益慈善文化建设之范畴，《慈善法》中的慈善文化建设之相关规定完全可以为志愿服务文化建设提供指引、参照或借鉴。志愿服务事业将以《慈善法》为指引，在志愿服务文化建设方面进一步凝练内涵、补齐短板，并不断创新志愿服务文化的发展机制。

总的来说，党的十八大以来，我国立法体制的全面改革与创新，为《慈善法》的颁行创造了有利的前提条件。徒法不足以自行，从立法到执法、司法和守法，贯穿了"法治"的内在机理与法治精神。从《慈善法》的起草到施行，从静态之法到动态之法，从《慈善法》贯彻落实"推进全面依法治国"这一重要战略到演变为国家治理体系和治理能力现代化的全面提升，对《慈善法》治的完善也提出了新的命题。根据全国人大常委会《慈善法》执法检查报告，《慈善法》颁行以来，"人们的慈善意识更加普及，人人行善的慈善氛围正在形成"，"慈善服务专业化、规模化趋势明显，志愿服务增长较快"。可以说，《慈善法》涵盖了志愿服务的主要环节。2019年以来，众多志愿者在参与新冠疫情防控中的无私奉献精神、服务大局意识，无不表明人们从事志愿服务的理念与实践都大幅提升，《慈善法》推动了志愿服务活动的逐步规范，也为形成志愿服务文化氛围创设了立法前提。同时，以法治方式促进慈善事业发展，开展丰富的志愿服务文化建设，拓展慈善服务的实践形式也成为普及《慈善法》的有效方式。一言以蔽之，《慈善法》是我国推进全面依法治国战略的重要组成部分，必然为志愿服务文化建设提供可靠的法治保障。

（4）全面从严治党为志愿服务文化建设提供根本政治保证

推进全面从严治党，要锻造坚强有力的领导核心，把中国共产党建设成世界上最强大的政党，为全面建设社会主义现代化国家提供了重要的政治保证。可以说，党的领导构成志愿服务文化建设的政党基础。众所周知,现代政治文明的基本特征是政党政治。政党是政治思想的代言人,是坚守政治道路的核心力量。习近平总书记强调:"中国共产党领导是中国特色社会主义最本质的特征,是中国特色社会主义制度的最大优势,是党和国家的根本所在、命脉所在,是全国各族人民的利益所系、命运所系。"[1] 这是党领导人民百年奋斗历史进程中取得重大成就的宝贵经验,揭示了在我国发展取得重大成就的背后凝结着一个政党逻辑的密码,就是有中国共产党的领导;揭示了以中国共产党为领导核心是我国社会主义现代化建设的根本保障。这一内在逻辑关系为中国志愿服务文化建设指明了正确的道路。

首先,党的领导为构建志愿服务文化建设提供了正确的政治方向。中国共产党不同于任何西方政党,西方政党具有与生俱来的狭隘性。究其原因,西方政党只代表部分群体的利益,决定了其所体现的价值观难以获得全体人民的认同,有着难以摆脱的局限性。事实上,西方政党的本质是通过竞选服务而获取执政资格,虽其实行轮流执政制度,但因其表达的是资产阶级价值观,故西方选举制度背景下,政党沦为资产阶级实现自我利益的工具。中国共产党则超越了狭隘的群体范畴,党的执政目标在于全心全意为人民服务。这就获得了全体人民对于党的政治主张的确信,奠定了对党的执政理念的社会认同,培育了坚实的群众根基。从而,党的领导与志愿服务文化建设之间构成紧密的、内在统一的逻辑自洽性。一方面,党的领导是志愿服务文化建设的政治力量;另一方面,中国志愿服务文化建设事业既离不开党的领导,也在志愿服务实践中充分检验和证明了党的领导的伟大光荣。可以说,中国共产党的坚强领导为志愿服务文化建设提供了肥沃的政治土壤,以此引领志愿服务文化的正确方向。

其次,党的领导为加强志愿服务建设创造了有序的文化环境。党的领导是维护我国社会主义文化事业的主要支撑。从建党之始,就确立了服务于民,服务于社会主义的文化建设方针。在党的领导下,我国社会主义文化事业蓬勃发展,大量优秀的文化成果产出,人民的文化水平和教育程度不断提高,建立了从思想政治意识形态、公民道德建设,到公民素质提升

---

[1] 习近平:《习近平重要讲话单行本(2021年合订本)》,人民出版社2022年版,第92页。

的文化构建体系。马克思主义的指导思想在我国社会主义文化建设中始终处于指导地位，党的领导下的新时代中国特色社会主义文化理论与实践得到持续完善与创新。

只有在党的领导下，才能坚持社会主义文化建设与发展的方向，从而大力加强中国特色的志愿服务文化建设，提高国家文化软实力，并向世界展示中国志愿服务文化的优势和价值理念的先进性与合理性，为全世界人民提供值得借鉴的志愿文化形象，值得传颂的志愿价值典范，从而更大范围地推动人类社会的文明与进步。

最后，党的领导为弘扬志愿服务精神树立了优秀的道德典范。纵观党领导中国人民从站起来、富起来到强起来的百年奋斗史，可以说是无数杰出的革命志愿者的伟大贡献史。中国的志愿服务实践始终与党的事业息息相关、休戚与共，其中，以共产党人为代表的无数中国革命志愿者集群——汇民心、聚民力，以对马克思主义的坚定信仰和实践，书写了百年的志愿服务奋斗奇迹，无数志愿服务典型事件与英雄楷模为我们演绎了榜样的示范与激励力量，在革命、建设与改革的实践中传承着中国志愿服务文化的自觉与信仰。其中，有在革命文化阶段为人类解放道路、前途和信仰并执着追求科学真理而自觉奋斗、自愿舍身的先驱先烈。历史证明，这种为真理而奉献的志愿精神对后人惠泽恒久，是使中国志愿服务文化散发出超领域、跨时空的精神因子。其中，还有在太平盛世中为中国进步、人民福祉、公平正义、社会和谐与美好生活而无私奉献、自觉作为的榜样模范，他们的志愿精神闪烁着为人类追梦逐光的积极信念，成为激励和鼓舞中国志愿者昂扬前行的精神财富。

无论在革命年代前后相继、启迪民心的"革命志愿者"，抑或在和平时期笃信执着、凝聚民力的"学雷锋志愿者"，他们都是在党的先驱先烈楷模榜样的激励与带动下展开的志愿服务实践。在党的领导下，无数志愿者以为人民服务为宗旨，用优秀的道德典范传递着"引领个体、召唤群体、辐射整体"①的志愿风范，成为中国特色志愿服务文化建设不可或缺的重要力量。

---

① 陆士桢：《中国特色志愿服务概论》，新华出版社 2017 年版，第 162 页。

三 中华优秀传统文化中的志愿服务文化建设思想

中国志愿服务文化源远流长，优秀传统文化中处处都隐藏着志愿服务文化基因，其中以儒家文化为主体，集儒、释、道、法、墨之思想精髓，为我国志愿服务的发展提供了重要的思想资源。《中共中央关于党的百年奋斗重大成就和历史经验的决议》明确指出，"中华优秀传统文化是中华民族的突出优势，是我们在世界文化激荡中站稳脚跟的根基，必须结合新的时代条件传承和弘扬好"[①]。传承与弘扬即意味着对中国志愿服务文化的吐故纳新和与时俱进。中国传统文化中的"天人合一"的哲学智慧、"仁者爱人"的人本精神、"乐群贵和"的价值追求、"崇德重义"的实践理性、"自强不息"的精神动力等构成了一个丰富的思想体系，指明了人生意义和对美好未来的追寻，成为当代中国志愿服务发展的思想根基，为志愿服务文化建设提供了重要的价值支撑。

（一）逻辑起点：天人合一

1. "天人合一"的哲学智慧

在中国传统文化中，人类社会生活的一切道德规范和原则，都要在天人关系中予以定位。对天人关系的思考是传统伦理道德的核心问题。"天人合一"是传统社会处理人与自然关系的重要法则，"天"即天道，即自然规律，"人"即人道，指人类社会的规则。就是强调人道与天道，人与自然应该是和谐统一的。道家、儒家和佛家思想可谓异彩纷呈，但在"天人合一"观上却是达成了惊人的共识。道家的"天人合一"观突出表现在老子的"人法地，地法天，天法道，道法自然"[②]。从其中的内在联系可见之既是能"法"之前提，又是得"法"之结果。庄子提出，"天地

[①] 《中共中央关于党的百年奋斗重大成就和历史经验的决议》，人民出版社2021年版，第46页。

[②] 《道德经》。

与我并生，万物与我为一"①，这是从人与自然相互依存、内在协调统一的高度提出了人生应达到的最高境界。佛家将这一认识概括为"依正不二"，"依"指的是一切环境，"正"是指生命主体，"不二"是说在客观世界中，生命主体及其环境虽然是两个不同认识主体，但其存在实质上是和合为不可分离的一体。实质上，"天人合一"早在《周易》中就有充分的体现，其提出"天地养万物，圣人养贤以及万民"②。"天地感而万物化生，圣人感而天下和平。"③"日月得天而能久照，四时变化而能久成，圣人久于其道而天下化成。"④ 可以说，《周易》通过对人类社会与自然界的考证，发现自然界的规律与人类生存的规律是相通的，在本质上也是相同的、统一的。人类要依靠自然生存并从自然界获取供养，因而必须遵循自然生息的发展规律，人的一切活动也都要同自然达到和谐、一致和统一。因此，人应该"与天地合其德，与日月合其明，与四时合其序，与鬼神合其吉凶"⑤。

  这里重点说明的是儒家。儒家将天人关系作为确定人的道德本性、伦理纲常的一切道德伦理关系的哲学基础。孟子首先提出，"尽其心者，知其性也。知其性，则知天矣"⑥。即尽心知性知天的命题。在孟子看来，天的本质之所以能把握的秘密，就在于在更高的层面天与人具有内在的统一性本质，在于人与万物具有共同性本质。所以只要开掘人的心性，就能对天道有所感知，从而达到对外在必然的认知。正因如此，孟子宣称"万物皆备于我矣，反身而诚、乐莫大焉"⑦。人性之善完整体现了天的本性，并且只有人才能彻底觉悟并将这种本性扩而充之，从而感到自身完善的乐趣。同时，孟子提出，将人类之爱推广到爱万物，即"亲亲而仁民，仁民而爱物"⑧。可见，人类的活动只有符合自然规律，才能满足人们自身的需要。概言之，儒家的天人合一思想是对人在宇宙万物中地位和作用

---

① 《庄子·齐物论》。
② 《周易·颐卦》。
③ 《周易·咸卦》。
④ 《周易·恒卦》。
⑤ 《周易·乾卦·文言》。
⑥ 《孟子·尽心上》。
⑦ 《孟子·尽心上》。
⑧ 《孟子·尽心上》。

的确定，为人的本性的至善价值设定了本体论依据。由此，传统社会伦理道德也被儒家天人合一思想升华到了本体的高度，由天人合一逻辑引申开来并统一落实到"天人合德"。

首先，天人合一为人的价值和道德设立了本体论根据，指明人的道德价值本源于天道。即是说，儒家的包含道德规范、道德原则、道德修养等在内的一切道德学说都是建立在天人合德的基础之上。根据这一理论，人性具有至善的价值并非因为其内在的仁义礼智信的道德内涵，而是因为它所体现的至善的天理。天即是理，自宋儒便开始强调天理即是存在之本体，是万物存在发展变化之因，也是人类社会伦理道德之纲。基于此，伦理道德即是天理，是天道，是天理在社会生活中的具体表现形式。如此看来，仁义礼智之理既为"我"心中固有之理，也是世间宇宙万物共有之理。

孔子指出，"唯天为大，唯尧则之"，[1] 由天人合一到天人合德思想可以推论出，人作为宇宙万物之生灵，其基本的社会秩序也应由天道所规定。天道之"合"，确定了人与天的密切关系和人的积极顺应。由于人与天的同类、同质，因而能相互感应，能够积极主动地尊崇天道，并根据天道确立人类社会的行为准则与道德规范。与此相应，儒家承认天地之间人为贵，宣称人是天地的主持者。这就是说，人并非消极地接受"天道"之逆来顺受，而是发挥人自身的主观能动性，根据天的根本秩序建立人类社会秩序，主动地依循天道建立人道，并自觉地用它服务人类自身。

其次，天人合一确立了人是万物之主体，凸显了人道的独特价值。《周易》所载，"立天之道曰阴与阳，立地之道曰柔与刚，立人之道曰仁与义。"[2] 此即所谓人与天、地处于对立统一之关系中。其中，人贯通天地成为宇宙间唯一的道德主体。人之道德本源于天，人的价值即在于能够觉悟天的本质。"天有其时，地有其财，人有其治，夫是之谓能参。"[3] 易言之，天人合一始于天，成于人。天是一种客观的存在，而只有人能够充分把握和发挥天地的化育功能。所以，人类社会行为规范和基本秩序以及

---

[1] 《论语·泰伯》。

[2] 《周易·说卦》。

[3] 《荀子·天论》。

由此产生的道德关系,是天经地义的,是天的生生之德的深刻体现,也就直接反映了天地运化的本然秩序,因而维持着社会最和谐的秩序。

于伦理道德而言,天只是一种客观的宇宙精神,它只有被人觉解之后才有其现实意义。并且,宇宙万物之中只有人才会理解,才能觉悟和完善,并将这一精神扩而充之。这就诠释了人为天地之心的命题,只有人方能肩负为天地立心之使命。正是因天人合一之精神启发之下,人的主观能动价值得以深刻把握和实现,宇宙之本体精神得以充分浸润和展开,儒家伦理道德从天人合一中获得天人合德之生命动力,从古典向今天,刚健不息;从历史向未来,积极进取。

最后,天人合一确立了儒家伦理价值体系的逻辑起点,彰显其博大胸怀。儒家认为,人与宇宙万物的共同本质即是天的本质,因而天人合一就是人的存在及其内在本质与宇宙万物的共同本质上的合一。其中,只有人能充分觉悟人自身与宇宙的同一本质,并发挥和完善其与宇宙万物本质的一致性。因而,人高于宇宙万物并能实现对生命本真的价值复归。《周易》所载,"一阴一阳谓之道,继之者善也,成之者性也。仁者见之谓之仁,知者见之谓之知,百姓日用而不知。故君子之道鲜矣"[1]。此处之"道",可谓"天之道",自然之道本身即是道德的根据。至北宋理学家张载第一次明确提出儒者"因明至诚,因诚至明,故'天人合一'"[2]。通过天人合一,人的存在与天的本性具有高度一致性,人继承天道之善,凝结为自己的本性之中,"穷理尽性,以至于命"[3]。但人的天赋德性各异,要充分认识本体之性则要积极发挥主体能动性,才能复归生命的本真。

是故孟子所言,"口之于味也,目之于色也,耳之于声也,鼻之于臭也、四肢之于安佚也,性也,有命焉,君子不谓性也。仁之于父子也,义之于君臣也,礼之于宾主也,智之于贤者也,圣人之于天道也,命也,有性焉,君子不谓命也"[4]。就是说,人之物质欲求及其满足是人的生存发展的基本条件,但何以满足物质欲求,并不取决于主体自身,而取决于人

---

[1] 《周易·系辞上》。
[2] 《正蒙·乾称》。
[3] 《周易·说卦》。
[4] 《孟子·尽心下》。

的现实存在及其社会条件。因而，人们应像圣人一般，"知周乎万物，而道济天下"①。人不应过分安于享乐安逸，而应是追求道德的完善。虽然人之德性具有先天的规定性，但现实的人之德性完善是人的主体性自觉活动，也是人类伦理道德的终极追求，从而终得复归于天道之体，实现生命的价值永恒。

2. "天人合一"起承志愿服务文化建设之逻辑起点

儒家伦理道德之天人合一学说，从天人之间的相互联系、相互依存出发，强调天人之间的有机统一、相互规定，反对彼此割裂、相互对立。这一学说不免带有先验原则的唯心主义色彩，但也包含着诸多积极合理的因素。天人合一思想强调天人关系的统一，追求的是生存秩序的和谐，对传统社会生产、生活产生了重要影响，也为当代人类社会发展提供精神指引，尤其对志愿服务文化建设来说，具有十分重要的方法论意义。

第一，天人合一思想启发主体自觉性，敦促人们积极参与志愿服务。宇宙间只有人能穷理，只有人能发挥主体性自觉的活动，要觉悟、理解天之本性，唯穷理方能尽性；要实现人的存在与本性、本体的同一，唯有尽己之性的同时，尽人之性方得以尽天之性，从而实现人与宇宙万物的共同完善。也即是说，在志愿服务中，只有超越小我，使主体之自觉与万物之复归于天道之本体，才能实现人之德性与价值的自我完善。因此，志愿服务的发展与壮大，需要激发主体的自觉动力，启迪人们要有超越民族、超越时空的视域从事志愿服务，提醒我们要和谐处理不同群体之间的利益关系，并且要尽己之能完善人类所依存的自然界，与自然界共生共存、共同发展。

第二，天人合一思想启示从事志愿服务的境界，要胸怀博大和精神高尚。天人合一思想强调天人之间的和谐统一，以此建立起来的伦理道德体系关注于整个宇宙与人类的共同体存在。通过志愿服务恰能磨合人与人之间的关系，也能对人与赖以生存的自然界更加关注，这就需要有超越一己之私的高尚精神，还要求从事志愿服务要有一种博大的胸怀，将人的生命价值与整个宇宙万物之发展融于一起。人类社会的一切追求不仅止步于物质利益的满足，而应是德性境界的提升。参与志愿服务收获的是个人价值

---

① 《周易·系辞上》。

的实现，不仅可以完善主体的内在德性，有助于实现自我本性的内在超越，实质上也促进了人类社会的发展与进步。

（二）道德基础：仁者爱人

1. "仁者爱人"的人本精神

仁爱是儒家思想体系的核心内容和首要价值，也是中华民族精神的直接体现。孔子以"爱人"释"仁"，赋予"爱人"以人之本性。"仁"意指同情、怜悯之义。儒家其他思想都是由"仁"或"仁爱"这一核心理念而引申开来，并形成了以"仁爱"为核心的人本主义思想体系。可以说，仁是由人本身引申出来的行为原则，它要求以人为人，以人之固有的同情心相亲相爱，反映了对人的类本质的理解，是一种人的自我觉醒，蕴含着人道主义的关怀精神。仁者爱人之哲学精义在于视人为己，要求在人际交往中尊重人的尊严，并十分强调个体人格的独立自主，这即是一种人本主义精神的体现。在儒家观点中，"仁"是一种体现为多层次的"爱"的道德要求的普遍的伦理原则。

首先，仁者爱人源于宗法血缘亲情之爱，这是仁者爱人的基础。仁者爱人源于家庭血缘亲情之爱。人生于世，首先触及的是家庭亲人的手足关系，处于其中的爱抚、爱护之中，并由此感受和萌发对亲人的依恋、爱恋以及敬爱之情。因此，以家庭血缘为中心的亲情之爱，是仁爱的最初表达。"孝弟也者、其为仁之本与！"[①] 这里，有若将孝敬父母、尊重兄长视为仁之根本。可以说，家庭血缘亲情之爱构成了仁者爱人的最深厚根源。一个人只有先爱亲人，才能去爱他人。亲情之爱孕育了对他人的爱心，爱人是爱亲的外展和延伸，即所谓老吾老以及人之老，幼吾幼以及人之幼。

其次，仁者爱人作为处理人际关系的准则不限于宗法血缘之范畴。孔子的"爱人"超越了基于血缘关系的"爱亲"思想，由"仁"出发推及"爱人"而"泛爱众"。仁者爱人不仅是儒家做人的道德准则，也被视为处理人际关系的基本原则。仁者爱人，表明在人际交往中要以仁爱之心对待他人，要有关心他人之心，爱护他人之想，帮助他人之念。这一做人准则是生发于血缘亲情中的亲亲敬长之伦理规范所无法完成的。

---

① 《论语·学而》。

孟子通过对人性的反思，提出"恻隐、羞恶、辞让、是非"之"四心"说，并以之分析了人们仁爱弱者、与人为善的内在道德动机。于慈善及其慈善活动而言，孟子所欲乃仁爱之心、慈善之情的一种内在自觉。需要强调的是，于"四心"中之"恻隐之心，仁之端也"①。恻隐之心即不忍人之心，意指人所固有的同情心。同情心、慈悲心是人本性之固有情感，恻隐之心是仁之发端、之萌芽，仁是恻隐之心的扩充和发展。因而，所有的仁爱之行、慈善之举均源自人之内心深处，"仁者以其所爱，及其所不爱"②，正因如此，孟子期待"乡井同田，出入相友，守望相助，疾病相扶持，则百姓和睦"，③ 以之为一种社会互助之理想。将儒家的仁爱推演到政治生活中，孟子在"仁"之基础上提出了"仁政"的主张，即主张统治者要施行仁政德治，仁民爱物。此时，恻隐不仅是统治者施行仁政之开始，"仁"也被抽象为天地生生之德性原则，成为宇宙万物之生存和发展的基础。

最后，仁者爱人，始于爱亲，及至爱人。而要做到这一点，仁者爱人要求忧以天下，乐以天下。儒家主张的仁爱是亲疏有别，是有差别的博爱。家庭血缘亲情之间的爱与一般社会成员之间的爱相比，更为亲近，这是因为有人伦关系的法则因而彼此要承担更多责任。但君子至爱则要包容世间万物，所以说，仁爱是一种大爱，包含博爱，但并非博爱。这就要求关心他人的疾苦，将他人之疾苦视为自己之苦；要促进他人之幸福，将他人之幸福视为自己幸福；要尊重他人意愿，时时处处为他人着想，而非从己身出发考量问题，与人为善，助人为乐。范仲淹将这一思想境界描述为"先天下之忧而忧，后天下之乐而乐"。不唯如此，儒家向人们描绘了人己之间以仁爱为价值准则的处世情景，一如儒家经典《礼记·礼运》所设计的，"故人不独亲其亲，不独子其子，使老有所终，壮有所用、幼有所长，鳏寡孤独废疾者皆有所养"④。这样一幅美妙的社会图景，要求我们爱人就要以仁爱来调节和处理人际关系，这也是至今人类正在为之而共

---

① 《孟子·公孙丑上》。
② 《孟子·尽心下》。
③ 《孟子·滕文公上》。
④ 《礼记·礼运》。

同的奋斗目标。

2. "仁者爱人"启迪志愿服务文化建设以情感认知

从思想渊源来说，志愿服务文化是建立在以儒家"仁爱"为道德伦理之基础上的文化传承。围绕扶贫济困、关怀弱势群体的公益服务一直都是从事志愿服务的主要领域，随着社会的发展与进步，志愿服务不断提升了其技术性、专业性的要求，志愿服务的领域也随之拓展到超出扶贫济困、关怀弱势群体之外等基础领域，但是这也是从事志愿服务的最常见领域，如果脱离了以仁爱之心的道德支撑，是无法从事志愿服务的。有鉴于此，儒家的这一"仁者爱人"思想为当代中国志愿服务文化的建设提供了有力的价值指针和精神源泉。

首先，仁爱的实践意义在于"忠恕"之道德行为规范。仁是一种内在的道德情感自觉，仁爱则是这一情感自觉的外在表达，它必须表现为一定的行为方式。因而，经由什么方式，怎样去仁爱他人，就成为践行仁者爱人的一种具体规范。儒家的具体行为规范是孔子提出的"忠恕"之道，忠恕即为行仁之方。它是一种与人为善的内心反省和道德自觉，而反省则表现在爱他人，尤其是对弱势群体所表现的一种道德自省。朱熹对忠恕之含义作二解，"尽己之谓忠，推己之谓恕"[1]。就是说，以仁爱作为调节人际关系的规范，涉及推己及人的"忠""恕"两方面。所谓"忠"即"己欲立而立人，己欲达而达人"[2]。忠属于行为主动积极的方面，这就要求要以仁心待人，即自己所追求预得到的东西，应尽心尽力地使别人同样得到。于从事公益而言，则意味着要奉献自己的全部爱心，主动关心人和帮助人。这是一种助人为乐的精神体现。所谓"恕"即"己所不欲，勿施于人"[3]。恕属于推己及人的消极行为，儒家对此尤为强调，并在《中庸》和《大学》中作出诸多论证。概言之，即将自己的仁爱之情推衍于外，以身为度，以己量人，以行为主体自身的利益之需推断他人的利益之需。进而以此为标准，就是说，为人行事要设身处地为他人着想。

需要指出的是，推己及人的行为模式，它还内含着一个逻辑前提，即

---

[1] 《论语集注（卷二）》。
[2] 《论语·雍也》。
[3] 《论语·颜渊》。

人与人之间有着共同的、善良的本性。如若人与人之间没有共同的本性，只有各自特殊的利益，这一模式就是不道德的，不能为之所受，也就不能进行有效的推度。① 显而易见，于从事志愿服务而言，推己及人体现出一种鲜明的利他风尚。即在于以仁爱之心把握和从事志愿服务，并以己身为出发点，从对他人的行为关切中决定自己的行为准则。以此，在志愿服务中就能设身处地为他人着想，少为自己打算，这是从事志愿服务得以展开的重要道德情感基础。

其次，仁的行为规范在于为仁由己，修身正己。仁作为一种道德自觉的规范，要求以爱人的方式推己及人。推己，顾名思义推其仁爱、道德，而非恶欲以及私念。推己的前提必须先正己，才能将自己的品德符合仁爱以及人，而后成仁、行仁。正己即修养仁德，如何做到正己，儒家实践路径是"为仁由己"。孔子强调，"为仁由己，而由人乎哉？"② "仁远乎哉？我欲仁，斯仁至矣。"③ 人之成仁，在于主体的内在属性，在于其对仁心的固有本性之把握与扩充。因而，一个人能否成为仁人，完全取决于主体之主观自由。人之能力虽大小各异，但成就仁德之主观能动性则凡人皆能。就是说，在志愿服务中，无论贡献大小则不论及，只要积极参与，尽己之力奉献仁爱之心，求仁即有仁德。这也体现了志愿服务的自主、自愿的特征。不仅如此，为仁由己而非天生之有，作为一种个体仁德修养的方法就要培养自身良好的德性品质，以提升和造就完善的道德人格。同样，孔子也给出了实践路径，即"克己复礼"。当颜渊问仁，子曰："克己复礼为仁。一日克己复礼，天下归仁焉。为仁由己，而由人乎哉？"④ 可知，复礼是克己的措施，即按照社会道德规范要求自己，使自己的行为符合礼之规定。当然，这一礼之规定在今天则表现为不同于传统社会的等级制度规定。

于志愿服务而言，为仁由己则首先要端正自己，提升自身道德修养。通过参与志愿服务形成人们之间的互相关心、互相帮助的氛围，而要推己

---

① 唐凯麟、张怀承：《成人与成圣——儒家伦理道德精粹》，湖南大学出版社 1999 年版，第 173 页。
② 《论语·颜渊》。
③ 《论语·述而》。
④ 《论语·颜渊》。

及人，人与人之间应当互尊互让、互助互惠，并符合礼的社会交往行为规范，从而促进人与人之间的相互理解与信任，在此基础上建立美好和谐的社会关系。

（三）价值追求：乐群贵和

1. "乐群贵和"的济世情怀

乐群贵和是儒家处理人际关系所表现的一种以群体为本位的道德价值取向。以儒家为代表的传统文化将"仁"视为最高德行标准，在这一意义上，从社会整体利益出发，强调人与人之间的友爱、亲和，营造和谐有序的社会氛围，这一思想传承至今，有力地促进了社会的发展。

首先，乐群贵和以群体价值为本位。根据这一认识，荀子提出建立"群居和一之道"① 意指，以礼义之德可以协调社会关系达到群体和谐。②易言之，"人能群，彼不能群也"。"人何以能群？曰：分。分何以能行？曰：义。"③ 与动物相比，人的优越性在于结合在一起的整体社会力量。在此，所谓"分"，在儒家看来，是指以礼义之道德精神所建构的一种共同体秩序，而不是让群体简单聚居、分散或离异。"夫禽兽有父子而无父子之亲、有牝牡而无男女之别，故人道莫不有辨，辨莫大于分，分莫大于礼。"④这就把道德规定为处理群体中人际关系的行为准则，是维系和维护群体利益的根本秩序力量。鉴于此，可以清晰地呈现传统文化中"乐群贵和"的道德价值追求。

"人能群"在其实质上是说人拥有道德，道德是维护群体根本利益所在，是发挥群体力量之根本保证。因而，儒家伦理道德即一贯主张大公无私、公而忘私的群体之价值取向，并引申出了诸多关于集体主义，以及基于道义的公私之辩的论断。从孟子的"忧以天下，乐以天下"到范仲淹的"先天下之忧而忧"，到黄宗羲的"不以一己之私为利，而使天下受其利。"⑤ 以至《礼记·礼运》中的"大同社会"均为"乐群贵和"这一思

---

① 《荀子·荣辱》。
② 朱贻庭：《伦理学大辞典》，上海辞书出版社2002年版，第332页。
③ 《荀子·王制》。
④ 《荀子·非相》。
⑤ 《明夷待访录》。

想的深刻表达。

其次,"贵和"为"乐群"实践的道德保证。贵和,是指人际交往中以"和"为最高价值。通过和谐相处,强调宇宙万物在"和"的制约下保持秩序状态。传统文化中的"贵和"记载俯拾即是,《尚书》有"协和万邦"的记载,《诗经》有"既且和平"的理解,《管子·外言》所录之"和""合"并举的系统表述,"畜之以道,则民和;养之以德,则民合",旨强调发挥道德力量以和合民众,就能建立和谐的人际关系,以此凝聚精神的力量。所谓"乾道变化,各正性命,保合太和、乃利贞"[①]。这里指出了和合性质的本体论内涵。"夫大人者、与天地含其德,与日月合其明,与四时合其序、与鬼神含其吉凶。"[②] 可以说,伦理道德之和合为宇宙万物之根本和人类社会的基础。

儒家视"和"为一切伦理道德之精髓,有子曰,"礼之用,和为贵。先王之道,斯为美。"[③] 这段话的精神实质是说,道德的根本作用即在于"和"。人之处世交往应以"礼"为行为规范,以协调处于差异、对立的矛盾因素,但任何事物总是处于矛盾的对立统一体中,要保持事物稳定的这一阶段,使之和谐共处于统一体中,其核心就要发挥"和"的作用。不仅如此,孟子曰"天时不如地利,地利不如人和",荀子曰"天地合而万物生"等诸述均突出了自古中华文化经久不息之"贵和"气质。

2. "乐群贵和"凝聚志愿服务文化建设以价值认同

传统文化所倡导的"乐群贵和"思想以群体价值为本位,强调以社会整体利益为价值标准和本原,要求人们无条件地将个人融入集体之中实现自身的价值,才能获得生命的永恒。在当时的条件下,由于这一思想并未触及个体与群体利益之统一的辩证分析视角,在一定意义上限制了个人利益,以及压抑了个性自由,则反映出维护宗法君臣等级秩序的精神实质。传统儒家所提倡的乐群贵和思想尽管存在着一定局限性和消极因素,但这一思想所概括的鲜明的群体价值却成为传统社会中凝聚民族力量之重要源泉,为营造良好的社会关系,维护社会秩序发挥了重要作用,对于当

---

① 《周易·象传》。
② 《周易·文言》。
③ 《论语·学而》。

代中国志愿服务文化建设也具有一定的吸收和借鉴意义。

在社会关系的范畴，人是个人存在与社会存在的双重统一。作为个体的存在，人具有不同于他人的特殊利益与需要；作为社会存在，人还要维护社会的共同利益和需要。而从根本上说，个人利益同社会利益在本质上具有一致性，这为人们自觉从事志愿服务和公益事业提供了可能。但是，个人利益的特殊性决定了人际交往中个人之间、个人与社会之间的利益冲突不可避免，于此而言，道德伦理在协调人际关系中具有肯定性和必要性价值。传统文化中的乐群贵和的道德精义，在这一问题上凸显积极的现实意义。

不论何种社会，任何矛盾与利益冲突都可能导致人际关系的恶化，甚至危害社会公共秩序。传统文化中是以和谐、协调的方式来解决人际关系的矛盾和利益问题。一般来说，"和"强调的是社会关系中的和谐、和善的品性，有助于协调处理好人际关系、建立良好的社会秩序，是志愿服务生成和发展的道德基础。"乐群贵和"的道德力量在于使人与人之间相互关心、相互爱护，形成个体对集体的向心力，保持社会的相对稳定与平衡，体现了一种博大的济世情怀。中华民族历来谦恭礼让，以社会群体为先，以社会公益为先，就是在这种"乐群贵和"的思想熏陶下激励了无数"革命志愿者"为了国家利益鞠躬尽瘁，为了民族事业英勇献身，孕育了中华民族公而忘私的卓越品格，团结奋斗的伟大力量。其积淀的优良道德传统是形成民族亲和力、社会凝聚力的不竭动力，更是当代中国志愿服务文化建设的重要思想支撑。

尤其在构建人类命运共同体这一伟大命题的新时代，这一思想启迪志愿服务以和合共生共创人类美好未来。当今世界各国不同的历史文化背景，存有不同的意识形态，与之对应的国家安全、权力与利益诉求也迥然相异，如若各不相干、独自发展必然引发重重矛盾，习近平总书记多次提及要以人类命运共同体姿态共建美好世界，并指出"人类是一个整体，地球是一个家园。面对共同挑战，任何人任何国家都无法独善其身，人类只有和衷共济、和合共生这一条出路"。在这条道路上，提示我们构建中国志愿服务文化也要走和衷共济、和合共生之路。志愿服务的过程本质上即是主体各方各自获得自我实现的过程，其中，作为主体的个体性有其个体利益，而相关方又相互依存有其共同利益，因而在满足他者自我需要的同时，还要兼顾社会整体的公共利益和公共价值。以此，将志愿服务的过程着眼于和合共生的过程，以求"各美其美，美人之美"，才能建立起人类共同的价值标准，达到"美美与共的境界，实现天下大同"。①

（四）实践理性：崇德尚义

1."崇德尚义"的德性自觉

道德能够规范人的行为，调节人际关系，促进和完善人的本质，是人类把握世界的一种方式。道德作为一种社会意识，属于社会历史观的范畴。然而，道德并非一种纯粹的抽象思辨，其不仅是一种精神意识，不能仅在意识领域进行评价，道德实质上是一种实践理性。究其本质，实践理性就是亚里士多德的"理性节制欲望"，是通过理性在道德实践中的运用从而使人拥有自由和真正的德性或美德。从这一意义上讲，任何道德学说只有落实到实践层面才能被人们所遵循，才具有实践的指导意义。作为一种道德的实践理性，主要通过长期的实践、习惯来养成，它需要行为主体在道德实践中实现其对自身的价值评判，并具体表现为个体行为的道德选择、道德修养和道德教育等实践活动。在传统道德文化中历来重视道德的践履，提倡内得于己，外施于人，把完善人的现实生活，造就理想的社会作为其历史使命。因而，它以修齐治平的道德实践为根本，形成了崇德重义的实践理性。

首先，传统思想文化高度崇尚道德理性在社会生活中的作用。道德之所以有价值，因其对人的精神价值的满足，从而也实现其外在社会价值，是内得与外施的统一。早在《左传》中即提出著名的三不朽论断，"太上有立德，其次有立功，其次有立言，虽久不废，此之谓三不朽"②。其中，立德居于首，成为历代仁人志士的最高追求。儒释道法墨诸学派对于道德虽秉持不同的价值取向，但都承认并努力追求道德修养及其提升。

在此意义上，儒家认为道德是为己利人的理性实践。在处理人己关系方面，儒家推崇的"推己及人"是重要的道德箴言，其提倡"己

---

① 费孝通：《推己及人》（上），大众文艺出版社2010年版，卷首语第1—2页。
② 《左传·襄公二十四年》。

所不欲，勿施于人"①，"己欲立而立人，己欲达而达人"。即是说，要尽己以为人，要以自己之心去推度他人之心，但这只是前提，并非己之所欲均能施与他人，要将己之所欲推及于人，还要符合道德的合理性标准或尺度，一如《礼记·大学》所强调的"自天子以至庶人，壹是皆以修身为本"。②因而，儒家历来将道德修养视为"作圣之功"的根本内容。

纵观我国传统历史与文化的宏大叙事，管子以礼义领衔的"四维"总纲，"何谓四维？一曰礼，二曰义，三曰廉，四曰耻"③；孔子以"不义而富且贵，于我如浮云"④之信念，演化为早期的"信义礼"；孟子从道德之有无提出，"人之有道也，饱食、暖衣、逸居而无教，则近于禽兽"⑤，进而阐发出"恻隐、羞恶、辞让、是非"四心和"仁义礼智"四端⑥；到汉代董仲舒集大成谓之"仁、谊（义）、礼、智、信，五常之道"⑦。传统文化中道德修养的主题几乎覆盖了从国家、社会到个人的各个群落。

值得一提的是，在道德实践的方法和途径方面，儒家经典"《大学》之道"可以说是纲领性文献。《大学》开宗明义，"大学之道，在明明德，在亲民，在止于至善……古之欲明明德于天下者，先治其国；欲治其国者，先齐其家；欲齐其家者，先修其身；欲修其身者，先正其心；欲正其心者，先诚其意；欲诚其意者，先致其知；致知在格物。物格而后知至，知至而后意诚，意诚而后心正，心正而后身修，身修而后家齐，家齐而后国治，国治而后天下平"⑧。可见，在《大学》中以此"三纲领八条目"论述了道德修养之步骤与层次。在儒家看来，道德是主体的内在属性及其自觉的活动，善恶而为之全在于自己，非决于他人。一个人只有提升自身的道德素养，才能以自身的道德人格力量感染他人，以此处理好己身与他

---

① 《论语·卫灵公》。
② 《礼记·大学》。
③ 《管子·牧民》。
④ 《论语·述而》。
⑤ 《孟子·滕文公》。
⑥ 《孟子·公孙丑上》。
⑦ 《举贤良对策》。
⑧ 《礼记·大学》。

人及社会利益的关系。一如孔子所言,"不能正其身,如正人何?""其身正、不令而行;其身不正,虽令不从。"① 如其所述,作为主体具备高尚的道德修养既是建立个人良好社会关系的前提,从更广泛的意义来讲,更是经邦治国、济世利民的重要思想基础。

  儒家以仁义立身并行于天下,以道德为安身立命之本,其强调道德之有价,人本性之有善,皆因主体之善德善业造福于他人及社会之功,若仅局限于一己之精神安逸,于他人漠不关心,则不能称为道德纯粹和品质高尚。可以说,个人道德之修养完善赋予了个体生命之永恒以精神活力,在其本质上也赋予了整个人类社会发展与进步的不竭动力。因而要有"穷则独善其身,达则兼济天下"② 的宽广胸怀,"独善其身"为道德修养之前提,而其目的则在于"兼济天下"。所以说,对于儒家君子而言,德者得也,其路途既要通过"内得于己",即所谓修齐治平的内在塑造;也要"外施于人"获得"得于己"的持久生命力,"外施于人"从根本上说,是指利他与造福人类社会。因而,儒家把道德修养作为人类最基本的实践活动,把治国平天下视为道德实践的根本以及道德修养的最高境界。在这一意义上,人的道德完善就是通过社会道德凝结和内化为个体品德,是主体自主自觉与能动的道德实践过程。道德的实践理性就超越了个人修身层面,而与社会发展进步具有了关联,修身与治国平天下获得了内在统一性。

  其次,崇德必然重义。在此需要指出,崇德尚德的思想素质,表现在行为选择上,就是"重义""尚义"的价值取向。孔子关于杀身成仁、舍生取义的思想,就是道义至上的典型。因而,"义"意味着主体拥有"大丈夫"的气概。尚"义"即意味着在主体的道义上要尊崇义与利的价值选择。"义"指的是合理、适宜的事和行为。思想意识中的"义"即是指道义,就是强调道德行为的合情合理合法性,即以道德作为判断行为价值的最高尺度。因而可以说,"义"也属于道德的范畴。孔子对"义"有一系列论述,"君子义以为上。君子有勇而无义为乱,小人有勇而无义为盗"③。

---

① 《论语·子路》。
② 《孟子·尽心上》。
③ 《论语·阳货》。

"君子喻于义,小人喻于利"① 这些都是儒家对义的价值与地位推崇的代表性理念,是被人们广泛接受的价值准则和行为规范,因而成为中华文化深厚的思想传统。这些义利之辨的论断表明,当道德与利益发生冲突时,道德需要居于人的价值选择的首要地位,利益应服从道德。因而,人们作出行为选择的信条是"重义轻利""见利思义""以义导利""以义制利"而非"见利忘义"。这就要求人们以义为尚,正确对待利益,以义为判断行为选择的标准。

再次,崇德尚义并不能截然分开或拼接来理解。尤其需要指出的是,崇德尚义的价值取向无论是崇"德"抑或尚"义",其精神脉理是融贯一体的。其内涵不仅是指个体道德修养之德性完善,实际上还蕴含着"宽厚、豁达"之德性自觉。明代薛瑄说:"惟宽可以容人,惟厚可以载物。"② 此处的宽厚,是宽容厚道、器量宏大、心胸广阔,而得以成人之美。《周易》中载明"坤厚载物,德合无疆"③,"地势坤,君子以厚德载物"④,意即大地之德博大宽厚,宽广无疆,以大地般宽厚的美德承载、长养万物,是君子应该具备的道德品质。因而,这种宽厚的德性在人际交往中,应对他人理解、宽容和体谅。这也是一种自我德性修养之体现。儒家在处理人己关系时强调要"反躬自省",此即为一种极为宽容的气度,即"躬自厚而薄责于人""宽则得众",凡事不要抱怨和心生不满,要先检讨自己、自我反省,是否尽善尽美。所以孟子曰,"爱人者人恒爱之,敬人者人恒敬之"。只要我们与人为善,就必然能得到他人善待的回报。

在人际交往中,宽厚的胸怀应像大地一样容受、接纳万物,"德必报,怨不仇。……成人美,掩人过"⑤。以此胸怀才能不苛责他人的过错,看到他人的长处、善行,牢记他人的好处、恩惠。"记人之功、忘人之过"⑥,"君子之于人,以大善掩小恶,不以大恶掩小善"。⑦ 古书中记载

---

① 《论语·里仁》。
② 《薛文清公读书录·器量》。
③ 《周易·坤卦·象》。
④ 《周易·坤卦·象》。
⑤ 《造化经纶图》。
⑥ 《汉书·陈汤传》。
⑦ 《庸言》。

着丰厚的宽德、扬善之道德理性实践。在传统文化的浸润下，中华民族形成了博大、宽厚的气度和胸怀，强调人与人之间在道义上应注重和谐、增进体谅，共同促进德性之自我完善。

2. "崇德重义"范导志愿服务文化建设的理性实践

崇德重义的道德理念，不仅在传统社会统治者依次对社会民众进行伦理价值观的教育和管理，也积极大力宣传贯彻和导向自己的伦理道德主张，关心国家发展的兴衰，以造福民众福祉。如孔子所讲"仁者爱人"最深层的内涵就是关心民众疾苦，为社会谋福利，孟子将其阐发为"仁政"德治，而后人继承以"为天地立心，为生民立命，为往圣继绝学，为万世开太平"[①] 作为人类的最高理想。这也表明，道德的最大价值在于维护社会整体利益，促进社会发展。"经世"才能"致用"，只有把道德实践广泛应用于现实生活之中，热忱参与社会建设，才能实现道德的价值并体现道德的实践理性，完善和成就自我。

就公益与私利而言，就要以社会整体利益为首要的行为准则，个人利益服从社会利益。这一价值取向引导人们超越物欲和名利的羁绊，以道德的完善作为价值追求，不断提升个体的精神境界，成为拥有高尚情怀的人。于此而言，《大学》中八条目所指明的通过修身以齐家治国平天下之路径，鲜明地体现了道德实践理性。启示今天从事志愿服务事业就要怀有强烈的历史使命感和责任感，要求志愿者要把个人的安身立命与人民幸福的目标联系在一起，要将个人发展与国家兴亡联系在一起。如此，才能在实现中华民族伟大复兴的新征程中，通过志愿服务历练自己刚健进取的性格，摆脱小我着眼大局的胸怀和视界，传承中华民族自强不息的精神，从而坚定民族文化自信的底气。

（五）使命担当：自强不息

1. "自强不息"的精神动力

中华民族历经千年延续屡遭侵袭却未被征服，靠的就是刚健有为自强不息精神。中华传统文化以德性的完善为安身立命之本，并将个人生命的价值熔铸于集体之中，追求社会发展与个人的共同进步。中华民族一直都

---

① 《张子全书》。

尊重人的主体性地位,并坚信发挥人的主观能动性终能改变命运、实现自身发展与社会进步。正是这种奋发向上、勇于进取和刚健有为的品质,成为中华民族自强不息的精神动力。

为何自强?中华民族向来讲究居安思危,时刻保有一种忧患意识。《周易》所载,"君子安而不忘危,存而不忘亡,治而不忘乱,是以身安而国家可保也。"① 事物的发展有其必然性,也有偶然性,要时刻保持警惕,永不懈怠才能安身保国。子曰,"君子谋道不谋食""忧道不忧贫",②人生的终极目标应致力于立身行事、治国安邦之"道",才能体悟生命的意义与价值。于此,孟子深谙"天将降大任于斯人也,必先苦其心志"③。担大任、成大业必须要有坚定的信心,坚强的意志,才能经得起一切磨难,执着追求,才能不畏任何艰险,一往无前。

何以自强?大丈夫君子讲求使命之担当和道义之自觉。中华民族对自身有着高度的自尊自信,所以在改造人类社会的过程中形成了刚健有为的精神,磨砺出弘毅的性格。这种自强不息的精神,源自中华民族的高度自尊以及对未来不断前行的坚定自信,是一种越挫越勇的意志和坚韧不拔的信念。正是这种信念,成就了"夸父追日",让"大禹治水",令"愚公移山"的不屈不挠的精神。在改造自然与社会过程中,培育了中华民族敢于向一切挑战进行顽强抗争的毅力,养成了弘毅坚忍的性格。这种性格就是被千古所传颂的"大丈夫"气概,他们以天下为己任的自觉,以"舍我其谁"的自信,练就了铿锵的人格力量和道义光辉。《周易》所云,"天行健,君子以自强不息"④。这是古今仁人志士奋斗前行的最集中概括和表达,长久以来始终成为大丈夫君子志士的自勉信条。因而,以天道、人道、公道之信仰为遵循,可见之胸怀"天下兴亡,匹夫有责"之理想使命,肩负"为万世开太平"之责任担当,面对生死与道德之"舍生而取义者"之举,其所表现出的无所畏惧之殉道精神,成为激励后辈奋进图强的坚定力量。

---

① 《周易·系辞传下》。
② 《论语·卫灵公》。
③ 《孟子·告子下》。
④ 《周易·乾卦》。

自强何为？自强，就是弘毅坚忍的信念，要求大丈夫君子讲家国之情，扬浩然正气。这种浩然正气要求君子遇危难之时勇往直前毫不动摇，逢骤变而堪当大任无所畏惧，立志高远，把对道义的坚定与执着作为人生奋斗的目标。子曰，"士不可以不弘毅，任重而道远。仁以为己任、不亦重乎？死而后已，不亦远乎？"① 此中之"士"超越读书文人被赋予大丈夫君子的气质气概，这种盛大志气是人生道路之航标，而志气有大小、远近之分，但凡成事成人者还必须坚定不移地秉持坚定性和稳定性，否则就会使人的行为失去一贯性，久而久之才能建树起基于民族的文化自信。于此，自强不息是中华民族生生不息的源泉，激励着一代代中华儿女不懈奋斗的责任感，孕育了根深蒂固的"民为贵，君为轻"的为民利民情怀，铸就了"家事国事天下事事事关心"的家国同体理念，这是大丈夫君子浩气长存的精神密码，是民族文化自信之浩然正气升腾激荡的铁骨脊梁。

2. "自强不息"坚忍志愿服务文化建设之使命担当

自强不息是中华民族在认识和改造自己的实践过程中不断凝练而成的，这种精神无不是人民在困境、逆境中奋进，历经艰辛磨难、勇毅前行的写照。自强不息不仅体现为一种刚健的性格，是民族文化具有生机韧性的表现，也让大丈夫君子拥有义无反顾、奋斗不已之境界。在社会事务中，他们积极以天下为己任的道义自觉，以舍我其谁的刚毅和自信，闪烁着为国为民的奉献热忱和公益情怀，传承着家国信念与兼善天下的人格力量和使命担当。

自强不息体现了中华民族自古传承的志愿精神与民族风貌，不仅在传统中国，已化作范仲淹"先天下之忧而忧，后天下之乐而乐"的刚毅傲骨，这是一种肩负重任的志愿服务使命意识；化作林则徐"苟利国家生死以，岂因祸福避趋之"的为民奋斗意志，这是一种生死度外的志愿服务牺牲精神；化作戚继光"繁霜尽是心头血，洒向千峰秋叶丹"的忠贞不渝信念，这是一种赤诚爱国的志愿服务奉献精神。习近平总书记曾勉励青年学子，"有信念、有梦想、有奋斗、有奉献的人生，才是有意义的人生"，"坚持做到实现自身价值和报效祖国、服务人民相统一"，也曾在北京大学考察时强调"天行健，君子以自强不息"是中华民族的鲜明特色，具有永不褪色的

---

① 《论语·泰伯》。

时代价值，是中国人独有的精神境界。于此而言，雷锋精神就是中国志愿精神的鲜明写照，就是自强不息精神的经典传承与使命担当。在今天，这种刚健的民族精神，也激励了无数仁人志士，早已融入底蕴悠久的民族血脉中，成为中华文化生生不息的民族基因，终得推动中华优秀文化的绵延不断，成为中华民族不断前行和中国志愿服务文化行稳致远的不竭动力。

四　国外志愿服务文化建设理论借鉴

志愿服务事业西方发达国家相较发展中国家要成熟，其相关理论研究成果也较丰富。我们需要坚持"以我为主，博采众长"的原则，学习借鉴国外志愿服务先进理念和思想，进一步推进我国志愿服务文化更高质量发展。

（一）经济学理论与志愿服务文化建设

志愿服务自出现以来，一直受到经济学领域专家学者的广泛关注。关于志愿服务经济研究的历史可以追溯到 20 世纪 60 年代。Wolozin 是第一批评估美国志愿服务经济价值的经济学家之一。[1] 在微观经济层面，主要关注的是志愿行动的动机，以及志愿服务如何与效用最大化的经济假设相容的问题。关于志愿服务的最初理论集中在经济学理性自利模型，这解释了志愿服务的存在是对社会契约中合作的潜在效率收益的最优反应，目的是在利己的背景下提高社会福利。从"行善"的行为中获得的效用观念，与行为的结果分离，然后被发展出来，这就是"温暖辉光"（Warm Glow）的概念。[2] 个人可能会自愿获得某些（经济）利益，但这只是硬币的一面。志愿服务也与利他主义的概念有关。在过去的学术研究里，志愿服务经济学理论的发展一直紧跟利他主义的文献。[3] 1970 年，理查德·蒂特马

---

[1] David Horton Smith, et al, *The Palgrave Handbook of Volunteering, Civic Participation, and Nonprofit Associations*, London: Palgrave Macmillan Landon, 2016, pp. 1074 – 1090.

[2] Andreoni, J., "Giving with impure altruism: Applications to charity and Ricardian equivalence", *Journal of Political Economy*, Vol. 97, No. 6, Dec. 1989, pp. 1447 – 1458.

[3] Rutherford, Alasdair, "Get by with a little help from my friends: A recent history of charitable organisations in economic theory", *The european journal of the history of economic thought*, Vol. 17, No. 4, 2010, pp. 1031 – 1046.

斯（Richard Titmuss）对献血经济学的分析引发了围绕利他行为的辩论，引发了一系列志愿服务经济学理论，将利他主义从理论的边缘移到了理论的核心。虽然最初是基于公共产品的集体提供，然而现在他们已经接受了"温暖辉光"概念，但行为经济学对我们完全理解志愿服务文化还需继续进一步研究。在《慈善经济学》(The Economics of Charity) 中，约翰逊写道：虽然有第三种市场，即慈善市场，在这种市场中，个人收集提供公共产品，而不受政治市场的激励或惩罚，但实际上没有针对它的研究。[1] 经济学家倾向于将经济服务的生产归因于私人的、以利润为导向的公司或公共部门，而在很大程度上忽视了志愿服务的潜力。这种"无知"体现在从政治学、社会学和社会政治学的角度对志愿部门的研究相当丰富，而从经济学的角度对相关理论的界定不明确或探索不够充分。经济利益的缺乏也造成了归因于志愿服务的潜力（如其对公共服务的支持作用、创新能力和改善服务质量的能力）没有或不能在经济上得到检验和支持的影响。[2]

人们对志愿服务寄予厚望，希望它能帮助解决大量紧迫的问题，包括补偿预算赤字、减少国家开支的问题。[3] 特别是考虑到欧洲国家不完善的公共福利制度，志愿服务在提供直接的福利服务中被作为一个更加多元化的系统的一部分变得尤为重要。过去几年的人口和社会经济趋势，如人口老龄化和高失业率，也使得决策者越来越多地将志愿服务作为一种可能的解决方案。例如，失业工人可以从事志愿工作作为临时解决方案。[4] 在过去的十年中，对福利混合经济的看法导致一些政府改变了法律和法规，以便将志愿组织作为福利服务的提供者而纳入政策之中。很多人开始把钱捐给慈善组织，即使知道这种捐赠不是交换，它们不会给捐赠者带来直接或

---

[1] Alchian, A. A., *The Economics of Charity Essays on the Comparative Economics and Ethics of Giving and Selling, with Applications to Blood*, London: Institute of Economic Affairs, 1973, p. 84.

[2] Badelt, Christoph, *Politische Ökonomie der Freiwilligenarbeit: Theoretische Grundlegung und Anwendungen in der Sozialpolitik*, Frankfurt and NewYork: Campus, 1985, pp. 15 – 21.

[3] Roy, Kakoli, and Susanne Ziemek. *On the economics of volunteering*. No. 31. ZEF Discussion Papers on Development Policy, 2000, p. 5.

[4] Gaskin, Katharine, Justin Davis Smith, and Irmtraut Paulwitz. *Ein neues bürgerschaftliches Europa: eine Untersuchung zur Verbreitung und Rolle von Volunteering in zehn Ländern*. Lambertus-Verlag, 1996, pp. 25 – 38.

间接、有形或无形的回报，而是利他性的捐赠，那么乍一看，这个问题似乎超出了新古典经济学的范畴。自私的功利最大化者不可能理性地做出没有回报的行为。[1] 然而，矛盾之处在于相当大比例的人口向慈善机构做出了可观的志愿捐款。例如，英国81%的成年人向慈善组织捐款，捐赠总额为53亿英镑。[2] 个人捐赠占英国慈善组织收入的近15%。在整个欧洲，这一数字平均在11%左右。[3] 缅甸（南亚）连续四年（2013—2017）位居CAF世界捐赠指数榜首，是世界上最慷慨的国家[4]，其次是印度尼西亚、肯尼亚、新西兰和美国。据估计，欧洲每年收到的捐赠超过870亿欧元。捐赠受益人因国家而异。例如，荷兰超过40%的捐款流向了宗教组织，英国约27%的捐款流向卫生组织，挪威37%的捐款流向国际慈善机构。[5]

  志愿服务的经济价值通常是通过将志愿劳动的机会成本计算出来予以衡量的。该方法的有效性关键取决于志愿者时间的机会成本是否等于志愿者的慈善生产价值。[6] 对国民收入的贡献：一旦一种经济价值被分配给志愿服务，通过评估其在国内生产总值中所占的份额，就可以确定志愿劳动的相对贡献。志愿者对国民产出的增加值：志愿者贡献劳动时间的生产率会影响志愿者对国民经济的贡献。各国在劳动生产率方面差异很大，因此可以合理地假设，在某个特定国家的志愿者可能代表了劳动力所显示的平均生产率。使用最常被引用的生产率指标（制造业中每个工人的增加

---

[1] Halfpenny, Peter, "Economic and sociological theories of individual charitable giving: complementary or contradictory?" *Voluntas: International Journal of Voluntary and Nonprofit Organizations*, Vol. 10, No. 3, 1999, pp. 197–215.

[2] Halfpenny, P., and Lowe, D., "Individual Giving and Volunteering in Britain, 7th Ed", Charities Aid Foundation, Tonbridge, Kent. 1994, pp. 98–99.

[3] Hems, L., and Passey, A, "The UK Voluntary Sector Statistical Almanac 1996", *National Council for Voluntary Organisations Publications*, London. 1996, p. 34.

[4] Lazar, Adela, and Adrian Hatos, "European Philanthropic Behavior Patterns: Charitable Giving, Non-Profit and Welfare Regimes in the European Union", *Transylvanian Review of Administrative Sciences* 15. SI, 2019, pp. 21–40.

[5] Hoolwerf, L. K., and T. N. M. Schuyt, *Giving in Europe: The state of research on giving in 20 European countries*, Lenthe Publishers, 2017, pp. 168–175.

[6] Roy, Kakoli, and Susanne Ziemek, *On the economics of volunteering*. No. 31. ZEF Discussion Papers on Development Policy, 2000, p. 3.

值),有关研究结果显示,法国(4.06%)、德国(4.22%)、英国(5.57%)和美国(5.78%)的志愿者贡献最为显著。① 约翰霍普金斯大学在1995年做了一个志愿服务组织比较项目。最初涉及22个国家,是世界各国对志愿服务概念化的第一次系统性尝试。根据这项研究,1995年,22个国家的志愿服务平均占国内生产总值(GDP)的4.6%。如果志愿服务被视为一个独立的国家经济,它将是世界上第八大经济体。②

志愿者服务通常是在周末或一天的工作结束后免费提供的,志愿者并将从他们的工作中获得乐趣,但这并不能成为忽视这样一个事实的理由:这些活动的最终产品通常是一项有价值的服务,这种服务通常在市场上有对应的产品,而且如果没有志愿者的话,这种服务可能不得不在市场上购买。此外,对接受者来说,志愿者的服务具有无可争议的价值,尽管他们所提供的服务可能主要是因为使执行服务的人感到满意。换句话说,认为无偿工作的接受者获得的满足感或效用,从定义上说是非生产性的(即对国民产出没有贡献),这本身就是一种矛盾。尽管志愿者工作与社会经济利益相关,但对其进行评估的实践是有限的,而且几乎没有取得科学进展。③ 然而,除了建立新的社会和财富指标,最大的挑战是将志愿工作纳入国民核算,因为正如前面提到的,就目前的情况而言,它在 GDP 中是无形的。④ 志愿者活动的估算价值可以被视为劳动报酬的一种补充。志愿服务人员自愿无偿提供特殊技能和劳动,志愿者劳动力中的很大一部分是劳动力的具体增加和延伸,目前是一个未统计的增加。⑤ 从各行业的收入和产品来源来看,大部分志愿服务活动都是服务业的补充,在某些领域如

---

① Roy, Kakoli, and Susanne Ziemek, *On the economics of volunteering*. No. 31. ZEF Discussion Papers on Development Policy, 2000, p. 6.

② Salamon, L. M., and S. W. Sokolowski, *Global Civil Society*: *Dimensions of the Nonprofit Sector*, Kumarian Press, 1999, pp. 3–93.

③ Sajardo, A., and I. Serra, "The Economic Value of Volunteer Work: Methodological Analysis and Application to Spain", *Nonprofit and Voluntary Sector Quarterly*, Vol. 39, No. 5, 2011, pp. 873–895.

④ Sajardo, A., and I. Serra. *The Economic Value of Volunteer Work: Methodological Analysis and Application to Spain*. Nonprofit and Voluntary Sector Quarterly 39. 5, 2011, pp. 873–895.

⑤ Wolozin, Harold, "The economic role and value of volunteer work in the United States: An exploratory study", *Journal of Voluntary Action Research*, Vol. 4, No. 1–2, 1975, pp. 23–42.

心理健康，志愿者提供一种独特的服务，这种服务的治疗价值在某种程度上取决于其自愿性和市场激励反应。每年，数以百万计的志愿者，为国家福利贡献了大量未统计的产品和服务。

（二）行动理论与志愿服务文化建设

行动理论作为认识与实践的统一哲学理论，是社会科学理论的重要研究分支。关于行动理论的最初道德哲学探讨，亚里士多德在《尼各马可伦理学》中指出："正是由于在具体情境中以这种或那种方式行动，有人变得节制而温和，有人变得放纵而愠怒。简言之，一个人的实现活动怎样，他的品质也就怎样。"① 何种行动的产生，以何种实践的生命的活动应对主客观世界，在很大程度上影响着生命个体的道德品质，也即"道德德性"。同时，作为道德主体的个人的行为是受个体道德意愿支配的，并对行动的实施具有直接推动作用。"行为是出于意愿的还是违反意愿的，只能就做出行为的那个时刻而言。因此，那个人的行为是出于意愿的，因为发动他的肢体去行动的那个始因是在他自身之中的，而其初因在人自身中的行为，做与不做就在于人自己。"② 而道德主体的意愿行为是道德意愿支配下的个体行动的集合体，即"出于意愿的行为就是行动的始因在了解行为的具体环境的当事者自身中的行为"③。因此，在亚里士多德这里，行动是行为的具体表达，个体行动的产生和行为的养成，直接受道德主体的道德意愿的影响。这种道德意愿是主体在追求生命实践意义过程之中所显现的对生命的善的理想化思维呈现。

以帕森斯为代表的社会行动理论研究认为，个人的社会行动是社会本体意义的实现途径，个人以一定的社会规则开展社会行动，与他人、社会集团等在一定目的驱使下，在一定的社会环境之中进行的，在规则的约束下的单个的社会活动共同构成社会行动系统。由个人、社会集团与社会文

---

① ［古希腊］亚里士多德：《尼各马可伦理学》，廖申白译，商务印书馆2003年版，第38页。
② ［古希腊］亚里士多德：《尼各马可伦理学》，廖申白译，商务印书馆2003年版，第62页。
③ ［古希腊］亚里士多德：《尼各马可伦理学》，廖申白译，商务印书馆2003年版，第67页。

化组成的社会行动系统同时具有能动的作用,帮助公共社会形成适合社会大众的社会规范和社会制度,从而维持整个社会的稳定发展。其中,社会文化对社会行动系统的影响更为深层,制度性的文化以道德文化、风俗习惯、宗教等约束着整个社会内部运行的秩序与制度。①

以奥尔森为代表的集体行动理论研究认为,一个集团如果不存在强制的和其他特殊手段使集团中的个体按照集团共同利益开展社会行动,单纯从个人理性与自我利益出发的独立个体,是不会产生行动来实现集团的共同利益。但集团共同利益并非不能通过个体的行动来实现,需要满足相应的条件,即个体能在实现集团共同利益的行动中获得更多的个人利益,个体能够独立地在共同利益中占有利益,以及个体参与集体利益行动所付出的成本最小化。这一理论的深层次含义指出个人利益到集体利益的转化是一个被动的理性选择过程,也即社会规则制度和利益激励是个人利益与集体利益统一的现实基础。②

以科尔曼为代表的理性行动理论研究认为,社会个体即基础行动者对于自身外部世界的行动,目的在于最大化满足自身的效益或利益,个体的社会行动主要与社会资源、社会事务的利益诉求相联系。同时,以工具理性为出发点的社会诸多个体之间的交往也是基于对共同社会资源与事物的利益和控制诉求。理性行动理论把人置于纯粹的"经济人"假设之中,以单纯的利益诉求为行动的起点和满足自身利益为行动的终点,人与人的社会关系处于孤立的利益追逐之中。③

当代中国志愿服务文化建设,就其志愿服务主体而言,是志愿者个体在参与社会实践过程中,对个体道德和公共价值的行动外化。就志愿服务文化建设而言,是多个社会实践个体的志愿服务行动的系统表达与行动背后所表现的行动价值,所共同呈现的个体及社会精神世界的丰满和对美好生活的稳定。因此,把握行动理论对当代中国志愿

---

① [美]塔尔科特·帕森斯:《社会行动的结构》,张明德、夏遇南、彭刚译,译林出版社2012年版,第48—97页、第825—853页。
② [美]曼瑟尔·奥尔森:《集体行动的逻辑》,陈郁、郭宇峰、李崇新译,格致出版社,上海三联书店,上海人民出版社2014年版,第7—63页。
③ [美]詹姆斯·科尔曼:《社会理论的基础》(上),邓方译,社会科学文献出版社1992年版,第27—126页。

服务文化建设的借鉴。

一是要重视志愿服务道德文化建设。志愿服务道德文化理解为维系志愿服务作为社会大众生活习惯的内在道德体验与社会公共道德的认同，即志愿服务行动的发出者是基于内在个体道德与社会公共道德的双重德性驱动下，开展的志愿服务社会道德实践活动。志愿服务道德文化建设应当是一个从个体到社会、从社会到个体的双向互动生成的过程，培育个体内在志愿服务道德品德，同时在全社会宣传志愿服务所体现的社会公德，号召社会公民自觉培育志愿服务美好德性，并在社会实践之中落实践行志愿服务道德文化。

二是要引导志愿服务工具理性向人文理性转变。转化工具理性既要消解理性行动理论的绝对化利益追求，也要脱离集体行动理论共同利益建构的条件驱动，要在志愿服务文化建设的过程中，注重人文精神的培育与公共精神的传承。志愿服务文化建设，理想化状态应该是在志愿精神的驱使下，社会公民自觉主动参与到社会志愿服务行动中去，在充满人文关怀的和谐社会建构之中，通过志愿服务行动，顺其自然取得经济社会发展的成果，实现经济社会物质现代化和精神现代化协同发展。

三是要使志愿服务文化建设回归人本质的复归与自由王国的实现。文化归根结底是涵育人的本质、培育人的心灵的介质，志愿服务是社会个体的综合实践活动，也是个体生命意义的实践体现。因此，志愿服务文化建设要注重志愿者和社会公民个体的身心发展与生活合理性利益的保障，规避社会个体利益挟持集体利益风险，使社会成员在"和平、发展、公平、正义、民主、自由的全人类共同价值"[①] 导引下，充分实现个体的社会本质，在自由意志之下幸福地开展志愿服务，使志愿服务成为社会行动和美好生活的新方式。

（三）社会资本理论与志愿服务文化建设

社会资本（Social Capital）是在 20 世纪 70 年代后期基于社会关系研究发展起来的，被用于政治学、社会学等学科领域阐释社会发展的理论，是社会科学研究的重要概念和分析工具。皮埃尔·布尔迪厄（Pierr Bour-

---

[①] 习近平：《在庆祝中国共产党成立 100 周年大会上的讲话》，《人民日报》2021 年 7 月 2 日。

dieu）在其《社会资本随笔》中提出，社会资本是在持久的社会关系网络中产生的、实际存在或虚拟存在的资源集合。① 之后，学术界以布尔迪厄对于"社会资本"的定义为基础，围绕不同研究角度对这一理论多视角的争议性术语展开研究，尽管表述各有不同，但其指向基本相同，即认为社会资本是一种与物质资本、人力资本相区别，存在于社会结构中的个人资源，它指的是诸如信任、规范和网络等形式，能够通过协调社会关系和推动社会行动来提高社会效率。②

随着研究的不断深入，社会资本理论表现出强大解释力得到越来越多研究者的青睐，学界普遍以布尔迪厄、科尔曼、费特南三位学者的分析框架为着眼点，探析其理论发展及其形成的主要思想。布尔迪厄率先将社会资本引入社会学语境对其展开初步分析。他认为，社会资源是精英阶层在网络中获取资源以维护自身地位的基础，与拥有制度化的社会网络有关。为此，布尔迪厄提出了"场域"概念，即一张由不同的社会要素连接而成的大网，个人在"场域"中获得资源从而实现自己的利益。布尔迪厄的社会资本理论观点具有鲜明的阶级属性，强调了精英群体的外部排他性。与布尔迪厄的关注对象不同，詹姆斯·科尔曼（James Coleman）认为，社会资本是一种社会共有的资源，行动者可以利用社会资源实现自己的目标，这一理论阐述直接将社会资本从个人层面上升到集体层面。此外，科尔曼认为，社会资本的内涵源自其功能，社会资本一方面是由构成社会结构的各要素组成，另一方面也为结构内的个人行动提供便利。③ 科尔曼强调社会资本的功能属性，即某些实践活动需通过社会资本得以实现，他的研究视角为后续研究者提供了一个重要的解释范式。罗伯特·费特南（Robert Putnam）继承和完善了前人的研究成果，扩大社会资本研究范围，提出从国家角度考察社会资本。④ 他认为，社会资本是一种公民

---

① ［法］皮埃尔·布尔迪厄：《文化资本与社会炼金术：布尔迪厄访谈录》，包亚明译，上海人民出版社 1997 年版，第 13 页。
② 魏娜：《志愿服务概论》，中国人民大学出版社 2018 年版，第 41 页。
③ ［美］詹姆斯·科尔曼：《社会理论的基础》，邓方译，社会科学文献出版社 1999 年版，第 42 页。
④ Robert. D. Putnam, "Bowling alone: America's declining social capital", *Current Genetics*, 1995, pp. 3 – 7.

参与不同共同体的"公民精神"①，群体在拥有共同历史文化渊源和生活习俗的社会关系网络中，通过惩罚破坏社会信任的人或行为，加强社会关系网络。他还强调信任、规范以及网络的重要性，认为群体在拥有共同历史渊源的网络中衍生出牢固准则，通过合作促进社会信任的产生，这种稳定的、熟悉的网络有利于协调社会关系、约束公民行为，也有利于提高社会效率和道德水平。② 总体而言，费特南通过三个维度阐释"社会资本"：信任维度是以共同目的协作为基础，搭建在各社区组织之间的关系；规范维度是建立在共同信念以及共同受益基础上，搭建在各社区内部组织间的关系；网络维度是最高级别社会资本，体现为社区内部和外部之间的协商与合作关系。

综观上述研究可知，社会资本实现了从"个人"到"社会"的理论体系的转变，研究视角也从其对象、功能等多个方面进行阐释。布尔迪厄面对社会强弱关系的对比，首次提出社会资本这一概念，强调场域对精英阶层社会资本获取的影响；科尔曼则将社会资本从特殊性向普遍性转化，强调其在网络中的功能性；帕特南将社会资本看作社会关系网络内，形成"信任—规范—网络"三层次。三种社会资本理论它们的概念内涵，以及适用的领域虽各不相同，但它们的逻辑性内涵却是一致的：其外在表现为社会网络的沟通和互动，实质是社会资本均需建立在信任与互惠行为基础上。

社会资本理论的价值准则与志愿服务价值准则同向，其内涵与志愿服务文化的精神内核具有高度同质性。以网络、信任、社会承诺为核心的社会资本与志愿服务文化建设之间的逻辑关联性表现为：首先，信任是交流和合作的前提，志愿服务文化建设只有建立在信任基础上才能有效开展帮扶活动；其次，规范是有序进行志愿服务文化建设的保障；最后，志愿者借助社会网络，凝聚力量汇聚合力，从而获得更多收益。基于费特南对社会资本理解的三个层次，结合志愿服务文化建设的实际，构建基于"规

---

① ［美］罗伯特·费特南：《使民主运转起来》，王列、赖海榕译，江西人民出版社2001年版，第195页。
② ［美］罗伯特·费特南：《使民主运转起来》，王列、赖海榕译，江西人民出版社2001年版，第66页。

范—信任—网络"三个维度的分析框架，探讨社会资本对于志愿服务文化建设的影响与作用。

费特南社会资本理解的三个层次对志愿服务文化建设产生重要影响。从信任层面来看，社会资本与志愿服务文化一定程度上都体现出社会主义核心价值观的价值导向，强调道德因素、集体主义等共同因子。社会资本的增加可以提高群众对志愿服务的认同度，从而增强个体社交意愿，推动社会和谐发展；社会资本的规范是对制度或政策的遵行与利用，通过资源整合、科学规范，建立完善的志愿服务选拔、管理制度；个体的实践是嵌入社会结构之中的、相互联系的、相互影响的存在。从社会资本的网络视角出发，将志愿服务组织作为一张纵横交错的网络，志愿者就是网络中的个体，个体之间的沟通与交往构成了这张网络的各个要素，个体由此获取资源并因此产生更多价值；网络侧重考察志愿者参与志愿服务时对于各种关系的处理。"不同的网络关系将提供不同类型的社会支持。因此，一个人为了保证生活需要的大量的社会支持，就必须与多种多样的人保持社会关系。"[①] 志愿者参加志愿服务活动，从而扩大志愿者社会关系网，提升服务效率以及提高社会支持度，最终实现集体内部的互利互惠。

（四）积极公民教育理论与志愿服务文化建设

20世纪90年代以来，欧美等西方发达国家出现了公民社会责任感缺失，公共与个人利益失衡，对公共事务的参与热情降低等社会问题，这些负面社会状况成了导致民主与发展不稳定的重要因素，各国的公民教育理念开始发生相对转型，由传统的自由主义"消极公民教育观"向新共和主义"积极公民教育观"转变，并把在国家范围内实施积极公民教育作为主要政策追求。

"公民教育作为西方外来词汇，是国外思想政治教育（主要指西方资本主义国家）最常见的术语，它与我国思想政治教育的内涵最为接近。"[②] 也就是说，西方的公民教育相当于我国的思想政治教育，二者都强调对受教育者进行思想品德教育。但相对于我国的思想政治教育而言，西方的公

---

① 贺寨平：《国外社会支持网研究综述》，《国外社会科学》2001年第1期。
② 陈立思：《比较思想政治教育》，中国人民大学出版社2018年版，第77页。

民教育除了注重培养公民美德，更注重从政治维度实践公民教育，使受教育者通过对政治问题的讨论，在均衡多样利益与价值冲突等过程中培养公民的政治素质，使其具备政治参与技能。

公民作为一个政治概念最早出现于古希腊城邦。城邦的重要特点是小国寡民，公民高度参与政治生活，通过"公民大会"表决城邦公共事务，这时公民没有个人利益，只有共同利益。公民讲求对城邦负责，为公共谋福祉，因此这一时期的公民称为古典共和主义下的"积极公民"。关于积极公民的提法，有学者曾概括了其几个主要特征，在自由的理解方面，积极公民认为在私人生活领域保证本身自由不受干涉的情况下，在公共生活领域积极地去做促进社会和谐进步的公共事务；在权利与责任方面，积极公民平衡权利与责任的关系，突破了只注重以个人为中心，维护自身利益的思维局限；在个体与社会、国家的关系而言，积极公民认为个体并不是"原子化个体"的存在，在与他者以及共同体的关系上是共生共融的。公民是有积极公民和消极公民之分的，以赛亚·伯林在两种"自由"概念基础上提出了"积极公民"和"消极公民"的理念。西方主要资本主义国家在战后获得了丰富的发展资本，随着近代商品经济的发展，公民维护个人权力和利益的意识被唤醒，这催生了近代以来自由主义下的公民理念。该理念下的公民功利主义倾向明显，只强调对个体利益的维护，主张国家无权干涉他们自由，只要在法律范围内行使个人任何权利都被允许的，只需要承担如纳税、投票等义务。相比于共和主义的公民积极承担公共事务，参与政治生活，自由主义下的公民只能被动地承担法律规定的责任和义务，从这一意义层面被称为消极公民。这种公民观念适应了资本主义市场经济，并逐渐在资本主义社会一时期内的公民理念中占据了主导地位。

从古典共和主义到自由主义，公民理念发生了一次转变，这是社会变革在思想领域出现的必然结果，是一次历史的进步，但也暗含了导致民主不稳定与影响社会和谐的潜在危机。"消极公民"理念下，公民过度关注个体的权利和利益，使得个人主义盛行，公共利益和个人利益失衡，公民出现责任感缺失，公共自我与私人自我分离，对公共生活和政治生活参与积极性下降，每个人都成为"原子式的个体"的存在，公民唯私综合症的出现是公共人衰落时代的重要特征，得益于自由主义公民的定义①。公民需要怎样的教育，是时代发展提出的要求。20世纪90年代以来，为了消除消极公民理念的负面影响，共和主义回归现象随之出现，形成了新共和主义，较以往的古典共和主义时期的"积极公民"有了新的进步，即在关注自身利益的同时倡导公民参与公共生活，还原共和主义的社会性和政治性属性，实现公民教育理念由侧重权利轻视责任的消极公民教育观转向权利跟责任均衡、兼顾社会跟个人的积极公民教育。

西方发达国家倡导志愿精神，体现为公众主动参与公共服务生活，构成了美国等国家的重要历史跟文化传统。志愿服务文化建设与积极公民教育的关系是相互交融，相互促进，共同发展。

志愿服务文化建设推动积极公民的培育。2004年，大卫·布伦基特（David Blunkett）和戈登·布朗（Gordon Brown）成立了罗素委员会（Russell Commission），提供一个全国性的框架来鼓励年轻人做志愿者。随后的报告指出，"年轻人应该很自然地成为志愿者"，并经常使用"积极的公民"和"公民参与"等术语。② 自西方国家开始重视积极公民教育以来，创新了多种培养公民主动参与公共生活的方式，其中一个最重要的途径是动员公民参与志愿服务活动。一方面，志愿服务有利于积极公民意识的形成。公民意识主要表现为主动参与社会公共生活，自觉维护他人和集体的利益，并注重培养个体对国家和社会的责任感。在志愿服务实践过程中，项目活动的实施培养了积极公民成为社会进步的重要推动力量。在通过使边缘化的社会群体融入社区来促进社会凝聚力时，经常包括志愿服务和积极的公民意识的概念：即创造归属感和加强社会关系和共同价值。③ 另一方面，在志愿服务实践中培养公民的技能。积极公民不仅要培养公民意识，还必须有能力促进社会正义变革。在欧洲，志愿服务的两个方面尤为重要。一方面，志愿服务被认为是促进终身学习的一种可能性；

---

① 冯建军：《基于积极公民培养的参与式公民教育》，《中国教育学刊》2016年第2期。
② Holmes, Kirsten. *Volunteering*, "Citizenship and social capital: A review of UK government policy", *Journal of policy research in tourism*, Vol. 1, No. 3, 2009, pp. 265 – 269.
③ Boje, Thomas P., "Commentary: Participatory Democracy, Active Citizenship, and Civic Organizations—Conditions for Volunteering and Activism", *Journal of Civil Society*, Vol. 6, No. 2, 2010, pp. 189 – 192.

另一方面，公民参与志愿服务被认为是促进培养积极公民的一个重要贡献。欧洲理事会在宣布2011年为促进积极公民身份的欧洲志愿活动年的理由中也列出了这些方面。[①] 公民只有具备一定的技能，才能更好地参与社会生活和政治生活。志愿服务过程中开展的系列活动为公民技能的形成提供了多种途径，同时也为其公民技能的形成创造了条件。

积极公民教育保障志愿服务文化建设。志愿服务的根本意义在于公民积极主动并且不计报酬地参与公共服务彰显出的公共精神和公民意识，在积极公民教育的培养下，这种公共精神成为推动志愿文化建设的内在动力。美国的政治文化鼓励人们参与：美国人积极参加志愿组织，参与政治讨论，参与政治事务。将公民身份定义为一套人们认为作为好公民应该做什么的准则。积极公民教育的培养涉及两个维度。第一个维度，公民义务，主要涉及社会秩序规范。其中"参与式公民身份"涵盖了几个通常被描述为自由或交换公民规范的元素，它包括积极参加民间社会团体和一般政治活动。另一个维度包含政治自治的规范：一个人应该独立于他人形成意见。参与其中的公民愿意按照自己的原则行事，在政治上保持独立，并满足社会需求。以责任为基础的公民身份被一系列政治分析人士誉为"最伟大的一代"价值观的典范。[②] 积极公民必须是具有政治素质的人，只有这样才能理解政治概念，更好地理解某种背景下的政治，用宏大视野把握志愿服务的方向。以社会责任和社会正义等强烈的价值观为基础的同理心可以克服成见和对外部群体的指责，这正是社区服务跟志愿活动所需要的。[③] 积极公民教育理论作为理论知识，支持公民参与志愿服务，丰富发展了志愿服务文化建设。

---

① Angermann, Annette, and Birgit Sittermann, *Volunteering in the European Union-An Overview*. Observatory for Sociopolitical Developments in Europe 2, 2010, p. 18.

② Dalton, Russell J., "Citizenship norms and the expansion of political participation", *Political studies*, Vol. 56, No. 1, 2008, pp. 76 – 98.

③ Segal, Elizabeth A., "Social empathy: A model built on empathy, contextual understanding, and social responsibility that promotes social justice", *Journal of social service research*, Vol. 37, No. 3, 2011, pp. 266 – 277.

第 五 章

当代中国志愿服务文化建设的历史考察

历史忠实地记录下每一个国家走过的足迹，也给每一个国家未来的发展提供启示。当代中国志愿服务文化建设的研究同样也需要我们全面梳理中国共产党在各个时期，特别是新中国成立以来引领志愿服务文化建设的发展历程，总结志愿服务文化建设经验，以此助力新时代中国志愿服务事业更高质量的发展。

一 当代中国志愿服务文化建设的历史演变

新中国成立以来，我国志愿服务文化开始逐步发展，总体来看主要经历了青年志愿垦荒队、学雷锋活动等志愿服务文化发展的初步萌芽期，志愿服务观念转型与志愿服务兴起的自发探索期，由共青团中央等自上而下发起的志愿服务文化组织推动期，志愿服务自下而上的多元发展全面参与期等四个主要的历史发展阶段。七十多年来，我国志愿服务文化建设取得了突飞猛进的发展，志愿服务文化建设作为精神文明建设载体、提升公共服务途径、创新社会管理方式、引领社会道德风尚等方面均有长足发展。

（一）初步萌芽期（1949—1977）

1949年新中国成立后，百废待兴，"奉献精神"成为当时的主流价值，这种战后重建的"奉献服务精神"是志愿服务精神的生动体现，也为中国的志愿服务萌芽发展做了积淀。

1. 青年志愿垦荒队

1955年,由北京共青团带头发起的青年志愿垦荒队开始到我国西部边远落后地区开荒种田,这是我国有组织地开展志愿服务活动的最早记录,也是当代青年志愿活动的萌芽[1]。作为第一支奔赴"北大荒"的志愿队选拔条件的标准便是"爱国、责任、奉献"的精神,60人"北京青年志愿垦荒队"要符合两个标准:第一,在家人支持、本人自愿的前提下不提任何个人要求。第二个,手起家,不需要国家资助。此后,青年志愿垦荒队在全国16个省市迅速推广,垦荒队伍发展到20万人之多。青年志愿垦荒队员积极响应祖国的号召,从生活条件相对优越的城市志愿来到边远落后的农村开荒种田,为国家解决粮食问题和城市就业问题等做出了重要的历史贡献。在青年团的组织和领导下,青年志愿垦荒队员继承革命前辈的优良传统和优良作风,他们扎根农村奉献青春,艰苦创业,不仅在发展经济方面取得了突出的成绩,把昔日的荒山野岭建设成了繁荣富裕的"共青城",而且在精神上也给后人留下了宝贵的财富。青年志愿垦荒活动开创了中国青年志愿者活动和大学生志愿服务西部活动的先河,对于当前研究志愿服务文化建设有着重要的历史意义。

青年志愿垦荒队活动和新中国第一代年轻人对社会主义和共产主义理想的热切追求有着密切的联系,与新中国成立后党团组织长期开展的爱国主义教育、社会主义理想教育、共产主义道德教育密切相关[2]。青年志愿垦荒队在人员构成上以未能升学的知识青年为主体,组织形式以独立组织建立青垦农场和分配到军垦农场进行农业劳动两种为主,他们扎根边远落后地区开展农业生产,不畏艰难、艰苦奋斗、克己奉公、无私奉献,塑造了"坚韧不拔,艰苦创业"的垦荒精神。

垦荒精神是革命前辈光荣传统和优良作风在新中国成立初期的延伸和发展,是一代热血青年创造并留给我们的一份宝贵精神财富。青年志愿垦荒队员用实际行动为国分忧的爱国主义精神,用青春和智慧报效祖国的情怀,是我国志愿服务健康快速发展的力量源泉。2016年,习近平总书记

---

[1] 魏娜:《我国志愿服务发展:成就、问题与展望》,《中国行政管理》2013年第7期。
[2] 闵小益:《二十世纪五十年代上海青年志愿垦荒队及其活动述略》,《上海青年管理干部学院学报》2006年第1期。

给大陈岛老垦荒队员的后代、当地 12 名小学生回信中指出："60 年前，你们的爷爷奶奶远离家乡，登上大陈岛垦荒创业，用青春和汗水培育了艰苦创业、奋发图强、无私奉献、开拓创新的垦荒精神。正如你们所说，他们是最可敬的人。"① 青年志愿垦荒队是社会主义建设起步时期的一大创举，广大青年通过志愿服务的方式扎根边疆、投身建设，成为"光荣的第一队"，体现了志愿服务文化永远是时代精神和历史使命的凝结，体现了无私奉献的志愿精神和爱国主义情怀②。作为当时志愿服务文化的时代面貌，一切有理想、有抱负、有出息的中国青年，都应该从他们的奋斗历程中悟出一个不朽的真理：中国青年的光明前途要靠自己用双手去开辟，中国人民的光明前途要靠自己用双手去奋斗。

2. 向雷锋同志学习

雷锋，原名雷正兴，中国人民解放军某部运输连战士、班长。1962年8月15日，雷锋在辽宁抚顺市望花区不幸因公殉职。1963年3月5日《人民日报》《解放军报》《光明日报》《中国青年报》等多家重要报纸刊登了毛泽东题词"向雷锋同志学习"之后，"雷锋"这个名字家喻户晓，全国范围的学雷锋活动轰轰烈烈地开展起来。雷锋，一个年仅22岁的普通解放军战士，他用短暂的一生谱写了无比壮烈的人生诗篇，创造了巨大的精神价值。毛泽东题词发表的3月5日被定为学习雷锋纪念日，2000年，共青团中央、中国青年志愿者协会共同决定把每年的3月5日作为"中国青年志愿者服务日"，足见"雷锋精神"对于中国志愿服务事业发展中举足轻重的地位。

雷锋同志的事迹随着广播、报纸的广泛宣传走进千家万户，深入人心，雷锋成为广大民众争相效仿的榜样。雷锋事迹、雷锋故事、雷锋言行、雷锋式的人物随着学雷锋活动的开展不断被建构和重塑。雷锋成为20世纪60年代青年学习的楷模和榜样，全国各地开展了多种形式的无私奉献、助人为乐的活动，雷锋精神深入人心，雷锋成为一座令人敬仰的思想道德丰碑。雷锋精神集中体现出为人民服务、助人为乐的奉献精神、干

---

① 《习近平总书记给大陈岛老垦荒队员的后代、浙江省台州市椒江区 12 名小学生的回信》，《人民日报》2019 年 8 月 9 日。

② 魏娜：《志愿服务概论》，中国人民大学出版社 2018 年版，第 119 页。

一行爱一行、干一行专一行的敬业精神、锐意进取、自强不息的创新精神以及艰苦奋斗、勤俭节约的创业精神，契合了社会发展的需要，服务于国家政治要求，符合了国家意识形态教育的需要，一批又一批的雷锋式人物不断涌现。

雷锋精神是社会主义革命和建设时期重要的精神财富，是第一批纳入中国共产党人精神谱系的伟大精神。自毛泽东亲笔题词"向雷锋同志学习"至今，雷锋精神已经鼓舞中国人民走过了半个多世纪的历史征程，雷锋精神已然超越特定历史境遇，生发出多面向、多层次的内涵和意旨。雷锋在社会主义革命时期是政治——道德的典型，而在改革开放时期（以党的十一届三中全会为界）则淡化了政治意义，成了更具普遍意义的抽象道德符号。① 就国家层面而言，雷锋精神凝聚着中华民族的传统美德，蕴含着党性的智慧，体现着党和人民永恒的价值共识，是中国特色社会主义文化的有机组成部分；从个人层面来讲，雷锋精神闪烁着个人品德修养的光辉，集中体现为爱岗敬业、无私奉献、严于律己、乐于助人等优秀品质。雷锋精神的永恒源于它是历史性和超越性的有机结合，一方面，雷锋精神作为社会意识，是社会存在的反映，展现着真实的社会生活和历史变革的脉络；另一方面，雷锋精神又具有超越社会历史境遇的穿透力，引领、整合和规约着青年的思想场域，其中显现出利他主义的哲学追求和奉献社会的集体主义情怀，是社会精神文明发展到一定阶段才会出现的产物。雷锋精神的文化建构一直在唯物史观的视野下不断演进，至今仍然葆有强大的生命力，为解决社会发展过程中涌现的现代性问题提供智慧②。

半个多世纪以来，"雷锋"已从一个人的名字转化为一种精神的象征、一种文化符号，雷锋精神的道德价值和社会影响远远超越了他所产生的时代。时代造就了雷锋精神，雷锋精神引领了一个时代。③ 2018 年 9 月 28 日，习近平总书记在辽宁省抚顺市向雷锋墓敬献花篮并参观雷锋纪念

---

① 陶东风、吕鹤颖：《雷锋：社会主义伦理符号的塑造及其变迁》，《学术月刊》2010 年第 12 期。
② 朱婧薇：《雷锋精神的文化建构与当代传承》，《中国青年研究》2021 年第 10 期。
③ 田鹏颖：《雷锋精神展示中华优秀文化的永恒魅力》，《思想教育研究》2012 年第 2 期。

馆时指出："雷锋是时代的楷模，雷锋精神是永恒的。实现中华民族伟大复兴，需要更多时代楷模。我们既要学习雷锋的精神，也要学习雷锋的做法，把崇高理想信念和道德品质追求转化为具体行动，体现在平凡的工作生活中，做出自己应有的贡献，把雷锋精神代代传承下去。"[1] 学雷锋活动和青年志愿者行动的联合开展，加强了雷锋精神与公共生活的联系，而雷锋精神的发展与传承也正在从理念普遍地转化为一种社会实践。

　　雷锋精神与"奉献、友爱、互助、进步"的志愿精神在本质上是高度一致的，外在表现上也有巨大的相似之处，都是为推动人类发展和社会进步自觉自愿地为他人提供帮助和服务，因而学雷锋活动虽无"志愿服务"之名，却成为我国志愿服务的前身或萌芽阶段最为外显的表现形式。志愿精神以雷锋精神为精神内核，是对雷锋精神的传承与拓展。学雷锋活动与志愿服务活动在理念、价值取向上也具有一致性，两者的结合既有利于学雷锋活动始终保持生命力，又有利于志愿服务在中国的持续发展。[2] 雷锋形象的塑造代表了国家层面对个人道德修养建构的理想范本，雷锋精神作为内嵌于现代社会发展的力量，发挥着不可或缺的文化价值，是志愿服务文化建设的不竭精神动力。雷锋已经成为我国志愿者形象的代言人，很多志愿服务组织和团队以雷锋命名。可以说，没有雷锋精神在新中国成立以来半个多世纪的历史积淀，就没有我国现代志愿服务文化的迅速发展[3]。新时代中国志愿服务文化继承了雷锋精神的内核和精髓，以雷锋精神为主体的时代文化成为新时代中国志愿服务文化的主体，[4] 雷锋精神成为当今中国志愿服务文化的重要源泉之一[5]。

---

[1]　彭怀祖、吴东照：《重读〈雷锋日记〉——以先进典型研究为视角》，人民出版社 2021 年版，第 106 页。

[2]　陶倩等：《新时代中国特色志愿服务发展研究》，社会科学文献出版社 2018 年版，第 148 页。

[3]　张红霞：《文化多样化背景下大学生志愿服务育人功能研究》，中国社会科学出版社 2020 年版，第 81 页。

[4]　任志勇、王丽新：《关于培育新时代中国志愿服务文化的思考》，《学校党建与思想教育》2018 年第 8 期。

[5]　谭建光：《中国特色的志愿服务理论体系分析》，《青年探索》2015 年第 1 期。

（二）自发探索期（1978—1993）

党的十一届三中全会以后，党和国家的工作重心开始逐渐转移到社会主义现代化建设上来，实现了新中国成立以来党的历史的全局性的、根本性的伟大转折，实现了从"以阶级斗争为纲"到以经济建设为中心、从封闭半封闭到改革开放、从计划经济到市场经济的深刻转变，社会主义中国以面向现代化、面向世界、面向未来的崭新面貌巍然屹立于世界东方。

党的十一届三中全会重新确立了解放思想、实事求是的思想路线，冲破了长期禁锢人们思想的许多旧观念，摆脱了许多思想上的枷锁和禁锢，振奋起伟大的革新创造精神、开拓进取精神、实干兴邦精神，激发出中国人民空前的积极性、主动性、创造性。同时，中国志愿服务文化在改革开放后进入自发探索的发展阶段，实现了现代志愿服务观念的转型，志愿服务开始逐渐兴起。学雷锋活动作为志愿服务的主要载体在这个时期得以延续，有关部门和单位每年定期依旧开展"学雷锋，做好事"活动，但雷锋精神的时代化建构尚未完成之前，学雷锋活动存在着政治性、运动化、短期化的问题。

随着改革开放的不断深化，国外志愿服务文化的传入为我国志愿服务文化的发展提供了有益的借鉴。这一时期出现的志愿服务以自发为主，结合有组织的活动交叉存在，多以"义务服务"方式存在，主要表现为两种形式：一是以学雷锋做好事活动形式涌现于各行各业之中，二是以邻里互助活动出现在社区居民之中。1971年，中国恢复了联合国的合法席位，中国政府积极参与和配合联合国志愿人员组织的全球性活动。志愿服务成为中国社会领域对外开放和国际交往的重要窗口之一。1979年第一批联合国志愿者15人来到中国的偏远地区从事环境、卫生、计算机和语言领域的志愿服务。1981年，联合国志愿人员组织与我国开展合作，互派志愿者开展志愿者海外服务计划，标志着我国的志愿服务事业与国际志愿服务接轨并开始融入国际社会整体发展[1]。在联合国志愿服务组织的影响下，1983年由北京大栅栏街道成立的学雷锋"综合包户"服务队成为开展志愿服务常态化的典范和标杆。较早受到志愿服务文化影响的广东省青

---

[1] 魏娜：《志愿服务概论》，中国人民大学出版社2018年版，第121页。

年志愿者,借鉴和参考港澳地区具有现代志愿服务性质的"义工"模式探索为社会提供服务的新方式。1987年,广州市十多名"学雷锋,做好事"的志愿者在团市委和市教育局的支持下,开通了全国第一条志愿者服务热线电话——"中学生心声热线",我国现代志愿服务发展的序幕正式拉开。20世纪80年代中期,民政部号召推进社区志愿服务,天津市和平区是全国较早开展社区服务的地区之一。1989年3月18日,天津市和平区13名居民成立了全国第一个社区服务志愿者协会。1990年6月,我国第一个义务工作团体——深圳市青少年义务社会工作者联合会正式成立。1993年,北京大学生自发成立了全国第一个志愿服务社团"爱心社"①。

我国的志愿服务在这个时期基本由部分省市不同类型的志愿者自发成立组建的志愿服务组织构成。这些志愿服务组织基本是出于"助人为乐,奉献爱心"的心理驱动,为缓解和解决改革开放后出现的一系列社会问题、道德问题、民生问题而产生,在市场经济的大潮中点燃了我国志愿服务的星星之火。这些志愿服务组织基本上就社会生活的某一个方面提供志愿服务,服务面窄,发展比较缓慢,社会影响力有限。同时受到社会环境和不良社会风气的影响,或多或少存在着形式化、短期化的问题,但在我国现代志愿服务的发展历程上,早期志愿服务组织为志愿服务的发展探索了道路、积累了经验,指明了方向,是家国情怀、担当精神和开创精神的典范。

(三) 组织推动期(1994—2007)

伴随着社会主义市场经济体制的逐步发展和完善,我国志愿服务在经济全球化和文化多样化的社会背景下发展壮大起来,在这个时期一些重要的政府机构和党团组织的加入和推动对于我国志愿服务的发展尤为重要,全国各个系统的志愿服务组织陆续建立起来,为志愿服务的发展提供了极为重要的组织保障。我国志愿服务的发展在政府组织的协调和推动下开启了全面快速发展的时期,志愿服务文化和志愿服务的理念从"星星之火"

---

① 张红霞:《文化多样化背景下大学生志愿服务育人功能研究》,中国社会科学出版社2020年版,第82页。

渐成"燎原"之势,进入了全面普及阶段。志愿服务组织的大量出现一方面是改革开放过程中国际交流和交往的客观结果,另一方面也是在中华文明和中国精神的沃土绽放出的新蕊。

为了推动我国志愿服务的发展,1994年12月5日共青团中央成立了中国青年志愿者协会,这是我国最早致力于促进志愿服务事业发展的全国性社会团体,是中国志愿服务发展的重要里程碑。"奉献、友爱、互助、进步"的志愿精神成为志愿服务组织的行动指南和宗旨,成了中国志愿服务文化的精神内核。1994年2月24日,共青团中央向全社会发布了中国青年志愿者标志,通称"心手标",作为中国青年志愿者的统一标志。多年来,"心手标"广泛应用于大型赛会、扶贫支教、应急救援、海外服务等志愿服务场景,成为最受志愿者欢迎、传播最为广泛、最具影响力和标志性的中国志愿服务文化符号之一。实际上早在1993年12月,2万余名铁路青年已经率先打起了"青年志愿者"的旗帜,在京广铁路沿线开展为旅客送温暖志愿服务,中国青年志愿者行动自此全面开展。1998年,团中央青年志愿者行动指导中心正式成立,负责规划、协调和指导全国青年志愿者工作。2000年3月,共青团中央、中国青年志愿者协会决定把每年的3月5日作为"中国青年志愿者服务日"。中国青年志愿者协会创建了全国性组织、使用统一的活动标识、共同遵循着志愿精神,紧紧围绕党和国家工作大局,高举中国青年志愿者旗帜,组织动员广大青年志愿者在奉献青春、服务人民的志愿服务实践中锻炼成长,丰富了当代中国青年运动的时代主题,弘扬了"奉献、友爱、互助、进步"的志愿精神,推动了我国志愿服务事业的发展,在引导广大青年奋力实现中国梦的进程中发挥着重要作用。中国青年志愿者协会是我国建立起来的第一个具有现代志愿服务理念的全国性志愿服务组织,也是我国志愿服务活动开展项目最为全面、影响最为深远的志愿服务机构[①]。在中国青年志愿者协会的带动和影响下,志愿服务科学化、规范化不断彰显,这是我国志愿服务文化建设迈出极为重要的一步。

这一时期,一些重要的全国性志愿服务组织相继成立,红十字志愿服务工作委员会、无偿献血志愿者协会等许多行业性志愿者协会建立后开展

---

① 丁帅:《大学生志愿服务中价值观培育研究》,经济日报出版社2020年版,第60页。

了各种类型的志愿服务活动。地方性的志愿服务组织也在这一时期开始成立，1993年12月5日，北京志愿者协会正式成立，成为全国首个省级志愿服务组织。同时各种民间志愿服务组织也纷纷成立，1994年第一个民间环保志愿服务组织——"自然之友"成立，民间志愿服务组织积极动员志愿者参与社会公益事业，在奉献爱心、扶老助残等方面同样也发挥着重要的作用，成为组织推动外相对独立发展的一支重要的志愿服务队伍，是我国志愿服务事业的重要组成部分。1999年，广东省颁布了第一部志愿服务的地方性法规——《广东省青年志愿服务条例》，标志着志愿服务法制化进程的开启。2000年，时任共青团中央书记处书记、全国青联副主席的胡春华同志在中国青年志愿者协会第二次全国代表大会上的工作报告中指出，20世纪90年代，我国各级各类志愿服务组织迅速建立起来，初步形成了由全国协会、省级协会、地市级协会组成的青年志愿者组织协议和管理体系[①]。为满足志愿服务发展和管理的客观需要，全国总工会、全国妇联、全国文联和文化部等也纷纷建立相应的志愿服务管理机构。

20世纪90年代中期至21世纪伊始，我国志愿服务主要是由共青团中央等政府机构自上而下地有效推动。2001年是联合国确定的"国际志愿者年"，由中国2001志愿者年委员会、联合国开发计划署和联合国志愿人员组织共同举办的志愿服务会议等一系列庆祝活动，共有来自29个国家和地区的政府部门、志愿服务组织、青年团体、研究机构及国际组织围绕志愿服务认知、支持和发展等问题进行了深入的交流，并发布《2001国际志愿者年北京宣言》。"国际志愿者年"系列活动在社会上营造了参与志愿服务的文化氛围，也进一步扩大了志愿精神和志愿文化的影响力和感召性。2002年3月，共青团中央与中国青年志愿者协会联合发布了《中国青年志愿者注册管理办法（试行）》，在全国范围内推行志愿者注册制度。同年，中国青年志愿者海外服务计划启动，我国志愿者首次走出国门为周边国家开展志愿服务。

2003年6月，共青团中央、教育部、财政部、人力资源和社会保障部共同启动实施"大学生志愿服务西部计划"，选派高校毕业生赴西部基

[①] 张红霞：《文化多样化背景下大学生志愿服务育人功能研究》，中国社会科学出版社2020年版，第84页。

层地区开展教育、卫生、农技、扶贫等方面的志愿服务,志愿服务活动为国家社会服务、立德树人作用开始日益凸显出来。2004年10月,中共中央、国务院在《关于进一步加强和改进大学生思想政治教育的意见》中明确指出,志愿服务是大学生思想政治教育的有效途径和重要载体,并要求大学生要积极组织和参加志愿服务类社会实践等活动。中共中央、国务院对志愿服务活动的积极认可和推进使得我国志愿服务的体系化、制度化、常态化建设进一步加强,志愿服务活动深入开展,服务领域和范围不断延伸,社会参与面不断扩大。2006年,中共中央审议通过的《关于构建社会主义和谐社会若干重大问题的决定》,充分肯定了志愿服务文化建设是和谐文化的重要组成部分,并进一步倡导"以相互关爱、服务社会为主题,深入开展城乡社会志愿服务活动,建立与政府服务、市场服务相衔接的社会志愿服务体系"[①]。

各级各类志愿服务组织的大量创建是志愿服务文化在中国扎根的重要基础,而志愿服务组织开展的活动又进一步宣传和普及了志愿服务精神和志愿服务理念。在各级党委政府机关和群团组织的推动下,我国志愿服务进入了一个全新的历史时期,志愿服务文化越来越被社会成员认可。志愿服务活动基本涵盖了全部社会基层和社会生活的各个方面,全方位、立体化的组织构建和服务内容为此后志愿服务文化的建设和发展提供了良好的组织保障和活动载体。在党和国家的推动下,我国志愿服务事业迅速发展,结合传统慈善思想和对雷锋精神的时代性建构,并在国际化交流过程中融合了国际化和民族性的时代特色,开始体现出我国志愿服务文化的独特之处。

(四) 全面参与期 (2008年以后)

2008年以后,我国志愿服务呈现出鲜明的自下而上的多元化发展特征,志愿服务参与率有了大幅度的提高,越来越多的人开始投身到志愿服务中来,志愿服务进入全面参与阶段,志愿服务文化建设作为精神文明建设载体、提升公共服务途径、创新社会管理方式、引领社会道德风尚等方

[①] 《中国共产党第十六届中央委员会第六次全体会议文件汇编》,人民出版社2006年版,第24—25页。

面的作用日益显现。截至目前，这一个时期志愿服务文化建设可以大致分成三个阶段：

1. 全面提升阶段（2008—2011）

2008 年，是中国志愿服务发展历史上极为重要的一年。汶川地震和北京奥运会的成功举办极大地促进了志愿服务事业的发展，媒体甚至把 2008 年称为"中国志愿服务元年"。两件大事，很多志愿者自发参与志愿服务。这表明我国志愿服务体系的快速发展，已经能够吸引和容纳更多志愿者随时随地参与到志愿服务活动中来，也表明自觉自愿为社会、为他人提供志愿服务的志愿精神和理念已经获得大众的认同和认可，由志愿精神的认知、认可转向为外化的志愿行动。这是我国志愿服务事业发展历史上的一次质的飞跃，志愿服务文化得到了空前的关注和广泛的认同，不但向世界展现了中国志愿者的奉献精神，也让世界以崭新的视角开始重新认识中国。

汶川地震给中国人民带来了深重的灾难，但是也促进了中国各领域志愿服务力量的凝聚和整合，催生了民间志愿服务力量的成长和发展，促进了应急救援志愿服务的成熟[1]。汶川地震发生后，志愿服务组织、企业、公众纷纷加入灾后救援工作，深入灾区的国内外志愿者队伍超过 300 万人，在后方参与抢险救灾的志愿者超过 1000 万人次[2]。北京奥运会、残奥会期间，10 万赛会志愿者、40 万城市志愿者、100 万社会志愿者构建起的志愿服务立体化体系为活动提供了热情周到的服务[3]，赢得了国际国内的广泛赞誉和好评。中国志愿者在 2008 年"C 位出道"，在此后一些大型活动如上海世博会、广州亚运会等，人们开始发现志愿者无私奉献的身影随处可见，成为这些活动中一道亮丽的风景线，他们都有力地推动了志愿服务精神的广泛传播和普及。

2008 年 10 月，中央文明委出台了《关于深入开展志愿服务活动的意见》，提出要广泛开展形式多样的志愿服务活动，建立健全志愿服务活动

---

[1] 魏娜：《志愿服务概论》，中国人民大学出版社 2018 年版，第 122 页。
[2] 王莹等：《社会治理创新的伦理路径与制度支持研究》，人民出版社 2019 年版，第 454—455 页。
[3] 袁媛、谭建光：《中国志愿服务：从社区到社会》，人民出版社 2011 年版，第 34 页。

的运行机制。2009 年 6 月,教育部发布《关于深入推进学生志愿服务活动的意见》,强调要推动更多学生参与到志愿服务活动中来,充分发挥志愿服务的育人功能。2010 年 7 月,中国青年志愿者协会被联合国经济及社会理事会授予"特别咨商地位",标志着中国志愿服务开始走向国际舞台。2011 年,中华志愿者协会成立。同年,旨在深入推动志愿服务理论研究深入发展的北京志愿服务发展研究会成立。2012 年,中国志愿者基金成立,旨在弘扬志愿服务精神,推动志愿服务队伍建设,提升社会志愿服务水平。

2008 年以后,随着经济发展和社会进步,志愿服务在我国进入了一个质的飞跃阶段,抗震救灾和大型赛事活动激发推动了我国志愿服务的全面提升。据民政部《社会服务发展公报》显示,2012 年注册的社区志愿服务组织达到 9.3 万个,2012 全年有 1293.3 万人次为社会提供了 3639.6 万小时的社会服务。① 在志愿服务组织和志愿者人数剧增的背后,是我国志愿服务由小变大、由弱变强的发展历程,志愿服务内容多样化、形式多元化,我国志愿服务紧跟时代步伐、紧扣时代脉搏,志愿服务中制度化、系统化、社会化、常态化等特征开始显现,标志我国志愿服务文化建设进入一个全新的发展阶段。

2. 成熟完善阶段(2012 年以后)

党的十八大以来,党和政府高度重视志愿服务事业的发展,我国志愿服务迎来了新的全面发展机遇期,志愿服务上升为培育和践行社会主义核心价值观的重要手段。党的十八届三中全会通过的《关于全面深化改革若干重大问题的决定》中明确指出,要支持和发展志愿服务组织。党的十八届五中全会进一步提出,要"广泛动员社会力量开展社会救济和社会互助、志愿服务活动"②。2016 年,国家又先后通过了《关于支持和发展志愿服务组织的意见》《关于公共文化设施开展学雷锋志愿服务的实施意见》等一系列推动志愿服务领域深化改革的相关文件。习近平总书记

---

① 《2012 年社会服务发展统计公报》,民政部门户网站,2013 年 6 月 19 日,https://www.mca.gov.cn/article/sj/tjgb/201306/201306154747469.shtml。

② 《中华人民共和国国民经济和社会发展第十三个五年规划纲要》,人民出版社 2016 年版,第 161 页。

多次给志愿者的回信和寄语充分肯定了志愿者服务他人、奉献社会的高尚行为，号召和鼓励广大青年志愿者"让青春之花绽放在祖国最需要的地方，在实现中国梦的伟大实践中书写别样精彩的人生"[①]，这些回信和寄语都充分肯定了志愿服务在培养青年志愿者责任担当意识和家国情怀等方面的重要价值。

2016年3月16日，第十二届全国人民代表大会第四次会议通过《中华人民共和国慈善法》，将志愿服务纳入慈善服务内容之中，对招募和使用志愿者开展慈善服务以及志愿者权益保护方面作出了具体的规定，是我国首部慈善领域的专门法律，也是我国志愿组织和志愿服务发展的基础法律，为推动志愿服务发展提供了重要的法律保障。2017年，国务院又通过了《志愿服务条例》，明确了志愿服务的基本原则和管理体制，确定了志愿者的权利义务、服务对象、权益保障和扶持保障措施，是我国第一部志愿服务领域专门的行政法规。党的十八大以来，中宣部、中央文明办、教育部、民政部、共青团中央、全国总工会、全国妇联等部门单独或联合密集出台了一系列志愿服务的规范性文件，各省市也相继出台了专门规范志愿服务的法规或行政规范性文件，对于进一步完善志愿服务法制体系，整合志愿服务资源，推动志愿服务制度化、规范化、法治化发展有着重要意义，标志着我国志愿服务文化建设开始进入大规模的制度创建阶段。

2013年，民政部批准成立了中国志愿服务联合会。中国志愿服务联合会依托全国宣传干部学院建立起了中国志愿服务培训基地，形成了一系列志愿服务培训品牌，提升了志愿服务的常态化和专业化水平。党的十八大以后，我国志愿服务向专业化和精细化方向不断发展，注册志愿者数量稳步增加，专业化的志愿服务组织陆续成立起来，如北京博能志愿公益基金会、蓝天救援队、中国文艺志愿者协会、中国助残志愿者协会、大医博爱志愿者服务总队等。我国志愿服务队伍活跃在社会生活的各个方面，在各自的领域中发挥着越来越重要的作用，成为国家治理体系中的一支不可或缺的力量。

2018年7月6日，中央全面深化改革委员会第三次会议审议并通过

[①] 王义明、谭建光：《青年公益创业与志愿服务研究》，人民出版社2015年版，第57页。

《关于建设新时代文明实践中心试点工作的指导意见》，决定在全国 12 个省 50 个县开展新时代文明实践中心试点工作。2018 年 7 月，新时代文明实践中心在中国广大地区开花结果。新时代文明实践中心（所、站）的主体力量是志愿者，主要活动方式是志愿服务。2018 年 8 月 21 日，习近平总书记在全国宣传思想工作会议上强调"要大力弘扬时代新风，加强思想道德建设，深入实施公民道德建设工程，加强和改进思想政治工作，推进新时代文明实践中心建设，不断提升人民思想觉悟、道德水准、文明素养和全社会文明程度"①。2019 年 1 月 17 日，习近平总书记在天津考察时称赞："志愿者是现代化管理事业的一个很重要的方面，在整个社会上培养的这种爱心，是我们社会主义核心价值的最核心的东西。你们是这种贡献的前行者、引领者，为你们点赞！"②

新冠肺炎疫情发生以来，中国抗疫志愿者勇于做"逆行者"，奋战在抗击疫情的各条战线上，正谱写着中华民族"守望相助，携手抗疫"的壮丽史诗。2020 年 2 月 23 日，习近平总书记在统筹推进新冠肺炎疫情防控和经济社会发展工作部署会议上，充分肯定了广大志愿者等真诚奉献、不辞辛劳，为疫情防控做出的重大贡献。来自各行各业的志愿者活跃在疫情防控第一线，彰显理想信念、爱心善意、责任担当，为疫情防控形势持续向好、生产生活秩序加快恢复做出了贡献。③ 新冠肺炎疫情暴发以来，广大志愿者用实际行动诠释着志愿精神，用生命演绎着人间大爱，志愿服务进一步融入了人们的生活之中，成为一种美好生活的新样态、时代的新色彩。

二 当代中国志愿服务文化建设的主要成就

新中国成立 70 多年来，中国志愿服务已经日益成为增进民生福祉、促进社会文明进步的重要途径。志愿服务文化在志愿活动中逐渐形成，从

---

① 习近平：《习近平谈治国理政》第 3 卷，外文出版社 2020 年版，第 45 页。
② 唐巍、王晓霞：《发扬志愿服务精神提升社会文明治理》，《天津日报》2019 年 3 月 25 日。
③ 卓高生：《坚持走中国特色志愿服务之路 让志愿服务蔚然成风》，《人民日报》2020 年 4 月 7 日。

中华文明中的慈善思想到雷锋精神，从垦荒精神到"奉献、友爱、互助、进步"的志愿精神，随着我国经济、政治、文化、社会和生态建设领域的发展与变化，我国志愿服务文化愈发彰显鲜明时代特征和民族特色，在志愿服务的物态文化、制度文化、行为文化、精神文化等方面取得了辉煌的成就。

（一）显化于物——志愿服务物质文化

志愿服务的物质文化是志愿服务文化的最表层，是作为物质层面存在的、人们感官可以直接感知到的具有物质实体的文化事物，主要表现为志愿服务活动服饰、志愿服务活动标识、志愿服务口号等志愿文化的外在物化形式和物质载体。志愿服务文化的物质层面是志愿服务文化体系的物质基础，也是志愿服务文化内涵的外在表现形式。志愿服务文化的物质层面作为体现和传播志愿服务文化的载体，对于规范志愿者行为、彰显志愿服务精神、传播志愿服务文化有着重要作用。

志愿服务标识是志愿服务精神集中凝练的物化展现。2014年9月1日，中央文明办等部门联合发布了《关于征集全国志愿服务标识的公告》，面向国内外公开征集全国志愿服务标识。2014年12月5日，中央文明办正式向全社会发布中国志愿服务标识——"爱心放飞梦想"，意为用爱心托起梦想。标识以汉字"志"为基本原型，以中国红为基本色调，以鸽子、红心、彩带为基本构成，"志"字的上半部分是一只展翅飞翔的鸽子。鸽子是和平的使者、友好的象征，传递的是幸福、友爱，放飞的是和平、和谐。"志"字的下半部分由中国书法中草书的"心"字构成，同时也是一条飘逸的彩带，既表现了志愿者在开展志愿服务时的愉悦心情，也象征着志愿者将爱心连接在一起，服务他人、奉献社会。整个标识寓意用爱心托起梦想，用爱心放飞梦想，充分体现了社会主义核心价值观的内在要求，展示了奉献、友爱、互助、进步的志愿精神。标识上有"中国志愿服务"的中英文字样，而且多处巧妙地以英文字母"V"构图，这是志愿者英文单词 Volunteer 的首字母，体现了中国志愿服务与国际的交流、接轨与交融。中国志愿服务标识体现中国特色、具有国际元素、形象内蕴丰厚，全国各级各类志愿服务组织在开展各类重大活动时，均应统一使用中国志愿服务标识。

中国志愿服务标识成为中国志愿服务精神的物化载体源自标识在志愿服务全过程中的广泛使用，包括使用于志愿服务标牌、旗帜、帽子、服装、徽章等宣传物品，使用于志愿服务网站、杂志、简报、书籍、办公用品、纪念章、公益广告、海报等宣传载体，使用于志愿者腰包、水杯、毛巾、雨伞、雨衣等保障用品。中国志愿服务标识"爱心放飞梦想"，蕴含丰厚的中华优秀传统文化和精神特质，充分体现了社会主义核心价值观的内在要求，是中国志愿服务文化国家化、民族化的表达，是中国志愿服务文化的重要标识和符号。统一志愿服务标志，不但是志愿服务理念提升的重要体现，而且标志着我国志愿服务向规范化发展迈出具有突破意义的重大一步。[①] 此外，中国青年志愿者"心手标"、中国文化志愿者"绽放之时"、蓝天救援队"BSR"等志愿服务标识广泛应用于大型赛会、扶贫支教、应急救援、海外服务等志愿服务场景，成为最受志愿者欢迎、传播最为广泛、最具影响力和标志性的中国志愿服务文化符号，生动诠释了"奉献、友爱、互助、进步"的宗旨理念。

志愿者统一的服饰是志愿服务文化最亮眼的特征。志愿者在进行志愿服务过程中统一穿着具有鲜明特征的服饰，这对于宣传和扩大志愿服务精神和文化具有重要意义。志愿者服装一般以鲜艳的红、蓝、绿、橙为底色，结合志愿服务的内容和形式进行个性化的设计和改进。志愿者穿着统一服饰穿梭于大型赛会、应急救援、文化场馆等活动中，往往成为一道亮丽的风景线。志愿服务是现代社会文明进步的重要标志，越是在紧要关头，越能体现出志愿服务的价值。尤其是新冠肺炎疫情暴发以来，志愿服务队伍在疫情防控中发挥了不可或缺的重要作用，志愿者们用爱心构筑起了一道疫情防控的"红色堤坝"，温暖的"志愿红"与"天使白""橄榄绿""守护蓝"共同打响了疫情防控的人民战争。志愿者们从四面八方迅速集结，他们不分职业、不计得失、不舍昼夜，舍"小家"，为"大家"，义无反顾地选择为抗疫做贡献；他们或参加专业医疗队、心理咨询疏导团队等，或捐钱、捐物，或参加社区的核酸检测、宣传教育、卫生消毒、卡位测温等工作，或制作振奋人心的音频视频、创作抗疫文艺节目，以各种

---

① 《统一标识　推进志愿服务规范化》，中国文明网，2015 年 7 月 21 日，http://www.wenming.cn/zyfw_298/yw_zyfw/201507/t20150721_2744138.shtml。

方式为疫情防控操心出力。志愿者积极弘扬志愿精神，吹响了志愿战"疫"的文明先锋号角，广大志愿者用实际行动诠释了"奉献、友爱、互助、进步"的志愿精神内涵，活跃于疫情防控各条战线上的志愿者身着的服装颜色也成为疫情防控中最温暖的色彩。

除志愿服务标识和志愿活动服饰外，在参与志愿服务活动中的口号（誓词、宣言、承诺书等）、参与志愿服务活动的纪念品、徽章等物质形态都属于志愿服务的物态文化。这些具体的志愿服务的物态文化，一方面是志愿服务文化内涵的一种外在表现形式，另一方面也是志愿服务文化传播的重要形式和物质载体。志愿者在志愿服务活动中穿着统一的服装、佩戴统一的标识、有着同样的口号和愿景，这必然会在志愿活动进行中引起他人的注意和关注，这对于规范志愿者的言行举止、提升志愿服务的荣誉感和满足感、传播志愿服务文化都有着十分重要的作用。

（二）外化于行——志愿服务行为文化

志愿服务行为文化是在志愿者参与志愿活动实践中形成的、具有鲜明的区域特点、行业特点和民族特色的志愿服务行为习惯和活动模式等。志愿服务行为与志愿服务物质文化、制度文化和精神文化是密不可分的，志愿服务文化是通过志愿服务行为展现出来的，也是在志愿服务行为实践中逐步形成和发展起来的，并在志愿服务行为中进行检验和校正。志愿服务行为必须随着实践的发展不断革新，形成与社会发展相适应的相匹配的物态文化、制度文化和精神文化。[①] 同时在具有中国特色的、符合社会发展需要的、与时代相符的志愿服务文化引导下，进一步约束和规范服务行为，推动志愿服务的制度化、常态化、规范化发展。志愿服务组织和志愿者数量迅速发展壮大，志愿服务管理体系日益健全。志愿者和志愿服务组织是志愿服务行为文化的生成主体。具有相当数量的志愿者和一定规模的志愿服务组织是志愿行为文化产生的前提条件。改革开放以来，尤其是党的十八大以后志愿服务事业发展迎来了快速发展的新机遇，取得了重要的成绩。据中国志愿服务网统计，截至 2022 年 7 月 18 日，我国拥有一支多

---

① 秦琴、孙玉曼：《中国特色志愿文化的丰富内涵与价值探析》，《理论观察》2019 年第 11 期。

达 2.23 亿人的实名志愿者队伍，志愿服务队伍总数达 128 万个，这些志愿者和志愿服务组织开展的志愿服务项目 936 万个，累计服务时间达 391618 万小时。①

　　志愿者们用实际的行动和付出在社会的角落默默贡献着力量。2020 年习近平总书记来到宁夏吴忠市利通区金花园社区考察时盛赞志愿者们："真正体现了行胜于言。"② 志愿者和志愿组织的迅速发展从一定层面反映出我国志愿服务已经从少数个体偶然性的行为发展成为大众的经常性行为，从个别地方、个别城市、个别行业开展的志愿服务发展成为全国性的普遍认可认同，从少数具有志愿服务精神的先进典型的带动发展成为人民群众的自发自觉行为。在志愿服务不断发展的过程中，我国逐步形成了志愿服务工作的组织领导体系，即党委政府领导、文明委部署、文明办牵头、民政部门管理、相关部门和人民团体共同推进。《志愿服务条例》明确指出："国家和地方精神文明建设指导机构建立志愿服务工作协调机制，加强对志愿服务工作的统筹规划、协调指导、督促检查和经验推广。国务院民政部门负责全国志愿服务行政管理工作；县级以上地方人民政府民政部门负责本行政区域内志愿服务行政管理工作。县级以上人民政府有关部门按照各自职责，负责与志愿服务有关的工作。工会、共产主义青年团、妇女联合会等有关人民团体和群众团体应当在各自的工作范围内做好相应的志愿服务工作。"③ 在志愿服务工作的组织实施过程中，党政机关、群团组织、社会组织各司其职、密切配合，日益形成了政府示范引导、民间专业运作、社会多元合作的发展态势。在志愿服务的管理机制方面，通过行业协调、法治保障、政策引导、社会动员、行业标准和道德创建等方面对志愿服务组织进行规范化管理。④

　　2021 年 5 月 21 日实施了国家标准《志愿服务组织基本规范》（GB/T

---

① 该数据来源于中国志愿服务网。该网站是民政部志愿服务官方网站，开设中国志愿服务数据统计和全国各省市志愿服务数据统计板块，详见网页：https://chinavolunteer.mca.gov.cn/NVSI/LEAP/site/index.html#home。

② 《宁夏吴忠：志愿之城行胜于言》，光明网，2020 年 6 月 25 日，https://m.gmw.cn/baijia/2020-06/25/33939891.html。

③ 许莲丽：《新时代中国志愿服务理论与实践的新探索》，人民出版社 2018 年版，第 63—64 页。

④ 魏娜：《志愿服务概论》，中国人民大学出版社 2018 年版，第 136 页。

40143 - 2021），实施的目的在于：一方面提升志愿服务组织机构自身的服务水平，在实践中不断发挥其自身功能，提高志愿者的综合素质，促进志愿服务组织机构健康、可持续发展。另一方面也为中国国内的志愿服务组织机构发展作出有益的指导和建议，弥补中国志愿服务组织发展缺乏有效指导的局面，进而弥补市场和政府功能的不足，满足多元化的社会需求，促进社会的健康和谐发展。志愿服务项目呈现品牌化、多样化、专业化、国际化发展特点。

一是志愿服务项目的品牌效应凸显。中国青年志愿服务诞生以来，涌现许许多多品牌组织、品牌项目、品牌文化，并且成为社会时尚文化的组成部分，影响到城乡民众生活方式的变化。根据服务党政工作大局、满足群众生活需求、促进社会文明发展、推动城乡治理创新等多方面的标准，富有特色的青年志愿服务十大品牌是："综合包户"志愿服务、深圳市义工联、中国青年志愿者协会、"西部计划"志愿服务、"海外计划"志愿服务、"关爱行动"志愿服务、"阳光助残"志愿服务、大型赛会志愿服务、志愿服务交流会、"暖冬行动"志愿服务等[①]。此外，"邻里守望"志愿服务、"志愿家庭""三关爱"志愿服务等众多志愿服务品牌深入人心、享誉全国，推动了志愿服务融入人民的日常生活，成了一种生活新常态、时尚新风尚。中宣部、中央文明办等 14 部门联合评选的全国学雷锋志愿服务"四个 100"先进典型，每年评选出 100 个最美志愿者、100 个最佳志愿服务项目、100 个最佳志愿服务组织、100 个最美志愿服务社区等志愿服务"四个 100"先进典型，就是不断涌现出来的志愿服务品牌。

二是志愿服务内容多样化特征明显。我国志愿服务项目内容涉及社区服务、扶贫减贫、支教助学、卫生健康、法律服务、环境保护、科技科普、文化艺术、平安综治、文明风尚、交通引导、志愿消防、应急救援、禁毒宣传、体育健身、旅游服务、关爱特殊群体、大型活动海外志愿服务、税收服务等，基本涵盖了涉及群众生活的各个方面。从服务对象上看，针对儿童、妇女、老年人、残障人士、优抚对象、贫困家庭、特殊群

---

① 谭建光：《中国青年志愿服务十大品牌及其价值——改革开放 40 年的社会创新案例分析》，《青年发展论坛》2018 年第 2 期。

体、病患者、农村居民、城镇居民、社会公众、纳税人、缴费人等都开展了相应的志愿服务项目，形成了对接社会发展需要、满足人民群众需求的志愿服务体系。

三是专业化志愿服务组织的迅速崛起。志愿服务的多样化发展推动了志愿服务的专业化发展。随着志愿服务的精细化水平的提高，志愿服务组织为了满足社会发展需要开始向专业化方向发展，专业化志愿服务组织纷纷涌现，大量专业志愿者参与到助残、文化、城市应急等专业性很强的志愿服务活动中来，从整体上提升了我国志愿服务的专业化水平。党的十八大以来，我国应急志愿者队伍的蓬勃发展，形成了政府应急救援体系与民间志愿服务救援体系的有效结合，建立起社会化应急救援机制和政府的互动机制，在国内外抗震救灾、公共安全等应急事件中发挥了重要作用。2013年中国文艺志愿者协会成立后，凝集文艺家、文艺工作者和文艺爱好者积极投身文艺专业志愿服务，有力地弘扬和传播了社会主义核心价值观。2015年中国助残志愿者协会成立，有力地推动了我国助残事业的标准化发展。此外，各党委政府机关、专业机构、企事业单位也纷纷根据自身研究专长和工作领域成立专业志愿服务组织，在各自领域中发挥越来越重要的作用。

四是志愿服务的国际化发展态势。国际化发展一方面是国内志愿服务组织在保持中国特色基础上具有的国际化视野，更为重要的是我国志愿服务组织和志愿者开始成为国家公共外交的一张崭新的名片，走出国门服务世界。2012年以来，在我国举办的一系列国际合作论坛、会议和赛事上都活跃着中国志愿者的身影，并得到国内外广泛赞誉。中国志愿者们通过中国青年志愿者海外服务计划、援非医疗队、奥运会、残奥会、冬奥会以及海外抗震救灾等项目在国际舞台上促进国际化合作和属地化发展，将志愿服务的海外经验和国际化视野带回国内，体现了我国志愿服务的国际交流与合作水平不断提升。尤其是在"一带一路"倡议的框架下，我国志愿服务组织与联合国志愿服务组织合作持续深化，为我国志愿服务的国际化打开了新的局面，展示了中国负责任的大国形象。王毅同志曾盛赞道："志愿者是中国在海外的一道亮丽风景线。"[①] 2017年12月，联合国志愿

[①] 《王毅外长：志愿者是中国在海外一道亮丽风景线》，人民政协网，2016年2月2日，http://www.rmzxb.com.cn/c/2016-02-02/692391.shtml。

人员组织与北京市志愿服务联合会共同举办"'一带一路'志愿服务论坛暨第二届国际志愿者交流营",并建立了"'一带一路'志愿服务联盟",标志着我国海外志愿服务事业已经成为"一带一路"倡议的重要组成部分,中国志愿服务从单纯的受援国发展成为援助国。

(三) 固化于制——志愿服务制度文化

志愿服务制度文化就是在志愿服务过程中形成的一套规范志愿服务行为和活动过程的规章流程。志愿服务制度包括调整和规范志愿服务相关社会关系而制定的法律规范、规章和能够促进志愿服务发展的各类规范性文件。志愿服务制度不仅有助于志愿服务活动的有序开展,保障志愿服务事业的持久有序进行,也有助于保障和维护志愿服务主体的合法权益,更是志愿服务文化的制度性成果的凝结。作为一种规范和秩序,志愿服务制度对于志愿服务行为具有稳定性和制约性,对于志愿服务文化形成和传播有着重要的作用。随着我国志愿服务事业的不断发展,我国志愿服务制度也随之建立和完善,走上了制度化、法制化的发展道路。

我国志愿服务的法治化建设始于地方志愿服务法规。伴随着我国志愿服务的快速发展,作为我国当代志愿服务的发源地之一的广东省历经三年酝酿,1999年正式颁布实施了我国第一部志愿服务地方性法规——《广东省青年志愿服务条例》,标志着我国志愿服务法治化建设的开端。此后,《山东省青年志愿服务条例》(2001)《宁波市青年志愿服务条例》(2002)《福建省青年志愿服务条例》(2003)《河南省关于深入开展青年志愿服务活动的决定》(2003)相继出台。在志愿服务的法制化起步阶段,志愿服务地方性法规的规范对象主要是青年志愿服务,这些地方性志愿服务的立法探索为志愿服务的法治化发展开创了道路。随着志愿服务事业的进一步发展和志愿服务制度化研究的深入,此后的地方性志愿服务法规,如《黑龙江省志愿服务条例》(2003)、杭州市(2004)、抚顺市(2004)、银川市(2004)、成都市(2005)、深圳市(2005)、南京市(2005)等一批省市相继出台志愿服务条例,对于志愿服务的内容均不仅限青年志愿服务,条例内容开始采用分章式结构,内容结构更加严谨完整。2008年中国志愿服务进入大众视野,使我国志愿服务存在的问题充分地暴露了出来,客观上有力地推动了中国志愿服务的法治建设进程。各省市根据志愿服务客观形势的变化出台或修订了适应社会发展实际的志愿服务条例。党的十八大以来，地方性志愿服务法治建设持续快速发展，绝大多数省级行政区和较大市均出台了志愿服务地方性法规或制定了行政性规范文件，标志着我国志愿服务走向了法治化。①

《中华人民共和国慈善法》《志愿服务条例》《志愿服务组织基本规范》等国家层面法律法规的颁布实施是中国志愿服务制度文化的集中体现。《中华人民共和国慈善法》是我国首部慈善领域的专门法律，一共12章107条，其中涉及志愿服务的条款共有13条。《慈善法》将志愿服务纳入慈善服务中，2016年9月1日正式实施以来，在保障志愿者权益、规范志愿服务项目管理、提升志愿服务质量等方面发挥了重要作用。2017年8月22日，《志愿服务条例》正式颁布并于同年12月1日实施，这是我国第一部关于志愿服务的专门性法规。《条例》一共6章44条，对志愿服务的基本原则、管理体制、权益保障、促进措施等作了全面规定。《条例》的颁布和实施对于保障志愿者、志愿服务组织、志愿服务对象的合法权益，鼓励和规范志愿服务活动，发展志愿服务事业是至关重要。与地方性法规相比，《条例》在志愿服务的协调机制、志愿者管理、志愿服务专业化以及志愿者和服务对象的权益保护方面都有明确规定，尤其是还规定了多项促进和发展志愿服务事业的扶持和保障措施，有力地推动了志愿服务在全社会的普及和推广，使志愿服务成为推动社会文明进步、增进民生福祉的重要力量。

为解决中国志愿服务发展过程中出现的提供志愿服务的能力和成效不一、志愿服务组织机构的人员配备不全、志愿服务组织机构管理缺乏有效机制等实际问题，中华人民共和国国家标准——《志愿服务组织基本规范》（GB/T 40143—2021）于2021年5月21日开始实施，归口于全国慈善事业和社会工作标准化技术委员会。《志愿服务组织基本规范》规定了志愿服务组织的基本要求、组织管理、志愿者管理、服务管理、评估与改进，适用于志愿服务组织的运行和管理，开展志愿服务的其他组织参照使用。该标准为首次针对志愿服务组织制定的国家标准，为推荐性标准，建议率先在已登记注册的志愿服务组织中应用实施，并逐渐带动其他还未完

---

① 魏娜：《志愿服务概论》，中国人民大学出版社2018年版，第155页。

成登记注册的志愿服务团队积极实施该标准。《志愿服务组织基本规范》一方面提升志愿服务组织自身的服务水平，在实践中不断发挥其自身功能，提高志愿者的综合素质，促进志愿服务组织机构健康有序发展。另一方面也为中国国内的志愿服务组织机构发展作出有益的指导和建议，弥补中国志愿服务组织发展缺乏有效指导的局面，进而弥补市场和政府功能的不足，满足多元化的社会需求，促进社会的健康和谐发展。

除中央和地方制定的志愿服务法律法规外，由中央党政机关或人民团体发布的志愿服务规范性文件也是志愿服务制度文化的重要组成部分。志愿服务的法律法规和志愿服务的政策性文件两者相辅相成，具有功能的共同性、内容的一致性和适用的互补性[1]，共同推进中国志愿服务制度文化的发展和完善。首先是党的系统发布的关于志愿服务的政策性文件。如2014年2月中央精神文明建设委员会印发的《关于推进志愿服务制度化的意见》、2015年中央文明办和民政部等四部门联合印发的《关于规范志愿服务记录证明工作的指导意见》、2016年7月中宣部等部门联合印发的《关于支持和发展志愿服务组织的意见》以及同年12月印发的《关于公共文化设施开展学雷锋志愿服务的实施意见》等。其次是由国务院部委制定发布的志愿服务相关政策。如教育部2015年3月印发的《学生志愿服务管理暂行办法》、民政部2015年出台的《志愿服务信息系统基本规范》、文化部2016年印发的《文化志愿服务管理办法》等。最后是由人民团体单独印发的一些规范和促进志愿服务发展的政策性文件，如中国残疾人联合会2013年6月发布的《中国助残志愿者注册管理办法（试行）》、共青团中央与中国青年志愿者协会2013年12月联合发布的《中国青年志愿者行动发展规划（2014—2018）》以及同月共青团中央颁布的《中国注册志愿者管理办法》等。

从总体来看，伴随着我国志愿服务事业的深入发展，规范和促进志愿服务制度化发展的一系列法律法规和政策规范密集出台，志愿服务法治体系进一步健全和完善，有力地推动了志愿服务的深化发展，全社会的志愿服务资源在制度化的指引下进行着充分的优化和组合，逐渐形成了全社会认可志愿服务、全社会推动志愿服务、全社会参与志愿服务的新气象。

---

[1] 魏娜：《志愿服务概论》，中国人民大学出版社2018年版，第162页。

（四）内化于心——志愿服务精神文化

志愿服务精神文化是指个人或群体在不受物质利益的驱动下自觉自愿地参与社会生活和公益服务，为促进社会发展和人类进步所付出时体现的坚定的人道主义信念、强烈的社会责任感和乐于奉献的崇高伦理精神。① 志愿服务精神文化是志愿服务文化的核心和灵魂，处于志愿服务文化的最高层，是志愿服务文化的直接反映。虽然我国现代意义上的志愿服务发端于改革开放时期，但志愿服务的精神在中华文化中早有根芽，现代志愿服务文化形成和发展过程中又在不断吸收外来优秀文化，形成了具有中国特色的志愿服务文化。中国特色志愿服务文化是对雷锋精神的深化和升华，是对中国精神的诠释，也是社会主义核心价值观的体现。② 进入新时代以来，党和国家高度重视志愿服务的发展与建设。习近平新时代中国特色社会主义思想为志愿服务发展奠定了理论和思想基础，为新时代中国特色志愿服务确定了新方向、新途径和新格局。③

尽管志愿服务有着国际化的发展趋势，但志愿精神却有着深刻的文化内涵和地域特征，根植于每个国家的历史和传统。④ 我国志愿服务精神文化从中国传统文化中的"仁爱"思想、互助传统到"俯首甘为孺子牛"的奉献精神再到雷锋精神以及抗震救灾精神、同心抗疫精神，最终融合为"奉献、友爱、互助、进步"的志愿精神，在不同的时代背景下都是时代精神和主流价值观的集中展现，激发着一代又一代的中国人民向善向上的力量。1994 年 12 月 5 日，胡锦涛同志在中国青年志愿者协会成立大会的贺词中首次提出，"使奉献、友爱、互助、进步的青年志愿者精神在青年一代中发扬光大"⑤。此后，"奉献、友爱、互助、进步"的志愿精神慢慢演化并广泛为社会所接受。志愿精神是志愿服务的精神文化在新的时代背

---

① 张耀灿：《关于弘扬志愿服务精神的几个问题》，《思想政治教育研究》2011 年第 5 期。
② 秦琴、孙玉曼：《中国特色志愿文化的丰富内涵与价值探析》，《理论观察》2019 年第 11 期。
③ 陆士桢、李泽轩：《论新时代中国特色志愿服务的新格局》，《中国青年社会科学》2019 年第 5 期。
④ 许莲丽：《新时代中国志愿服务理论与实践的新探索》，人民出版社 2018 年版，第 46 页。
⑤ 胡锦涛：《胡锦涛文选》第 1 卷，人民出版社 2016 年版，第 130 页。

景下的集中表述，被赋予着更为深刻的内涵和更多的价值观意蕴。

志愿服务文化是社会文化的一部分，中国特色志愿服务文化是在社会主义核心价值观指导下的一种积极向上的文化。在一般志愿者的定义当中，伦理价值是最核心的部分，志愿者是自愿利用闲暇时间，运用专业技能及自身资源，不计报酬地为他人、为社会提供服务，而在此过程中形成的一种常态化的行为模式、生活方式、价值取向被称为志愿文化。① 一直以来，我国志愿服务紧随时代的步伐，面向社会需求，服务涉及大型赛事、扶贫开发、环境保护、应急救助等众多方面。丰富的志愿服务实践活动为志愿服务提供了扎实的精神土壤。中国传统文化与社会主义核心价值观为建构独具中国特色的志愿服务文化提供思想指导，同时是中国特色志愿服务文化价值的重要基础。中华民族"老吾老，以及人之老，幼吾幼，以及人之幼""四海之内皆兄弟"等传统文化精髓作为中国志愿精神最为厚重的文化底蕴，与当代志愿服务价值精神相通。同时，中国共产党的执政理念和价值追求是中国特色社会主义文化价值的核心要素和社会政治基础，传统文化和社会主义核心价值观相统一是中国特色志愿服务文化本土特色的集中表现，体现着"爱国、友善"等公民观以及"富强、和谐"等国家观、社会观，志愿服务行为是大众践行社会主义核心价值观的最直接的表达。②

从"学习雷锋做好事"到当代志愿精神的确立，志愿服务文化建设在志愿服务过程中具有特别重要的意义。志愿服务不仅仅是为了巩固社会存在和发展的物质基础，更是让大众更加积极参与志愿服务行动，推动人的自由全面发展，实现人性的解放，为实现中华民族伟大复兴的中国梦奠定精神上的基础。这既是中国特色志愿服务发展的重要诉求，也是每一个志愿服务组织和志愿工作者始终坚守的价值追求。志愿服务文化建设的目的在于传播志愿精神，使"奉献、友爱、互助、进步"理念成为个体对他人、对志愿组织、对社会的一种责任担当，一种自觉的公民精神。志愿

---

① 姜玉洪、李烨：《弘扬志愿文化促进社会和谐——让志愿服务成为人的一种生存方式》，《东北农业大学学报》（社会科学版）2011 年第 5 期。
② 陆士桢：《建设独具中国特色的志愿服务体系》，《中国国情国力》2016 年第 3 期。

文化从自在走向自觉，要以理性的认识、自省和反省精神促进志愿服务文化的繁荣发展，① 才能充分发挥志愿服务推动社会主义现代化国家建设、促进社会文明进步、推进国家治理体系完善和治理能力现代化的重要功用。

三 当代中国志愿服务文化建设的基本经验

改革开放以来，我国志愿服务事业蓬勃发展，志愿服务文化建设取得了长足的进步。为推动志愿服务文化建设的进一步发展和完善，充分发挥志愿服务文化建设作为精神文明建设载体、提升公共服务途径、创新社会管理方式、引领社会道德风尚的重要作用，总结我国志愿服务文化建设的基本经验是十分必要的。我国志愿服务文化建设的经验既是对过去发展的总结，也是对未来发展的重要启示。

（一）融入国家发展大局，与主流价值观同频共振

回顾我国志愿服务文化发展的历程，我们发现志愿服务文化的发展在中国具有鲜明的政治性和党性特征。我国志愿服务总体上体现出由党政倡导、共青团组织牵头、各职能部门联动管理的特征。2008年以后，我国自愿参与的志愿服务组织大量涌现，这突破了原有单一化行政驱动的志愿服务发展模式，但我国培育志愿服务组织的发展必须坚持和加强党的领导。毫无疑问，志愿服务组织作为社会组织的一种形式，其发展理念和文化建设也必须在主流价值观的框架内行动。习近平总书记强调："党政军民学，东西南北中，党是领导一切的。"② 坚持党的领导，是一切工作的前提。

我国志愿服务的发展和壮大起源于各级党委和政府的倡导和推动，志愿服务文化建设带有鲜明的政治性。志愿服务本身的非营利性、奉献性等特征与社会主义核心价值观的内在契合，为我国志愿服务的快速发展壮大提供了生长点。志愿服务文化作为主流价值观的一种新样态，是在主流文

---

① 陶倩：《志愿文化：从自在走向自觉》，《思想理论教育》2012年第8期。
② 中共中央党史和文献研究院：《十九大以来重要文献选编（上）》，中央文献出版社2019年版，第729页。

化的大环境中孕育形成的。志愿服务文化发展只有与主流价值观在方向上保持一致、在功能上保持互补、在效用上助力主流价值观弘扬，才能更好更快地发展起来。坚持志愿服务文化与主流价值观同频共振，是志愿服务文化建设的重要经验，也是志愿服务文化能够得以继续发展的保障。与美国等西方国家的志愿行为主要是发自民间的自组织行为不同，中国人的志愿服务活动既包含自下而上发自民间的自组织行为，也包括自上而下的行政主导行为。如社区志愿服务协会和青年志愿者协会是当前中国志愿服务的两支重要力量，这两个组织都接受各级行政部门的领导和资源支持，他们共同为实现人民群众美好生活的向往，投身实现民族伟大复兴的伟大梦想而努力。因此，中国志愿服务组织的"嵌入式行动主义"不仅是一种生存策略，更是一种发展的模式。我国志愿服务文化建设事业的繁荣发展，一个基本的事实是志愿服务能响应党的号召自觉融入国家发展战略。

在传承和发扬雷锋精神和中国传统文化中的慈善精神的基础上产生的"奉献、友爱、互助、进步"的志愿精神，与社会主义核心价值观都是人们关于社会发展的一种积极态度和价值取向，具有高度的契合性。志愿精神与社会主义核心价值观有着共同的文化基础，都以满足新时代发展需要为前提、以追求崇高精神为目标，奉献精神体现国家层面的文明和谐，友爱精神传递社会层面的平等理念，互助进步追求个人和社会层面的完善提高。培育与践行社会主义核心价值观需要弘扬志愿精神，开展志愿服务；[①] 开展志愿服务活动、传播志愿服务文化的过程也是诠释和践行核心价值观的过程。志愿精神与社会主义核心价值观实现内在的契合，既符合了主流价值观的要求，又满足了社会发展的客观需求，这对于志愿服务文化的发展是基础性、决定性的，两者之间的良性互动对于志愿服务事业的发展和志愿服务文化建设都是极为重要的。

（二）坚持以人民为中心，推动社会文化发展进步

没有社会主义文化的繁荣发展，就没有社会主义现代化。习近平总书记强调，要将文化建设放在全局工作的突出位置，繁荣和发展文化事业和

[①] 田丽娜：《论志愿精神与社会主义核心价值观的契合性》，《思想教育研究》2015年第9期。

文化产业，提高社会文明程度，发挥文化引领社会风尚、教育人民、服务社会、推动发展的作用。党的十八大以来，我们把文化建设提升到新的历史高度，把文化自信和道路自信、理论自信、制度自信并列为中国特色社会主义"四个自信"，其原因就在于"统筹推进'五位一体'总体布局、协调推进'四个全面'战略布局，文化是重要内容；推动高质量发展，文化是重要支点；满足人民日益增长的美好生活需要，文化是重要因素；战胜前进道路上各种风险挑战，文化是重要力量源泉"①。习近平总书记强调，志愿服务建设在不断提高人民道德水准和文明素养方面具有重要作用。志愿服务文化的发展是满足人民精神文化需求、保障人民文化权益的重要途径。志愿服务文化建设要坚持为人民服务、为社会主义服务的方向，让人民享有更加充实、更为丰富、更高质量的精神文化生活。

　　志愿服务文化是社会先进文化的重要组成部分，要有助于推动社会文化发展进步。判断一种文化先进与否，必须坚持历史尺度与价值尺度的有机统一。坚持历史的尺度判断文化先进与否，就是要把作为评判对象的文化置于相应的历史条件之下，依据与这种文化相适应的经济政治制度的性质，确定作为评判对象的文化是什么历史阶段上的、什么性质的文化，看这种文化是否站在时代的前列，是否符合历史发展的潮流。凡是站在时代前列、符合历史潮流的文化，就是先进文化；反之则是落后文化。坚持价值的尺度判断文化先进与否，就是要看作为评判对象的文化对特定社会的经济、政治起怎样的作用以及这种文化反映了谁的利益，为谁服务。从文化对特定社会的经济、政治所起作用的角度而言，先进文化反映、维护先进的经济、政治关系，落后文化反映、维护落后的经济、政治关系。判别一种经济、政治关系是先进的还是落后的，归根结底是要看这种经济、政治关系是促进生产力发展的还是阻碍生产力发展的。代表先进文化前进方向要求的文化，是有利于生产力发展的文化政策。从文化所反映、维护的利益主体的角度而言，对文化进行价值评价，主要是看这一文化反映的是哪些人的利益、需要，是为谁服务的，反映先进阶级的利益、为先进阶级服务的文化，就是先进的文化。概括而言，只有在历史尺度与价值尺度的

---

① 习近平：《在教育文化卫生体育领域专家代表座谈会上的讲话》，《人民日报》2020年月29日。

有机统一中，我们才能准确判断什么是先进文化，什么是落后和腐朽的文化。一切先进文化，都必然是站在时代前列、合乎历史潮流、有利于生产力发展、代表最广大人民群众利益的文化。① 因而一种文化是否具有先进性，最重要的不是看经济效益，而是看能不能满足人民文化需求、增强人民精神力量的社会效益。

从本质上说，志愿服务文化是一种利他精神，从事志愿服务需要有高度的社会责任感和无私奉献的精神。但志愿服务文化建设过程中，获得官方的认可、社会的支持和大众的认同缺一不可。我国志愿服务的发展无论是在扶危济困、抢险救灾还是在融入国家发展整体规划的海外志愿者支持计划、大学生志愿服务西部计划等项目的开展，都是作为社会先进分子的志愿者在无私地奉献自己的青春和汗水，为国家、为社会、为人民贡献自己的力量的高尚行为。在志愿活动之中凝练形成的志愿服务文化在不断地影响着社会风尚，影响着社会文化的发展进步。在我国的政治文化体制下，志愿服务文化是融合主流文化、精英文化和大众文化的途径和渠道，各文化圈层都可以在志愿文化中寻找到其情感共鸣点，因而志愿服务文化建设对于促进社会各阶层的交流与融通，促进社会和谐进步也具有重大作用。

志愿服务行为是社会服务的重要来源和当前中国重塑社会道德必不可少的力量。调查显示，当前中国志愿服务主要参与者的特征是"中低收入、中共党员、受过一定的教育、在党政机关或者国有企事业单位工作。美国志愿服务提供的主要群体特征则是白人、中产阶层、受过良好教育"②。调查结果验证了我国现阶段行政化动员仍然是志愿服务参与的主导方式，其内在原因是人们对政府、单位和所在社区的信任远远超过社会公益组织。这也充分证明了中国志愿服务的发展离不开政府的主导和党团组织等推动。但在改革开放 40 多年后的今天，中国正处在从熟人社会向陌生人社会转变的过程，志愿服务行动打破了依靠"人情"彼此帮助的界限，开始建立起"陌生人"社会，陌生人之间的相互信任和互助催生

---

① 沈壮海：《以社会主义先进文化引领社会文化发展》，《光明日报》2010 年 2 月 9 日。
② 刘凤芹、卢玮静、张秀兰：《中国城市居民的文化资本与志愿行为——基于中国 27 个城市微观数据的经验研究》，《清华大学学报》（哲学社会科学版）2015 年第 2 期。

着志愿服务行为,志愿服务活动又增进了陌生人之间的信任。因此,回顾我国志愿服务发展的历程我们应该认识到,志愿服务文化建设要以国家、社会和人民的需求为切入点,以满足人们对美好生活的需要为目标,加强公民参与志愿行为的文化资本,利用志愿服务这个载体来弘扬中国传统美德,引导大众将遵守道德作为生活中必要的一部分,以此来推动社会文化的发展和进步。

党的十八大以来,以习近平同志为核心的党中央高度重视志愿服务工作,明确提出志愿服务是社会文明进步的重要标志,是广大志愿者奉献爱心的重要渠道,强调志愿服务事业要与"两个一百年"奋斗目标、建设社会主义现代化国家同向同行。志愿服务被纳入社会治理体系,成为国家精神文明建设的重要抓手,并逐步上升为国家发展战略。这对于志愿服务更好地满足人们对美好生活需要、激发社会治理活力有着极大的推动作用。进入新时代以来,以习近平同志为核心的党中央提出了"以人民为中心"的发展思想和要求,在社会主要矛盾发生转变的基础上,党的根本任务是不断满足人民日益增长的美好生活需要。[1] 我国志愿服务文化建设成就的取得,一条经验就是在于始终坚持以人民为中心、坚持民生导向。

(三)依托制度建设,坚持守正与创新相统一

回顾我国志愿服务的发展历史可以明确看出,我国志愿服务事业的发展得益于志愿服务文化建设与制度的良性互动。制度可以从宏观层面的党和国家的制度设定以及微观层面的志愿服务制度化建设两个方面来理解。只有依托社会主义制度,深入推进志愿服务的制度化建设,坚持守正与创新才能促进志愿服务文化建设的深化发展和繁荣昌盛。

新中国成立以来,文化建设依托于制度变革,目标指向是实现社会主义现代化。随着志愿服务提升社会治理能力、满足人民生活需要和促进文明发展的功能的逐步展现,志愿服务文化建设也被提升到前所未有的高度,志愿服务成为现代社会文明进步的重要标志,是加强精神文明建设、培育和践行社会主义核心价值观的重要内容。意识形态决定文化前进方向

---

[1] 王玖姣:《建党百年来文化建设的基本经验》,《科学社会主义》2021 年第 3 期。

和发展道路。① 志愿服务文化建设与社会主义制度设定同向同行，为志愿服务事业的发展和志愿文化的形成塑造提供了坚实的政治保障和丰厚的社会资源。

制度化是志愿服务文化发展的必然选择和根本保证。正是在不断丰富制定和完善的志愿服务相关制度法规和条文的过程中，志愿服务取得了长远的发展和增长的后劲。近年来，《关于推进志愿服务制度化的意见》《关于支持和发展志愿服务组织的意见》《志愿服务条例》《新时代公民道德建设实施纲要》等政策法规文件相继出台，志愿服务的制度化发展有了根本遵循和制度保障。《关于建设新时代文明实践中心试点工作的指导意见》提出的以新时代文明实践中心为依托，提供特色公共服务项目、孕育志愿文化的举措为志愿服务制度化发展搭建了理论与实践相结合的平台与空间，为志愿服务的制度化、规范化发展奠定了良好的实践基础。志愿服务文化的发展中，制度层面的发展和完善尤为重要，继续深入推进志愿服务的制度化建设，有力、有序、有效地发挥志愿服务在社会治理中的积极作用，这对于志愿服务的制度化规范化发展极为重要。同时，志愿服务制度文化层面的发展，对于带动和规范志愿服务物质文化、精神文化和行为文化的发展也起着关键性的作用。

改革开放从根本上说首先是思想文化的变革与创新，通过文化的发展来完善社会主义制度，最终走出了一条有中国特色的社会主义道路。党的十八大以来，文化被提高到前所未有的高度，事实上，这是重新恢复现代化的内生之路，即文化变革推动制度变革，应该说这是中国真正从本土文化出发，以文化创新为制度的完善提供沃土。志愿服务文化建设要依托于宏观层面的制度设定和微观层面的制度完善，但并不意味着志愿服务要完全被动地限定于制度文化发展层面。只要坚持为人民服务、为社会主义服务的方向，坚持百花齐放、百家争鸣的方针，坚持立足中国、借鉴国外，挖掘历史、把握当代，关怀人类、面向未来的导向，充分体现继承性、民族性、原创性、时代性、系统性、专业性的原则，② 辩证协调处理"古为

---

① 欧阳雪梅：《新中国社会主义文化建设的演进及基本经验》，《当代中国史研究》2019年第5期。

② 郝立新：《新时代文化发展的重大成就和宝贵经验》，《中国人民大学学报》2021年第6期。

今用""洋为中用"的文化关系，推动中华优秀传统文化创造性转化、创新性发展，学习借鉴其他国家的优秀文化，要以文明交流超越文明隔阂、文明互鉴超越文明冲突、文明共存超越文明优越，在推陈出新中推动志愿服务文化大发展大繁荣。① 志愿服务文化建设要彰显厚重的民族气质、鲜明的精神标识。习近平总书记多次强调，文明因交流而多彩，文明因互鉴而丰富。这既是以平等、多样、包容、开放的文化自觉与自信，汲取借鉴人类优秀文明成果，也是以美美与共、天下大同的文化担当，为解决人类面临的各种复杂问题贡献中国智慧和中国方案。②

（四）优化社会环境，推动社会多方主体互动

经济环境是志愿服务文化建设的基础。马克思主义认为，在一切社会发展的因素中，经济因素是整个社会生活和所有社会意识形态的决定力量和最终源泉。因此，经济环境是影响中国志愿服务文化建设的基础性因素。一定的经济条件是人的思想道德品质形成发展的基础，也是精神文明建设的起点。当前，我国已经全面建成小康社会，中国成为世界上第二大经济体，正踏上全面建设社会主义现代化强国的新征程的道路上。改革开放以来，我国人民生活水平的迅速提高和安全稳定的国内国际环境为我国公民广泛参与志愿服务提供了基本的物质条件。随着经济基础的变革，人们的精神生活的发展也日新月异，"富强、民主、文明、和谐"成为大众对国家发展方向的共同诉求，"自由、平等、公正、法治"是人们对社会的期许和盼望，"爱国、敬业、诚信、友善"成为公民追求美好生活的价值准则。经济发展和物质条件的改善是志愿服务在我国得以兴起和壮大的深层动因，志愿服务文化建设过去的成就应归因于经济社会的快速发展和市场环境的长期稳定。优化志愿服务文化建设的经济环境，其中生产力的持续发展是客观前提，良好的经济秩序是有力的保障，人们物质财富的积累是动力。③ 所谓"仓廪实而知礼节，衣食足而知荣辱"，一定的经济条

---

① 朱继东：《新中国文化建设的基本经验及启示》，《湖南科技大学学报》（社会科学版）2019年第6期。
② 万光侠：《百年文化建设的历史经验》，《红旗文稿》2021年第20期。
③ 李玮、林伯海：《中国志愿精神培育的社会环境优化》，《江西社会科学》2018年第3期。

件是人的思想道德品质形成发展的基础，也是精神文明建设的起点。志愿服务文化作为社会意识的表现形式，虽然不能产生直接的经济效益，但通过弥合社会矛盾、缓解社会冲突、营造互信、互助、互爱的社会环境和和谐的社会关系，能够为经济的快速发展过程中暴露和激化的社会矛盾和社会问题提供"缓冲"和"减震"作用，同时为经济的发展提供精神动力和智力支持，因而志愿服务文化的发展也是经济社会发展的必然需要。

政治环境是志愿服务文化建设的重要保障。我国志愿服务的发展与党的国家的大力倡导之间有着密切的关系，支持和倡导志愿服务既是民主政府应尽的责任，也是政府公共政策的最优选择。明晰政府与社会之间的界限，用政策法规手段来规范政府在社会管理和公共服务中的职能和权力边界，充分发挥社会力量解决社会问题，这是政府治理能力和治理体系现代化发展的一大步，也为社会力量的发展提供了生长的政治环境，志愿服务事业才得以多样化、多元化发展。因而可以说志愿服务的价值超越了为社会公众提供服务，更多的贡献在于给了民主原则滋养的土壤，并推动了民主的发展。而民主的发展反过来又促进了公民主体意识、责任意识、参与意识的形成，从而推动了志愿服务文化的发展。政治环境的优化需要进一步推进中国特色社会主义政治体制改革，完善社会主义民主政治，健全法律制度建设，创新社会治理体制，加强社区治理体系建设，扫除志愿服务发展的机制体制障碍，推动社区志愿服务向纵深发展。公平、正义、民主、法治的政治环境是志愿服务发展的土壤，志愿服务文化只有在不断优化的政治环境中才能发展起来。在民主和法治的政治环境中，公民主体精神、平等精神、互助精神和社会责任意识得以培育和发展起来，为现代志愿服务文化的发展提供思想基础和实践前提。党的十八大以来，我国志愿服务事业的迅猛发展很大一部分原因在于持续优化的政治环境，尤其是党的十九大报告中明确提出要"建立共建共治共享的社会治理格局"，"政府不仅要向市场放权，也要向社会放权；不仅要解放生产力，还要激发社会活力。"[1] 我们完全可以断定我国志愿服务事业迎来了前所未有的发展机遇。

---

[1] 成长春、杨凤华等：《协调性均衡发展：长江经济带发展新战略与江苏探索》，人民出版社2016年版，第392页。

文化环境是志愿服务文化发展的动力。文化是社会的产物,任何一种文化的产生和发展都是特定历史条件下,各种社会力量之间相互作用的结果。志愿服务文化作为社会主义主流文化的一种表现形式,与党的国家的大力倡导和鼓励密不可分,与社会主义民主政治的发展也密切相关,是伴随着改革开放后人们生活水平的提高、社会矛盾的凸显以及多元文化影响的格局的形成而不断发展起来。改革开放以来,随着经济全球化的推进和信息化发展,中国的开放环境不断扩大,主流文化逐步丰富,大众文化迅速兴起,网络文化快速发展。志愿精神正是在这样的多元文化背景下生成并发展起来的,志愿服务文化既体现了对中国优秀传统文化的传承性,又体现了吸取国外先进文化的开放性,同时还与主流文化有着高度的契合性。志愿服务文化的发展就要以先进文化为引领,创造有益的社会文化环境,营造志愿服务文化氛围,拓展志愿文化的传播渠道,创造志愿精神培育的和谐舆论环境。伴随着志愿行为在建设和谐社会、创新社会管理体系中社会化程度的加深,当个体的志愿行为从自在逐步走向自觉,志愿行为作为社会行动,还需要更深层次的社会动力源作为其持续发展的不竭动力,那就是不能仅仅停留在对志愿行为方式本身的体悟,而是要上升为对意义世界确认和观念文化塑造的思想自觉上来,进一步上升为社会信念和社会文化的自觉,志愿文化的建设因而成为志愿服务发展的灵魂所在。①

我国志愿服务的发展与公民个体表现出的守望相助的本能感知和道德诉求是同步发展的,是在缓和社会矛盾和冲突中发展的,是伴随着国家社会的重要时间节点和重大事件中壮大起来的。探寻志愿服务文化发展的历史经验,我们最应该铭记的就是一代又一代的志愿者和众多的志愿组织在发展中的无私奉献和积极探索,正是他们在当时的社会历史条件下,不断加强自身建设,努力提高服务能力和水平,依法规范地开展工作,培养出一批又一批的高素质的志愿服务专业队伍,这需要的是极强的社会责任感和志愿服务精神。这些志愿服务组织和志愿者的所作所为、所思所想也是志愿服务文化的宝贵财富。

---

① 颜睿:《志愿精神的文化渊源与现代价值》,《思想教育研究》2018 年第 8 期。

第 六 章

当代中国志愿服务文化认同及影响因素研究

所谓文化认同,"指的是以有意识的具体的特定文化构型为基础的社会认同"[1]。文化认同是社会个体意识在特定的文化结构之下所表现出对社会文化的情感向往。也即"文化认同对于大多数人来说是最有意义的东西","他们认同于部落、种族集团、宗教社团、民族,以及在最广泛的层面上认同于文明"[2]。可以说,文化认同有其特定的物质形态、观念形态、制度形态以及所表现出的具体的行为形态等结构因素。当代中国公民对志愿服务这一社会实践所蕴含的精神文化、制度文化、行为文化、物质文化的有意识的社会认同,在主体内部道德因素的驱动与社会外部环境的影响下,呈现丰富多样的认同面向。

一 当代中国公民志愿服务文化认同及影响因素理论模型

(一)公民志愿服务文化认同四层模型

公民志愿服务文化认同是公民主体对志愿服务文化的情感认知和行为倾向的表达,是对志愿服务价值观的形态化过程中生成的制度、行为、心理与物化形象标识的总和的道德判断和理性实践。探讨当代中国公民志愿

---

[1] [美]乔纳森·弗里德曼:《文化认同与全球性过程》,郭建如译,商务印书馆2003年版,第356页。

[2] [美]塞缪尔·亨廷顿:《文明的冲突》,周琪等译,新华出版社2017年版,第4、6页。

第六章 当代中国志愿服务文化认同及影响因素研究 / 217

服务文化认同内在相互联系的多维要素结构是分析当代中国公民志愿服务文化认同态度现状的重要理路。目前关于文化层级要素理论建构，有器物层面、制度层面、观念层面的三要素"中心"理论[①]，也有物质层面、精神层面、制度层面、行为层面四要素的"洋葱"理论[②]。本书主要是通过反映公民在精神观念层面、制度机制层面、行为表征层面、外在物质层面的态度来了解公民志愿服务文化认同的客观情况。本项书证研究部分的逻辑起点就是对当代中国公民志愿服务文化认同构成要素通过四维度的量表设计来作出分析。按照文化的"洋葱"模型建构，可以将其称为公民志愿服务文化"洋葱"模型，其构成和关系如图 6-1 所示。

志愿服务物质文化	载体要素：志愿服务标识、志愿服务统一服饰、志愿服务证书、志愿服务阵地
志愿服务行为文化	基础要素：志愿服务行为倾向、志愿服务行为养成、志愿服务行为效果
志愿服务制度文化	保障要素：志愿服务制度理论、志愿服务制度运行、志愿服务制度成效
志愿服务精神文化	动力要素：志愿精神认知、志愿精神情感、志愿精神价值

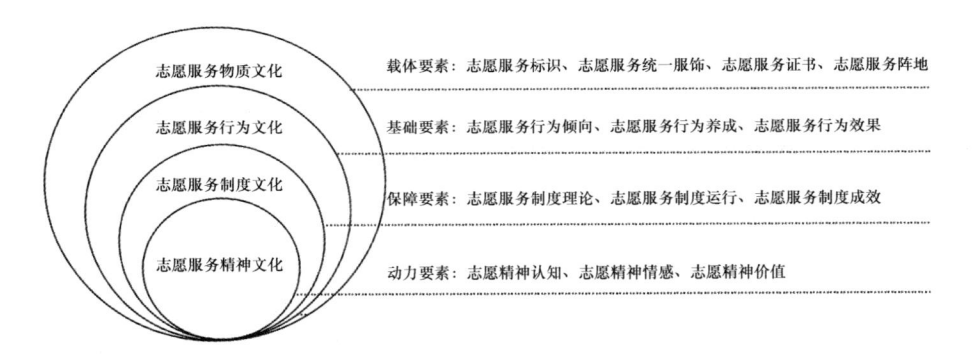

图 6-1 公民志愿服务文化"洋葱"模型结构

第一个维度即公民志愿服务精神文化，精神文化维度是指主体对精神客体的知、情、意的理解和判断。反映到本书中，主要指当代中国公民对志愿精神的主观认知、对志愿精神主体情感的反应和对志愿精神客体价值

---

① 如陶倩教授在《当代中国志愿精神的培养研究》（2013）一书中将志愿服务文化分为三类，即物质层面的志愿文化、精神层面的志愿文化和制度层面的志愿文化。魏娜教授在《志愿服务概论》中就志愿文化建设从志愿物质文化建设、志愿制度文化建设、志愿精神文化建设三个角度进行阐释。

② 如秦琴教授等在《中国特色志愿文化的丰富内涵与价值探析》（2019）一文中从"物质层面、制度层面、精神层面、行为层面"四个维度阐释志愿服务文化的内涵；文化学者沈望舒在《论中国特色志愿服务文化——人之良善的行走》一书中指出可从"思想文化、制度文化、物质文化、行为文化"四层面解析志愿服务文化内涵与结构；荷兰著名跨文化管理学家霍夫斯塔德（G. Hofstede）把文化比喻成洋葱，对组织文化从理念层、制度层、行为层和物质层四个维度进行"洋葱模型"的理论建构。

的判断。第二个维度即志愿服务制度文化，制度文化维度是指主体对制度的认知与理解和对制度运行与结果的肯定与否。反映到本书中，主要指当代中国公民对志愿服务制度理念的支持与否、对志愿服务制度运行的到位与否、对志愿服务制度成效的满意与否。第三个维度即志愿服务行为文化认同，行为文化维度是指主体对客体所产生的行为与客体引起主体本身的行为的认知与倾向。反映到本书中，主要指当代中国公民对志愿服务他人行为反应与自身行为体验的情感倾向，能否促使主体养成志愿服务行为自觉，并通过志愿服务参与产生志愿服务行为效果。第四个维度即志愿服务物质文化，物质文化维度是指主体对客体所呈现的物质形态的情感选择。反映到本书中，主要指当代中国公民对志愿服务标识、志愿服务统一服饰、志愿服务证书、志愿服务阵地的情感判断和道德选择。

当代中国公民志愿服务文化认同构成的四个维度紧密相连，它们共同构成中国志愿服务文化认同体系。志愿服务精神文化认同是动力因素，志愿服务制度文化认同是保障要素，志愿服务行为文化认同是基础要素，志愿服务物质文化认同是载体要素。动力系统催生行为系统运行，并通过载体系统提供平台，最后通过制度系统保障动力系统顺利转化为客观成果。志愿服务精神文化认同是产生志愿服务行为文化认同的动力，志愿服务行为文化认同又是志愿服务精神文化认同的基础表达，并通过志愿服务物质文化认同形成具体志愿服务认同载体，在志愿服务制度文化认同的情感保障下，为构建成熟的志愿服务文化提供社会支撑。

（二）公民志愿服务文化认同内外影响因素模型

作为从事现实活动的具有能动意识的现实的个体，即作为社会的人的存在，其情感判断、道德认知、价值选择既要受到个人内在意识的驱动，又要受到来自外部社会环境的影响，在社会交往之中，个体意识做出态度判断，进而在实践中实现个体生命的价值升华。正如马克思、恩格斯所指，"个人怎样表现自己的生命，他们自己就是怎样。个人是什么样的，这取决于他们进行生产的物质条件。"[①] 个人选择何种志愿服务文化认同

[①] 《马克思恩格斯文集》第 1 卷，人民出版社 2009 年版，第 520 页。

态度，既要受个体自身内在因素的影响，同时也取决于从事物质生产生活的社会条件。

当代中国公民志愿服务文化认同态度的选择，和其自身内在的道德情感、道德信念、道德认知具有直接影响。道德情感指个体依据一定的道德标准，对现实的道德关系和自己或他人的道德行为等所产生的爱憎好恶等心理体验。道德信念就是人们通过对社会道德规范的认识和了解，在自身强烈的道德情感驱动下，对履行某种社会道德义务产生的强烈的责任感。道德认知即指人们对客观存在的道德关系及如何处理这种关系的原则和规范的认识。三者形成志愿服务文化认同内部驱动力，这些内在影响因素是通过公民对特定道德情境和道德行为的个体反馈发生作用。同时，当代中国公民志愿服务文化认同态度还取决于政府政策导向、组织平台保障、职业要求驱动、学校教育生成、社区环境氛围、家庭家风陶冶、网络媒体传播等外部社会生产生活环境的影响，共同构成志愿服务文化认同外部行动力。总之，由道德情感、道德信念、道德认知等构成的当代中国公民志愿服务文化认同的内部因素和外部社会生产生活环境因素是探析影响当代中国公民志愿服务文化认同态度的重要二因素。其具体关系如图6-2所示。

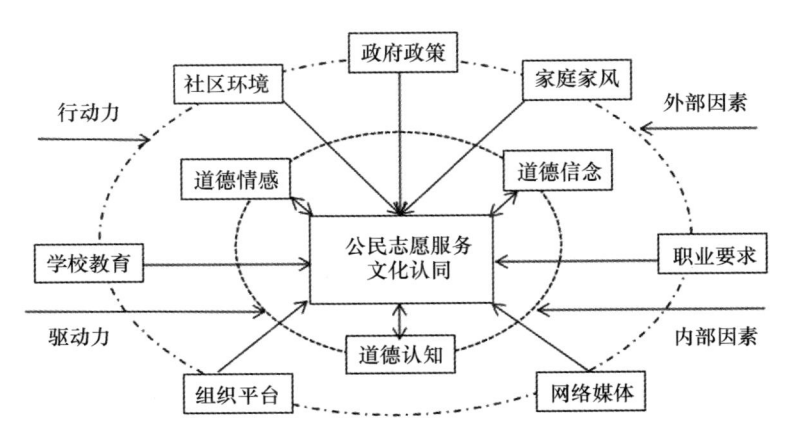

图6-2 公民志愿服务文化认同内外影响因素模型

二　当代中国公民志愿服务文化认同态度量表及影响因素问卷设计

（一）变量的操作性定义

本书涉及的变量包括志愿服务文化、志愿服务物质文化认同态度、志愿服务精神文化认同态度、志愿服务制度文化认同态度、志愿服务行为文化认同态度、志愿服务文化认同影响因素等。

志愿服务文化。根据前文所述，志愿服务文化四维结构具体从志愿服务物质文化、志愿服务行为文化、志愿服务制度文化、志愿服务精神文化四个层面予以测量。

志愿服务物质文化认同态度。物质文化涉及人类社会文化的具体存在形态和抽象转化为形象的感性表达。同时，物质文化作为文化的可观可感形式，直接影响着社会心理选择与情感倾向。本研究将中国公民志愿服务物质文化认同态度划分为4类，具体是：志愿服务标识认同：指中国公民对志愿服务特有标志和图像符号的情感认知与实践表达。志愿服务服装认同：指中国公民对志愿服务统一制定的服装的情感认知与社会支持。志愿服务证书认同：指中国公民对参与志愿服务之后获得的志愿服务证明材料，以及表现突出所获得的志愿服务荣誉证书的情感认知与自我激励。志愿服务阵地认同：指中国公民对志愿服务活动开展场地与志愿服务常态驻扎阵地的个体情感认知与功能认同。

志愿服务行为文化认同态度。作为社会性存在的人，其社会行为总是处于一定的社会关系之中，不仅受到社会关系之中的他人的行为影响，同时自身的社会行为也具有一定的互感性。由社会行为生成的行为文化，对人的社会行为发展与世界观的塑造具有强烈的现实性。志愿服务行为文化对于志愿服务行为的养成，以及对志愿精神的传承弘扬都具有直观养成的作用。本研究从3个维度测量中国公民对志愿服务行为文化的认同态度。具体是：志愿服务行为养成：指中国公民对外在志愿服务实施行为的态度与受影响程度。志愿服务行为倾向：指中国公民主观意愿参与志愿服务活动的行为趋向的强烈与否。志愿服务行为效果：指中国公民在实施志愿服务实践活动之后的行为价值认知与行为持续的态度。

志愿服务制度文化认同态度。制度文化是组织或集体有序化、规范化、科学化、现代化建设的重要文化内容，体现的是组织或集体制度理念的表达和人文关怀的制度呈现。志愿服务制度文化是志愿组织或志愿队伍在志愿服务活动发布、志愿者招募、培训、管理、保障等过程，通过具体制度的实施，保障志愿服务高质量供给的文化形式。志愿服务制度文化对于志愿服务朝着专业化、精准化和生活化起着重要的推动作用。本书从3个维度测量中国公民对志愿服务制度文化的认同态度。具体是：志愿服务制度理念认知：指中国公民对志愿组织、志愿者、志愿服务对象、志愿管理部门等开展制度建设的认同。志愿服务制度运行认知：指中国公民在参与志愿服务过程中对志愿服务制度实施情感体验。志愿服务制度成效判断：指中国公民对志愿服务制度建设及实施效果的主观认知与客观判断。

志愿服务精神文化认同态度。精神文化是指："文化心态及其在观念形态上的对象化，表现为文化心理和社会意识诸形式。价值观、思想和道德的统一构成精神文化。"[①] 志愿服务精神文化是对志愿服务本体内在价值与公共道德的文化确证，体现了志愿服务精神对社会真善美的积极追求与主观创造。本书从3个维度测量中国公民对志愿服务精神文化的认同态度。具体是：志愿精神认知：指中国公民对志愿精神的内容认知与个体志愿品质的判断。志愿精神情感表达：指中国公民对志愿精神转化为行为的自身体验与社会情感反馈。志愿精神价值认同：指中国公民对志愿精神的社会价值认知与个体践行所产生的价值认同。

志愿服务文化认同影响因素。中国公民志愿服务文化认同影响因素主要包括个体内在影响因素和外部环境对志愿服务文化认同的影响因素。内因主要从个体参与志愿服务的道德情感、道德信念、道德认知三个方面进行测量。外因主要从政府政策导向、组织平台保障、职业要求驱动、学校教育生成、社区环境影响、家庭家风陶冶、网络媒体传播七个方面进行测量。

（二）量表和问卷的编制

在文献研究和实地访谈调查的基础上，从中国公民志愿服务物质文化

[①] 郑永廷：《论精神文化的发展趋向与方式——兼谈精神生活的丰富与提高》，《思想教育研究》2009年第8期。

认同、志愿服务行为文化认同、志愿服务制度文化认同、志愿服务精神文化认同 4 个维度收集、编写问卷条目。问卷条目完成后，请心理学、社会学、思想政治教育学有关专家、志愿服务指导老师、课题组成员进行指导，经反复修改后形成 26 个条目的初始问卷。大家评议、讨论量表设计的条目是否表达清楚、易于理解，条目是否符合测量指标要求。各条目具体内容包括：①中国公民志愿服务物质文化认同，包括志愿服务标识、志愿服务统一服饰、志愿服务证书、志愿服务阵地等。②中国公民志愿服务精神文化认同，包括志愿精神认知、志愿精神情感、志愿精神价值等。③中国公民志愿服务制度文化认同，包括志愿服务制度理念、志愿服务制度运行、志愿服务制度成效等。④中国公民志愿服务行为文化认同，包括志愿服务行为养成、志愿服务行为倾向、志愿服务行为效果等。具体量表维度及测量项目见表 6-1。量表采取 Likert 5 点法计分，即非常符合为 5 分，较符合为 4 分，不确定为 3 分，较不符合为 2 分，非常不符合为 1 分。

表 6-1　中国公民志愿服务文化认同维度及测量项目

维度	项目
志愿服务物质文化认同	2.1.1 我看到志愿服务标志就会产生亲近感
	2.1.2 我看到志愿服务标志就想主动参加志愿服务活动
	2.1.3 我穿上志愿服务统一服装就会感觉自己是一名真正的志愿者
	2.1.4 我穿上志愿服务统一服装大家更愿意找我帮忙
	2.1.5 我认为志愿服务证书可以记录志愿服务美好时光
	2.1.6 我获得志愿服务证书之后愿意继续坚持做志愿服务
	2.1.7 我认为有专门的活动场地有助于志愿服务长期开展
	2.1.8 我愿意通过新时代文明实践中心（所、站）参与志愿服务活动
志愿服务精神文化认同	2.2.1 我认为志愿者是无私奉献、不计回报的人
	2.2.2 我认为志愿者是充满爱心、乐于助人的人
	2.2.3 我经常能在志愿服务的过程中得到乐趣
	2.2.4 我经常能在志愿服务过程中得到他人的赞赏
	2.2.5 我认为提供志愿服务是公民应尽的社会责任
	2.2.6 我认为通过志愿服务关心帮助他人没有价值

续表

维度	项目
志愿服务制度文化认同	2.3.1 我认为志愿服务组织需要相应规章制度规范管理
	2.3.2 我在参与志愿服务活动中能得到科学有序地指导
	2.3.3 我在参与志愿服务过程中会遵守相关规则
	2.3.4 我在参与志愿服务过程中经常得到专业培训和人身安全保障
	2.3.5 志愿服务规章条例帮助我顺利完成志愿服务活动
	2.3.6 我在参与志愿服务过程中各项合法权益得到有效制度保障
志愿服务行为文化认同	2.4.1 我看到身边的人帮助他人，我也会去帮助他人
	2.4.2 我在帮助他人的过程中不断形成自主习惯
	2.4.3 我愿意在力所能及的范围内开展志愿服务
	2.4.4 我愿意经常参加志愿服务活动
	2.4.5 我愿意把志愿服务当成生活的重要部分
	2.4.6 我愿意把参与志愿服务当作一种生活方式

关于中国公民志愿服务文化认同影响因素问卷设计经过文献研究、实地访谈调查和专家咨询等工作，从内因和外因设计了2个一级指标，内因从个体精神愉悦、价值实现和生活丰富等设计3个二级指标共6个题项；外因从政府政策导向、组织平台保障、职业要求驱动、学校教育生成、社区环境影响、家庭家风陶冶、网络媒体传播等7个二级指标共12个题项。问卷具体维度和题项见表6-2。问卷采取Likert 5点法计分，即非常符合计5分，较符合计4分，不确定计3分，较不符合计2分，非常不符合计1分。

表6-2 中国公民志愿服务文化认同影响因素问卷维度及测量题项

中国公民志愿服务文化认同因素		题项
内因	道德情感	3.1.1 我同情需要帮助的人
		3.1.2 我认为和谐的人际关系在和谐社会中占有重要地位
	道德信念	3.1.3 我认为帮助他人使我感觉良好
		3.1.4 我认为帮助他人使我觉得自己是被需要的
	道德认知	3.1.5 我认为团结互助是一种可贵的品质
		3.1.6 我认为服务社会奉献自己的生活才有意义

续表

中国公民志愿服务文化认同因素		题项
外因	政府政策导向	3.2.1 我认为地方党委政府出台激励政策有助于市民自觉参与志愿服务
		3.2.2 我不愿意参加由地方政府单位发起的志愿服务活动
	组织平台保障	3.2.3 周围有志愿组织促使我参加志愿服务
		3.2.4 我认为志愿组织专业可靠
	职业要求驱动	3.2.5 我现在工作的单位有对员工开展志愿服务活动的要求
	学校教育生成	3.2.6 我认为学校开展思想品德教育增强了志愿者的社会责任意识
	社区环境影响	3.2.7 我生活的社区邻里互助、人际关系和谐
		3.2.8 我的家庭成员经常受到社区志愿者的帮助
	家庭家风陶冶	3.2.9 我的家庭成员感情融洽、家庭和睦
		3.2.10 我的家庭成员参加过志愿服务活动
	网络媒体传播	3.2.11 网络和新媒体上传播志愿者感人事迹，让我对志愿者有更多的敬意
		3.2.12 网络或新媒体上报道的志愿者事迹，激励我当一名优秀的志愿者

三 当代中国公民志愿服务文化认同态度量表预测试分析

中国志愿服务文化认同量表是笔者自编量表，在开展正式大规模的问卷发放之前，有必要对量表进行条目分析和探索性因子分析，以验证量表设计的信度和效度，从而提高量表的科学性、有效性。

（一）公民志愿服务文化认同态度量表探索性分析

第一，中国志愿服务文化认同量表项目分析。对量表进行项目分析旨在鉴别不同测试者对某个题项的反应程度，即问题项的区分度，并找出未达显著水准的题项予以删除或修改。项目分析最常用的是极端组检验法，它是将高分组（总分前27%）与低分组（总分后27%）的平均数作为题项决断值或临界比（Critical Ratio，CR），将决断值未达到显著性水平（t值小于3或显著水平p值大于0.05）的题目删除。高低分组在题项平均上的差异检验主要采用独立样本T检验的t值作为其结果，t值越高表示题目的鉴别度越高[①]。按此方法，我们对中国志愿服务文化认同量表搜集到的26个题项进行项目分析。分析结果见表6-3。

表6-3　　　　中国志愿服务文化认同量表项目分析结果

		方差方程的 Levene 检验		均值方程的 T 检验				
		F	Sig.	t	自由度	Sig.（双尾）	平均值差值	标准误差差值
B1	假定等方差	721.063	0.000	-45.448	1744	0.000	-1.35052	0.02972
	不假定等方差			-45.448	1137.429	0.000	-1.35052	0.02972
B2	假定等方差	952.041	0.000	-50.380	1744	0.000	-1.39290	0.02765
	不假定等方差			-50.380	1052.129	0.000	-1.39290	0.02765
B3	假定等方差	711.707	0.000	-46.894	1744	0.000	-1.21306	0.02587
	不假定等方差			-46.894	909.977	0.000	-1.21306	0.02587
B4	假定等方差	547.903	0.000	-46.500	1744	0.000	-1.22566	0.02636
	不假定等方差			-46.500	1095.184	0.000	-1.22566	0.02636
B5	假定等方差	480.168	0.000	-49.625	1744	0.000	-1.16037	0.02338
	不假定等方差			-49.625	944.963	0.000	-1.16037	0.02338
B6	假定等方差	542.935	0.000	-51.851	1744	0.000	-1.17640	0.02269
	不假定等方差			-51.851	917.296	0.000	-1.17640	0.02269
B7	假定等方差	351.735	0.000	-48.467	1744	0.000	-1.15006	0.02373
	不假定等方差			-48.467	1130.047	0.000	-1.15006	0.02373
B8	假定等方差	592.008	0.000	-52.657	1744	0.000	-1.20733	0.02293
	不假定等方差			-52.657	989.356	0.000	-1.20733	0.02293
B9	假定等方差	656.113	0.000	-49.761	1744	0.000	-1.19931	0.02410
	不假定等方差			-49.761	928.267	0.000	-1.19931	0.02410

---

① 吴明隆：《SPSS与统计应用分析》，东北财经大学出版社2012年版，第661页。

续表

		方差方程的 Levene 检验		均值方程的 T 检验				
		F	Sig.	t	自由度	Sig.（双尾）	平均值差值	标准误差差值
B10	假定等方差	385.374	0.000	-48.206	1744	0.000	-1.08018	0.02241
	不假定等方差			-48.206	876.569	0.000	-1.08018	0.02241
B11	假定等方差	618.260	0.000	-53.853	1744	0.000	-1.20619	0.02240
	不假定等方差			-53.853	962.781	0.000	-1.20619	0.02240
B12	假定等方差	580.442	0.000	-51.004	1744	0.000	-1.26346	0.02477
	不假定等方差			-51.004	1161.428	0.000	-1.26346	0.02477
B13	假定等方差	660.050	0.000	-48.524	1744	0.000	-1.22566	0.02526
	不假定等方差			-48.524	945.323	0.000	-1.22566	0.02526
B14	假定等方差	790.642	0.000	-4.712	1744	0.000	-0.36312	0.07706
	不假定等方差			-4.712	1492.714	0.000	-0.36312	0.07706
B15	假定等方差	182.067	0.000	-44.071	1744	0.000	-1.03322	0.02344
	不假定等方差			-44.071	1159.556	0.000	-1.03322	0.02344
B16	假定等方差	714.360	0.000	-54.400	1744	0.000	-1.24742	0.02293
	不假定等方差			-54.400	1012.560	0.000	-1.24742	0.02293
B17	假定等方差	300.634	0.000	-50.034	1744	0.000	-1.04926	0.02097
	不假定等方差			-50.034	877.219	0.000	-1.04926	0.02097
B18	假定等方差	552.756	0.000	-47.922	1744	0.000	-1.28981	0.02691
	不假定等方差			-47.922	1203.760	0.000	-1.28981	0.02691
B19	假定等方差	721.855	0.000	-55.595	1744	0.000	-1.23711	0.02225
	不假定等方差			-55.595	928.720	0.000	-1.23711	0.02225
B20	假定等方差	639.082	0.000	-54.710	1744	0.000	-1.24399	0.02274
	不假定等方差			-54.710	1062.070	0.000	-1.24399	0.02274
B21	假定等方差	473.164	0.000	-57.442	1744	0.000	-1.14204	0.01988
	不假定等方差			-57.442	901.289	0.000	-1.14204	0.01988
B22	假定等方差	372.078	0.000	-58.488	1744	0.000	-1.13860	0.01947
	不假定等方差			-58.488	1098.176	0.000	-1.13860	0.01947
B23	假定等方差	343.268	0.000	-58.937	1744	0.000	-1.09737	0.01862
	不假定等方差			-58.937	898.709	0.000	-1.09737	0.01862

续表

		方差方程的 Levene 检验		均值方程的 T 检验				
		F	Sig.	t	自由度	Sig.（双尾）	平均值差值	标准误差差值
B24	假定等方差	773.089	0.000	-54.641	1744	0.000	-1.24170	0.02272
	不假定等方差			-54.641	968.484	0.000	-1.24170	0.02272
B25	假定等方差	1093.319	0.000	-54.225	1744	0.000	-1.36426	0.02516
	不假定等方差			-54.225	1018.540	0.000	-1.36426	0.02516
B26	假定等方差	1006.168	0.000	-53.734	1744	0.000	-1.34479	0.02503
	不假定等方差			-53.734	1008.575	0.000	-1.34479	0.02503

第二，样本适当性考察。在进行探索性因子分析时，需要考察 KMO 检验和 Bartlett 球形检验是否显著。KMO 测试样本的充足度，取值范围为 0—1，越接近 1，说明变量间的共同因素越多，越适合进行因子分析，一般 KMO 值小于 0.5 不适宜进行因子分析[1]。Bartlett 是以分析判断因子模型是否适宜为目的，它以变量的相关系数矩阵为出发点，若检定结果拒绝虚无假设，给定显著性概率值小于 0.05，认为适合做因子分析；反之则认为该变量不适合做因子分析。本研究样本的 KMO 和 Bartlett 球形检验的结果见表 6-4。

表 6-4　　志愿服务文化认同量表 KMO 和 Bartlett 检验结果

	Bartlett 球形检验值	KMO 系数	显著性水平结论	结论
志愿服务文化认同量表	48558.711	0.964	0.000	比较适合做因素分析

第三，中国志愿服务文化认同量表探索性因素分析结果。根据表 6-4 所示，KMO 系数为 0.964，显著性水平 p 值小于 0.05，证明剩下的

---

[1] KMO 一般常用的度量标准：0.9 以上，非常好；0.8—0.9，比较好；0.7—0.8，好；0.6—0.7，一般；0.5—0.6，差；0.5 以下，不能接受。

26个题项比较适合做因子分析。此后，我们进行主成分分析，提取共同因素求得因素初始负荷矩阵，再用斜交旋转求得旋转因素负荷矩阵。碎石图如图6-3所示，因素分析结果见表6-5。

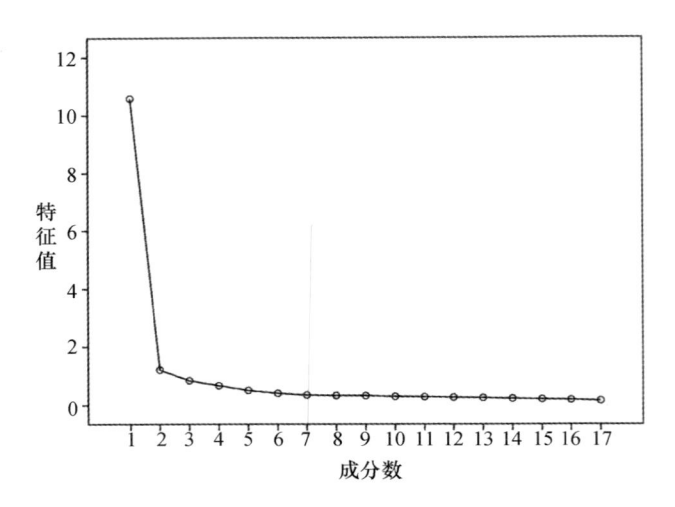

图6-3 中国志愿服务文化认同量表因素分析碎石图

表6-5 中国志愿服务文化认同量表的因素负荷矩阵

	成分 1	成分 2	成分 3	成分 4
特征值	4.216	3.43	2.901	2.753
能解释的方差比率	24.799	20.177	17.067	16.191
17. 我认为志愿服务证书可以记录志愿服务美好时光	0.781			
16. 我穿上志愿服务统一服装大家更愿意找我帮忙	0.759			
18. 我获得志愿服务证书之后愿意继续坚持做志愿服务	0.735			
19. 我认为有专门的活动场地有助于志愿服务长期开展	0.728			
15. 我穿上志愿服务统一服装就会感觉自己是一名真正的志愿者	0.702			

续表

	成分			
	1	2	3	4
20. 我愿意通过新时代文明实践中心（所、站）参与志愿服务活动	0.582			
30. 我在参与志愿服务过程中经常得到专业培训和人身安全保障		0.828		
32. 我在参与志愿服务过程中各项合法权益得到有效制度保障		0.777		
31. 志愿服务规章条例帮助我顺利完成志愿服务活动		0.768		
28. 我在参与志愿服务活动中能得到科学有序地指导		0.698		
22. 我认为志愿者是充满爱心、乐于助人的人			0.768	
21. 我认为志愿者是无私奉献、不计回报的人			0.747	
23. 我经常能在志愿服务的过程中得到乐趣			0.600	
25. 我认为提供志愿服务是公民应尽的社会责任			0.572	
37. 我愿意把志愿服务当成生活的重要部分				0.839
38. 我愿意把参与志愿服务当作一种生活方式				0.805
36. 我愿意经常参加志愿服务活动				0.670

提取方法：主成分。旋转法：具有 Kaiser 标准化的正交旋转法。
a. 旋转在 6 次迭代后收敛。

根据陡阶检验和碎石图显示，在第五个因素处开始形成碎石，前 4 个因素的特征值均大于 1，且其独立性非常明显。所以先抽取 4 个因素，这称为志愿服务文化认同量表的 4 个一级因素。斜交旋转后抽取出来的 4 个因素的累计解释总方差比率为 78.234，最后删除了 10 个题项，保留 13 个项目。它们的维度归属如下。

因素 1 能解释的方差比率为 24.799%，有 6 个负荷量大于 0.5 的项目，主要围绕对志愿服务标识、志愿服务统一服饰、志愿服务证书、志愿服务阵地等方面的认知。所以，此因子命名为"志愿服务物质文化认同"。

因素 2 能解释的方差比率为 20.177%，有 4 个负荷量大于 0.5 的项目，主要反映志愿服务制度理念、志愿服务制度运行、志愿服务制度成效等。所以，此因子命名为"志愿服务制度文化认同"。

因素 3 能解释的方差比率为 17.067%，有 4 个负荷量大于 0.5 的项目，主要反映志愿精神认知、志愿精神情感、志愿精神价值等。所以，此因子命名为"志愿服务精神文化认同"。

因素 4 能解释的方差比率为 16.191%，有 3 个负荷量大于 0.5 的项目，主要反映志愿服务行为倾向、志愿服务行为养成、志愿服务行为效果等。所以，此因子命名为"志愿服务行为文化认同"。

经过项目分析和探索性因子分析，共形成以上 4 个因素 17 个题项，这与中国志愿服务文化认同结构的理论建构模型基本一致。因此，本研究以此 17 个题项构成正式的"中国志愿服务文化认同量表"，具体量表题项见表 6-6。

表 6-6　　　　　　中国志愿服务文化认同量表题项

中国志愿服务 文化认同结构	题项
志愿服务物质 文化认同态度	17. 我认为志愿服务证书可以记录志愿服务美好时光
	16. 我穿上志愿服务统一服装大家更愿意找我帮忙
	18. 我获得志愿服务证书之后愿意继续坚持做志愿服务
	19. 我认为有专门的活动场地有助于志愿服务长期开展
	15. 我穿上志愿服务统一服装就会感觉自己是一名真正的志愿者
	20. 我愿意通过新时代文明实践中心（所、站）参与志愿服务活动
志愿服务制度 文化态度	30. 我在参与志愿服务过程中经常得到专业培训和人身安全保障
	32. 我在参与志愿服务过程中各项合法权益得到有效制度保障
	31. 志愿服务规章条例帮助我顺利完成志愿服务活动
	28. 我在参与志愿服务活动中能得到科学有序地指导
志愿服务精神 文化认同态度	22. 我认为志愿者是充满爱心、乐于助人的人
	21. 我认为志愿者是无私奉献、不计回报的人
	23. 我经常能在志愿服务的过程中得到乐趣
	25. 我认为提供志愿服务是公民应尽的社会责任

续表

中国志愿服务文化认同结构	题项
志愿服务行为文化态度	37. 我愿意把志愿服务当成生活的重要部分
	38. 我愿意把参与志愿服务当作一种生活方式
	36. 我愿意经常参加志愿服务活动

（二）正式问卷信效度分析

第一，信度分析。本研究主要采用内部一致性系数（Cronbachs α）、分半（Split-Half）系数作为正式问卷的信度指标进行检验。结果见表6-7所示，中国志愿服务文化认同量表中国志愿服务文化认同量表的内部一致性系数为0.899，Split-Half分半系数为0.901，各因素的内部一致性系数在0.895—0.917，分半系数在0.834—0.918，在总信度和三个因素的信度指标最小的值均在0.8以上，说明中国志愿服务文化认同量表及各因素的内部一致性、稳定性和可靠性较好。

表6-7　　志愿服务文化认同问卷及各因素的信度检验结果

	Cronbachs α 系数	Split-Half 系数
总量表	0.899	0.901
因素1	0.895	0.918
因素2	0.917	0.916
因素3	0.904	0.883
因素4	0.912	0.834

第二，效度分析。本研究主要采用内容效度和结构效度来检验量表测量的有效性程度。内容效度主要是测量内容或指标与测量目标之间的适合性和逻辑相符性。中国志愿服务文化认同量表的题项是来自国内外相关文献、对志愿者的访谈和学生分组讨论而收集起来的，同时将收集起来的题项通过心理学、社会学、思想政治教育学教师、研究生和志愿服务指导老师的多次审查与修改，通过预测试的项目分析，剔除不显著的项目，从而保证了量表各项目能真实反映当代中国公民志愿服务文化认同态度的主要

方面。

结构效度分析。检验结构效度的常用方法是因素分析。根据相关因素分析原理，各因素和量表总分应有较高程度的相关以体现量表的整体同质性；各因素之间的相关应当适中，过高则存有重复因素，过低则有同质性过低可能。从表6-8可以看出，各因素间相关系数均在0.1—0.8，说明因素间具有一定的独立性，符合因素分析要求。

表6-8　　　　中国志愿服务文化认同量表四个因素相关矩阵

成分	因素1	因素2	因素3
因素2	0.697	-0.597	0.134
因素3	0.118	0.611	-0.071
因素4	0.412	0.132	-0.868

从表6-9可以看出，中国志愿服务文化认同量表四个因素与量表总分之间的相关在0.855—0.917，四个因素总分之间的相关也达到显著性水平（p<0.01），说明本研究编制的中国志愿服务文化认同量表具有较好的结构效度。

表6-9　　　志愿服务文化认同量表四因素总分间及与
全量表总分间的相关矩阵

	志愿服务物质文化认同	志愿服务制度文化态度	志愿服务精神文化认同	志愿服务行为文化态度
志愿服务制度文化态度	0.693**			
志愿服务精神文化认同	0.804**	0.745**		
志愿服务行为文化态度	0.687**	0.708**	0.739**	
志愿服务文化认同总分	0.916**	0.876**	0.917**	0.855**

（三）验证性因素分析

研究使用Amos22.0软件的Unbiased对量表的因子结构进行367份正式问卷验证性因子分析。通过Amos建立原始模型，得到中国志愿服务文化认同量表的拟合指数结果，见表6-10。表中CMIN/DF小于3，RMR

小于 0.05，RMSEA 小于 0.08，AGFI 大于 0.90，其他各项指标均在 0.90 以上，达到适配标准。

表 6-10　"志愿服务文化认同量表"验证性因素分析的模型拟合指数计算结果

	统计检验量	适配标准或临界值	检验结果数据	模型适配判断
绝对适配度指数	CMIN		269.412	
	CMIN/DF	<3 表示模型的适配度良好	2.384	良好
	RMR	<0.05	0.024	是
	RMSEA	<0.05 优良，<0.08 良好	0.061	良好
	GFI	>0.90 以上	0.922	是
	AGFI	>0.90 以上	0.892	适中
增值适配度指数	NFI	>0.90 以上	0.938	是
	RFI	>0.90 以上	0.925	是
	IFI	>0.90 以上	0.963	是
	CFI	>0.90 以上	0.963	是
简约适配度指数	PGFI	>0.50 以上	0.681	是
	PNFI	>0.50 以上	0.779	是
	PCFI	>0.50 以上	0.800	是

注：提取方法：主成分分析法。

综合表 6-10 各项指标来看，本书构建的中国志愿服务文化认同量表模型的整体拟合效果良好，志愿服务文化认同量表的四维结构模型是合理的。

第七章

当代中国公民志愿服务文化认同态度现状及归因研究

一 当代中国志愿服务文化认同及影响因素调查数据采集

（一）样本选取和被试信息

经过预测试的分析，我们对预测试中存在的问题进行了修正，然后开展了大规模的正式问卷调查。从2022年6月到7月，本书数据的采集在课题组成员和"志愿汇"线上数据采集团队的大力支持下，根据问卷星线上问卷数据发放方式，随机发布到全国各省市，按地域划分华东地区、华中地区、华北地区、华南地区、西部地区作为数据取样地。

调查问卷通过线上发布，实际回收3233份。调查采取两种途径进行。第一，借助"志愿汇"App线上平台，将制作好的线上问卷投放至"志愿汇"App，由专业团队负责线上平台数据的采集，按照制定的相关取样原则，由他们协助问卷调查的组织实施工作。第二，由课题组成员，借助"问卷星"数据平台，制作好线上调查问卷，并通过课题组成员网络新媒体传播调查问卷，按照制定的相关取样原则组织实施并回收数据至课题组。通过这两种途径，达到调查区域广、成本低、效率高的效果。

取样原则主要是：第一，力争在性别、年龄、不同职业身份方面能反映当前我国公民的基本情况；第二，力争涵盖不同省市、不同区域公民的实际情况；第三，力争在每一区域定向投放，确保投放到专业志愿群体、注册志愿群体、业余志愿群体和独立个体等不同志愿服务参与群体，确保问卷数据的代表性。在以上三个原则的基础上，课题组成员和"志愿汇"平台线上问卷负责团队协调配合，按照集中和分散相结合，定时定期汇总反馈回收情况的方式，不断优化调整线上问卷的投放群体和区域，基本上能够最大限度地实现抽样调查的随机性和代表性相统一。

总体样本在区域分布上，包括华东地区的 717 份（22.18%），华中地区的 553 份（17.1%），华南地区的 355 份（10.98%），华北地区的 841 份（26.01%），西部地区的 767 份（23.72%）。各地区被试样本分布情况见表 7-1。

表 7-1　　　　　　　　　　抽样地区基本情况

地区	频次	比例（%）
华东地区	717	22.18
华南地区	355	10.98
华中地区	553	17.1
华北地区	841	26.01
西部地区	767	23.72
合计	3233	99.99

根据研究需要，课题组对被试的基本信息进行了采集，包括性别、年龄、婚姻状况、职业身份、文化程度、政治面貌、生活常住地、宗教信仰、年平均收入水平、是否为注册志愿者、参与志愿服务频率等。具体情况见表 7-2。

表 7-2　　　　　　　　　　被试基本信息

项目	类别	频次	比例（%）	缺失
性别	男	1472	45.53	0
	女	1761	54.47	0
年龄	18 周岁以下	396	12.25	0
	18—39 周岁	2238	69.22	0
	40—59 周岁	564	17.45	0
	60 周岁及以上	35	1.08	0

续表

项目	类别	频次	比例（%）	缺失
婚姻状况	已婚	2326	71.95	0
	未婚	813	25.15	0
	其他	94	2.91	0
职业身份	在校学生	2162	66.87	0
	教师	121	3.74	0
	社工	48	1.48	0
	医务工作者	34	1.05	0
	国家公务员	39	1.21	0
	企业管理人员	73	2.26	0
	企业员工	181	5.6	0
	农民	99	3.06	0
	（退役）军人	32	0.99	0
	自由职业者	129	3.99	0
	个体经营者	120	3.71	0
	未就业人员	30	0.93	0
	离退休人员	49	1.52	0
	其他职业	116	3.59	0
文化程度	小学	35	1.08	0
	初中	320	9.9	0
	高中	542	16.76	0
	大专	616	19.05	0
	本科	1540	47.63	0
	研究生	139	4.3	0
	其他	41	1.27	0
政治面貌	群众	1160	35.88	0
	共青团员	1549	47.91	0
	中共党员（含中共预备党员）	487	15.06	0
	民主党派人士	12	0.37	0
	无党派人士	25	0.77	0

续表

项目	类别	频次	比例（%）	缺失
生活常住地	农村	902	27.9	0
	乡镇	636	19.67	0
	城市	1695	52.43	0
宗教信仰	道教	41	1.27	0
	佛教	199	6.16	0
	基督教	30	0.93	0
	伊斯兰教	23	0.71	0
	其他宗教信仰	20	0.62	0
	无	2920	90.32	0
年平均收入水平	5万元以下	718	22.21	0
	5万—10万元	381	11.78	0
	11万—15万元	126	3.9	0
	16万—20万元	65	2.01	0
	21万元以上	22	0.68	0
	在校学生无收入	1884	58.27	0
注册志愿者	是	2939	90.91	0
	否	294	9.09	0
参与志愿服务频率	经常参与	1783	55.15	0
	偶尔参与	1357	41.97	0
	从不参与	93	2.88	0

如表7-2所示，在性别分布上，本次调查有效样本共有3233份，男生1472人，占45.53%；女生1761人，占54.47%。根据第七次全国人口普查结果公布的全国人口比例数据，男性人口占51.24%，女性人口占48.76%。[1] 总体来看，本次调查问卷抽样较为有效地控制了性别比例。

在年龄分布上，18周岁以下公民占12.25%，18—39周岁公民占69.22%，40—59周岁公民占17.45%，60周岁及以上公民占1.08%。由此可见，本次调查对象抽样群体较为科学合理。

---

[1] 《第七次全国人口普查公报》（第4号），国家统计局网，2022年7月12日，http://www.stats.gov.cn/xxgk/sjfb/zxfb2020/202105/t20210511_1817199.html。

在文化程度上，小学程度占1.08%，初中程度占9.9%，高中程度占16.76%，大专程度占19.05%，本科程度占47.63%，研究生程度占4.3%，其他占1.27%。总体上看，调查对象文化程度基本上覆盖全面。

在生活常住地上，农村地区占27.9%，乡镇地区占19.67%，城市地区占52.43%。说明调查对象的城乡比例较为均衡。

在注册志愿者上，在3233名被调查对象中，注册志愿者有2939人，占总数的90.91%；非注册志愿者有294人，占总数的9.09%。总体上在人群抽样实际比例上控制得当。

在参与志愿服务频率上，在3233名被调查对象中，经常参与志愿服务的人数为1783人，占总数的55.15%，偶尔参与志愿服务的人数为1357人，占总数的41.97%，从不参与志愿服务的人数为93人，占总数的2.88%。由此说明，调查对象对志愿服务的认知态度具有较好的代表性。

综合上述样本抽取基本信息，我们认为，本次调查数据的人口学变量取样符合研究设计要求。

（二）数据预处理

对采集到的数据进行正态分布检验。判断数据是否服从正态分布，主要检验数据的偏度和峰度两个指标。偏度绝对值小于2、峰度绝对值小于5，就可以说明数据基本满足正态分布。由表7-3可以发现，中国志愿服务文化认同量表各个维度的偏度绝对值最大为1.742，峰度绝对值最大为4.625。因此，本书研究样本数据通过正态分布检验。

表7-3　　中国公民志愿服务文化认同态度测量条款的描述性统计和正态分布

测量项目	样本量统计	均值统计	标准差统计	偏度统计	偏度标准误	峰度统计	峰度标准误
物质文化认同态度	3233	26.9236	3.56968	-1.572	0.043	4.244	0.086
制度文化认同态度	3233	17.6802	2.63270	-1.224	0.043	2.147	0.086

续表

测量 项目	样本量 统计	均值 统计	标准差 统计	偏度		峰度	
				统计	标准误	统计	标准误
精神文化 认同态度	3233	18.2413	2.38133	-1.742	0.043	4.625	0.086
行文文化 认同态度	3233	13.2462	2.08780	-1.278	0.043	1.996	0.086

二 当代中国志愿服务文化认同态度现状

（一）中国志愿服务文化认同描述性统计分析

本研究就调查问卷设计的志愿服务文化认同态度、影响因素及志愿服务文化自信认知的情况做一个描述性统计分析。

一是志愿者注册登记情况。在对"您是不是注册志愿者"的调查中，在3233名调查对象中，有2939名中国公民选择"是"，占调查对象的90.91%；选择"否"的中国公民有294名，占调查对象的9.09%。整体而言，在社会群体中，志愿者注册登记在册的比例非常大。

二是参与志愿服务频率。问卷调查了"您参与志愿服务的频率"。图7-1中的数据显示，在3233个调查样本中，有1783人经常参与志愿服务，占总调查人数的55.15%；有1357人偶尔参与志愿服务，占总调查人数的41.97%；从不参与志愿服务的有93人，占总调查人数的2.88%。整体来看，我国公民参与志愿服务的积极性较高，参与志愿服务的群体数量较大。同时还要看到偶尔参与志愿服务的人群体量较大，还存在部分从未参与志愿服务的群体。

三是志愿精神的社会认知。问卷设计了"我认为提供志愿服务是公民应尽的社会责任"题项。表7-4的数据显示，3233名调查对象中，选择非常符合的有1979人，占总调查人数的61.21%；选择较符合的有993人，占总调查人数的30.71%；不确定人数有204人，占总调查人数的6.31%；选择较不符合的有32人，占总调查人数的0.99%；选择非常不符合的有25人，占总调查人数的0.77%。总体看来，近年来，志愿服务

经常参与 55.15%
偶尔参与 41.97%
从不参与 2.88%

图 7-1 中国公民志愿服务参与频率

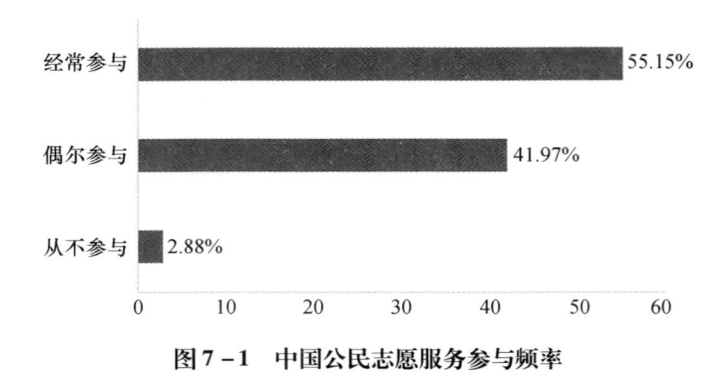

在全社会不断发展，大部分社会公民认同志愿服务是一种公众社会道德行为，志愿精神是一种社会公德的体现，也是作为公民社会责任的体现。还有 8.07% 的人不确定或者不认为提供志愿服务是公民应尽的社会责任，说明志愿服务的社会辐射力并不全面，志愿精神的社会认同还有待进一步提高。

表 7-4　　　　　　　中国公民对志愿精神的社会认知

变量	指标	频数	频率（%）	样本量（N）
提供志愿服务是公民应尽的社会责任	非常符合	1979	61.21	3233
	较符合	993	30.71	
	不确定	204	6.31	
	较不符合	32	0.99	
	非常不符合	25	0.77	

四是志愿服务组织平台认知。志愿服务载体是志愿服务文化认同的重要测试指标。问卷设计了"我愿意通过新时代文明实践中心（所、站）参与志愿服务活动"题项（见表 7-5）。在调查的 3233 名对象中，选择非常符合的人数有 1865 人，占总调查人数的 57.69%；选择较符合的人数有 1128 人，占总调查人数的 34.89%；选择不确定的人数有 196 人，占总调查人数的 6.06%；较不符合的有 27 人，占 0.84%；非常不符合的有 17 人，占 0.53%。总体而言，大多数社会公民对新时代文明实践中心（所、站）的认同较高，愿意借助志愿组织平台参与志愿服务活动，对志

愿服务物质文化具有相关公民认同度。

表7-5　　　　　　中国公民对志愿服务组织平台的认知

变量	指标	频数	频率（%）	样本量（N）
愿意通过志愿服务组织平台参与志愿服务	非常符合	1865	57.69	3233
	较符合	1128	34.89	
	不确定	196	6.06	
	较不符合	27	0.84	
	非常不符合	17	0.53	

五是志愿服务合法权益制度保障。志愿服务参与合法权益是否得到良好的制度保障，直接影响社会公民对志愿服务制度文化的认同与否。因此，问卷调查了"我在参与志愿服务过程中各项合法权益得到有效制度保障"的情况。表7-6数据显示，在3233名调查对象中，有1780人选择了非常符合，占总调查人数的55.06%；有1151人选择了较符合，占总调查人数的35.6%；即有90.66%的调查对象在志愿服务的过程中其合法权益较好地得到了制度保障。同时也存在7.86%的人不确定是否得到保障，还有0.93%的人选择较不符合，0.56%的人选择非常不符合。整体来看，大部分社会公民对志愿服务制度文化的认同度较高，还有少部分公民几乎没有或没有受到志愿服务制度的保障，说明志愿服务制度化建设还存在不完善、脱节的地方需要引起注意。

表7-6　　　　　　中国公民对志愿服务组织平台的认知

变量	指标	频数	频率（%）	样本量（N）
志愿服务参与合法权益得到良好制度保障	非常符合	1780	55.06	3233
	较符合	1151	35.6	
	不确定	254	7.86	
	较不符合	30	0.93	
	非常不符合	18	0.56	

六是志愿服务生活方式建构。志愿服务生活方式建构是志愿服务行为

文化认同的社会结构呈现。问卷设计"我愿意把参与志愿服务当作一种生活方式"符合度测量。表 7-7 数据显示，在 3233 个被调查者中，选择非常符合的有 1689 人，占总调查人数的 52.24%；选择较符合的有 1191 人，占总调查人数的 36.84%；选择不确定的有 274 人，占总调查人数的 8.48%；选择较不符合的有 57 人，占总调查人数的 1.76%；选择非常不符合的有 22 人，占总调查人数的 0.68%。总来而言，中国公民对志愿服务行为转化为一种生活方式的意愿群体较大，作为行为文化的生活方式表达，也逐渐被大多数公民所接纳。

表 7-7　　　　　　　中国公民志愿服务生活方式建构意愿

变量	指标	频数	频率（%）	样本量（N）
愿意把参与志愿服务当作一种生活方式	非常符合	1689	52.24	3233
	较符合	1191	36.84	
	不确定	274	8.48	
	较不符合	57	1.76	
	非常不符合	22	0.68	

七是志愿服务文化认同个体意义影响。问卷设计"我认为服务社会奉献自己的生活才有意义"题项，测试个体对志愿服务意义的认知对志愿服务文化认同的影响程度。如表 7-8 所示，在被调查的 3233 人中，选择非常符合的人有 1940 人，占总调查人数的 60.01%；选择较符合的人有 1091 人，占总调查人数的 33.75%；选择不确定的人有 161 人，占总调查人数的 4.98%；选择较不符合的人有 29 人，占总调查人数的 0.9%；选择非常不符合的人有 12 人，占总调查人数的 0.37%。根据数据来看，有 93.76% 的调查人愿意把参与志愿服务当作一种生活方式，说明大部分社会公民认同志愿服务文化的内在意义，以及认同带给个体生活的幸福感，表明公民对志愿服务带给个人生活意义影响社会公民对志愿服务文化的接受和认同。

表7-8　　　　　　　　中国公民志愿服务个体意义认同

变量	指标	频数	频率（%）	样本量（N）
服务社会奉献自己的生活才有意义	非常符合	1940	60.01	3233
	较符合	1091	33.75	
	不确定	161	4.98	
	较不符合	29	0.9	
	非常不符合	12	0.37	

八是志愿服务文化认同国家政策影响。国家政策作为文化建设外部主导因素，对公民志愿服务文化认同具有重要影响。问卷设计了"我认为地方党委政府出台激励政策有助于市民自觉参与志愿服务"题项。调查数据显示（见表7-9），3233名被调查对象中，选择非常符合的有1972人，占总调查人数的61%；选择较符合的有1064人，占总调查人数的32.91%；选择不确定的有164人，占总调查人数的5.07%；选择较不符合的有18人，占总调查人数的0.56%；选择非常不符合的有15人，占总调查人数的0.46%。总体上看，当代中国公民对政府政策激励参与志愿服务的影响较大，对政府政策倡导的志愿服务文化认同群体较大。

表7-9　　　　　　政策对中国公民志愿服务参与意愿影响

变量	指标	频数	频率（%）	样本量（N）
地方党委政府出台激励政策有助于市民自觉参与志愿服务	非常符合	1972	61	3233
	较符合	1064	32.91	
	不确定	164	5.07	
	较不符合	18	0.56	
	非常不符合	15	0.46	

九是网络对志愿服务文化认同的情感传递。以网络为载体的新媒体深入社会方方面面，已经对大众社会生活带来了深刻影响。问卷设计"网络或新媒体上报道的志愿者事迹，激励我当一名优秀的志愿者"题项。调查数据显示（见表7-10），在调查样本中，有1930人选择非常符合，占总调查人数的59.7%；有1079人选择较符合，占总调查人数的33.37；

有171人选择了不确定，占总调查人数的5.29%；有32人选择较不符合，占总调查人数的0.99%；有21人选择非常不符合，占总调查人数的0.99%。整体上看，大部分中国公民受网络新媒体传播影响，愿意接受网络传播的志愿者事迹和志愿精神，并形成情感认同和行为倾向。

表7-10　网络对中国公民志愿服务文化认同的情感传递影响

变量	指标	频数	频率（%）	样本量（N）
网络传播志愿者事迹激励我当一名优秀的志愿者	非常符合	1930	59.7	3233
	较符合	1079	33.37	
	不确定	171	5.29	
	较不符合	32	0.99	
	非常不符合	21	0.65	

十是志愿服务文化自信表现。在对志愿服务文化认同的情况调查之下，进一步测试当代中国公民对志愿服务文化自信的认知情况。问卷设计"您认为志愿服务文化自信表现是什么"一问（多项选择题）。图7-2的数据显示，有79.59%的中国公民认为志愿服务文化自信表现为"对志愿服务文化发展前途充满信心"，有82.52%的中国公民认为志愿服务文化自信表现为"对建设具有中国特色的志愿服务文化充满信心"，有62.11%的中国公民认为志愿服务文化自信表现为"对志愿服务活动的悦纳"，有76.65%的中国公民认为志愿服务文化自信表现为"对志愿服务文化的广泛传播"，有81.01%的中国公民认为志愿服务文化自信表现为"对志愿服务文化自身价值的充分肯定"，有12.71%的中国公民认为志愿服务文化自信还有其他表现形式。

（二）基于人口统计学基本信息的中国志愿服务文化比较分析

考虑到我们设计现代公民志愿服务文化认同现状调查问卷已经包括受访对象基本信息、现代公民志愿服务文化认同态度量表及影响因素量表（包括内因和外因），总体调查内容较多，所以本研究将现代公民志愿服务文化认同态度量表单独设计并选择全国公民为研究对象进行随机抽样。本书将对现代公民志愿服务文化认同态度的四大功能进行统计描述，并从

对志愿服务文化发展前途充满信心　79.59%
对建设具有中国特色的志愿服务文化充满信心　82.52%
对志愿服务活动的悦纳　62.11%
对志愿服务文化的广泛传播　76.65%
对志愿服务文化自身价值的充分肯定　81.01%
其他　12.71%

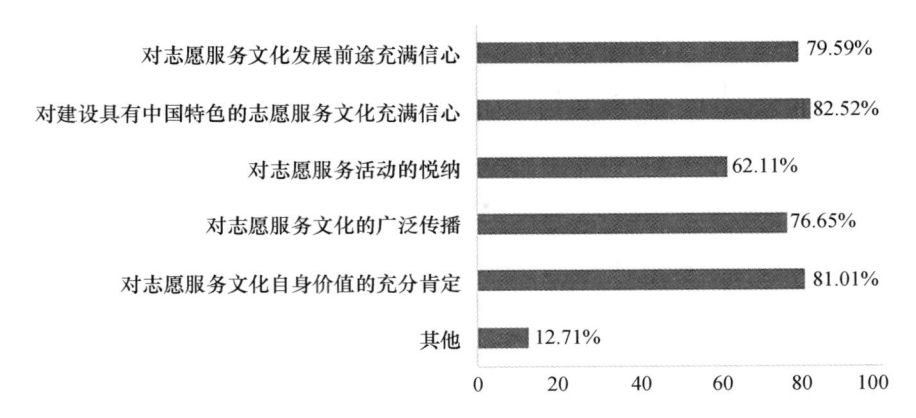

图 7-2　当代中国公民志愿服务文化自信表现认知

性别、年龄、婚姻状况、居住地、政治面貌、生活所在区域、生活常住地、是否注册志愿者、参与志愿服务频率等人口学特征方面对现代公民志愿服务文化认同态度的影响进行研究，提出如下假设：公民个人基本属性不同，其志愿服务文化认同态度亦有所不同。

假设1：性别对志愿服务文化认同态度有显著影响；

假设2：年龄对志愿服务文化认同态度有显著影响；

假设3：婚姻状况对志愿服务文化认同态度有显著影响；

假设4：政治面貌对志愿服务文化认同态度有显著影响；

假设5：生活所在区域对志愿服务文化认同态度有显著影响；

假设6：生活常住地对志愿服务文化认同态度有显著影响；

假设7：是否注册志愿者对志愿服务文化认同态度有显著影响；

我们使用 SPSS 26.0 软件，计算了不同人口学特征的各维度的平均值与标准差，并采用 T 检验或方差分析比较组间差异。

1. 性别

采用 T 检验分析假设1，见表7-11，本书研究中，男性中国公民的志愿服务物质文化认同得分为 26.99，标准差为 3.75；志愿服务制度文化认同得分为 17.69，标准差为 2.81；志愿服务精神文化认同得分为 18.25，标准差为 2.51；志愿服务行为文化认同得分为 13.28，标准差为 2.16。女性中国公民的志愿服务物质文化认同得分为 26.87，标准差为 3.41；志愿服务制度文化认同得分为 17.67，标准差为 2.48；志愿服务精神文化认同得分为 18.24，标准差为 2.27；志愿服务行为文化认同得分为 13.21，标准差为 2.02。通过方差分析比较组间差异，不同性别的中国公民对志愿服务物质文化认同、志愿服务制度文化认同、志愿服务精神文化认同、志愿服务行为文化认同等维度上的显著性值均大于 0.05，皆未达到显著水平，由此可推断中国公民中，男性和女性对志愿服务文化认同态度具有较高的一致性，表明假设 1 不成立。

表 7-11　不同性别的中国公民对志愿服务文化认同的差异性分析

题项	男 均数	男 标准差	女 均数	女 标准差	T 检验 t 值	T 检验 显著性
志愿服务物质文化	26.99	3.75	26.87	3.41	1.014	0.311
志愿服务制度文化	17.69	2.81	17.67	2.48	0.212	0.832
志愿服务精神文化	18.25	2.51	18.24	2.27	0.087	0.931
志愿服务行为文化	13.28	2.16	13.21	2.02	0.940	0.347

注：* p < 0.05，** p < 0.01，*** p < 0.001。

2. 年龄

采用 ANOVA 分析假设 2，见表 7-12，本书研究中，18 周岁以下的公民的志愿服务物质文化认同得分为 27.88，标准差为 3.20；志愿服务制度文化认同得分为 18.46，标准差为 2.54；志愿服务精神文化认同得分为 18.96，标准差为 2.18；志愿服务行为文化认同得分为 13.88，标准差为 1.82。18—39 周岁的公民的志愿服务物质文化认同得分为 26.59，标准差为 3.63；志愿服务制度文化认同得分为 17.58，标准差为 2.59；志愿服务精神文化认同得分为 17.98，标准差为 2.43；志愿服务行为文化认同得分为 13.06，标准差为 2.13。40—59 周岁的公民的志愿服务物质文化认同得分为 27.54，标准差为 2.96；志愿服务制度文化认同得分为 17.55，标准差为 2.80；志愿服务精神文化认同得分为 18.74，标准差为 2.13；志愿服务行为文化认同得分为 13.52，标准差为 2.01。60 周岁及以上的公民的志愿服务物质文化认同得分为 26.92，标准差为 3.57；志愿服务制度文化认同得分为 17.51，标准差为 2.41；志愿服务精神文化认同得分为 18.69，标准差为 1.98；志愿服务行为文化认同得分 13.63，标准差为

1.72。同时，利用 Scheffe 事后比较分析法进一步分析发现，18 周岁以下的中国公民对志愿服务文化认同度要高于其他几个年龄阶段的中国公民志愿服务文化认同度，这与大部分 18 周岁以下的中国公民直接接受学校教育的影响有较大关系。通过方差分析比较组间差异，不同年龄阶段的公民对志愿服务物质文化认同、志愿服务制度文化认同、志愿服务精神文化认同、志愿服务行为文化认同等维度上的显著性值均小于 0.05，表明假设 2 成立，即年龄对志愿服务文化认同态度有显著性影响。

表 7-12　不同年龄阶段中国公民志愿服务文化认同的差异性分析

题项	<18 均数	<18 标准差	18—39 均数	18—39 标准差	40—59 均数	40—59 标准差	≥60 均数	≥60 标准差	F 值	显著性
志愿服务物质文化	27.88	3.20	26.59	3.63	27.54	2.96	26.92	3.57	22.144	<0.001
志愿服务制度文化	18.46	2.54	17.58	2.59	17.55	2.80	17.51	2.41	13.359	<0.001
志愿服务精神文化	18.96	2.18	17.98	2.43	18.74	2.13	18.69	1.98	30.472	<0.001
志愿服务行为文化	13.88	1.82	13.06	2.13	13.52	2.01	13.63	1.72	22.127	<0.001

注：* $p<0.05$，** $p<0.01$，*** $p<0.001$。

3. 婚姻状况

采用 ANOVA 分析假设 3，见表 7-13，本研究中，未婚中国公民的志愿服务物质文化认同得分为 26.65，标准差为 3.63；志愿服务制度文化认同得分为 17.67，标准差为 2.60；志愿服务精神文化认同得分为 18.05，标准差为 2.46；志愿服务行为文化认同得分为 13.12，标准差为 2.14。已婚中国公民的志愿服务物质文化认同得分为 27.65，标准差为 3.25；志愿服务制度文化认同得分为 17.68，标准差为 2.74；志愿服务精神文化认同得分为 18.76，标准差为 2.06；志愿服务行为文化认同得分为 13.57，标准差为 1.93。通过方差分析比较组间差异，不同婚姻状况的公民对志愿服务物质文化认同、志愿服务精神文化认同、志愿服务行为文化认同等维度上的显著性值均小于0.05；对志愿服务制度文化认同维度的显著性值大于0.05。总体上看，婚姻状况不同，对志愿服务文化认同态度也不同，表明假设2成立，即婚姻状况对志愿服务文化认同态度有显著性影响。

表7-13 不同婚姻状况的中国公民志愿服务文化认同的差异性分析

题项	未婚 均数	未婚 标准差	已婚 均数	已婚 标准差	F值	显著性
志愿服务物质文化	26.65	3.63	27.65	3.25	24.294	<0.001
志愿服务制度文化	17.67	2.60	17.68	2.74	0.158	0.854
志愿服务精神文化	18.05	2.46	18.76	2.06	27.341	<0.001
志愿服务行为文化	13.12	2.14	13.57	1.93	15.831	<0.001

注：*$p<0.05$，**$p<0.01$，***$p<0.001$。

4. 政治面貌

采用ANOVA分析假设4，见表7-14，本书研究中，群众的志愿服务物质文化认同得分为27.11，标准差为3.74；志愿服务制度文化认同得分为17.85，标准差为2.70；志愿服务精神文化认同得分为18.41，标准差为2.48；志愿服务行为文化认同得分为13.33，标准差为2.16。共青团员的志愿服务物质文化认同得分为26.75，标准差为3.50；志愿服务制度文化认同得分为17.72，标准差为2.46；志愿服务精神文化认同得分为18.09，标准差为2.35；志愿服务行为文化认同得分为13.21，标准差为2.02。中共党员的志愿服务物质文化认同得分为26.97，标准差为3.40；志愿服务制度文化认同得分为17.17，标准差为2.91；志愿服务精神文化认同得分为18.29，标准差为2.21；志愿服务行为文化认同得分为13.11，标准差为2.14。民主党派人士的志愿服务物质文化认同得分为28.17，标准差为2.29；志愿服务制度文化认同得分为17.25，标准差为2.63；志愿服务精神文化认同得分为18.58，标准差为1.88；志愿服务行为文化认同得分为 14.25，标准差为 1.60。无党派人士的志愿服务物质文化认同得分为 27.36，标准差为 3.68；志愿服务制度文化认同得分为 16.96，标准差为 2.70；志愿服务精神文化认同得分为 18.52，标准差为 2.50；志愿服务行为文化认同得分为 13.64，标准差为 1.52。通过方差分析比较组间差异，不同政治面貌的中国公民对志愿服务物质文化认同、志愿服务行为文化认两个维度上具有较高一致性，不具有统计学意义；而志愿服务制度文化和志愿服务精神文化在不同政治面貌维度上表现出公民认同态度上的明显差异性。由此看来，本研究假设 4 成立。

表 7-14　不同政治面貌的中国公民志愿服务文化认同的差异性分析

题项	群众 均数	群众 标准差	共青团员 均数	共青团员 标准差	中共党员 均数	中共党员 标准差	民主党派 均数	民主党派 标准差	无党派 均数	无党派 标准差	F 值	显著性
志愿服务物质文化	27.11	3.74	26.75	3.50	26.97	3.40	28.17	2.29	27.36	3.68	2.221	0.064
志愿服务制度文化	17.85	2.70	17.72	2.46	17.17	2.91	17.25	2.63	16.96	2.70	6.457	<0.001
志愿服务精神文化	18.41	2.48	18.09	2.35	18.29	2.21	18.58	1.88	18.52	2.50	3.138	0.014
志愿服务行为文化	13.33	2.16	13.21	2.02	13.11	2.14	14.25	1.60	13.64	1.52	1.991	0.093

注：*p<0.05，**p<0.01，***p<0.001。

5. 生活所在区域

采用 ANOVA 分析假设 5，见表 7-15，本书研究中，位于华东地区的中国公民的志愿服务物质文化认同得分为 27.27，标准差为 3.50；志愿服务制度文化认同得分为 17.82，标准差为 2.69；志愿服务精神文化认同得分为 18.51，标准差为 2.32；志愿服务行为文化认同得分为 13.41，标准差为 2.07。华中地区的中国公民的志愿服务物质文化认同得分为 26.80，标准差为 3.46；志愿服务制度文化认同得分为 17.52，标准差为 2.59；志愿服务精神文化认同得分为 18.07，标准差为 2.36；志愿服务行为文化认同得分为 13.13，标准差为 2.16。华南地区的中国公民的志愿服务物质文化认同得分为26.89，标准差为3.63；志愿服务制度文化认同得分为17.56，标准差为2.58；志愿服务精神文化认同得分为18.15，标准差为2.39；志愿服务行为文化认同得分为13.02，标准差为2.21。华北地区的中国公民的志愿服务物质文化认同得分为27.26，标准差为3.35；志愿服务制度文化认同得分为17.93，标准差为2.53；志愿服务精神文化认同得分为18.51，标准差为2.20；志愿服务行为文化认同得分为13.48，标准差为1.94。西部地区的中国公民的志愿服务物质文化认同得分为26.33，标准差为3.84；志愿服务制度文化认同得分为17.45，标准差为2.72；志愿服务精神文化认同得分为17.86，标准差为2.57；志愿服务行为文化认同得分为13.02，标准差为2.11。同时，利用Scheffe事后比较分析法进一步分析发现，受政府政策和经济发展程度外部环境的影响，华东地区与华北地区的志愿服务文化认同度整体要高于华中地区、华南地区和西部地区。通过方差分析比较组间差异，生活在不同区域的中国公民对志愿服务物质文化认同、志愿服务制度文化认同、志愿服务精神文化认同、志愿服务行为文化认同等维度上的显著性值均小于0.05，表明假设5成立，即生活所在区域对志愿服务文化认同态度有显著性影响。

表7-15 生活在不同区域的中国公民志愿服务文化认同的差异性分析

题项	华东地区 均数	华东地区 标准差	华中地区 均数	华中地区 标准差	华南地区 均数	华南地区 标准差	华北地区 均数	华北地区 标准差	西部地区 均数	西部地区 标准差	F值	显著性
志愿服务物质文化	27.27	3.50	26.80	3.46	26.89	3.63	27.26	3.35	26.33	3.84	9.095	<0.001
志愿服务制度文化	17.82	2.69	17.52	2.59	17.56	2.58	17.93	2.53	17.45	2.72	4.543	0.001
志愿服务精神文化	18.51	2.32	18.07	2.36	18.15	2.39	18.51	2.20	17.86	2.57	10.876	<0.001
志愿服务行为文化	13.41	2.07	13.13	2.16	13.02	2.21	13.48	1.94	13.02	2.11	7.519	<0.001

注：*$p<0.05$，**$p<0.01$，***$p<0.001$。

第七章　当代中国公民志愿服务文化认同态度现状及归因研究 / 251

6. 生活常住地

采用 ANOVA 分析假设 6，见表 7-16，本书研究中，经常生活在农村的中国公民的志愿服务物质文化认同得分为 27.02，标准差为 3.40；志愿服务制度文化认同得分为 17.89，标准差为 2.48；志愿服务精神文化认同得分为 18.33，标准差为 2.26；志愿服务行为文化认同得分为 13.33，标准差为 1.98。经常生活在乡镇的中国公民的志愿服务物质文化认同得分为 26.72，标准差为 3.84；志愿服务制度文化认同得分为 17.57，标准差为 2.64；志愿服务精神文化认同得分为 18.02，标准差为 2.55；志愿服务行为文化认同得分为 13.08，标准差为 2.21。经常生活在城市的中国公民的志愿服务物质文化认同得分为 26.95，标准差为 3.55；志愿服务制度文化认同得分为 17.61，标准差为 2.70；志愿服务精神文化认同得分为 18.28，标准差为 2.37；志愿服务行为文化认同得分为 13.26，标准差为 2.09。通过方差分析比较组间差异，生活常住地不同的中国公民对志愿服务制度文化认同、志愿服务精神文化认同等维度上的显著性值均小于 0.05；对志愿服务物质文化认同、志愿服务行为文化认同维度的显著性值大于 0.05。总体上看，生活常住地不同，对志愿服务文化认同态度也有所不同，表明假设 6 成立，即生活常住地对志愿服务文化认同态度有显著性影响。

表 7-16　生活常住地不同的中国公民志愿服务文化认同的差异性分析

题项	农村 均数	农村 标准差	乡镇 均数	乡镇 标准差	城市 均数	城市 标准差	F 值	显著性
志愿服务物质文化	27.02	3.40	26.72	3.84	26.95	3.55	1.411	0.244
志愿服务制度文化	17.89	2.48	17.57	2.64	17.61	2.70	3.908	0.020
志愿服务精神文化	18.33	2.26	18.02	2.55	18.28	2.37	3.747	0.024
志愿服务行为文化	13.33	1.98	13.08	2.21	13.26	2.09	2.780	0.062

注：* $p<0.05$，** $p<0.01$，*** $p<0.001$。

7. 是否注册志愿者

采用 T 检验分析假设 1，见表 7-17，本书研究中，注册志愿者的志愿服务物质文化认同得分为 27.14，标准差为 3.46；志愿服务制度文化认同得分为 17.82，标准差为 2.56；志愿服务精神文化认同得分为 18.38，标准差为 2.29；志愿服务行为文化认同得分为 13.40，标准差为 1.96。非注册志愿者的志愿服务物质文化认同得分为 24.80，标准差为 3.98；志愿服务制度文化认同得分为 16.31，标准差为 2.97；志愿服务精神文化认同得分为 16.84，标准差为 2.81；志愿服务行为文化认同得分为 11.71，标准差为 2.64。利用 Scheffe 事后比较分析法进一步分析发现，注册志愿者对志愿服务文化认同程度要远远高于非注册志愿者，且经常参与志愿服务的频率要远远高于非注册志愿者。通过方差分析比较组间差异，注册志愿者与否对志愿服务物质文化认同、志愿服务制度文化认同、志愿服务精神文化认同、志愿服务行为文化认同等维度上的显著性值均小于 0.05，表明假设 7 成立，即"是不是注册志愿者对志愿服务文化认同态度有显著性影响"。

表 7-17　是否注册志愿者对志愿服务文化认同的差异性分析

题项	注册志愿者		非注册志愿者		T 检验	
	均数	标准差	均数	标准差	t 值	显著性
志愿服务物质文化	27.14	3.46	24.80	3.98	10.877	<0.001
志愿服务制度文化	17.82	2.56	16.31	2.97	9.467	<0.001
志愿服务精神文化	18.38	2.29	16.84	2.81	10.795	<0.001
志愿服务行为文化	13.40	1.96	11.71	2.64	13.596	<0.001

注：$*p<0.05$，$**p<0.01$，$***p<0.001$。

(三) 小结

调查显示，当代中国公民在参与志愿服务过程中，大部分志愿者都已登记注册为注册志愿者，纳入一定志愿组织等平台管理，并且大部分社会公民也愿意通过以新时代文明实践志愿服务中心（所、站）为代表的志愿服务专业性场所平台开展志愿服务活动，志愿服务专业化发展认同度较高。同时，当代中国志愿服务文化建设的各个形态基本成型，且在社会上产生较大的积极正面影响，中国公民对志愿服务物质文化形态、志愿服务制度文化形态、志愿服务精神文化形态、志愿服务行为文化形态等个体认知与感受越来越深刻，对志愿服务文化的社会认知越来越广泛。目前，志愿服务活动在全国范围内开展得如火如荼，处处都有志愿者的身影，志愿精神得到大力弘扬，各项志愿服务规章制度逐渐健全完善，具有中国特色的志愿服务文化正在不断走向成熟发展，当代中国公民对志愿服务文化的认同，向内受到自身的道德的深刻影响，向外受到外部环境的感染熏陶，对服务社会的道德情感、奉献自己的道德信念、帮助他人的道德认知等情感驱动，受政府政策导向、组织平台保障、职业要求驱动、学校教育生成、社区环境氛围、家庭家风陶冶、网络媒体传播等实践行动，对中国志愿服务文化的认同度也较为良好。

三 当代中国公民志愿服务文化认同影响因素

本章将利用自编信效度良好的公民志愿服务文化认同量表作为测量工具，希望通过全面分析来自全国各地的第一手资料，运用描述性分析、相关分析等统计方法，深入分析和研讨影响公民志愿服务文化认同形成和发展的主要因素，为我国志愿服务事业发展提供数据参考。

（一）外部因素与志愿服务文化认同的相关性分析

对采集到的外因（政策导向、平台保障、要求驱动、教育生成、环境氛围、家风陶冶、媒体传播）数据进行描述性分析。在外因中，政策导向的均数为 7.76，标准差 1.68；平台保障的均数为 8.62，标准差 1.44；要求驱动的均数为 4.04，标准差 1.02；教育生成的均数为 4.49，标准差 0.69；环境氛围的均数为 8.22，标准差 1.63；家风陶冶的均数为 8.69，标准差 1.47；媒体传播的均数为 9.04，标准差 1.29。进一步判断外因数据是否服从正态分布，主要检验数据的偏度和峰度两个指标。偏度绝对值小于2、峰度绝对值小于5，就可以说明数据基本满足正态分布。由表7-18可以发现，中国志愿服务文化认同外因量表各个维度的偏度绝对值最大为1.52，峰度绝对值最大为3.32。因此，本研究样本外因数据通过正态分布检验。

表7-18　　中国志愿服务文化认同影响外因正态分布检验

测量项目	样本量统计	均值统计	标准差统计	偏度统计	偏度标准误	峰度统计	峰度标准误
政府政策导向	3233	7.76	1.68	0.12	0.04	-1.46	0.09
组织平台保障	3233	8.62	1.44	-0.93	0.04	0.87	0.09
职业要求驱动	3233	4.04	1.02	-1.08	0.04	0.84	0.09
学校教育生成	3233	4.49	0.69	-1.52	0.04	3.32	0.09
社区环境氛围	3233	8.22	1.63	-0.70	0.04	0.18	0.09
家庭家风陶冶	3233	8.69	1.47	-1.18	0.04	1.62	0.09
网络媒体传播	3233	9.04	1.29	-1.51	0.04	3.28	0.09

1. 政策导向和公民志愿服务文化认同的相关性分析

根据Pearson相关分析和双侧检验进行相关性分析，结果见表7-19。公民志愿服务物质文化认同、制度文化认同、精神文化认同、行为文化认同与外因政策导向的相关系数检验的显著性概率均小于0.001，Pearson系数分别为0.282、0.180、0.310、0.212，说明外因政策导向与公民志愿服务物质文化认同、制度文化认同、精神文化认同、行为文化认同呈显著正相关。

2. 平台保障和公民志愿服务文化认同的相关性分析

根据Pearson相关分析和双侧检验进行相关性分析，结果见表7-19。公民志愿服务物质文化认同、制度文化认同、精神文化认同、行为文化认同与外因平台保障的相关系数检验的显著性概率均小于0.001，Pearson系数分别为0.572、0.658、0.584、0.640，说明外因平台保障与公民志愿服务物质文化认同、制度文化认同、精神文化认同、行为文化认同呈显著正相关。

3. 要求驱动和公民志愿服务文化认同的相关性分析

根据Pearson相关分析和双侧检验进行相关性分析，结果见表7-19。

公民志愿服务物质文化认同、制度文化认同、精神文化认同、行为文化认同与外因要求驱动的相关系数检验的显著性概率均小于 0.001，Pearson 系数分别为 0.322、0.423、0.326、0.386，说明外因要求驱动与公民志愿服务物质文化认同、制度文化认同、精神文化认同、行为文化认同呈显著正相关。

4. 教育生成和公民志愿服务文化认同的相关性分析

根据 Pearson 相关分析和双侧检验进行相关性分析，结果见表 7-19。公民志愿服务物质文化认同、制度文化认同、精神文化认同、行为文化认同与外因教育生成的相关系数检验的显著性概率均小于 0.001，Pearson 系数分别为 0.630、0.705、0.684、0.654，说明外因教育生成与公民志愿服务物质文化认同、制度文化认同、精神文化认同、行为文化认同呈显著正相关。

5. 环境氛围和公民志愿服务文化认同的相关性分析

根据 Pearson 相关分析和双侧检验进行相关性分析，结果见表 7-19。公民志愿服务物质文化认同、制度文化认同、精神文化认同、行为文化认同与外因环境氛围的相关系数检验的显著性概率均小于 0.001，Pearson 系数分别为 0.467、0.612、0.503、0.555，说明外因环境氛围与公民志愿服务物质文化认同、制度文化认同、精神文化认同、行为文化认同呈显著正相关。

6. 家风陶冶和公民志愿服务文化认同的相关性分析

根据 Pearson 相关分析和双侧检验进行相关性分析，结果见表 7-19。公民志愿服务物质文化认同、制度文化认同、精神文化认同、行为文化认同与外因家风陶冶的相关系数检验的显著性概率均小于 0.001，Pearson 系数分别为 0.536、0.593、0.567、0.585，说明外因家风陶冶与公民志愿服务物质文化认同、制度文化认同、精神文化认同、行为文化认同呈显著正相关。

7. 媒体传播和公民志愿服务文化认同的相关性分析

根据 Pearson 相关分析和双侧检验进行相关性分析，结果见表 7-19。公民志愿服务物质文化认同、制度文化认同、精神文化认同、行为文化认同与外因媒体传播的相关系数检验的显著性概率均小于 0.001，Pearson 系数分别为 0.686、0.698、0.718、0.686，说明外因媒体传播与公民志愿服务物质文化认同、制度文化认同、精神文化认同、行为文化认同呈显著正相关。

表 7-19　　　　　志愿服务文化认同与外因的相关性分析

维度	政府政策导向	组织平台保障	职业要求驱动	学校教育生成	社区环境氛围	家庭家风陶冶	网络媒体传播
志愿服务物质文化认同	0.282***	0.572***	0.322***	0.630***	0.467***	0.536***	0.686***
志愿服务制度文化认同	0.180***	0.658***	0.423***	0.705***	0.612***	0.593***	0.698***
志愿服务精神文化认同	0.310***	0.584***	0.326***	0.684***	0.503***	0.567***	0.718***
志愿服务行为文化认同	0.212***	0.640***	0.386***	0.654***	0.555***	0.585***	0.686***

注：* $p<0.05$，** $p<0.01$，*** $p<0.001$。

（二）内部因素与志愿服务文化认同的相关性分析

对采集到的内因（道德情感、道德信念、道德认知）数据进行描述性分析。在内因中，道德情感的均数为 8.97，标准差 1.23；道德信念的均数为 8.97，标准差 1.27；道德认知的均数为 9.17，标准差 1.14。进一步判断内因数据是否服从正态分布，主要检验数据的偏度和峰度两个指标。偏度绝对值小于 2、峰度绝对值小于 5，就可以说明数据基本满足正态分布。由表 7-20 可以发现，中国志愿服务文化认同内因量表各个维度的偏度绝对值最大为 1.60，峰度绝对值最大为 4.02。因此，本书研究样本内因数据通过正态分布检验。

表 7-20　　中国志愿服务文化认同影响内因正态分布检验

测量项目	样本量统计	均值统计	标准差统计	偏度统计	偏度标准误	峰度统计	峰度标准误
道德情感	3233	8.97	1.23	-1.36	0.04	2.92	0.09
道德信念	3233	8.97	1.27	-1.31	0.04	2.51	0.09
道德认知	3233	9.17	1.14	-1.60	0.04	4.02	0.09

1. 道德情感和公民志愿服务文化认同的相关性分析

根据 Pearson 相关分析和双侧检验进行相关性分析，结果见表 7-21。公民志愿服务物质文化认同、制度文化认同、精神文化认同、行为文化认同与内因道德情感的相关系数检验的显著性概率均小于 0.001，Pearson 系数分别为 0.668、0.644、0.692、0.686，说明内因道德情感与公民志愿服务物质文化认同、制度文化认同、精神文化认同、行为文化认同呈显著正相关。

2. 道德信念和公民志愿服务文化认同的相关性分析

根据 Pearson 相关分析和双侧检验进行相关性分析，结果见表 7-21。公民志愿服务物质文化认同、制度文化认同、精神文化认同、行为文化认同与内因道德信念的相关系数检验的显著性概率均小于 0.001，Pearson 系数分别为 0.668、0.663、0.695、0.697，说明内因道德信念与公民志愿服务物质文化认同、制度文化认同、精神文化认同、行为文化认同呈显著正相关。

3. 道德认知和公民志愿服务文化认同的相关性分析

根据 Pearson 相关分析和双侧检验进行相关性分析，结果见表 7-21。公民志愿服务物质文化认同、制度文化认同、精神文化认同、行为文化认同与内因道德认知的相关系数检验的显著性概率均小于 0.001，Pearson 系数分别为 0.712、0.698、0.778、0.746，说明内因道德认知与公民志愿服务物质文化认同、制度文化认同、精神文化认同、行为文化认同呈显著正相关。

表 7-21　　志愿服务文化认同与内因的相关性分析

维度	道德情感	道德信念	道德认知
志愿服务物质文化认同	0.668***	0.668***	0.712***
志愿服务制度文化认同	0.644***	0.663***	0.698***
志愿服务精神文化认同	0.692***	0.695***	0.778***
志愿服务行为文化认同	0.686***	0.697***	0.746***

注：*p<0.05，**p<0.01，***p<0.001。

（三）小结

调查研究显示，当代公民志愿服务文化认同总体水平乐观，在物质文化认同、制度文化认同、精神文化认同、行为文化认同上均呈现积极的发展趋势。相关性分析表明，内部因素包括的道德情感、道德信念、道德认知，与公民志愿服务文化认同存在显著相关性；外部因素包括政策导向、平台保障、要求驱动、教育生成、环境氛围、家风陶冶、媒体传播，与公民志愿服务文化认同存在显著相关性。通过数据分析发现，良好的道德情感、坚定的道德信念、充足的道德认知；正确的政策导向、稳定的平台保障、积极的要求驱动、快速的教育生成、和谐的环境氛围、良好的家风陶冶、正向的媒体传播，都对公民志愿服务文化认同及物质文化认同、制度文化认同、精神文化认同、行为文化认同具有显著影响，且为正相关。

第八章

当代中国志愿服务文化建设的地方实践案例探析

当代中国志愿服务文化建设的成果生动体现于地方鲜活的实践探索中。本章将以全国文明城市温州市为个案，从市级全域角度探索新时代文明实践志愿服务文化建设的工作举措、主要成效和经验总结，从大学生"新青年下乡"志愿服务文化建设项目的运行机制与思想政治教育价值看青年志愿服务风采，从"全国学雷锋示范点""红日亭"社区志愿服务建设体悟"大爱城市、诚信社会、道德高地"的文化力量。

一 新时代文明实践志愿服务文化建设的温州样本研究

2018年，中共中央办公厅印发了《关于建设新时代文明实践中心试点工作指导意见》（以下简称《指导意见》），提出要改善和加强基层思想政治工作，"推进新时代文明实践中心的建设"。2020年，党的十九届五中全会进一步把"拓展新时代文明实践中心建设"写入2035年远景目标纲要。2021年，《中共中央关于党的百年奋斗重大成就和历史经验决议》提出"深化群众性精神文明创建，建设新时代文明实践中心"[1]，从而巩固全党各族人民团结奋斗的共同思想基础。此外，党中央印发的《中国共产党宣传工作条例（2019）》《中国共产党农村工作条例（2019）》等

---

[1] 《中共中央关于党的百年奋斗重大成就和历史经验的决议》，人民出版社2021年版，第45页。

党内法规文件，都对新时代文明实践中心建设提出了明确要求。基于国家层面政策文件的支持，各地相继建设新时代文明实践中心，并以志愿者为主要力量在基层广泛开展志愿服务活动，推动物质文明与精神文明相协调，促进社会持续健康发展。

新时代文明实践志愿服务是新时代文明实践中心开展的各种类型的志愿服务，是涵育主流价值观、培育时代文明新风的重要载体，也是增进民生福祉、增强社会治理能力的重要方式。作为一种文化实践活动，新时代文明实践志愿服务以"举旗帜、聚民心、育新人、兴文化、展形象"为使命，在推动培育时代新人、弘扬时代新风的过程中形成志愿服务文化，具有丰富内涵与深远意蕴。2018年7月，中央全面深化改革委员会第三次会议强调："建设新时代文明实践中心，要着眼于凝聚群众、引导群众，以文化人、成风化俗，用中国特色社会主义文化、社会主义思想道德牢牢占领农村思想文化阵地。"[①] 因此，新时代文明实践中心的建设，需要坚持以新时代文明实践志愿服务为运行机制，聚焦基层精神文明建设，推动志愿服务向基层、向城乡社区下沉，满足基层群众的个性化、类型化、差别化需求，提高社会文明程度。

2018年、2019年，中宣部、中央文明办公布了两批全国"新时代文明实践中心建设试点县（市、区）名单"，温州市平阳县、乐清市、瑞安市先后被列入全国试点地区。此外，鹿城区、瓯海区、文成县、龙港市入选浙江省新时代文明实践中心建设试点县（市、区）名单。试点工作开展以来，温州以新时代文明实践志愿服务文化建设为抓手，以群众满意为标准，推动习近平新时代中国特色社会主义思想深入人心，打通宣传服务群众的"最后一公里"。

（一）新时代文明实践志愿服务文化建设温州实践

温州市深入贯彻落实中央文明委下发的文件精神，研究出台《深化拓展新时代文明实践中心建设试点工作实施方案》，突出以志愿服务作为基本形式深入推进市域新时代文明实践中心建设。截至2020年11月，温

[①] 《习近平主持召开中央全面深化改革委员会第三次会议》，中国政府网，2018年7月6日，http://www.gov.cn/xinwen/2018-07/06/content_5304188.htm。

州市共建成"新时代文明实践所 101 个,实践站 2987 个,拥有各类志愿服务组织 7878 个,注册志愿者 281 万人,每万人拥有注册志愿者数达到 3021 人,其志愿者服务指数名列全国第二"[1],有效推动新时代文明实践志愿服务高质量发展。

1. 明确新时代文明实践志愿服务任务

温州市以中央部署指导为基础,结合本地实际,明确提出新时代文明实践志愿服务文化建设的重要任务。

第一,学习贯彻习近平新时代中国特色社会主义思想。新时代文明实践志愿服务的核心内容是传播习近平新时代中国特色社会主义思想。温州市坚持以习近平新时代中国特色社会主义思想为指导,深刻领会习近平总书记系列重要讲话、重要指示批示精神,从践行党的初心和使命的高度提升政治站位,积极创新方式方法,运用多种渠道,推动党的理论深入人心。

第二,服务群众需求。温州新时代文明实践志愿服务以群众需求为导向,树立"群众需要什么,志愿者就提供什么"的理念,围绕民生改善、困难帮扶需求,推出符合地方特色、基层发展、具有可操作性的活动和项目,为群众办实事、解难题。聚焦群众个性化需求,针对社区空巢老人、残疾人等需要社会重点帮扶群体开展专项服务。

第三,提升基层治理能力。新时代文明实践志愿服务是基层治理的有生力量,推动基层治理走向社会化、法治化、智能化、专业化。温州市以新时代文明实践为手段,将志愿服务组织与政府治理部门对接,与乡村社区治理工作对接,采取"政府部门+乡村社区+社会组织+群众参与"方式,推动多元力量参与治理,激活社会建设内生力,绘就温州基层治理"同心圆"。

第四,引导社会文明新风尚。移风易俗是温州市现阶段新时代文明实践志愿服务文化建设主要任务之一。温州充分发挥党员干部带头作用,制定出台"移风易俗新规",打造文化广场,定期开展爱心公益巡演,引导基层养成"不讲迷信讲文明"的习惯,形成良好风尚,培育文明新风。

---

[1] 胡剑谨:《切实建好新时代文明实践中心 绘就"大爱温州"美丽画卷》,《中国志愿》2020 年第 5 期。

第五，传播温州好声音。温州新时代文明实践志愿服务充分发掘本土文化，积极开展"激扬新时代温州人精神"宣讲活动，讲述温州好故事、传播温州好声音，将新时代温州人精神作为温州新时代文明实践志愿服务的鲜明旗帜，在全社会大力弘扬和践行新时代温州人精神，在瓯越大地上形成互帮互助共创共富的良好氛围。

2. 构建新时代文明实践志愿服务体系

温州市以组织网络为基干，打造文明实践志愿服务组织体系，以"最大合力"协调开展新时代文明实践工作。

第一，建立新时代文明实践志愿服务规范管理体制。根据《志愿服务条例》有关精神，由市文明委（文明办）牵头协同有关部门加强对志愿服务工作的统筹规划、制度制定、协调指导、督促检查和经验推广，建立专项督查和重要事项协商机制，整合温州市志愿服务工作资源，明确民政、团委等部门工作职责定位，凝聚各职能部门的工作合力。

第二，健全新时代文明实践志愿服务组织网络。温州市强化市县两级志愿服务工作指导中心的作用发挥，落实事业编专职人员，其中，龙湾区、瑞安市等地区通过劳务派遣的方式，实现志愿服务专业化、职业化，形成"有人干事、有钱办事、有章理事"的良好局面，形成全省领先、运行流畅的志愿服务专职工作格局。截至2021年7月，温州市现有教育、国企、高校、金融等市直属系统总队80多支，各类志愿服务队3900多支。

第三，构建新时代文明实践志愿服务队伍。如图8-1所示，温州市分别在县（市、区）一级建立新时代文明实践志愿服务总队，在镇（街道）一级建立新时代文明实践志愿服务支队，在村（社区）一级建立新时代文明实践志愿服务队，并由各级党政主要负责人任总队长、支队长、队长。此外，区（县）内各党政机关、国有企事业单位根据具体工作实际，组建各部门、各单位的志愿服务队，有序开展文明实践活动。志愿服务总队、支队、小队之间相互协调、相互配合，总队长统领全县（市、区）志愿服务，带领支队长、小队长开展工作，支队长协调督导志愿服务队工作，提高志愿服务组织化程度。

3. 开展新时代文明实践志愿服务活动

温州市以"三关爱"活动品牌为牵引，立足本土，聚焦多层次多领

第八章 当代中国志愿服务文化建设的地方实践案例探析 / 263

```
县              新时代文明实践
(市、区)   →    志愿服务总队      →   总队长

镇              新时代文明实践
(街道)     →    志愿服务支队      →   支队长

行政村          新时代文明实践
(社区)     →    志愿服务队        →   小队长
```

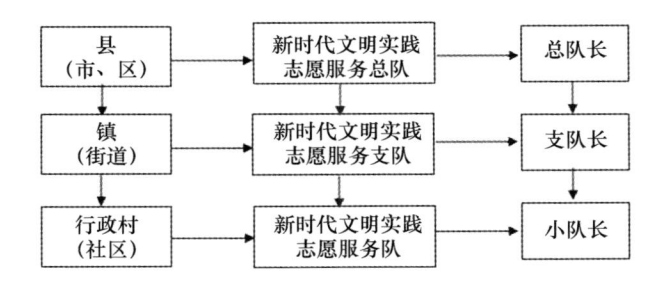

图 8-1　新时代文明实践志愿服务队伍三级设置

域服务需求，积极投身新时代文明实践志愿服务活动，精准设计主题性、专业性、普惠性活动，形成活动内容日益丰富、服务水平不断提升、群众积极性持续高涨的良好局面。

第一，组织实施"文明好习惯，随手做志愿"主题活动。结合温州实际，发布推广文明随手劝、车辆随手扶、垃圾随手捡、市容随手拍、困难随手帮、时长随手录等活动，发挥志愿服务公益、热情、灵活、广泛、高效的特点，组织发动更多志愿服务组织和志愿者走进社区家庭、走进公共场所、走上街道马路，引导市民积极参加文明城市创建和社会治理活动，让"随手做志愿"活动时时可为、处处可为、人人可为。如瓯海区创新培育"美丽瓯海，志愿者来找碴""一支队伍一条街·文明创建义工行""1+1海豚行动"帮带志愿服务等品牌项目，截至 2022 年 4 月，组织志愿者开展文明交通、文明旅游、文明上网、环境保护、垃圾分类等"随手做志愿"文明实践活动 1583 场，参与志愿者 28074 人次，惠及 20 万余人次，累计服务信用时数 7 万余小时。①

第二，组织实施常态化志愿者派遣活动。推出"定人定时定岗"的志愿者派遣行动，承接并圆满完成世界温州人大会、"国际物联网高峰论坛"、温州马拉松比赛、元旦健身跑等大型赛会志愿者派遣行动。在人流密集的公共场所建立 150 多个学雷锋志愿服务站，在温州医科大学附二医、白鹿洲等地建立旗舰站点，对铁路温州南站等交通枢纽的幸福志愿站进行升级改造，引入社会组织入驻管理，确保志愿服务活动有队伍、有制

---

① 张心怡：《瓯海与亚运同行 持续放大"溢出效应"携手绘就文明城市"同心圆"》，《今日瓯海》2022 年 4 月 11 日。

度、有氛围、有品牌。

第三，组织开展志愿服务典型选树活动。积极组织开展新时代文明实践最美志愿者、最佳志愿服务项目、最美志愿服务村（社区）等选树活动，培育志愿服务文化，弘扬奉献、友爱、互助、进步的志愿精神。2019年，温州11个典型入选全省志愿服务先进典型名单，入选数量居全省第一，7个典型入选中宣部"四个100"先进典型活动事迹展示名单，入选数量历年最多。疫情防控期间，温州为参与疫情防控志愿者投保新型冠状病毒意外伤害险，组织开展温州市"最美战疫志愿者"寻访主题宣传活动，选树战疫志愿服务20位个人和9家集体典型，推优疫情防控中优秀志愿者（组织）获评先进党员或党组织、温州好人、最美抗疫人等，引导全社会学习先进、争做先进。

4. 打造新时代文明实践志愿服务阵地

温州市从满足志愿者需求出发，探索建立常态化指导机制和工作阵地，整合现有基层公共服务阵地资源，提升驿站、志愿服务广场等活动场所功能，统筹使用，协调运行，实现志愿服务大门常开、活动经常、群众受益。

第一，构建"实践中心—实践所—实践站（点）"三级阵地体系。温州市按照"既是文明实践司令部，又是志愿者之家"的定位和要求，在县（市区）、乡镇（街道）、村（社区）建立"3+1"新时代文明实践中心（站、所）的阵地框架。如图8-2所示，温州在县（市、区）一级成立新时代文明实践志愿服务中心，在镇（街道）一级成立新时代文明实践志愿服务所，在有条件的行政村（社区）设立新时代文明实践志愿服务站，在各个驿站建立实践点，构建全面覆盖"县、镇、村"的三级网络。三级阵地层层推进，中心统筹管理文明实践所、站；文明实践所协调督导文明实践站工作，推动实践站志愿服务活动有序开展；文明实践站向下延伸，组织指导实践点工作。如首批全国新时代文明实践中心试点县平阳县还在机关各部门建成文明实践志愿服务分中心91个、文明实践志愿服务所16个、文明实践志愿服务站612个。2022年以来共计开展志愿活动3547场，月均活动709场，活动信用总时长16.33万小时，人均信用时数 6.82 小时。①

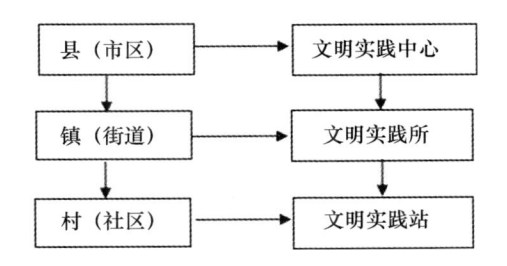

图 8-2 新时代文明实践中心—实践所—实践站三级阵地体系建设

第二，发挥农村文化礼堂主阵地作用。温州市将农村文化礼堂②作为新时代文明实践站的主阵地进行建设，截至 2021 年 12 月，温州市建成文化礼堂 3593 个，建成数量居全省第一。温州累计获评省五星级农村文化礼堂 196 家，创成省级示范县 8 个、省级先进县 11 个、示范乡镇（街道）37 个、省级"最美文化礼堂人"21 人，上述三项荣誉数量均为全省前列。③ 温州市委老干部局组织开展银发人才进礼堂活动，打响了"银耀瓯越"的活动品牌；温州市体育局积极推动"百姓健身房"进文化礼堂，实施体育进文化礼堂三年行动计划，不断丰富群众文体活动；温州市司法局组织各种形式的法制宣传进文化礼堂；温州市金融办组织开展"金融知识讲座""金融咨询"等文化礼堂活动，等等。如瑞安以《浙江省农村文化礼堂建设标准》为指导，坚持实用为先原则，建设、管理农村文化礼堂八个功能性场所。

第三，打造行业志愿服务实践基地。温州市坚持因地制宜、资源整合

---

① 平阳文明中心：《23.5 万人！平阳街头处处可见"红马甲"》，《温州都市报》2022 年 6 月 7 日。

② 浙江省于 2013 年开始试点建设农村文化礼堂，在文化特色鲜明、经济社会发展较好的历史文化村、美丽乡村精品村或特色村，建起一批集学教、礼仪、娱乐于一体的综合性农村文化礼堂，使其成为农民群众开展文化活动、丰富精神的家园。2018—2022 年，全省共建设农村文化礼堂 13384 家。截至 2022 年 6 月，农村文化礼堂总数已达 1.9 万余家，500 人以上行政村覆盖率达 97%。

③ 叶锋：《温州文化礼堂"我们的村礼"首批项目出炉》，《温州日报》2022 年 3 月 20 日。

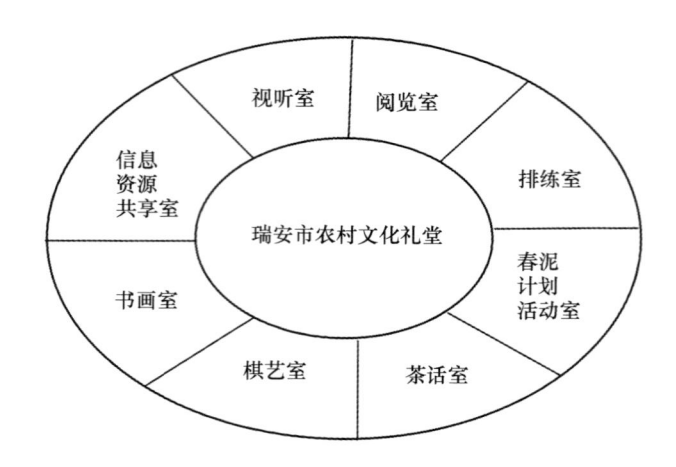

图 8-3 瑞安市农村文化礼堂功能布局

原则，着眼立足岗位便民利民目的，在全市各级文明单位、机关企事业单位以及窗口行业范围内设立学雷锋志愿服务站（岗），发挥其示范引领作用。鹿城区以"红日亭"为引领，推进新时代文明实践志愿服务阵地建设，谋划开展全区"一鹿伏茶"特色品牌工作，制作"红日亭"文明实践志愿服务二维码，开展"一鹿伏茶"文明集市活动，通过"扫一扫"、便携伏茶包和伏茶药材的展示，让伏茶的故事走进基层百姓。洞头区重点发挥"兰小草"道德馆、"兰小草"创建村、"兰小草"爱心接力站等志愿服务阵地作用，弘扬"兰小草"精神①，为人民提供贴心温暖的爱心服务。

5. 建设新时代文明实践志愿服务运行机制

志愿服务作为运行机制推动新时代文明实践的发展。温州市逐步完善线上点单、活动激励、项目管理机制，实现新时代文明实践活动的常态长效。

第一，建立点单机制。温州市依托"宣传嘉""志愿汇"等各地数字

---

① "兰小草"王珏，温州洞头区大门镇乡村医生。自2002年起，他以"兰小草"的名义连续15年向社会匿名捐助善款，他曾在匿名信中表示："希望捐给那些急需帮助的孤儿寡母……以报答农民粒粒皆辛苦的养育之情……"2017年10月，王珏因晚期肝癌离世。2018年3月，王珏获"感动中国·2017年度人物"殊荣，先后被追授为"中国最美医生""浙江骄傲""浙江好人""最美温州人"等。之后，温州先后设立"兰小草"爱心宣传日、"兰小草"爱心驿站、"兰小草"志愿者服务队等。

平台，建立志愿服务"菜单制"，打造"菜单、点单、派单、接单、评单"的便民服务模式，通过网络分级响应、系统调度、点单配送、保障护航等机制建设，实现线上网络和线下驿站的有效对接，构建起"10分钟志愿服务圈"品牌。平阳县作为全国首批文明实践中心试点，率先建立点单平台，如图8-4所示，群众按需点单，平台统一清单至文明实践中心，中心根据服务内容、距离远近，分配适合的新时代文明实践所、站，再由所、站派单，志愿服务组织（志愿者）接单，落实队伍及人员服务群众，最后以群众评议内容更新需求清单。此外，平阳县充分整合多家政府机构、社会组织、文化团体服务项目统一集中纳入平台，为群众提供多种多样的服务项目。

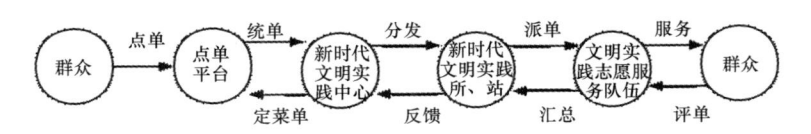

图8-4 新时代文明实践志愿服务点单机制

第二，建立健全激励机制。温州市实施特色新时代文明实践志愿服务信用机制，即"黑白名单"制度。通过发布新时代文明实践活动"白名单"，向留守妇女、留守儿童、留守老人以及其他弱势群体开放特别权限，以"一对一""多对一"等结对服务形式，提供定制化、个性化的新时代文明实践志愿服务。发布新时代文明实践活动"黑名单"，惩戒"乱点单""乱发单""乱接单"等行为。同时，各地结合实际，相继建立志愿服务活动激励机制。比如，洞头区建立最美志愿者、最美志愿项目等评选办法，给予志愿者积分兑换、低利贷款、优惠公共服务等礼遇优待。苍南县开设"文明银行"，依托线上平台，通过记录志愿服务时长、随手做公益情况生成文明积分，并凭积分享受兑换商品、服务等权利待遇。

第三，完善项目管理机制。温州市通过问卷调查、事后回访等形式征求基层群众意见建议，形成志愿服务项目效果反馈督查机制，不断完善项目库。文成县精心设计新青年宣讲、红色星期天、山水舞台、周末课堂等服务项目，通过"群众点单—部门接单—中心派单—志愿者接单"模式，有效推进群众所需与部门供需、志愿服务队送需高效运作。乐清市运用新时代文明实践大数据库，将志愿服务指挥调度、供需对接等功能集于一体，对工作成效、各志愿队伍工作情况、群众需求问题等多维度分析，提供翔实的数字可视化展示，提高了志愿活动精准化、精确化、精细化服务能力。

（二）温州新时代文明实践志愿服务文化建设主要成效

温州市根据新时代文明实践"凝聚群众、引导群众、以文化人、成风化俗"的要求，整合服务资源，健全长效机制，推动工作走深走实，取得文明实践志愿服务文化建设的丰硕成果。

1. 党的理论飞入寻常百姓家

温州始终把传播习近平新时代中国特色社会主义思想作为新时代文明实践志愿服务的首要任务，以"新青年下乡"为活动形式，强化理论武装，高质量开展基层主题教育。如"新青年下乡"志愿服务活动，累计参与学生人数达 38 万人次，服务群众 130 万人次。[①] 同时，新时代文明实践志愿服务成为新知识、新技术宣传和发展的重要途径，在基层宣传工作中发挥主导作用。温州组建 1004 人的市、县、乡三级健康教育讲师团，邀请专家加入志愿服务团队，开展医疗健康科学知识科普活动，增强科学知识在基层的普及率，丰富群众科学文化认识。建立"乡村艺术团"1729 个，增强群众文化底蕴，培育社会文明风尚。[②] 深化"我们的节日""我们的村晚"等系列乐民育民惠民品牌，充分挖掘乡风民俗元素，通过志愿服务的方式以文化人、增强基层群众文化底蕴，实现"一村一品、一堂一色"。

新时代文明实践志愿服务有效推动党的思想理论、方针政策在基层广泛传播。比如，乐清市以文明实践活动推动党史学习教育内容不断丰富。各党史宣讲志愿服务队针对不同受众，因地制宜组织"车间微党课""晨会微课堂""方言讲党史""少年讲党史"等活动，引导党员群众继承和

---

① 胡剑谨：《切实建好新时代文明实践中心 绘就"大爱温州"美丽画卷》，《中国志愿》2020 年第 5 期。

② 胡剑谨：《切实建好新时代文明实践中心 绘就"大爱温州"美丽画卷》，《中国志愿》2020 年第 5 期。

发扬党的优良传统,让党史教育"热"起来、"新"起来、"活"起来。永嘉县充分挖掘红色资源,以"红色引领"开展志愿服务活动,探索构建志愿服务供需平台;重点培育了一批群众欢迎、质量较高的理论宣讲志愿团,如党校"红色磁场"宣讲团,"红动楠溪"党员宣讲团,"群心向党"工青妇宣讲团,"军旗飘扬"老兵宣讲团等志愿宣讲品牌,传承"红十三军"精神,弘扬社会正能量。平阳县利用"省一大"会址的独特资源,全力打造红色教育基地,进一步传播红色知识,赓续红色血脉。温州新时代文明实践志愿服务在润物细无声中深化基层思想政治教育,充分发挥文化引导人、塑造人的作用,进而推进全域文明建设,2022年实现县级全国文明城市创成和提名100%。

2. 城市文明风尚激发新动能

物质富裕的春风吹遍瓯越大地,精神富裕同样成为温州孜孜以求的方向。新时代文明实践志愿服务是推动移风易俗、培育社会道德风尚、实现精神生活共同富裕的有效途径。2018年以来,温州大力弘扬"奉献、友爱、互助、进步"的志愿精神,积极践行新时代温州人精神,将新时代文明实践志愿服务与移风易俗工作有机结合,充分发挥志愿者的作用,整治与监督婚丧礼俗大操大办、占道搭棚等陈规陋习,使婚事新办、丧事简办、厚养薄葬蔚然成风。温州市由各地新时代文明实践站站长牵头,建立婚丧服务、农村宴席服务等文明实践志愿服务队。倡导集体婚礼、公益婚礼等现代文明婚礼形式,依托农村文化礼堂建立农村家宴中心,在著名景区设立婚事新办点,打造公益婚礼基地。推出一批婚庆服务项目,举办"农村婚礼进文化礼堂"1200余场。[1] 实施一批殡葬惠民项目,实行"普惠型"殡葬惠民政策,城乡居民基本殡葬服务费用由政府承担。

截至2020年5月,温州市享受殡葬惠民政策25万人,惠民金额1.6亿元[2]。形成具有代表性的乐清丧事简办、鹿城婚事新办、苍南乡风文明、永嘉青山白化理、瑞安乡村新风等先进典型。据统计,温州市新时代文明实践志愿服务共引导婚事新办、丧事简办8.3万起,为群众减轻资金

---

[1] 本刊评论员:《文明新风漾温州》,《今日浙江》2020年第6期。
[2] 王路:《浙江温州:移风易俗入人心文明新风漾温州》,温州市民政局殡葬改革网,2020年5月6日,http://wzmz.wenzhou.gov.cn/art/2020/5/6/art_1240383_42801436.html。

负担62亿余元。① 2019年7月,温州市移风易俗改革工作作为全国宣传文化系统25案例之一,在全国进行推广。温州将志愿服务与移风易俗工作有机结合,社会文明程度达到新高度。新时代文明实践以一项项成果见证温州奋力打造新时代文化高地的信心和决心。

3. 基层治理能力水平不断提升

加强和改进基层治理能力是新时代文明实践志愿服务的目标之一。温州市深入开展大型赛会、疫情防控、社区建设、生态环保等新时代文明实践志愿服务活动,有效降低基层社会治理成本,基层治理能力显著增强,描绘出一幅"全城志愿"的美丽图景。比如,龙湾区推出"节日+志愿服务"认领机制,梳理全年各类节日与对应各单位部门,建立志愿服务活动责任清单,依托行业法定主题日、纪念日等重要时间节点,以雷锋广场为主阵地,广泛开展科普、维权等形式多样的新时代文明实践志愿服务活动。

广大农村党员干部以"结对服务、守望相助"的模式,对留守儿童、留守妇女、留守老人以及其他弱势群体,开展亲情关怀、困难帮扶和爱心传递,构筑"今日我助人、明日人助我"的"道德链"。比如疫情防控期间,平阳县针对疫情防控为婴儿、孕妇量身定制的"宝宝餐""孕妇餐"以及心理咨询、临时理发店等"套餐"服务项目②;进入"自主点单"栏目,只需填写服务的时间、地点、内容、联系方式等,平台管理人员会向距离服务需求最近的志愿服务站派单,志愿者在接单后就可以第一时间联系群众,开展上门服务。同时,平台设置"预约服务"栏目选项,极大方便基层群众需求。温州新时代文明实践志愿服务拓展服务半径,增加服务内容,提升服务质量,社会治理能力和保障水平得到稳步提升,为"幸福温州"建设营造良好社会氛围。

4. 志愿服务项目提质增效开新局

温州市结合实际,多方面创新,多领域开拓,协调更多公共资源,支

---

① 王路:《浙江温州:移风易俗入人心 文明新风漾温州》,温州市民政局殡葬改革网,2020年5月6日,http://wzmz.wenzhou.gov.cn/art/2020/5/6/art_1240383_42801436.html。
② 林初潮:《平阳县志愿服务体系在疫情防控中发挥作用》,《精神文明导刊》2020年第7期。

持优质志愿服务项目的启动成立和初期运作,把有需求、有成效、可持续的志愿服务项目进一步巩固提升、规范壮大。如瓯海区晨跑微公益志愿服务项目以"让运动更具意义,让公益更有趣味"为口号,以传递"向上、向善、乐行"精神为己任,创新社会群防群治工作机制,实现自治巡防与志愿服务有机融合,让志愿服务填补政府工作"真空区",成功打造平安共治社会治理新模式,并先后被多家媒体报道。鹿城区"壹星同行"志愿服务项目聚焦自闭症青少年就业难、融入社会难等社会难题,通过定期对12周岁以上自闭症青少年及其照料者开展社区融合活动和就业实践培训志愿服务活动,支持自闭症青少年提升自主生活能力和就业能力,获得更多社会融合、就业乃至服务社会的机会。瑞安市壹元爱心公益服务中心于2018年启动的"壹"路守护,"圆"你成长志愿服务项目,通过组织志愿者摆摊义卖、发动社会爱心捐赠等多种途径筹备善款,致力改善困难学生的学习生活的基本条件。

此外,温州新时代文明实践志愿服务项目呈现时代特色。疫情防控期间,战疫志愿者参与各类"抗疫"一线志愿服务活动,涌现出"宅家乐"等一批志愿服务特色品牌。各县区先后围绕"走在前列""重要窗口""共同富裕"等主题,拓展志愿服务的新领域、创新志愿服务项目,突出志愿服务助力体现新时代优越性的相关项目。乐清市打造了"爱心话聊""孝亲生日会""亲青帮""快找人"等具有示范性的新时代文明实践志愿服务品牌项目,其中《景贤里巷》志愿服务品牌成功入选省级新时代文明实践中心建设创新案例汇编。温州以规划为引领、需求为导向,通过特色新时代文明实践志愿服务项目,弘扬温州善行天下的品格,不断擦亮"大爱城市、诚信社会、道德高地"的城市品牌。

(三) 温州新时代文明实践志愿服务文化建设经验

作为首批新时代文明实践中心建设试点县(市、区),温州把握时代大势,勇当实践先锋,结合地方特色,总结实践经验,积极探索志愿服务参与新时代文明实践中心的模式和路径,实现志愿服务更富活力、更有成效、更可持续的发展。

1. 坚持以习近平新时代中国特色社会主义思想为指导

新时代文明实践志愿服务文化建设的核心内容是传播习近平新时代中

国特色社会主义思想。温州充分认识到建设新时代文明实践既是一项夯实党的执政基础、推动宣传工作走深走实的政治工作，更是一项打通"最后一公里"、更好满足人民群众日益增长的美好生活需要的群众工作。因此，必须始终坚持把传播新思想作为基础性、经常性任务，努力在思路上求新、在工作上求实、在成效上求真。

温州把宣传习近平新时代中国特色社会主义思想作为新时代文明实践志愿服务的最重要的任务，坚持常抓不懈，久久为功，深入学习贯彻党的十九大和十九届历次全会精神，提高群众对党的创新理论的认同感、践行力。同时，温州新时代文明实践志愿服务充分发挥志愿者主观能动性，将理论宣讲与生产生活、情感交流相结合，让宣传内容生动有趣，推动党的理论深入人心。

2. 坚持以党政统筹、部门联动为重要保证

2018年以来，温州市树立新时代文明实践志愿服务工作"一盘棋"的思想，形成了党委政府统一领导、宣传部门牵头抓总、相关部门各司其职、社会各方共同参与的良好工作格局，是推动新时代文明实践志愿服务文化建设的重要保证。

第一，坚持党委政府统筹领导。从温州志愿服务组织建设，到志愿者的思想引领和素质发展，再到面向基层群众开展服务项目，都要体现出党组织的引领性和统筹性。温州发挥县（市、区）党委"一线指挥部"的作用，县（市、区）党委主要负责人亲自挂帅，探索完善"中心吹哨、部门动员、各方参与"的工作机制，形成多方协作、密切联动的工作格局。

第二，坚持相关部门各司其职。经过近几年的不懈努力，温州新时代文明实践志愿服务工作由文明委统一领导、文明办牵头协调、宣传部、民政部等部门和单位分工负责。各有关部门和单位在工作机制架构下，各负其责、各展所长，相互支持、相互配合，构建起联动高效、协调有序的工作格局，形成了共同推进新时代文明实践志愿服务的整体效应。

第三，坚持社会各方共同参与。温州充分发挥群团组织的纽带作用，动员和吸引基层群众参与活动，更好发挥促进群众性学雷锋志愿服务活动繁荣的功能。此外，温州成立了志愿服务联合会，履行对新时代文明实践志愿服务工作引领、联合、服务、促进等职责，确保新时代文明实践志愿

服务组织体系高效运作。

3. 坚持以群众的获得感、满意度为出发点

温州在新时代文明实践志愿服务文化建设过程中，深刻认识到，必须要把人民群众的获得感、满意度作为重要目标。因此，温州坚持需求导向，提供精准化服务，推出契合群众需求的志愿服务活动，让群众在活动中获得精神滋养。

第一，坚持开展普惠型活动。温州始终坚持需求导向，着眼满足基层群众普遍、共性的现实需求，围绕与基层群众生产生活密切相关的问题，开展便民利民服务，不断提升基层群众的获得感与幸福感。着眼群众共性需求，围绕群众对美好生活的期待，设计实施普惠性活动，覆盖更多基层群众。

第二，坚持开展特惠型活动。温州着眼满足特殊人群个性化、差异化需求，定制内容各异、需要单独配送的特惠型新时代文明实践志愿服务活动。重点关注空巢老人、留守儿童、残障人士等特殊人群。聚焦群众个性化、差异化需求，科学设计符合特定群体认知特点的文明实践志愿服务项目，定制专门配送的志愿服务。采取"一对一""多对一"等结对服务形式，为有实际困难的群体提供帮助。

第三，坚持开展特色型活动。温州注重基层群众需求的"多样化"和"多变化"的特点，开展乡土文化挖掘梳理、乡土文化展演、乡土文化之旅等新时代文明实践志愿服务活动。推出非遗传承文明实践志愿服务活动，持续挖掘鼓词、永嘉昆曲、瑞安木活字、乐清细纹刻纸、泰顺编梁木拱桥营造技艺等非遗传承资源，曹湾山遗址、玉海楼、三牌坊古井等文保单位、历史街区，以及国旗教育馆、红十三军旧址等爱国主义教育基地，提升基层群众对家乡文化的认同感、自信心。

4. 坚持以整合资源配置为载体

调动各级各类志愿服务资源，形成合力、焕发活力，是新形势下推进文明实践志愿服务的必然要求。温州实践表明，必须整合现有资源，"唤醒"闲置资源，推动文明实践走进基层、深入基层。

第一，坚持在县级打造中心大厅。温州整合现有基层公共服务阵地资源，打造理论宣讲、文化教育、医疗健身等服务平台，统筹使用、协调运行，形成新时代文明实践志愿服务工作合力。此外，温州已实现新时代文

明实践中心全覆盖，中心提供共享阅读、展览培训、体育健身、文化服务等多项功能，受到群众普遍欢迎。

第二，坚持在乡镇部门一级建好示范基地。温州坚持以"群众聚集在哪里，文明实践就延伸到哪里"为要求，根据各行各业的特点，因地制宜打造一批新时代文明实践示范基地，解决了以往文明实践"看不见、摸不着"的问题，努力做到了文明实践向全领域延伸。

第三，坚持在农村基层一级打造基层典型经验阵地。将新时代文明理念扎根村民心中，是温州工作重点。温州充分依托农村文化礼堂等农村基层意识形态主阵地，按照"7651"管理运行体系，完善"理事会制""星级管理""月月主题制""礼事日制""星期天礼堂活动制""最美文化礼堂人"选树制、"亮灯制"等七项机制，以新时代文明实践的要求抓好"总干事""八大员""文化大使""新青年下乡""四千结对""乡村艺术团"六支队伍建设，进一步发挥学习科学理论、践行主流价值、繁荣乡村文化、培育文明乡风、加强人文关怀五大功能。

5. 坚持以机制创新为牵引

新时代文明实践志愿服务不是"一阵风"，不能"运动式""扎堆式"搞活动。实践证明，要着眼形成长效运行机制，按照常态化开展的思路，让文明实践活动天天见、日日新、长流水、不断线。因此，温州积极探索志愿服务事业发展新举措，坚持靶向对接供需，以机制创新为牵引，健全长效机制，确保志愿服务常态化发展。

第一，坚持健全供需对接机制。温州在实践中进一步完善供需对接机制，把政府有什么和群众要什么有效地对接起来，完善运行机制，推动活动常态长效。截至2021年6月，温州每月开展志愿服务项目4000余个，月均开展活动1900余场，月均志愿服务时长28.9万小时。其中，永嘉县充分依托互联网平台，开发"文明之嘉"线上服务云平台，精准匹配供需，围绕群众所需，首创双向双轨的点单模式，立足"文明之嘉"线上服务云平台，将全县实践中心、所、站（点）作为数据基站，收集基层群众需求、服务站点活动信息，进行动态跟踪、实时管理、在线审核，从而精准设计服务项目，实现供需精准对接。

第二，坚持落实志愿服务激励机制。温州结合实际，制定下发《温州市志愿者礼遇办法（试行）》，从日常生活、政治嘉许、医疗健康和社会保障等4个方面实行19条激励措施。建立星级志愿者评定机制,构建完善了以志愿服务时长为基础、服务评价为补充的志愿服务评价体系。在元旦、春节等传统节日,将获得温州市以上(含温州市)志愿服务最美(最佳)典型代表作为各级领导节庆慰问对象,采取上门慰问、座谈慰问等方式,积极营造关心关爱志愿服务工作氛围。

第三,坚持志愿服务项目化。温州注重挖掘和培育优秀志愿服务项目,以服务精准、高效实用、群众受益为出发点和切入点,始终坚持目标导向、需求导向、效果导向,聚焦群众所思所想所盼,抓住当前社会治理、公共服务、群众生活等领域供需关键点,把社会所需和志愿者所能紧密结合起来,不断提升温州新时代文明实践志愿服务项目精品化水平。

春风化雨,以文化人,新时代文明实践志愿服务是培育志愿服务文化、涵养时代新人的重要载体。站在"十四五"时期的新起点上,温州新时代文明实践志愿服务将以习近平新时代中国特色社会主义思想为指导,以群众满意度为出发点,完善运行体制机制,优化资源配置,不断推动新时代文明实践志愿服务文化建设,为温州续写创新史、走好共富路贡献志愿服务力量。

二 温州"新青年下乡"志愿服务文化建设与思想政治教育价值

"群团组织是具有中国特色的社会组织,在完善中国特色志愿服务发展制度体制,积极推进中国特色志愿服务的社会参与中是一面鲜明的旗帜。"[1] 源于共青团组织的青年志愿服务活动,自1993年正式发起组织以来,在近三十年的时间里,已是我国最先和最有社会影响力的志愿服务活动。志愿服务教育"是学校教育的重要组成部分,在学校教育体系中具有重要地位,是进行社会主义核心价值观教育的重要载体,是思想政治教育的有力手段。"[2] 2015年7月,温州市委全面部署"新青年下乡"志愿服务活动,充分发挥青年学生专业特长,立足结对单位实际,积极组织发

---

[1] 陆士桢:《中国特色志愿服务概论》,新华出版社2017年版,第368页。
[2] 张晓红:《论志愿服务教育》,人民出版社2017年版,第51页。

动青年学生深入基层、深入群众、深入一线，广泛开展形式多样的志愿服务实践活动。

（一）"新青年下乡"志愿服务活动背景、内涵及运行现状

作为新时期温州高校加强思想政治工作的一项重要举措，"新青年下乡"志愿服务活动由温州市委统一部署，温州市委宣传部牵头，会同市教育局、团市委等部门开展的一项"校院＋农村实践基地"的全新志愿服务活动①，是推动新时代高校大学生思想政治工作和新农村建设相结合、学生成长成才与联系服务农村群众相结合的新载体、新探索、新举措。自2015启动以来运行至今，温州市"新青年下乡"志愿服务活动形成了鲜明的活动特征，取得了长足的发展。

1. "新青年下乡"志愿服务活动背景

"宣传思想工作创新，重点要抓好理念创新、手段创新、基层工作创新，努力以思想认识新飞跃打开工作新局面，积极探索有利于破解工作难题的新举措新办法，把创新的重心放在基层一线。"② 近年来，农村宣传思想工作和高校思想政治工作任务繁重，组织开展以高校学生为主体、以农村广阔天地为主阵地、以农村文化礼堂为依托的"新青年下乡"志愿服务活动，其现实背景有：

第一，着眼于坚定高校学生理想信念。理想信念是我们精神上的"钙"，没有理想信念，理想信念不坚定，精神上就会"缺钙"，就会得"软骨病"。③ 当前，高校学生理想信念教育面临严峻的考验与挑战，部分学生出现政治信仰迷茫、理想信念模糊等问题，亟须进行加强引导。温州市立足高校学生的理想信念教育，对接农村群众的精神文化需求，温州市开展"新青年下乡"志愿服务活动，让学生在志愿服务活动中融入群众的生活，服务于社会发展，并且鼓励高校青年学生在基层实践中锻炼个人能力、丰富精神世界，从而坚定他们的理想信念。

第二，着眼于构建基层群众共同精神家园。组织开展"新青年下乡"

---

① 姜巽林、叶剑锋：《新青年下乡》，《今日浙江》2015年第17期。
② 习近平：《习近平谈治国理政》第1卷，外文出版社2018年版，第155页。
③ 习近平：《习近平谈治国理政》第2卷，外文出版社2017年版，第326页。

志愿服务活动，就是充分发挥大学生群体的优势，让他们在下沉农村社区基层当好服务员、宣传员、指导员、见习员。当好服务员，就是积极为广大群众送服务、送文化，让群众得实惠，增强对家乡、对国家的归属感；当好宣传员，就是大力宣传党委政府的工作和政策，用通俗易懂的形式将党委政府的中心工作深入人心，凝聚民心，提高群众认同感；当好指导员，就是指导基层开展精神文化活动，培养积极健康向上的生活习惯，使群众在健康的精神文化生活中提高抵御意识形态渗透的能力；当好见习员，就是让学生在服务群众、指导群众、宣传党委政府工作的同时，积极向群众学习、向实践学习，使自己获得新的知识、增长新的才干。

第三，着眼于巩固基层意识形态阵地。农村和高校是基层意识形态工作的重要阵地，农村文化礼堂作为农村精神文明建设的主要载体，是将社会主义核心价值观的丰富内涵和实践要求充分融入农村思想教育的重要抓手。温州的农村文化礼堂特点鲜明，是一个集文化活动、公共服务、议事办事、教育教化等多种功能于一体的文化综合体，以"文化礼堂、精神家园"为定位，内容更加侧重对群众的教育教化功能，更加强调构建积极健康向上的共同精神家园。温州开展"新青年下乡"志愿服务活动，就是鼓励高校学生将自身专业全面与知识丰富的优势相结合，开展一系列有主题有内容的服务活动，丰富农村文化礼堂的内容建设，让农村文化礼堂"活"起来，从而使高校学生和基层群众的思想受到潜移默化的影响，使社会主义核心价值观成为群众心中的主流思想。

第四，着眼于锻炼高校学生才能。高校学生只有走进社会、走进基层、经历实践的考验，才能看到自身的不足，才能增强学习的动力和紧迫感，才能解决脱离实际"无土栽培"的问题。组织"新青年下乡"志愿服务活动，一方面，为青年学生提供了一个检验能力、展示风采、锻炼自我的平台和载体；另一方面，为青年学生搭建了向实践学习、向群众学习、向榜样学习的渠道，从而提高他们服务发展的能力、练就"大众创业、万众创新"的本领，为地方和国家未来的发展提供有力的人才支撑。

2. "新青年下乡"志愿服务活动运行现状

自2015年组织开展至今，温州市委宣传部牵头协同温州各高校每年分批组织以大学生为主体的青年深入温州农村基层，给予了一批又一批在温高校学生在"新青年下乡"这个实践舞台上挥洒汗水、释放价值的宝贵机会，坚定了高校学子的理想信念、锻炼了过硬本领，引导和帮助广大青年学生在"大思政课"中能够展现青年人的青春风采与使命担当，让大学生在实践中"受教育、长才干、作贡献"。

2015年6月，温州市委联合温州市宣传部、教育局、团市委下发《中共温州市委关于加强和改进高校思想政治工作的实施意见》和《关于印发〈温州市"新青年下乡"志愿服务活动2015年度实施计划〉的通知》，要求温州市12所高校创新高校志愿服务形式，采取"一校一县、一系一乡、一班一村"挂钩结对形式，每年持续组织以大学生为主体的青年到农村基层，开展"科学理论、文艺送演、志愿服务、文化传承、硕博服务"五大类服务项目，推动志愿服务常态化、体系化、制度化。全市共有12所高校95个院（系）结对12个县（市、区）功能区、131个乡镇（街道）、599个农村（社区）基层[①]。

2022年"新青年下乡"志愿服务活动以"青春心向党·奋进新征程"为主题，温州全市共有513支志愿实践队，1.4万名大学生奔赴266个乡镇开展暑期社会实践志愿服务活动。过去七年中，"新青年下乡"志愿服务活动主题鲜明，紧密围绕中央、省委和市委中心工作，紧扣"基层群众所需、学生团队所能"要求，引导青年学生深入学习宣传贯彻习近平新时代中国特色社会主义思想，聚焦文明城市建设、青年发展型城市建设等中心工作，将自身专业优势与基层发展需求对接起来，在社会实践中提升觉悟、增长才干。同时，"新青年下乡"志愿服务活动的载体支撑更加有力。将"新青年下乡"志愿服务活动与"共享社·幸福里"建设、文化礼堂"建管用育"、助力"双减"暑期托管、村社主任助理等载体相结合，整合各类志愿者队伍、社会组织的力量，形成青春建功乡村振兴的强大合力，有效助力共同富裕示范区先行市建设。

3. "新青年下乡"志愿服务活动内涵

综合国内外文献研究发现，高校青年志愿服务是"参与者为了帮助受助对象而让渡自己的时间精力且不以物质报酬为目的的持续性助人行为"[②]。相比于其他高校志愿服务，温州市"新青年下乡"志愿服务活动

[①] 姜巽林、叶剑锋：《新青年下乡》，《今日浙江》2015年第17期。
[②] 陈秋明：《大学生志愿服务理论与实践》，商务印书馆2018年版，第5页。

特征鲜明、内涵丰富,"送服务"的同时,也能合理兼顾到"送技术"和"送文化"。活动不仅能兼顾志愿服务的组织性与计划性,并且能与高校学生的专业实践相融合,呈现多样性与长效性的鲜明特点。

第一,"点对点"匹配挂钩,延展服务基层场域。"新青年下乡"志愿服务活动充分衔接高校资源与基层农村需求,以高校学生为主体、研学基地为平台,构建新时期青年下乡志愿服务"新形式"。一是"固定结对"明确主体。将"新青年下乡"志愿服务活动相互结对的主体双方依照高校专业设置和基层自身的实际需求进行考量,参照"一校一县、一系一乡、一班一村"结对模式,进行"点对点"的匹配挂钩,确定"一对一"结对名单。二是"学以致用"建好队伍。根据学校学科设置特色、学生兴趣文化特长、基层文化建设实际需求,组建服务队,涵盖理论宣讲、文艺演出、文化传承、科技支农、旅游开发等领域,组建专业志愿服务实践队,发挥专业特长的同时,积极服务新农村建设。三是"效用最大"盘活阵地。"新青年下乡"志愿服务实行"院校+实践基地"的活动形式,搭建实践教学平台,组织学生开展形式多样的文化活动,巩固提升农村文化载体思想文化的主阵地作用。

第二,"面对面"思想引领,凝聚社会发展共识。针对当前基层宣传思想文化工作的薄弱环节,组织学生参与基层理论宣讲、社会主义核心价值观培育和传统文化弘扬传承,凝聚实现"中国梦"的思想共识。一是实施科学理论引领计划。为了让青年学生在教育引导群众的过程中感悟基层的真实情况,通过组织开展基层理论宣讲团的形式,让基层群众在青年学生科学生动的宣讲内容与形式中坚定对主流思想的认知与认同,增强自身的"四个自信"。二是实施核心价值观引领计划。依靠农村文化礼堂、乡村庭院等具有人文情怀的文化载体,组织开展"最美"评选、挖掘家风家训、推广文明礼仪等系列活动,让社会主义核心价值观在潜移默化之中融入基层,助力推动基层治理工作。三是实施文化传承星火计划。将"新青年下乡"志愿服务与国学课堂、乡土文化保护、非遗项目传承和保护等活动进行有机融合,把传统村落保护与发展落到实处,传承村民共有记忆。

第三,"心贴心"惠民服务,助力两个文明建设。组织实施送文化、送技术、送关爱等志愿服务惠民举措,同步推进基层物质文明和精神文明建设，在提供服务、增进实惠中强化基层宣传思想文化工作的说服力与引导力。一是文艺送演丰富群众生活。组织高校各类社团牵头，向农村送歌舞、送戏曲、送书画等文体服务推进文体惠民工程，进一步丰富群众精神文化生活。二是硕博服务提供智力支撑。组建以硕博研究生为骨干的服务团队，用自身过硬的专业知识助力农村经济社会发展，也能让高学历人才增强对社会的责任与担当，推动更多的学生以基层为平台开展创业创新。在实践中了解温州、爱上温州、留在温州、创业在温州、圆梦在温州。三是志愿服务关心关爱基层。切实把关心关爱送到基层，青年与政府协同发力，聚焦群众日常生活中的可能出现的问题，广泛开展关怀老人、关爱儿童、就业帮扶、扶贫帮困、权益维护、科技支农、医疗义诊等系列志愿服务活动。

（二）大学生志愿服务文化建设面临的困境及破解举措

作为区域文化社会发展的创新主体，高校肩负着人才培养和服务社会的重要职能。开展高校志愿服务活动，不仅能够培养大学生志愿服务精神，进而促进大学生志愿服务文化的建设，更体现了服务社会的重要职能，彰显大学生的人文关怀精神。[①]

1. 大学生志愿服务文化建设面临的困境

我国青年志愿服务事业发展呈现蓬勃发展态势，但仍存在诸多持续需要解决的问题。

第一，高校志愿服务内容单一，专业性有待加强。首先，高校志愿服务活动将向社会提供服务作为重点，忽略了志愿本身之于学生的学习性。志愿服务与利他主义、亲社会行为密切相关，过分强调志愿服务受众对象的主观感受和志愿服务的社会效应，而忽略了志愿者在志愿服务中的"利己性"。因此，大多数志愿服务要求志愿者完成相关的志愿服务即可，大学生变成志愿服务的"执行者"，而不是"感受者"和"收获者"。其次，高校志愿服务流于形式，与专业课程学习相关度不大。高校志愿服务开展以来，集中于重大节日的志愿活动，涉及扶贫助困、理论宣讲以及环

---

① 曲小远、应巨林、白炳贵：《基于温州高校新青年下乡的志愿服务机制研究》，《教育理论与实践》2017年第30期。

境保护等领域，对参与志愿服务活动的同学无专业背景要求，志愿活动注重多而忽略精。例如：重阳节为留守老人打扫卫生，环境保护日宣传保护环境的知识等系列活动，成为传统的志愿服务做法，缺乏创新精神。最后，高校志愿服务缺乏具有特色的自主品牌项目，扼制了高校志愿服务向纵深处发展。当前高校志愿服务集中于对社会弱势群体的帮扶，且形式内容传统，活动在开展的过程中往往呈现短期化、碎片化特征，无法持续推进开展，这就使得志愿服务达不到预期的效果。

第二，缺乏对高校志愿服务活动内容、效果的反思。首先，高校志愿服务活动的开展，传统项目单一。志愿服务作为一个系统的社会服务体系，应包括思想动机、客观内容以及实质效果三个要素。在实际的服务的开展中，人们对志愿服务的评价与理解容易倾向于主观的道德动机，进而忽略了客观内容和实质效果，这就使得高校志愿服务项目在单一的运行模式中推进，传统的志愿服务项目周而复始地进行，替代性强。其次，简单地将志愿服务反思环节定义为活动总结。目前，我国高校志愿服务注重服务开展之前的动员准备环节以及服务过程中达到的社会效应，并未安排特定的反思交流环节。加之大学生志愿者在志愿服务开展过程中缺乏师生交流互动环节。因此，对志愿服务活动的提高和改善效果不大。最后，忽略收集服务对象对志愿活动的看法，使得活动成为志愿服务开展方的"独角戏"。高校志愿活动的组织方、参与方以及接受方构成活动的直接相关的利益主体。这三者对志愿活动的主观态度决定了活动的实质成效以及社会影响力。但是，部分高校志愿服务项目在开展的过程，过分关注项目是否顺利进行，而忽略了服务对象对项目的态度。

第三，高校志愿服务缺乏有效的运行机制、培训机制以及评价激励机制。首先，高校志愿服务开展具有随意性，呈现盲目性、碎片化的活动状态。目前高校志愿服务项目开展方众多，包括校级层面、二级学院、系部以及各社团独立组织等志愿服务队，这些服务队之间缺乏交流互动，往往出现项目内容相同或相似的情况，加之志愿服务活动都是自行组织，就出现项目开展碎片化、短期性、效果不显著的情况。其次，未形成一套行之有效的培训机制。高校志愿服务队建设相对简易，善良、努力等成为志愿服务队的选拔标准，志愿者来自不同学科专业，未经过系统的专业志愿服务培训，因此，在志愿服务过程中，对突发事件的处理能力有待加强。最后,未制定统一的评价标准和激励体系。目前高校大学生的志愿服务评价体系具有较强的随意性,大部分将表彰大会或者活动总结作为对志愿服务的象征性评价,且侧重于对成果的展示,而忽略了对志愿者综合素质的考量,这就使得志愿服务活动的评价并不能有目的性的促进项目活动的提高和完善。

第四,高校志愿服务单向度输出特征明显,缺乏服务保障。首先,校地互动机制缺乏,高校志愿服务项目与地方发展需要脱节。大多数高校志愿服务项目为学校单方面组织、策划以及实施,忽略了与地方的交流,加之某些高校志愿服务项目内容传统单一,不适应地方群众的社会需求。因此,在推进过程中受到地方被服务群众的排斥。其次,高校志愿服务资源匮乏限制了志愿服务项目的推广。高校开展的志愿服务项目经费来源主要为学生工作经费,由于经费有限,高校在开展志愿服务过程中往往选择资金消耗小、活动范围小的志愿服务项目,这就使得志愿服务项目局限于传统的活动,推广范围和社会影响力也大打折扣。最后,高校志愿服务被视为单向度输出活动,社会认同价值观有待加强。志愿精神是培育和践行社会主义核心价值观的重要体现,但当前部分人对志愿服务抱有偏见和狭隘的价值观,认为志愿服务是个人价值德性的体现,是志愿者本身自愿对社会的单向付出,忽略了志愿对象与志愿者之间的双向互动。

2. 大学生志愿服务文化建设困境的破解举措

"高校的首要职能是人才培养,现代高等教育对人才的培养重点逐渐由知识传递为主向应用人才、知识创新和服务社会转变。"[1] 大学生的实践能力、综合素质日益受到社会关注,显然新时代满足大学生全面发展的需求需要持续创新方式方法。高校志愿服务活动具有观察社会、服务社会的行动实践特点,是课堂教学的有效延伸,相较于以理论知识传授为主的课堂教育方式,高校志愿活动依托社会实践平台进行,能够增强学生的实践能力,提高社会认知度。

第一,创新高校志愿服务内容,促进志愿服务与专业教育的融合。首先,充分利用志愿服务活动,注重志愿活动双方的互动学习性。行为主义

---

[1] 胡尊利、刘朔、程爱霞:《国外大学生就业能力研究及其启示》,《比较教育研究》2008年第8期。

理论提出要注重环境对个体行为的研究，强调外在环境刺激对个体行为模式具有重要影响作用。"新青年下乡"志愿服务活动注重利益相关方的互动，鼓励学生组建专业志愿服务队，即具有相同专业背景的学生组成志愿服务群，开展专业志愿服务活动，例如：温州科技职业学院园林与水利工程学院园林专业的"嫁接助农惠农志愿队"，在农村传播专业嫁接技术的同时，也向农民学习农村传统的嫁接技术，以及如何进行嫁接后养护的方法，志愿者在实现"利他"的同时，也达到"利己"的目的。其次，促进志愿服务与专业教学的融合互动，搭建实践教学平台。20世纪80年代，美国在社区服务的基础上衍生出"服务学习"的教学方式，与一般的志愿服务相比较，服务学习实现了志愿服务活动与学术课程之间的融合互动。"新青年下乡"志愿服务活动就是充分利用"服务学习"的志愿模式，与学生专业学科学习有目的的联系与整合，使得志愿服务不再是学生单向的满足社会需要的群体行为，同时学生依托志愿服务平台促进了知识学习和能力发展，提高学生学学习的自主性[①]。例如：新青年下乡"五水共治护水维绿"志愿服务队，通过测量课发现水质污染危害，通过水质检测课发现治理方法，通过思想道德与法律修养课程提高公民责任意识等。最后，建设志愿活动自主品牌项目，发扬品牌项目的示范性。"新青年下乡"志愿服务活动，实行"点对点""一对一"的建设模式，深入实地，进行调查研究，以当地实际需求为导向，引进当地需要的志愿服务项目，同时注重体现项目的实效性和个性特征。例如：温州大学商学院送电子商务不仅是下乡调研，更重要的是帮助当地的农民专业合作社开设淘宝店铺等，帮助合作社农产品拓展网络市场。

第二，注重对高校志愿服务活动的反思，创新服务内容。首先，注重志愿服务的实质效果，创新志愿服务内容。"当服务和学习机会之间存在着有目的的联系，而且学习机会中伴随着有意识地、精心设计地对服务体验的反思，那么传统的志愿服务项目就转变为服务学习。"[②] 传统的志愿服务项目往往将服务核心集中于社会影响、道德动机，而忽略了志愿服务

[①] 黄兆信、罗志敏：《多元理论视角下高校创业教育的发展策略研究》，《教育研究》2016年第11期。

[②] 黄兆信、王志强：《论高校创业教育与专业教育的融合》，《教育研究》2013年第12期。

利益相关方的直接体验，这就导致某些志愿服务项目短期逐渐萎缩。因此，要不断创新传统志愿服务内容，关注志愿服务活动的参与主体的收获。其次，坚持持续性、互动性的反思原则。高校大学生在志愿服务过程中的学习收获取决于在活动过程中对周围环境以及周围群体对活动的反应态度。因此，要关注大学生志愿者在服务过程中以及项目结束后的想法，坚持持续性、互动性的反思。在项目开展的每一个阶段，通过开展志愿服务座谈会、撰写心得等方式，及时对志愿活动进行反思，避免了服务活动流于形式，偏于服务宗旨，在不断完善志愿项目的同时，提升了大学生对志愿服务的认知。最后，注重对志愿服务的后期跟踪调研。以温州大学新青年下乡为例，在志愿服务过程中，不仅重视志愿服务活动前期策划、中期组织，更加关注活动之后活动接受方的意见。通过对被服务方的访谈和调研，不断调整活动的开展方式，创新活动内容，以期达到理想效果。

第三，加强对高校志愿服务的规范化管理，建立有效的运行发展机制。首先，建立宏观与微观相结合的志愿服务体系，加强对高校志愿服务的整体把握。温州高校在推行"新青年下乡"志愿服务过程中，立足于各院系的专业特色，建立一支具有学院特色的志愿服务队，实行校团委统一管理与各学院团总支具体操作相结合的模式，且经常就项目内容和效果进行交流，这就使得各院系志愿服务项目内容独特无重叠，尽可能地覆盖到志愿服务的各个领域。其次，聘请专业指导老师，创新志愿服务培训形式[1]。完善志愿服务组织师资队伍建设，聘请专业志愿服务指导老师担任高校志愿服务兼职教师，对高校志愿者的志愿行为、志愿心理以及如何在志愿服务过程中保护自己进行专门培训，从而提高志愿者的专业综合素质。同时，创新志愿服务培训形式，在传统的知识讲座、理论培训的基础上，结合社会工作的专业学科知识，进行志愿服务素质拓展以及情景模拟等培训方式。最后，建设高校志愿服务评价激励机制。经济学家认为，对成本和收益的理性权衡是决定人们是否参加志愿活动的主要因素。志愿服务活动根据行为动机分为"利己"和"利他"，活动的开展应包容动机的多样性，积极引导、适度激励。以美国普林斯顿大学为例，学校在新生录取以及奖学金申请等方面，十分注重考察大学生志愿服务经历。除此以

---

[1] 黄兆信等：《地方高校创业教育转型发展之维》，《教育研究》2015年第2期。

外，加强对高校志愿活动的评价机制建设，将活动内容、时长、社会效应以及参与者的综合素质等都作为高校志愿服务活动评价的主要内容。

第四，整合社会资源，构建高校志愿服务的社会支持体系。首先，发挥政府的主导作用，建立校地合作机制。温州高校"新青年下乡"志愿服务活动是由温州市委宣传部统一部署，每个功能区、乡镇街道设一名"新青年下乡"志愿服务活动联络员，与高校相应的院系新青年下乡负责人进行对接，为校地就志愿服务项目内容、效果交流建立良好的合作机制。其次，多元化经费来源。志愿服务无疑是社会治理道德外化过程中的最佳载体和行为选择，在一定程度上弥补了政府公共服务职能的缺失，制度通过影响人们的主观意愿而对人们的行为产生诱导作用。政府要从经费、机构设置以及基础设施建设等方面支持和推动志愿服务活动，同时，对积极参与高校志愿服务活动的企业单位授予"文明单位"，从政策宣传等方面予以嘉奖。最后，加大媒体对高校志愿服务的社会宣传，营造全民志愿的社会文化环境。加强媒体对志愿文化的宣传，有利于提高全民对志愿文化的认同，对建设社会主义和谐社会具有重要意义。温州市宣传部高度重视对"新青年下乡"志愿服务活动的宣传，光明日报、浙江日报以及温州日报等报纸等纷纷进行宣传报道。除此以外，温州各高校也充分利用论坛、微博、微信公众号等自媒体进行"新青年下乡"志愿服务活动的宣传，打造志愿服务自主品牌。

（三）"新青年下乡"志愿服务文化建设的思想政治教育价值调研

志愿服务文化生成于志愿服务实践中，"新青年下乡"志愿服务活动作为温州市志愿服务文化建设的重要抓手，始终能够以中国共产党的领导为核心，以社会主义先进文化为主体。在经过七年实践，"新青年下乡"志愿服务活动已成为青年思想政治教育的"温州样本"，并对青年自身和社会产生了积极影响。

1. "新青年下乡"志愿服务文化建设创新高校思想政治工作的实证调研

为了更加全面了解当前温州市高校大学生"新青年下乡"志愿服务活动开展现状，研究"新青年下乡"志愿服务活动的高校思想政治教育功能实现状况，课题组通过资料查阅、理论分析、召开座谈会、问卷调查等方式，对以"新青年下乡"志愿服务活动为个案研究对象的温州高校大学生思想政治工作创新和探索实践进行深入调研。课题组在温州市12所高校大学生中进行抽样调查，调查问卷通过问卷星形式共收回有效问卷2611份；同时，选取温州大学、温州医科大学、温州职业技术学院、浙江工贸职业技术学院等4所高校中参加过"新青年下乡"志愿服务活动的近40名学生作为深度访谈对象。

表8-1　　　　　　　　问卷样本的详细情况

	人口学项目特征	人数（N=2611）	百分比（%）
性别	男	1064	40.75
	女	1547	59.25
教育程度	大专生	1391	53.27
	本科生	1196	45.81
	硕士生	8	0.31
	博士生	16	0.61
政治面貌	中共党员（含预备党员）	168	6.43
	共青团员	2319	88.82
	群众	112	4.29
	其他	12	0.46
专业类型	理工科	854	32.71
	文科	767	29.38
	医科	306	11.72
	农科	81	3.1
	其他	603	23.09
生源地	城镇	842	32.25
	农村	1769	67.75
学生干部	是	2224	85.18
	否	387	14.82
就读学校	温州医科大学	145	5.55
	温州大学	154	5.9
	温州肯恩大学	107	4.1

续表

人口学项目特征		人数（N=2611）	百分比（%）
就读学校	温州商学院	306	11.72
	温州职业技术学院	208	7.97
	浙江工贸职业技术学院	311	11.91
	温州科技职业学院	254	9.73
	温州城市大学	86	3.29
	浙江东方职业技术学院	356	13.63
	浙江安防职业技术学院	112	4.29
	温州医科大学仁济学院	214	8.2
	温州大学瓯江学院①	333	12.75
	其他	25	0.96

第一，"新青年下乡"志愿服务文化建设覆盖面广，但深度仍需提高。对"新青年下乡"志愿服务活动的了解程度直接反映了学生对"新青年下乡"志愿服务活动的认知情况。调查数据显示，近80%的调查对象对于"新青年下乡"志愿服务活动有比较好的认知情况，但仍有20%左右的学生表示"不太了解"或"不了解"（见表8-2），这体现了"新青年下乡"志愿服务文化建设在学生层面已经具备了一定影响力，但仍然存在少部分的工作盲点。

同时，数据显示，对于"新青年下乡"志愿服务活动的作用及意义的普及度任重道远。调查数据显示，有超过87%的调查对象认为参与"新青年下乡"志愿服务活动与自身成长关系密切。但是，调查问卷结果显示有9.73%的学生认为自己"没考虑过""新青年下乡"志愿服务活动与自身成长的关系，近2.8%的学生甚至认为"不重要""不太重要"（见图8-5）。

总体看来，对于"新青年下乡"志愿服务活动的重要性学生大部分都能够认识到，但对于"新青年下乡"志愿服务活动的内容真正深入了解的却不是很多，可见在"新青年下乡"志愿服务活动的开展

---

① 2020年更名为温州理工学院。

下,"新青年下乡"志愿服务文化建设在群众覆盖度上取得了显著的效果,但对于"新青年下乡"志愿服务活动的认识方面还存在一定的局限性,今后的努力方向需要聚焦在做好"新青年下乡"志愿服务文化建设的深度落实。

表 8-2　　　您是否了解"新青年下乡"志愿服务活动

选项	非常了解	了解一些	不太了解	不了解
百分比（%）	23.78	56.53	15.82	3.87

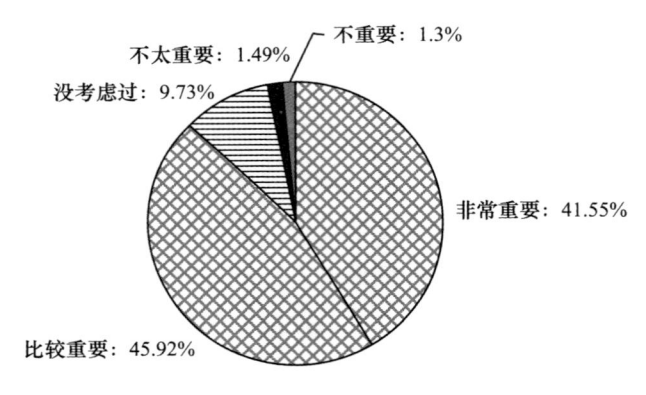

图 8-5　您认为参加"新青年下乡"志愿服务活动
对于自身成长是否重要

第二,"新青年下乡"志愿服务文化建设主体积极性高,内容形式多样。在参与次数方面,调查问卷的实际情况显示:参与过 1 次"新青年下乡"志愿服务活动的大学生占 61.59%,参与过 2—3 次"新青年下乡"志愿服务活动的大学生占 26.04%,参与过 4—6 次或者 6 次以上"新青年下乡"志愿服务活动的大学生仅占 7.28% 和 5.09%（见表 8-3）。此项调查说明,新青年下乡的参与度较高,并且有一部分同学会多次参与,产生学生踊跃参与的积极影响。

表8-3　　您加过几次"新青年下乡"志愿服务活动

选项	人数（N=2611）	百分比（%）
1次	1608	61.59
2—3次	680	26.04
4—6次	190	7.28
6次以上	133	5.09

同时，调查显示，大学生参与"新青年下乡"志愿服务活动内容丰富、领域广泛，涉及敬老院服务、社区建设活动、支教活动、扶贫济困活动、文化助残活动、公益宣传、医疗卫生保健服务等，可见，"新青年下乡"在多方的协同努力下，逐渐形成了内容丰富、形式多样的活动机制。

表8-4　　您参与过哪些类型的"新青年下乡"志愿服务活动

选项	人数（N=2611）	百分比（%）
体育赛事等大型活动志愿服务	512	19.61
扶贫济困活动	527	20.18
文化助残活动	421	16.12
艾滋病预防、环保、节能等主题的公益活动	368	14.09
法律维权援助	167	6.4
敬老院服务	994	38.07
支教活动	564	21.6
医疗卫生保健服务	361	13.83
社区建设活动	881	33.74
其他	705	27

第三，上下联动，形成了学生认同的良好态势。调查问卷在问及参加"新青年下乡"志愿服务活动的主要原因时（可多项选择），有64.88%的学生选择"自己一直都希望参加"，53.39%的学生认为是因为"学校院系的大力宣传"而参加"新青年下乡"志愿服务活动的，39.33%的学生参加"新青年下乡"志愿服务活动主要是因为"实践团队的大力宣传"，29.38%的学生选择因为"同学、朋友的鼓动"（见表8-5）。由此

可见，大部分学生对"新青年下乡"志愿服务活动有强烈的主观参与意向，同时各高校以及实践团队的大力宣传也是促成大学生参与"新青年下乡"志愿服务活动的重要原因。温州市委与各高校的新做法与新经验取得了较好的效果，不仅使青年学生在社会实践的过程中上了一节由社会作为主讲人的思想政治教育课，还为广大基层群众送来了先进文化、科技与服务，真正做到了双赢。

表8-5　您参加"新青年下乡"志愿服务活动的主要原因是

选项	人数（N=2611）	百分比（%）
自己一直都希望参加	1694	64.88
同学、朋友的鼓动	767	29.38
学校院系的大力宣传	1394	53.39
看到周围很多人参加，我不参加觉得不好意思	185	7.09
实践团队的大力宣传	1027	39.33
学校强制要求的	160	6.13
其他	322	12.33

2. "新青年下乡"志愿服务文化建设推动高校思想政治教育的价值调研

"新青年下乡"志愿服务文化建设与思想政治教育的实践环节进行了有机的融合，坚持育人为本、德育为先，以社会主义核心价值观进教材进课堂进头脑为主线，以优化思想政治教育工作长效化机制为基础，为温州高校思想政治理论课的实践教学提供了一个宝贵的平台。这一融合不仅拓宽了"新青年下乡"志愿服务的理论深度和实践力度，对于高校思想政治理论课教学的实效性提升都具有重要的启示意义。

第一，"新青年下乡"志愿服务是坚定大学生主流意识形态教育工作的新实践。面对当前少数青年学生理想信念不坚定的问题，传统的主流意识形态教育的工作方式也应当随着社会的发展，结合新的形式进行创新。"新青年下乡"志愿服务是高校的主流意识形态教育理论立足于当前的社会现实的一次创新性实践，把握了实践育人的规律和特点，为大学生提供了一个了解自我、步入社会、走进基层、贡献农村的良好平台，使得大学生对广大的农村发展、对国情发展有了更为深刻的理解,增强历史担当和责任意识。另外,大学生下农村也让大学生在基层接受锻炼、增长才干,通过深入农村开展各类服务活动,使高校青年的实践不仅仅局限于校园,充实大学生实践的渠道与内容,引导大学生在实践中领悟社会主义核心价值观的生成逻辑,在志愿服务的过程中又进一步强化了大学生为国家发展、社会进步、人民幸福而勇于担当的社会责任感。

第二,"新青年下乡"志愿服务是改进高校思想政治教育工作的新载体。近年来,因为高校思想政治教育理论课课时紧缺、师资力量薄弱等原因,思想政治教育工作经常面临难以"走深走实"的难题。为了深化思想政治理论教育在大学生群体中的效果,在高校思想政治理论课教育中植入实践环节,不仅成为高校从事思想政治理论教育教师的共识,并在理论课程的开展中得到了普遍的实践。"新青年下乡"志愿服务活动是生动的思想政治课,在志愿服务中书写生动形象的温州案例,既丰富了思政课教学内容,创新了教学方式方法,也增进思政课的吸引力、说服力和引领力,增进学生的思想认同、政治认同和情感认同。不仅如此,"新青年下乡"志愿服务活动的开展为高校思想政治教育理论课开发利用温州市地方文化资源提供了新途径,形成了政府部门与高校师生合力开发温州地方文化资源的良性模式,将地方文化资源与主流意识形态相符合的积极内容更加具象化地呈现在青年学生的心中。

第三,"新青年下乡"志愿服务是优化高校思想政治教育工作机制的新探索。"新青年下乡"志愿服务弥补了往常高校志愿服务活动周期短、人员流动大的问题,主张形成"棒传棒"常态接力,是构建高校思想政治教育工作长效化机制的重要创新。志愿服务着眼活动长效性,建立健全各项保障机制,确保能够合理地衔接志愿活动的参与人员与开展活动的时间,进而使得高校思想政治教育的第二课堂产生可持续的影响力。一是传好人员"接力棒"。坚持结对挂钩双方主体不变,上一届的学生毕业,下一届的学生接过"接力棒",继续为结对村居提供服务,确保"新青年下乡"志愿服务活动"一届接着一届""一棒连着一棒",不断为基层宣传思想文化工作注入活力。二是跑好服务"接力赛"。按照"集中活动+常态服务"相结合的模式制定全年服务内容,确保活动贯彻全年。对于服务内容进行宏观层面的精准把握,分为基层专项行动与常态化服务两种形式，将大学生的寒暑假与开学后的周末或节假日两种类型的时间段进行合理利用，深入结对村开展常态化服务。

第四，"新青年下乡"志愿服务是拓宽高校思想政治教育工作影响的新方法。"新青年下乡"志愿服务以青年为服务的志愿者，充分发挥青年贴近群众的优势，调动高校学生参与基层工作，鼓励青年通过社会实践引领基层先进文化并推动社会发展，进而成为拓宽高校思想政治教育工作对于社会的影响力。一方面，注重通过拓宽思想政治工作影响力传递党委政府的声音。农村群众存在文化发展不均衡的问题，如何将党的政策方针用最简洁的语言传达到群众之中，是青年学子需要答好的第一题。"新青年下乡"志愿服务活动开展中青年学子通过寓教于乐的方式引导基层的认识，统一思想，将实现"中国梦"的思想共识通过大众化、通俗化的方式表现出来，有利于增强高校思想政治教育工作对于社会群众的影响力。另一方面，通过思想政治教育工作群众的政府认同感。高校学子注重在活动中发挥自身专业特长，对接群众的基层需求，想群众之所想，让群众的困难得到了有效的解决，获得了真正的实惠。这一方式不仅体现了思想政治教育工作"内化于心，外化于行"过程，也有利于树立政府部门在群众中的良好声誉，更加理解、也更加支持党委政府的工作。

三 温州鹿城区"红日亭"社区志愿服务文化建设

社区是一个在生活上相互关联的共同体。"对于体现人类社会自古以来就存在互帮互助的志愿服务行为而言，社区是最基本的平台，社区互助服务是最原始形式。"① 社区志愿服务指在社区场域内，志愿组织和志愿者，在不计物质报酬的情况下，自愿贡献自己的时间、精力、知识、技能和财物，或其他任何自己可以支配的资源，为社区内有需要的（通常又是无能为力）居民提供公益性、非营利性的服务，以增进社区福利，改善社区问题。温州市鹿城区"红日亭"社区志愿服务用50年的坚守，持续为市民提供伏茶和热粥、社区服务、结对帮扶、应急救援、爱心驿站、

---

① 陆士桢：《中国特色志愿服务概论》，新华出版社2017年版，第282页。

军民共建等志愿服务项目，生动诠释了温州的慈善地标和精神高地，被中宣部命名为"全国学雷锋示范点"，被中央文明办誉为"全国精神文明建设的一面旗帜"。

（一）"红日亭"社区志愿服务阵地的沿革历程

1972年夏，一群热心的温州老人出钱出力，在市区涨桥头修建了一座水泥凉亭。亭子坐西朝东，原本无名，因为每天一早可见红日冉冉升起，因此取名"红日亭"。1972年7月18日，金庆红等五六位退休老人萌于原始、淳朴的爱心，自发出钱出力在"红日亭"向路人免费供应伏茶。"温州伏茶"相传始于南宋，盛于清朝，但确切年代无可考。作为优良的传统习俗，其历史之久、受益之广、文化内涵之深，为我国少有。"红日亭"的伏茶是用了夏枯草、荷叶、竹叶等20种草药烧出来的，既祛火不伤胃又好喝，因此深受大家的欢迎。原温州市摄影家协会副主席孙守庄一直跟踪"红日亭"拍了很多照片，他曾回忆道："退休了闲来无事就想做好事，于是大夏天一起筹点钱烧伏茶给河边码头来来往往的船工、搬运工、挑夫解暑降温。"[①] 工人们也不白喝，偶尔一分、二分，捐点小钱。后来，过来喝茶的路人有的5角1元，有的5元10元的捐钱，老人们把收到的钱用来支付烧伏茶费用，有差额就几个老人自己拿去补上。"红日亭"的暖心故事由此拉开序幕。

1975年，亭子边的护城河要填河成路，"红日亭"面临着被拆除的命运。老人们再次筹钱在大榕树下新建了一座亭子，继续烧伏茶献爱心。1999年，温州旧城改造，又一次面临被拆的命运。"红日亭"拆迁后，老人们就在旁边的周转房里临时搭建了简易钢结构遮雨棚，继续烧伏茶行善举。"到了2003年拆迁完毕，他们寻求五马街道华盖社区的帮助，我当时正在华盖社区工作，我们的社区工作人员就同老人们一起跑房地产开发公司，要求重建'红日亭'。"现任"红日亭"负责人孙兰香阿姨告诉我们。"2006年房地产公司收回周转房，把九州大厦4—102室（30平方米）给了'红日亭'。夏天在那里烧好了伏茶，再送到华盖广场榕树下，摆好桌凳供应伏茶。2006年8月，几个好心老人看到有些又饥又寒冷的新温州

[①] 夏婕妤、张琳：《风雨50载，立起温州慈善地标》，《温州日报》2022年7月19日。

图 8-6　现有"红日亭"最早的照片（1975 年，孙守庄摄）

人，就动了煮粥的念头。当时没有资金，朱永麟、叶宝春、郑正木等 26 个老人拿出退休金筹集了三四千元购置了锅碗瓢盆；10 月，中秋过后，就开办免费施粥摊，为暂时找不到工作的外来人员和年老贫困的弱势群体解饥。"① 从此，"红日亭"开始了"夏送伏茶冬施粥"的历程。

2013 年，在政府部门的关怀下，在社会各界热心人士的帮助下，经过"红日亭"老人志愿者的努力，规划新建选址、落实建设资金、向社会征集选定改造方案，9 月 30 日，改建后的"红日亭"揭牌。新"红日亭"位于华盖山脚下，选址就在旧亭十几米处的南首，建筑占地面积 97 平方米，工程总建筑面积 132 平方米，其中地下室建筑面积 35 平方米。建筑样式以园林建筑中的亭、廊为主，加上青瓦、白墙，不仅与周围环绕的古榕完美结合，同时还与华盖山上的亭栏遥相呼应。亭上的对联"正能量九州传递好作风千载继承"，成为"红日亭"志愿精神的真实写照。之后，越来越多的人加入志愿服务行列，"红日亭"志愿者从最初的五六

---

① 本书研究团队曾于 2017 年、2020 年、2022 年多次走访"红日亭"负责人孙兰香及志愿者，并持续关注"红日亭"志愿服务活动和相关报道情况。

人增加到目前固定志愿者40余人,平均年龄70多岁,他们每天凌晨3时30分开始一直忙到下午5时,两班轮流烧制伏茶。2015年开始,"红日亭"开始"365天伏茶365天粥"全年无休的志愿服务新历程。50年志愿服务历程,在访谈中,我们深切体察到,一代又一代老年志愿者传承的"红日亭"志愿精神的内在动力就是"以帮助别人为自己生命发展的内在需要,其内在的理念就是生命的相互依存"①。

图8-7 新"红日亭"揭牌(叶卉摄)

（二）"红日亭"社区志愿服务文化建设与经验

1. 创新推进志愿服务八大项目建设

志愿服务是社会文明进步的重要标志,也是一座城市发展的文明底色。习近平总书记强调:"要在全社会广泛弘扬奉献、友爱、互助、进步的志愿精神,更好发挥志愿服务的积极作用,促进社会文明进步。"② 近十年,"红日亭"在孙兰香"亭长"的带领下,进入发展的快速期,成为温州新时代文明实践的"重要窗口"。目前开展的志愿服务项目有八个方面:

第一,365天伏茶365天粥。如今仅鹿城区有500个伏茶点,常设有

---

① 钱理群:《论志愿者文化》,三联书店2018年版,第182页。
② 习近平:《在北京冬奥会、冬残奥会总结表彰大会上的讲话》,人民出版社2022年版,第13页。

128个。目前,"红日亭"成为温州市中小学社会大课堂实践基地。寒暑假期间,每天有近百名学生来"红日亭"把一杯一杯伏茶送到急匆匆赶路的人们手中,换来一个个灿烂的微笑。"红日亭"位于老城区东北角,周边还有不少贫困户、孤寡老人、清洁工等,"红日亭"每天7:30准时开餐,免费提供各式早餐,如粥、炒饭、泡饭、糕点、面、炒粉干等,仅仅面条每天早上就要烧制500碗。

图8-8 "红日亭"负责人孙兰香(左一)

第二,应急救援。新冠疫情暴发后,"红日亭"志愿者马上投入到抗疫中去,守卡口、测体温、送物资,和各个社区工作人员给高速路口、机场、动车站送餐送温暖,历时108天。新冠疫情期间,只要有需要,"红日亭"志愿者就义无反顾投入到抗疫防疫的战斗中去。在每年的台风灾害期间,"红日亭"积极参与救援、送物资、送爱心餐,着力保障人民群众生命安全,最大限度减轻洪涝灾害损失,让受灾群众安全度过困难时期。

第三,社区服务。"红日亭"志愿者们主动进社区(村),为村居民提供免费理发、进社区为社区居民提供免费理发、剪指甲、缝纫,现场请当地名厨师烧温州名小吃。每星期主动深入社区和农村扶贫(泰顺、文成)开展敬老助老、助残、文明城市创建等志愿服务活动,到老革命根据地慰问革命老兵,每周日赴党群服务中心开展"红色星期天"主题活动。

第四，传统节日。根据传统节日派发节日食品，如元宵、二月二芥菜饭、端午粽子、鸡蛋和薄饼、中秋月饼、冬至汤圆、腊八粥、过年年糕。"红日亭"和大家一起过节日，既营造了浓厚的节日氛围，又促进了社会和谐，传递了正能量。随着移风易俗新风的倡导，到道德地标给宝宝过文明庆生，给老人祝寿的市民越来越多，据不完全统计，"红日亭"全年举办公益喜宴130余场，成为"喜宴的网红举办地"。

第五，资助学生。从2013年起，"红日亭"就开始资助优秀的贫困大学生，阶段性资助58个困难学生家庭，17名大学生已毕业。不仅解除了学生上学费用负担，也减轻了他们脱贫的压力，而且帮助孩子们接受教育，提高科技文化素质，增强学生自我发展能力。

第六，爱心驿站。"红日亭"相继在永嘉芙蓉村、泰顺雪溪乡幼儿园、江心屿码头、安澜轮渡码头和瓯海残疾人之家分别设立"红日亭"爱心驿站。给需要帮助的人们送去物资和爱心，改善民生，逐步推动实现共同富裕，不断增强人民群众获得感、幸福感、安全感。把爱心驿站打造成为服务广大人民群众并具有重要实际意义的品牌项目，成为爱心接力、传递正能量的公益服务平台。

第七，结对帮扶。"红日亭"有多年提供早餐给弱势群体和孤寡老人的经验，在永嘉芙蓉村开设长者食堂，免费给村里老人提供就餐；对泰顺雪溪乡留守孩子给予资助和温暖，并且会定期看望孩子们；给瓯海残疾人之家免费送午餐。

第八，军民共建。军爱民，民爱军。"红日亭"定期赴洞头海岛军事基地慰问，和他们一起过传统佳节。经常走访慰问温州军分区、区人武部、消防等部队官兵，了解部队，走进官兵。同呼吸、共命运、心连心，军地双方携手共建，共创美好未来。

2. 加强"红日亭"志愿者形象识别体系建设

为了更好展现"红日亭"的形象，吸引更多人参与社会公益事业，"红日亭"近年来持续加强自身志愿者形象识别体系建设，即通过运用视觉设计，将"红日亭"精神、志愿服务的理念和本质视觉化、规格化、系统化，通过视觉、行为和精神等层面传播给组织内部成员及社会公众。

第一，视觉识别系统。组织标识是一个组织对内凝聚共识、对外扩大影响力的重要视觉识别内容。2013年2月25日，在近220件征集作品中，"红日亭"LOGO最终选定发布。该LOGO作品以"手"为主要设计元素，拇指与手掌如鸽子的翅膀，自然相合的双手托举出一轮红日，双手与红日之间又构成爱心图案。LOGO用不同色彩的两只手捧出爱心与红日，表现人与人相互协作，爱心传递之意；同时红日呼应了"红日亭"主题。红色与橙色的渐变效果，体现了活力、友爱、温馨与热情。整个标志寓意民间志愿者用友爱互助之手共同奉献爱心与温暖，从而表现温州民间爱心组织的奉献情怀。① 入选的LOGO通俗易懂，已在工作帽、围裙、手套、微信公众号等"红日亭"相关物件上印上标志，广而告之。

图8-9 "红日亭"LOGO及相关服饰样式

第二，行为识别系统。"一个组织的行为识别，意指围绕着服务体系，展示给社会公众诸方面形象在组织活动中的行为准则，是组织精神行为规范的物化表现形式。"② 它可以分为内外行为识别系统，其中对内行为识别系统包括成员教育培训、服务环境的优化、服务态度和风格等。如"红日亭"志愿者选拔招募都要经过专门的培训，"红日亭"团队有固定老年志愿者四十来人，他们"风韵的银丝、麻利的动作、和善的笑容"③

---

① 《温州红日亭LOGO揭晓 彰显社会正能量》，中国文明网，2013年3月1日，http://www.wenming.cn/syjj/dfcz/201303/t20130301_1094366.shtml。
② 共青团北京市委员会、北京青年研究会：《志愿者形象及其社会影响》，人民出版社2009年版，第79页。
③ 夏婕妤、张琳：《风雨50载，立起温州慈善地标》，《温州日报》2022年7月19日。

彰显温州崇德向善、大爱之城。

对外行为识别系统可以包括媒体展示、社会公益性与文化性活动、信息沟通等。其中，杂志报纸是树立形象的重要途径，目前"红日亭"的先进事迹分别在《雷锋》《今日浙江》《温州人》《记者观察》等杂志上刊登，《人民日报》《中国社会报》《工人日报》《浙江日报》《温州日报》等报纸上能频频刊登宣传报道"红日亭"的志愿善举；开通"红日亭"微信公众号，定期推送活动预告和讯息类推文与视频；召开"红日亭"现象社科学者理论研讨会，挖掘"红日亭"现象背后的生成动因；制作《红日亭之歌》（2013），50 周年之际发布《美丽的红日亭》MV（2022），让"红日亭"走进千家万户；制作播出电影《温暖之城：红日亭》，电影选景温州"红日亭"，通过一粥一茶的日常生活，记录了志愿者们默默付出和无私奉献，深刻诠释了温州这座"温暖之城"的大爱精神，折射社区志愿组织参与"决胜全面建成小康社会"的时代强音。

第三，精神识别系统。志愿服务文化发端于互助文化，凸显助人的行为特征。随着社会治理体制改革的深入，人们从"单位人"日益转变成为"社会人"，社区成为各方面资源汇聚、对接群众服务需求的主要场所，以营造和谐互助邻里关系和构建社区爱心网络为重要内容的社区志愿服务日益发展成为中国特色志愿服务的主要形式。[①] 邻里关系是一种以地缘关系为主体的社会关系，由邻里所组成的空间，不仅是来实现社会交往的实际需求，真正提升互动的可能性与有效性。这一过程也是将邻里互助文化与志愿文化双向转化的自觉过程。[②] "红日亭"老人志愿者"邻里守望"的行动为传承中华传统美德，骨干志愿者们全年全天候无休，大力弘扬志愿精神，积极培育志愿服务文化，发挥了重要作用，他们"从关爱做起，从身边做起，从你我做起，从日常做起"，深刻诠释了"奉献、友爱、互助、进步"的志愿精神。

3. 完善"红日亭"志愿服务内部队伍治理水平

第一，提升"红日亭"志愿服务组织化水平。为进一步加强"红日亭"志愿服务的社会化、专业化、制度化水平，2021 年 8 月，温州鹿城

---

① 中国志愿服务联合会：《邻里守望在中国》，人民出版社 2017 年版，第 3 页。
② 中国志愿服务联合会：《邻里守望在中国》，人民出版社 2017 年版，第 40 页。

区"红日亭"公益慈善会正式成立，孙兰香担任第一届会长。公益慈善会主要从事开展扶助弱势群体、赈灾救灾、扶贫济困、助学敬老等社会公益慈善活动，提供公益活动志愿者的咨询服务，承接政府职能转移和购买服务事项。它的成立，必将成为广大志愿者传播精神文明新时尚的桥梁和纽带。"红日亭"党员志愿者有 17 名，为加强组织队伍建设，进一步规范党员管理，充分发挥党员先锋模范作用，根据温州市委组织部和两新工委《关于"拓展型"党组织建设的指导意见（试行）》（温组〔2013〕6号）的要求，2022 年 7 月，成立中共温州市鹿城区"红日亭"公益慈善会"拓展型"支部委员会。

第二，注重"红日亭"志愿服务项目管理规范化建设。以孙兰香为首的志愿管理团队，分别负责活动策划、采购、财务等主要职务。志愿者利用社区优势、摸底排查，在温州主城区了解弱势群体对象的数量和基本情况。"红日亭"老人志愿者有退休党政机关干部、律师、教师、厨师、企业家、退休老人等，志愿者经过专业培训上岗，并根据志愿者特长排班和职责，就地就近为困难群众提供实物资助，帮助困难群众解决实际问题，参加活动的志愿者需要在"志愿汇""微公益"或"温州市鹿城区志愿服务平台"上签到打卡进行记录。在财务管理方面，"红日亭"设有专门的出纳和会计，坚持收支两条线。每年有很多爱心人士捐款，捐款数额情况会坚持定期公示，取之于民用之于民，收支基本平衡。每月账目上交区慈善总会审核备案。账目档案按规定留存 10 年。

第三，强化志愿服务保障和激励工作。根据志愿者们的需求，中国人民财产保险股份有限公司温州市分公司专门设计了专属的承保方案及保障内容，为"红日亭"志愿者免费提供每人保额为 18.8 万元人身意外保险等，解决志愿者后顾之忧。

志愿者激励是志愿服务组织以及社会其他部门根据志愿服务评估结果，通过认可、肯定、赏识志愿者，使其得到成长和发展从而促进志愿者更积极主动地从事志愿服务。[1] 为此，"红日亭"根据志愿者参加活动的时长和表现，开展五星、四星、三星级义工评价定级制度；年度优秀者会

---

[1] 北京志愿服务发展研究会：《中国志愿服务大辞典》，中国大百科全书出版社 2014 年版，第 75 页。

被推选为区级、市级慈善总会优秀义工；举行"红日亭"老年志愿者荣退仪式，如为87岁、93岁、80岁的廖阿花、朱永麟、王夏兰三位烧伏茶、煮粥志愿服务了十多年的老义工举行"退休"仪式，邀请鹿城区委宣传部和鹿城区精神文明建设指导中心负责人为他们送上红包、鲜花和荣誉牌，感谢他们长年累月的善举。这些举措进一步激励了"红日亭"志愿服务事业越来越繁荣，"红日亭"志愿者个人和集体也多次得到有关部门和社会的高度认可和褒奖，先后获"温州市志愿服务贡献奖""感动温州十大年度人物""温州市道德模范""最美浙江人·浙江骄傲"、浙江省最美志愿服务工作者、第十一届"中华慈善奖"等荣誉，被中共中央宣传部授予"全国学雷锋活动示范点"，被中央文明办誉为"全国精神文明建设的一面旗帜"。

（三）"红日亭"社区志愿服务文化及道德生态生成

"绝大多数草根组织社团都是在社区中活动，拥有较强的自主性，并常常由志愿者运作。这些社团因为成员提供信息、激励、自我表达的机会、社会支持、归属感和相互帮助，对成员产生不同的'内部效应'。"[①] 五十年风雨不断，为什么"红日亭"志愿服务能成为温州的一个地标呢？从道德生态视角对其深入剖析有助于人们深入理解其内在的强大文化内驱力。

道德生态是一个庞大的系统，它可以分为整个社会的道德环境和道德氛围的宏观层面，也可以是微观层面的指生活于社会道德环境中的生命个体或族群在特定的社会活动中表现出的整体精神特质、道德风貌与伦理品行性，道德生态范畴主要包括道德主体的道德意识、道德行为和道德关系，以及这三者相互作用而呈现的整体精神样态。"红日亭"社区志愿服务文化的生成离不开内外道德环境的影响。

其一，改革开放40多年温州经济社会快速发展的主体道德诉求。黑格尔曾说，人生存在两个世界之中，一个是具有现实性和有限性的"事实"世界，一个是具有理想性和无限性的"意义世界"。温州40多年改革开放历程，老百姓能体验到市场经济带来繁荣和社会财富的"事实"世界，但

---

① 王绍光：《中国的"社团革命"——中国人的结社版图》，转引自卢汉龙主编《慈善：关爱与和谐》，上海社会科学出版社2004年版，第126页。

也意识到政府与市场由于制度性或本质性的原因而无法满足公众在市场竞争失败、公共产品提供低效、个体收入差距分化悬殊、失业威胁、环境污染等"本体性安全"。俗话说:"仓廪实而知礼节,衣食足而知荣辱。"在稠密的社会参与网络和道德建设链条中,面对包括市场竞争失败或自然恶劣环境如台风带来的各种风险,为加强社会自我保护系统的建设,温州市民自觉的以个体和组织的形式通过在家庭、社会、单位等不同空间的志愿服务善行表现捍卫了社会价值,收获了个体和社会"意义世界"的丰满。"红日亭"社区志愿服务文化现象的出现既印证温州经济社会发展催生的道德成果,是新时代"千年商港 幸福温州"建设奋斗目标对充裕道德资源的内在需求,也是一个又一个志愿者个体道德自觉生成的理性基础。

其二,温州经济社会繁荣发展的助推。社会存在决定社会意识。"红日亭"社区志愿服务文化现象折射的是一种善的道德品质,其形成和发展是由温州经济社会条件的变化发展而决定的。改革开放以来,市场经济的出现和活跃发展在社会经济运行中具有革命性意义,它消解和重塑着人们形而下的生活结构和形而上的意义世界,型构出与过去迥然不同的私人生活空间和公共生活空间,冲击着人们传统的价值观念和文化精神,并引起社会伦理生活的嬗变。作为全国民营经济发展最迅速、活力最充足的城市之一,温州创造了享有盛誉的"温州模式",城乡居民收入水平呈现大幅度增长态势,城市精神文明建设展现全新的发展高度。遍布温州街头巷尾的 3000 多个伏茶点,红日亭、三乐亭、旭日亭、状元亭、复兴亭等构成一幅温州特有的"爱心伏茶地图"。今日,温州志愿精神蔚然成风,筑起最有高度、最有温度的爱心之城。

与此同时,社会组织发展的活跃,也为以"红日亭"为代表的温州志愿服务事业发展提供组织基础。在"红日亭"常年坚守的老年志愿者的引领下,活跃在"红日亭"的还有高校大学生志愿者、中小学生志愿服务公益劳动实践、社会专业公益组织、党政机关企事业单位协同参与,他们在合作开展志愿服务之时相互沟通、彼此协调,培养了参与社会治理的能力,增强了对公共事务的参与,同时,社会各界也"充分肯定志愿服务凝聚人心、增强群众主人翁精神的重要意义"[①]。近年来,温州志愿

---

① 《把建设美丽中国化为人民自觉行动》,《中国青年报》2015 年 4 月 4 日。

服务事业发展迅速，温州城市志愿者服务指数名列全国第二，"有时间做志愿者，有困难找志愿者"理念深入人心。

其三，温州各级党委政府引领社会道德风尚的高度自觉。改革开放四十多年来温州各级党委政府引领精神文明建设工作为"红日亭志愿服务文化"的生成提供了现实基础和助推力量。进入 21 世纪后，温州在创建全国文明城市的过程中，历届各级党委政府以高度的文化自觉不断推进社会主义道德价值观念的培育，深入挖掘传统文化道德元素与现代社会文明因子，将"温州好人""最美温州人·最美志愿者""最美温州人·最美志愿服务工作者""最佳志愿服务项目""最佳志愿服务组织""最美志愿服务村（社区）"作为重要载体、亮丽名片，涌现一大批优秀的志愿者个人、集体和项目。

其四，温州精神文明建设领域形成的一系列制度机制的保障。近年来温州市创新建立"好人有好报"价值导向机制、宣传工作机制和道德养成机制，发布《温州市志愿者礼遇办法》，从政治嘉许礼遇、社会生活礼遇、文化医疗礼遇和社会保障礼遇四个方面对志愿者落实十九条激励措施；《瓯海区志愿者礼遇办法（试行）》发布，星级志愿者将享受项目扶持金、一次性帮扶金、"志愿贷"、工会疗养、志愿者子女申领参加公益活动、免费体检、观影、旅游等多项礼遇；《乐清市志愿服务激励嘉许实施办法（试行）》出台，参与志愿服务可以根据服务时长进行星级评定，并在子女就学、就业创业、文化生活等方面享受多重优待政策，为志愿者们带去充满人文关怀的优惠。目前市县两级联动，逐步形成了政府资助、社会捐助、单位帮扶、个人结对等多元化的温州志愿者关爱帮扶机制和架构，努力实现"礼遇志愿者"的社会常态。

其五，温州永嘉学派事功哲学向善基因的勃发。南宋乾道、淳熙年间，温州学术繁荣，人才辈出。"温多士，为东南最"（《慈湖学案·徐凤传》），在学术思想上最具成就、特色的有薛季宜、陈傅良、叶适一脉相承而集其大成的永嘉事功学派，他们注重"通商惠工""扶持商贾""义利并举"，主张"结民心""宽民力""救民穷"[1]。晚清近代，一批富有

---

[1] 吴松弟：《走进历史的深处：中国东南地域文化国家学术研讨会论文集》，转引自洪振宁《试论温州文化的区域特色》，上海人民出版社 2011 年版，第 30 页。

革新思想的知识分子又主张"齐商力,捷商径,固商人,明商法"[1],主张以"民义""民事""民人社会之进退"[2] 作为史学的中心内容,倡导办学、办报、办医,努力提高百姓身心发展水平。这些思想深刻影响着温州人的生产方式和思维观念。历史上,温州人赈灾救难、扶贫助困、热心公益的传统一直传承至今。改革开放以来,温州人"商行天下"和"善行天下"的"商智、商略与商德、商誉"的统一观就是对务实、事功思想的现代回应。随着社会主义市场经济的发展,温州传统"利义观"和公益基因又促进了温商和"温州模式"的发展。

另外,温州市地处太平洋西北海域,是台风多发的地区。抗台救灾培养了温州人敢冒风险的精神,同时也激发了温州人共患难的真情和互帮互助的志愿服务传统。

---

[1] 方立明:《义与利的自觉:温商伦理研究》,上海三联书店 2014 年版,第 50 页。
[2] 吴松弟:《走进历史的深处:中国东南地域文化国家学术研讨会论文集》,转引自洪振宁《试论温州文化的区域特色》,上海人民出版社 2011 年版,第 30 页。

第 九 章

国外志愿服务文化建设的吸收借鉴

志愿服务是人类文明进步的重要共识,其内在的文化意蕴虽然不同国家定义描述不同,但贯穿其中的价值观是一脉相承的,即"不图物质回报、出于自由意愿和团结互助、为人类共同福祉而奉献的精神"[①]。因此,加强对世界各国志愿服务文化建设研究,学习借鉴不同国家在推进志愿服务事业上的成功经验,对于推进中国特色志愿服务文化建设具有重要价值。

一 美国志愿服务文化建设及经验分析

美国作为世界上在志愿服务领域发展最为发达的国家之一,志愿服务工作起步早、规模大,志愿服务文化在美国社会早已根深蒂固,成为美国文化不可分割的一部分。这离不开联邦政府的制度保障以及社会各方力量包括高校、企业、社会团体等的大力支持,形成"全民志愿"的社会氛围。

(一)美国志愿服务文化建设现状考察
1. 志愿服务工作内容

美国志愿服务工作所涉及接触到的志愿服务项目内容广泛、服务规模宏大,在扶贫救灾、社区服务、科教文卫体事业等领域均有志愿者的身影。美国民众一人往往会加入多个不同类型的志愿服务组织,从事多项志愿服务工作内容。据 AmeriCorps 官网数据介绍,在教育领域志愿者为全

---

① 金安平编:《国外志愿服务重要文献选辑》,张俊虎、刘浩译,中国文联出版社 2018 年版,第 5 页。

国各地近1.2万所公立、私立和特殊学校的学生提供支持，对高中毕业率、大学入学率提升方面都有实际效益；在经济领域，主要内容是通过获得就业机会的途径，帮助受助者们发展重要的工作技能，以及参与建造和修复经济适用房，提供金融知识培训，将志愿服务与就业和职业紧密联系起来；在灾难响应方面，志愿服务组织能帮助全国各地的社区应对自然或人为灾难并从中恢复，目前已向受飓风、雪灾、洪水和龙卷风等影响的地区部署了数千名志愿者；在环境管理方面，每年让16000多名成员和志愿者致力于解决气候危机，2021年通过其努力改善了33000英亩的公园和公共土地，处理了18000英里的小径或河流，风化或改造了5000多所房屋和公共建筑，并在自然灾害后保护和修复了2000座建筑；在退伍军人方面，通过将近50万名退伍军人及其家庭与教育机会、工作、生活等福利联系起来向他们提供援助，支持退伍军人的娱乐和治疗活动，并计划为3700多名军人家庭K-12学生提供学业辅导。每年有2万多名退伍军人也一起加入了志愿者队伍，应用他们在军队中获得的技能继续为国家服务；在健康方面，尤其在此次COVID-19冠状病毒作斗争中，AmeriCorps成员已与2000个非营利组织、信仰组织和邻里组织、州和地方政府、联邦机构以及国家组织合作，在社区的疫苗接种点和流动诊所提供帮助，支持接触者追踪和疫苗接种工作，收集和分发食物，对居家个人进行健康检查等。自疫苗接种开始以来，已经援助了100多个疫苗接种点的100多万人，并额外注册了60000名志愿者，以帮助支持加利福尼亚州、佛罗里达州、密苏里州、新泽西州、纽约州、得克萨斯州和西弗吉尼亚州的疫苗接种工作。①

2. 志愿服务组织类型

在众多西方福利国家中，美国的志愿服务组织极具国际代表性。美国志愿服务组织涵盖多种不同类型，服务领域涵盖了科技、教育、文化、卫生、体育、环保、弱势群体帮扶、突发事件应急、社区服务管理等社会生活的方方面面，不同类型的志愿服务组织根据组织自身擅长的工作内容，为居民提供全方位的专业化便利服务。自20世纪60年代起，肯尼迪政府签署《志愿服务美国法》标志着整个联邦政府已经开始了主导全国志愿

---

① AmeriCorps. https：//americorps.gov/about/what-we-do.

第九章 国外志愿服务文化建设的吸收借鉴 / 307

服务活动事业，并且通过三大类的组织机构来负责统筹和管理全国的志愿服务力量。第一个是美国志愿队计划（AmeriCorps①），其中包括三个子服务计划：州和全国计划（AmeriCorps，State&National）、服务美国志愿队和全国公民社区团（National Civilian Community Corps）；第二个是"学习和服务美国"计划（Learn and Serve American），第三个是老年志愿服务组织（National Senior Service Corps）。② 美国联邦政府虽然每年的施政目标和行动都会有所改变，对志愿服务的规模和计划进行了形式和结构上的改组、拓展以及整合，但是从总体上看由美国联邦政府主导的志愿服务组织体系日趋完善，美国非营利性志愿服务组织的数量近年来在大幅度地增长，可供志愿者们选择的志愿服务组织类型日渐多样化。如下表9-1所示，是2021年美国志愿服务组织类型构成占比情况，其中，宗教类组织以占32%位居第一，运动、爱好、文化或艺术类组织占25.7%紧跟其后，教育或青年服务类组织也占了较大比重。

表9-1　　　　　　　　2021年美国志愿服务组织类型[③]

志愿服务组织类型	占比（%）
宗教信仰	32.00
运动、爱好、文化或艺术	25.70
教育或青年服务	19.21
公民、政治、专业或国际	6.24
医疗或其他健康	5.98
公共安全	5.98

---

① AmeriCorps是覆盖美国的一个大型服务系统，致力于使国家服务和志愿服务成为美国国家文化的基石，创立于1994年。其专注的关键领域有教育、就业工作技能、灾害服务、环境管理、健康服务、退伍军人和军人家属服务等。该计划使命是通过服务和志愿服务改善生活、加强社区并促进公民参与；五大目标：与社区合作以减轻贫困和促进种族平等，增强AmeriCorps成员和AmeriCorps老年人志愿者的体验，通过将美国人聚集在一起服务来团结美国人，有效管理联邦志愿，使AmeriCorps成为联邦政府中最好、最公平的工作场所之一。其官方网站为https://www.logonews.cn/americorps-new-logo.html。

② Susan J. Ellis, Katherine H. Noyes. *By the people: A History of American as volunteer*. San Francisco. Oxford: Jossey-Bass Publishers, 1990, p. 268.

③ http://www.volunteeringinamerica.gov/national.

续表

志愿服务组织类型	占比（%）
环境或动物护理	4.97
其他	3.59

注：数据来源于 Volunteering and Civic Life in America 官网。

3. 志愿服务参与率

美国的志愿服务事业是一项全民性的事业。《美国志愿服务》综合报告曾对相关数据进行统计排名，数据显示在 50 个州和哥伦比亚华盛顿特区中排名前十位的州志愿服务率，即在各州居民中参与志愿服务事业的人数占比，如下表 9-2 所示，志愿服务率最高的是位于美国西部的犹他州，全州超过半数的公民参与到志愿服务队伍中去，首都哥伦比亚华盛顿特区位列第七，有近 39.8% 公民参与志愿服务活动，总体上看，美国各州的志愿服务率普遍较高，排名前十位的各州志愿服务率均保持在 37% 以上。[①] 美国的志愿者比例从犹他州的最高 51% 到内华达州的最低 18% 不等。志愿服务率在各州的差异体现主要受各自的家庭结构、种族异质性、非营利组织密度以及国家居民的宗教虔诚度的影响不同而变化。

表 9-2　　　　美国志愿服务率前十位州排名

排名	行政区（州）	志愿服务率（%）	排名	行政区（州）	志愿服务率（%）
1	犹他州	51.0	6	内布拉斯加州	40.2
2	明尼苏达州	45.1	7	哥伦比亚特区	39.8
3	俄勒冈州	43.2	8	蒙大拿州	38.8
4	爱荷华州	41.5	9	缅因州	38.7
5	阿拉斯加州	40.6	10	爱达荷州	37.9

注：数据来源于《美国志愿服务》报告。

除此以外，《美国志愿服务》综合报告还针对部分极具代表性的群体在各州参与志愿服务活动的情况，将其放至全国 50 个州和哥伦比亚华盛

---

① Americorps. Volunteer service of America. https：//americorps.gov.

顿特区中进行统计排名，如表9-3和表9-4所示，呈现的是针对美国家长群体和退伍军人群体参与志愿服务率位列前十州的排名情况，可见犹他州的志愿服务氛围极高，家长参与志愿服务率依然位列第一，高达63.5%，其他各州家长志愿服务率与各州整体志愿服务率排名顺序虽有小幅度波动，但总体志愿服务率仍然占较大比重，超过近半数家长都曾参与到志愿服务活动中；在美国退伍军人志愿服务率排名中，位列第一的州是处于美国新英格兰区域的新罕布什尔州，全州近37%的军人在退伍后加入志愿服务行列，怀俄明州和佛罗里达州以相同30.9%并列第六。[1]

表9-3　　　　美国家长志愿服务率前十位州排名

排名	行政区（州）	志愿服务率（%）	排名	行政区（州）	志愿服务率（%）
1	犹他州	63.5	6	阿拉斯加州	49.8
2	爱荷华州	58.2	7	俄亥俄州	49.3
3	俄勒冈州	58.0	8	威斯康星州	49.2
4	明尼苏达州	56.1	9	蒙大拿州	48.3
5	内布拉斯加州	51.4	10	佛蒙特州	48.2

注：数据来源《美国志愿服务》报告。

表9-4　　　　美国退伍军人志愿服务率前十位州排名

排名	行政区（州）	志愿服务率（%）	排名	行政区（州）	志愿服务率（%）
1	新罕布什尔州	37.0	6	怀俄明州	30.9
2	弗吉尼亚州	36.3	7	佛罗里达州	30.9
3	俄克拉荷马州	35.0	8	蒙大拿州	30.7
4	宾夕法尼亚州	33.9	9	西弗吉尼亚州	29.8
5	华盛顿州	31.4	10	内华达州	29.7

注：数据来源《美国志愿服务》报告。

4. 志愿服务时间价值

美国是一个志愿者国度，美国公民每人参与志愿服务的时间和数量累

---

[1] Americorps. Volunteer service of America. https://americorps.gov.

计位居世界第一，公民参与志愿服务的时间累计所对应创造产生的经济价值数字惊人。早在1987年，美国就有大约8000万人加入不同类型的志愿服务组织，工作时长总计超148亿小时。依照AmeriCorps政府官网相关数据显示，2017年美国近三分之一的成年人（30.3%）通过加入至少一个志愿服务组织参与活动，志愿服务是数百万美国民众的重要活动。自上次报告以来，美国总体志愿者率提高了6%以上，有将近7740万名美国人志愿服务了69亿小时。2018年数据统计，美国义工率达到30.3%，义工人数为7730万名，根据独立部门对志愿者小时平均价值的估计（2017年为24.14美元），该志愿者服务的估计价值接近1670亿美元。进入21世纪以来，在过去的二十年中，美国人民提供了约1200亿小时的志愿服务，估计价值高达2.8万亿美元。①《美国志愿服务》是一份关于美利坚合众国志愿者亮点和趋势的综合报告，报告对于志愿服务的活跃程度包括服务活动效度、志愿者人数、服务对象人数、服务时间、服务成效、媒体报道和社会影响力等做全面分析。据《美国志愿服务》综合报告数据显示，依据性别男女划分，其中327万名男性志愿者贡献了大约30亿小时的志愿服务时间，26.5%的男性志愿者创造了估计724亿美元价值的志愿服务；4461万多名女性志愿者贡献了大约39亿小时的志愿服务时间，33.8%的女性志愿者创造了估计945亿美元价值的志愿服务。除此以外，565万名资深退伍军人志愿者贡献了约6.3亿小时的志愿服务时间，30.0%的退伍军人志愿者创造了估计500亿美元价值的志愿服务；2604万名家长志愿者贡献了大约20亿小时的志愿服务时间，39.9%的家长志愿者创造了估计152亿美元价值的志愿服务。据所处年代的不同，新世纪的千禧一代，约有2000万00后志愿者贡献了约15亿小时的志愿服务时间，28.2%的千禧一代志愿者创造了估计367亿美元价值的志愿服务；"二战"后出现的婴儿潮时期，约2263万名婴儿潮时期志愿者贡献了约22亿小时的志愿服务时间，30.7%的婴儿潮志愿者创造了估计543亿美元价值的志愿服务。自上次报告以来，千禧一代的志愿服务活动增加了6%以上，目前为28.2%，而婴儿潮时期的贡献时数最高，超过22亿。②

---

① AmeriCorps. https：//www. nationalservice. gov/serve/via.
② Americorps. Volunteer service of America. https：//americorps. gov.

由此看出，美国民众虽处于非营利的初心，却在志愿服务过程中无形为美国社会创造了巨额财富，将贡献的时间转化为了经济力量。

（二）美国志愿服务文化建设政策制度保障

1. 政府推动下的志愿服务

美国志愿服务文化的发展，除了宗教这一慈善土壤，还离不开国家制度的推动。20世纪30年代以来，美国联邦政府依据时代形势变化，相继签署了一系列与志愿服务相关的政策法规。富兰克林·罗斯福总统执政期间，面对经济危机挑战，曾发起数百万美国公民进行为期一年半的志愿服务活动，用于救助失业家庭、兴建基础设施、重振美国经济；约翰·肯尼迪总统创建了由联邦政府主办的第一个海外志愿服务计划——"和平队"（The Peace Corps），吸引大量青年人投身到助力发展中国家教育、卫生等公益事业中；[①] 林登·贝恩斯·约翰逊总统上台后，随即发起了"和平队"的国内版——美国志愿者服务计划（VISTA）以及退休和老年人志愿计划（RSVP），旨在为美国国内各行业各年龄层公民提供为贫困社区服务的机会；[②] 乔治·沃克·布什总统上台后，通过《公民服务法案》切实地保障了非政府志愿服务组织的正常合法地位以及有效地保障了美国志愿者的安全和其他合法权益，成立"美国自由服务队"（USA Freedom Corps），帮助个人与志愿服务机会自由联系，并发起"志愿服务总统奖章"项目，给予热情投身志愿服务的公民予以奖励；贝拉克·奥巴马总统执政期间，签署了《爱德华·肯尼迪服务美国法》，并亲自为芝加哥黑人社区提供法律志愿服务，将加强志愿服务作为国内重点政策之一。历届美国联邦政府相继出台一系列法律条文以鼓励、支持和引导全美积极投身到志愿服务活动中去，以直接或间接的方式加速推进志愿服务文化的建设步伐。

2. 志愿服务立法工作

志愿服务立法工作是确保志愿服务事业健康发展的保障。综观美国志愿服务活动相关立法工作，最早可追溯到19世纪早期美国的法学家们所

---

① Hoopes, R. *The Complete Peace Corps Guide*, New York: The Dial Press, 1961, p.128.
② 谢立黎、陈民强：《美国老年志愿服务制度、实践及启示》，《中国志愿服务研究》2021年第1期。

倡导的建立志愿服务许可法。进入21世纪以后，美国志愿服务立法体系逐渐完善，当前联邦政府主要以立法和行政指导的方式共同参与志愿服务活动，先后通过了《志愿服务法》《国家和社区服务法案》《国家与社区服务增订法》《公民服务法》《志愿者保护法》等法律及一系列志愿服务相关计划。此外，联邦政府颁布的多项法律切实保障了志愿者工作期间的各项权益，如《联邦雇员补偿法》《联邦侵权索赔法》和《联邦志愿者保护法》分别为志愿者提供了法律诉讼保障、风险安全事件处理、责任豁免等较为全面等保障，消除了志愿者的后顾之忧。[1] 特别是在美国9·11恐怖袭击事件爆发以后，不断高涨的爱国情绪大大加速了爱国志愿服务队伍的快速发展。2009年奥巴马政府正式签订《爱德华·肯尼迪服务美国法》，在法案中依据新形势对于志愿服务的含义、内容和志愿者权益进行了新的界定和补充，并对志愿服务人员登记注册制度、服务领域、监督体系、激励机制及保障政策等方面都做出了更加明晰的规定，鼓励美国上下各个年龄层的公民参与到志愿服务事业中，推动了美国参与志愿服务率持续上升。[2] 2021年，拜登政府通过具有里程碑意义的《美国救援计划法》，主要针对阻止新冠病毒传播和应对疫情造成的公共卫生、教育和经济危机。它包括向美国家庭提供救济，资助国家疫苗接种计划，重新开放学校和帮助父母重返工作岗位的小企业提供援助，还包含对国家和社区服务机构的额外投资10亿美元用于疫情恢复。[3] 此外，从美国联邦政府到美国各州议会对于志愿服务活动事业持续发展也给予了政策支持，主要涉及领域表现在各项税收税额减免政策方面，其中联邦税法部门列举了目前有关社会科学、教育、文化、卫生、宗教等27种拥有合法享受各项税收税额减免政策资格的专业志愿服务事业组织类型，对特定的非营利性志愿服务组织实行税收抵扣政策。[4] 美国日渐完善的志愿服务立法工作使得志愿服务者在升学、奖学金、就业、税收等各个方面的权利都有了法律方面的保障。

---

[1] 马悦：《美国联邦志愿服务制定法立法研究》，大连海事大学，2014年。

[2] Edward M. Kennedy Serve America Act，由奥巴马总统于2009年4月21日签署。因为爱德华·肯尼迪系此法主要倡议者，故以其名命名。

[3] AmeriCorps. American-Rescue-Plan Act. https：//americorps.gov/newsroom/news/american-rescue-plan。

[4] 丁元竹：《当前美国的社会管理》，《学习时报》2005年11月14日。

3. 志愿服务组织体系

美国志愿服务组织是独立于政府部门的"第三部门",由社团化形式统一管理运营,在长期的发展历程中具备完善的志愿服务组织体系。每一个志愿服务组织内部都有着严格设立的规章制度用于维护志愿服务参与者和受益者双方的合法权益。这些规章制度的适用领域涵盖了志愿者招募、活动开展、评估考核、信息化管理等各个方面,实现了志愿服务机构在组织体系内部的规范化、专业性运行。[①] 在志愿者招募方面,组织内部具有严格的会员招募机制,在活动初期首先对报名者的个人信息、技能水平、专业素质等方面进行测评,给予新成员准确的个人定位;在活动开展方面,组织者们将志愿服务活动根据服务类型或难易程度向下进行具体而细致的落实安排,依个人所长的不同分配任务以保证每一个志愿服务参与者能够充分发挥自己的强项;在评价考核方面,当每一项志愿服务项目结束之后采用走访或问卷的形式进行志愿服务效果反馈,得出合理客观评价,帮助组织改进工作,提升后期志愿服务水平与质量;在信息化管理方面,伴随着科技的进步,连接全国志愿服务站点,借助互联网线下+线上相结合、大数据分析等方式,将相关志愿服务信息传达到位并实时更新完善最新动态,使得分配志愿服务任务效率更高,且拓展了美国志愿服务活动的范围和领域。

4. 志愿服务管理机制

对志愿服务进行严格管理是美国的普遍做法,美国志愿服务组织作为运行志愿服务事业的重要依托,是提供公共服务的重要主体,有着一整套完整高效的管理机制保障志愿服务活动顺利开展。在准备初期,志愿服务组织申请通过成立后,志愿服务组织内部将制定运行章程,对于报名参与者的准入门槛给予一定控制,对申请者的主要信息(指纹身份录入、身体健康检查、驾驶安全记录、犯罪行为记录等)进行审核,并在过程中配合定期的志愿服务相关能力培训活动,帮助组员提升志愿者的相关专业知识技能和社会科学人文素质,增强社会责任意识,在质和量上双重把关。在运行过程中,无论是作为全国性还是地方性的各类志愿服务活动组

---

① 唐义、杨洋:《美国公共图书馆志愿服务现状调查及启示》,《图书馆理论与实践》2021年第9期。

织信息化覆盖程度都很高，依托互联网平台，极大地提高了志愿服务效能，如在"服务美国网站"上就提供了 2000 年以来美国各个州及大约 200 个大中型城市的各类志愿服务组织相关信息数据，实现了信息联网与共享。① 在进行自我内部管理的同时，还会受到第三方评估，包括来自政府、媒体和公众的舆论监督。州检察长对于全州志愿服务组织的监督管理工作一直发挥着重要作用，税务局也会对各州的志愿服务组织管理采取重点审查或集中抽查的方式一并进行监督，合力形成可靠的志愿服务管理安全网。

（三）美国志愿服务文化建设多元社会主体支持

1. 学校营造志愿环境

美国学校教育一直注重学生志愿服务意识及行为培养。高中明文要求："中学生必须在本校上课时完成不低于 60 小时的志愿服务义工时，方可如期从学校申请毕业进入高校。"② 美国高校高度重视学生志愿服务活动，要求大学生将所学专业理论知识运用到帮助社区成员的服务实践中去，将理论教学和社区服务有效结合起来，大学生能够在社区服务过程中得到理论技能的提升和责任意识的培养，社区成员也在志愿服务过程中得到实质性帮助，这种良性循环极大地推动了志愿服务文化的发展，而大学生这种乐于助人的志愿服务精神，恰恰是公共服务学习最重要的内部动机。青年大学生在参与志愿服务活动过程中，不仅丰富了自身的社会实践经历，并积累了职业生涯资历，获得了良好的社会认可和荣誉嘉奖。除此之外，美国联合国内 121 所高校成立高校协会并制定相关协议，专门制定了关于志愿服务项目的财政方案并设置了专门的机构及其专项人才进行监督和管理运作。③ 发展至今，美国高校校园内已形成了各种不同类型的志愿服务组织，志愿服务在青年学生群体中成为社会新风尚，青年学生群体也成了美国社会参与志愿服务公益事业的绝对依靠力量。

---

① 赵卓、亓少元：《美国体育志愿者的培养体系及启示》，《浙江体育科学》2009 年第 5 期。

② 高嵘：《美国志愿服务发展的历史考察及其借鉴价值》，《中国青年研究》2010 年第 9 期。

③ 冯英、张慧秋、白亮：《外国的志愿者》，中国社会出版社 2007 年版，第 25 页。

2. 企业广泛参与支持

美国志愿服务文化的发展离不开全社会不同主体的广泛参与和支持。拥有规模庞大的志愿者服务队伍是志愿服务活动长期开展的一个必要条件。企业公司通过资金援助方式支持志愿服务事业已成为美国社会普遍现象，如通过创立各种基金会或直接捐赠等形式为志愿服务提供物力、财力、智力等支持。除了通过慈善和募捐等形式向志愿服务事业提供基本的物质保障以外，企业家们纷纷制定和出台多种规范用于激励其员工积极投身到志愿服务活动中来，公司也为志愿服务者提供了多种多样的服务学习机会和就业机会。美国绝大多数企业公司在高校进行招聘时，已将学生在校期间获取的志愿服务义工数作为招聘员工时优先考虑的标准之一，承认志愿服务的经验也同样可以用来当作工作经验的一种，志愿服务工作经历也越来越成为大学生们就业时的加分项。[1] 美国公民对于志愿服务活动的热情高涨并成为自觉行为公益行为习惯。

3. 多渠道资金筹集路径

美国志愿服务事业得以健康持续发展，一大部分原因得益于其拥有长期固定的资金扶持来源。志愿服务虽是一项非营利性公益事业，但在志愿服务活动过程中也需投入大量的人力物力，志愿服务组织的日常开展离不开充足的资金作为前提条件。在美国，联邦和州政府的资金支持、基金会和慈善组织的项目经费、企业及个人的捐赠等是助力美国志愿服务文化繁荣发展的重要原因。依据美国 AmeriCorps 官方网站数据显示，其每年受助的志愿服务组织有 2000 个，受助的成员和志愿者服务 270000 余名，每年分散的捐赠资金 8 亿美元以上，遍布全国社区 40000 个，服务时间价值总计高达 1.6 亿美元。在美国民间，49.4% 的居民向慈善机构或志愿服务组织捐款 25 美元甚至更多，志愿者个体的捐赠主要投资于社区建设。[2] 美国民间基金会类型众多，其中社区基金会较其他基金会而言对志愿服务组织捐赠资金力度最大，目的是能够促进美国社区的健康生活而努力；独立基金会占总资金数量在美国各种基金会中所对应占的权重比例最高，比

---

[1] 詹晨、李丽娟、张玉钧：《美国国家公园志愿服务管理经验及其对我国的启示》，《世界林业研究》2020 年第 5 期。

[2] AmeriCorps. https：//www.nationalservice.gov/serve/via.

较著名的有卡耐基基金会、比尔及梅琳达·盖茨基金会等,这些基金会均向各大社区志愿服务组织和组织成员提供长期的社会资金援助扶持。① 除此以外,对于非营利组织,美国联邦政府给予了众多财税政策倾斜,并颁布法律做明文规定,如在《国内税收条令》中规定非营利性组织无须进行财产税和营业税的上缴,捐助的人也可在一定程度上得到税收减免优惠政策。根据美国税法对非营利性组织作出的概念界定,现在美国属于可免税范围的非营利性组织已有25种以上,这项财政政策也从侧面刺激了美国志愿服务公益事业的蓬勃发展。

4. 全民志愿氛围浓厚

在美国,公民深受社会责任感与志愿价值认同感影响,全社会志愿服务文化氛围浓厚。美国从建国伊始就向世人传递其愿意舍弃自我时间,通过金钱或技能来帮助同胞、服务集体的热忱。在美国建国初期,由于受客观现实条件的限制,美国社会移民众多、信仰各异,如何在这复杂的文化背景下实现社会成员间和谐共生成为亟待解决的问题。受西方宗教慈善理念影响,美国人民探索出一条通过互帮互助的方式去处理社会公共事务,在公民在志愿奉献的基础上开展社会活动成了美国早期社会文化的基本特征。这种崇尚志愿奉献的价值观也被美国人民当作传统美德广泛流传至今,宗教教义中的慈善理念促使美国公民将外在的行为道德规范不断融入日常生活中,将志愿服务发展成为公民自觉行为,推动志愿服务文化成为美国文化的一个重要部分。志愿服务活动已成为美国民众参与社会公共治理的一种普遍途径和行为方式,在活动参与过程中志愿者们不断得到自身的成长,更好地认识了自我和社会,强化了个体公共责任的担当意识。志愿服务活动将社会中一个个原本独立的个体通过利他性活动连接起来,构成一种人与人、人与社会之间和谐互助共生的关系,全民志愿文化的浓厚氛围也培育美国特色的公共精神,促使美国社会和人民形成强烈的文化向心力。这种在全美社会广泛影响的积极向善之风由大众传媒广泛宣传,借助优秀志愿者榜样力量,向社会积极传播志愿精神和积极公民意识。

---

① 王劲颖:《美国基金会发展现状及管理制度的考察与借鉴》,《中国行政管理》2011年第4期。

二 英国志愿服务文化建设及经验借鉴

志愿服务文化建设在英国有着悠久的历史，从最早的中世纪志愿者医院到现在全国乃至国际范围内运行的专业志愿服务组织，在英国经济社会发展中扮演着重要角色。"志愿服务部门已经成为英国经济的一个重要组成部分，其资产达 400 亿英镑，年支出近 110 亿英镑。"① 作为最早开始志愿服务的国家之一，英国志愿服务文化建设的经验值得借鉴。

（一）英国志愿服务文化发展历程

总结英国志愿服务文化建设大致经历三个主要阶段。

1. 英国志愿服务文化萌芽阶段

英国的志愿服务行为最早可以追溯至中世纪。与同时期其他国家的志愿活动相似，中世纪的英国志愿服务同样局限于教会、行会、村社等共同体，在"利他主义"理念的驱使下帮助社区病人或穷人脱离生活困境。据估计，"在 12 至 13 世纪，至少有 500 家志愿医院在英格兰建立"②，英国志愿服务活动借助慈善组织在整个中世纪持续开展。有组织的志愿服务团队组建于 19 世纪中后期，如 1844 年成立的基督教青年会（Young Mens Christian Association）、1865 年出现的救世军（The Salvation Army）及 1870 年的英国红十字会（British Red Cross）。此时的志愿服务在"关爱人、关怀人的生存环境、深切同情人的正当利益诉求"③ 理念指引下帮助病人或穷人的同时，还协助国家解决城市化进程中男性青年精神与情感问题，因此这一时期志愿服务参与也被看作"一种转移年轻人精力，使其远离摩登和摇滚的帮派争斗的方式"④，多数志愿组织为了完成任务也开始不断

---

① Bussell, H., & Forbes, D., "Understanding the volunteer market: The what, where, who and why of volunteering", *International Journal of Nonprofit and Voluntary Sector Marketing*, Vol. 7, No. 3, 2002, pp. 244-257.

② Brindle, David, "A History of the Volunteer: How Active Citizenship became the Big Society", *The Guardian*, November 21, 2015, p. 15.

③ 卓高生:《当代国内志愿精神研究回顾与展望》,《中国特色社会主义研究》2014 年第 2 期。

④ Brindle, David, "A History of the Volunteer: How Active Citizenship became the Big Society", *The Guardian*, November 21, 2015, p. 15.

地招募志愿者。

　　进入20世纪，英国多数志愿组织在数量和任务方面都发生了显著变化。1914年，第一次世界大战（简称"一战"）爆发。"一战期间，有18000个新的依托志愿服务才可顺利运作的慈善机构在英国成立，数量比战前增加了50%，这些慈善机构共筹1.5亿英镑支持前线的士兵作战，更有250万志愿者直接参与到战争中"①。可以说，战争中英国的志愿服务活动不仅促进了国家的内部稳定，更为整合社会各阶层的力量提供平台。虽然战争中志愿服务活动的蓬勃发展导致并非所有被志愿活动收集或发送的物品能符合部队的需要等供需问题出现，但即使如此仍无法否认这一阶段的志愿者及其志愿服务活动在英国战争史上的作用，因为它不仅对战争的胜利，甚至对之后英国志愿组织的发展，及其与政府新关系的确立都产生了不可忽视的影响。因此，"一战"后，依托慈善机构的"志愿组织雨后春笋般涌现在英国大地"②，政府也开始有意识地对国内的志愿活动进行规划和指导。

　　2. 英国志愿服务文化发展阶段

　　1919年英国政府以"团结各志愿团体，密切志愿团体与政府部门的关系"③为名组建全国社会委员会（National Council of Social Service），后更名为全国志愿组织理事会（National Council for Voluntary Organization，NCVO），来协助处理国家的志愿服务活动。政府干预下的志愿组织开始承担更多的社会服务责任，保守党（1937—1945）甚至开始将志愿服务与公民身份联系起来，这一主张使得志愿组织的"传统的慈善事业功能、活动内容有了新的发展，在对象上也由对特殊不幸者的施舍拓展到对社会公共生活领域的关注"④。1939年成立公民咨询局（Citizens Advice Bureaux），其主要目的是通过提供机密信息和建议来帮助在法律、债务、消

---

①　Grant, Peter, *Philanthropy and Voluntary Action in the First World War: Mobilizing Charity*, London: New York: Routledge, 2014, pp. 9 – 18.

②　Dean, Jon, "Manufacturing citizens: the dichotomy between policy and practice in youth volunteering in the UK", *Administrative theory & praxis*, Vol. 35, No. 1, 2013, pp. 46 – 62.

③　Burchardt, Jeremy., "Reconstructing the Rural Community: Village Halls and the National Council of Social Service, 1919 to 19391", *Rural History*. Vol. 10, No. 2, 1999, pp. 193 – 216.

④　卓高生：《现代西方社会公益精神理论溯源》，《学术论坛》2012年第7期。

费、住房等方面有问题的人,该咨询局中90%的工作人员都是兼职的志愿者,由此可见保守党加强志愿活动将其变为协助完成政府社会服务工作的可靠伙伴的意图,这一意图在第二次世界大战(简称"二战")后表现得愈加强烈。

"二战"后,由于"志愿服务部门成为战后福利国家时代的坚强幸存者,有着巨大的进一步扩张的潜力"①,政府部门便进一步强化与志愿服务部门之间的合作,旨在短时间内协助恢复国家正常的生产生活秩序,推动经济复苏。在此背景下,为在增加社会产能的同时降低人力成本,志愿者们被招募到数以千计的志愿组织或慈善机构工作,尤其是与儿童或老人福利相关的领域,这也说明"从20世纪初到1960年代,国家福利供应的扩展依赖于志愿者的参与,志愿服务的范围也随之发生重要变化"②。然而,"随着国家卫生服务机构和地方政府服务范围的进一步扩大,志愿者们却被排除在福利服务供给中所扮演的角色外"③。志愿者被视为一个入侵者,甚至受到正式员工几乎不加掩饰的敌意,他们只有名义上的或例行的工作,不会被分配完成那些被认定为重要的工作。这一现象的存在,"导致英国的志愿服务在1945年后的几年里达到了低谷,直到1960年代出现志愿服务热潮"。④

除此,"二战"后英国以消除人民贫穷为目的构建的福利制度也是将英国志愿服务推入发展低谷的原因。"战争促使社会各阶层对社会服务项目有了共同的需求,这些需求并非志愿服务能够满足的,也就为国家干预和集中性社会福利的横向发展提供前提。"⑤ 面对如此发展窘境,有不少

---

① Harris, M., Rochester, C. & Halfpenny, P., "Voluntary Organisations and Social Policy: Twenty Years of Change", In Harris, M. & Rochester, C. eds, *Voluntary organizations and social policy in Britain*, New York: Palgrave, 2001, pp. 1 – 20.

② Brewis G, *Towards a new understanding of volunteering in England before 1960?* institute for volunteering research, 2013, pp. 1 – 26.

③ Brewis G., *Towards a new understanding of volunteering in England before 1960?* institute for volunteering research, 2013, pp. 1 – 26.

④ Finlayson, G., "A moving frontier: voluntarism and the state in British social welfare 1911 – 1949", *Twentieth Century British History*, Vol. 1, No. 2, 1990, pp. 183 – 206.

⑤ Ramsden, S., & Cresswell, R., "First aid and voluntarism in England, 1945 – 85", *Twentieth Century British History*, Vol. 30, No. 4, 2019, pp. 504 – 530.

志愿组织选择适时转型,如"二战"时为预防敌军空袭于1938年组建的妇女志愿服务组织（Womens Voluntary Service），该组织会不断随着社会的发展需要调整她们志愿服务的项目,志愿者们于1946年志愿参加洪水救援活动,1952年参与到法恩伯勒航空展灾难的救援,1957年Lewis Ham铁路事故的救援工作中也有该志愿组织的身影。最终,该组织与地方政府合作建立了两个基于家庭的福利服务项目,即家庭帮助计划（Home Help）和车轮上的膳食服务（The Meals on Wheels Service）。

志愿服务最终得以走出发展低谷离不开政府的干预,并且"自20世纪60年代以来,政府便开始通过各种不同的政策和方案为志愿工作进行保驾护航"的举措[1]。一方面,在新自由主义思潮的影响下,1960年代英国的法律、政治和媒体更趋向于个人主义,人们越来越渴望生活在一个更加自由的社会,越来越多人开始有意识地维护自己的公民权利,并开始通过新的方式表达自己的合理诉求。另一方面,这一时段英国经济增长放缓,失业率提升,税收日渐不足以支付各项福利开支,于是政府开始重新衡量各项政策、排定社会发展领域的轻重次序。[2] 此时,英国面临着这样的选择:继续构建拥有高额公共开支的大型福利国家,还是寻求将公共部门的供应私有化,并尽可能地将政府从公共部门的活动中剥离。很显然,英国政府选择后者,因此"历届政府不论是左派还是右派都向人们发出了明确的呼吁,要求人们在他们的社区中发挥更积极的作用"[3]。

20世纪80年代兴起的"新右派"理念,进一步推动英国志愿服务进入一个新时期。第一,致使撒切尔政府不得不从个人自由的角度看待志愿服务,将志愿工作（包括正式和非正式的志愿服务）定义为个人选择,但政府仍将志愿服务作为对缓解国家大规模失业和城市内乱的实际回应。具体来说,撒切尔政府鼓励开放更多志愿服务岗位,尤其是在公共卫生和

---

[1] Zimmeck M., *Government and Volunteering: Towards a history of policy and practice*, Volunteering and Society in the 21st Century, London: Palgrave Macmillan, 2010, pp. 84 – 102.

[2] Brewis G, *Towards a new understanding of volunteering in England before 1960*? institute for volunteering research, 2013, pp. 1 – 26.

[3] Smith, J. D., *Volunteers: Making a Difference*? Voluntary organizations and social policy in Britain, New York: Palgrave, 2001, pp. 185 – 198.

社会服务领域，为所有处于工作年龄但没有全职工作的人（Unemployed People）提供工作机会，这不仅保证了志愿者的利益，也维持了与健康或个人社会服务相关领域的产出，因此这一计划一直被推行，也成为撒切尔政府所有志愿服务计划中最持久的一项。第二，促使撒切尔政府将英国志愿服务部门转变为主流社会服务提供商，并将其置于市场化的力量之下。在这一理念下，全国志愿组织理事会被要求在巩固志愿部门与政府的关系的同时，更要关注如何提高志愿组织的服务效率和能力。对此，Coule 指出英国的"志愿服务进入到一个新的时代，即福利制度更加动荡，国家与志愿服务的关系发生了巨大的变化"，[1] 英国志愿服务逐渐成为"参与社会并为社会发展作出贡献的工具，而不是提供公共服务的工具"[2]，于是政府也开始将重点放在志愿服务如何提高服务用户的生活质量上，对志愿活动的干预力度也不断加大，甚至对某些领域开始直接"管控"。

3. 英国志愿服务文化成熟阶段

20 世纪 90 年代以来越来越多的志愿组织替政府效力，尤其是在"教育与研究、文化与娱乐、社会关怀"[3] 三个领域。为鼓励更多的年轻人能够有效地重新参与到他们社区的慈善和志愿服务活动甚至国家政治进程中，政府提出"积极公民"（Active Citizenship）概念，而只有通过慈善和志愿工作来履行慈善行为的人才能获此殊荣，这一理念也被之后所有的英国国家最高领导人所坚守。1994 年，保守党发布"做出贡献"（Make a Difference）计划来鼓励和支持英国志愿服务的发展，这一被评价为雄心勃勃（Ambitious）的创新计划欲通过以下举措在 1997 年将英国的志愿服务事业带入新的时代："为所有 15—25 岁的年轻人提供志愿服务机会；资助 70 个新的地方志愿者发展机构；开展媒体宣传活动呼吁更多人参与志愿服务；建立一个新的全英格兰志愿服务组织，就志愿服务问题向政府提供

---

[1] Coule, T. M., & Bennett, E., "State-Voluntary Relations in Contemporary Welfare Systems: New Politics or Voluntary Action as Usual?" *Nonprofit and Voluntary Sector Quarterly*, Vol. 47, No. 4_suppl, 2018, pp. 139S – 158S.

[2] Zimmeck M., *Government and Volunteering: Towards a history of policy and practice*, Volunteering and Society in the 21st Century, London: Palgrave Macmillan, 2010, pp. 84 – 102.

[3] Kendall J., *The economic scope and scale of the UK voluntary sector in comparative perspective*. The Voluntary Sector. Routledge, 2004, pp. 35 – 36.

建议，以长期改善志愿服务，提升志愿服务质量。"① 该计划第一次将志愿服务定义为参与和贡献社会的工具，而非个人行为，旨在解决志愿服务如何能够改善服务使用者的生活质量这一核心问题；该计划也主张打破阶级、财富和种族障碍，鼓励所有志愿者及所有将来可能成为志愿者的人积极参与所有类型、所有领域的志愿服务活动。因此，1997 年也被视为英国志愿服务发展的转折年。

1997 年之前，政府采用纵向的方式断断续续地对志愿服务进行干预，具体表现为个别中央政府部门不时提出干预志愿服务的措施，如支持国家志愿服务基础设施机构的活动，支持组建新型志愿者中心网络，或为相关的志愿活动直接提供资金支持来确保隶属于他们的公共服务顺利实施。但是，自 1997 年以来，政府开始通过地方立法更广泛地干预志愿服务活动，不是由各部门根据个别需求来干预，而是由政治中心决定干预政策和方法，并要求将中央制定的各项政策在各部门和其他政府机构中推广。因此，Zimmeck 认为"1997 年新工党的到来标志着政府志愿服务方式的新转变"②，这也是学术界的公认观点。1997 年，新工党将"保守党在内政部设立志愿服务单位（Volunteering Unit in the Home Office）改组为第三部门（Third Sector）办公室作为内阁办公室的一部分"③，以表示政府对志愿者部门的重视。志愿部门（Volunteering Sector）这一新兴概念的提出，意味着英国的志愿服务正式纳入国家政治体系中，将有权力构建自己的基础设施机构，并在公共和社会政策辩论中发出了更有力的声音，这一举措不仅对英国志愿服务事业的发展带来积极意义，甚至在接下来的二十年里对政策、实践和学术研究都产生了极大的影响。

新工党不再只是将志愿服务看作帮助解决社会福利问题的组织，更将其看作一个能够协助实现社会民主、缓解就业问题的工具。于是 1998 年，新工党将"合同"（Compact）思想纳入英国志愿服务活动中，即政府与

---

① Smith, J. D., *Volunteers: Making a Difference? Voluntary organizations and social policy in Britain*, New York: Palgrave, 2001, pp. 185 – 198.

② Zimmeck M., *Government and Volunteering: Towards a history of policy and practice*, Volunteering and Society in the 21st Century. London: Palgrave Macmillan, 2010, pp. 84 – 102.

③ Holmes, K., "Volunteering, citizenship and social capital: A review of UK government policy", *Journal of policy research in tourism, leisure and events*, Vol. 1, No. 3, 2009, pp. 265 – 269.

志愿和社区部门要遵守共同愿景和原则的基础上达成的协议。协议规定政府承认志愿服务基础设施机构的独立性，志愿组织有权要求采取措施减少现有法律、法规和政策对志愿服务造成的障碍，尤其在申请资金方面，尽管这一举措被评价为不合法且难实施，但仍被其他欧洲国家（苏格兰、威尔士和北爱尔兰）效仿。1999年，政府出台"千禧年志愿者方案"（Millennium Volunteers Programme）以提供更多的志愿服务参与机会给年轻人，该方案的官方网站报道说"有5万名青年志愿者参与，但其中一半是没有志愿服务经验的新人"。[1] 除了鼓励年轻人参与志愿活动外，2001年名为"Experience Crops"的志愿者项目在工党支持下成立，这一全英国范围的计划，旨在鼓励老年人（50岁—65岁）参与志愿服务。之后，工党又以鼓励志愿部门为公共服务做出更多贡献和增加人们的社区志愿服务参与为目的颁发一系列政策，将2005年命名为志愿者年（Year of Volunteer），在配合内政部推出志愿者组织实践守则的同时，也提出具体措施支持提供公共服务的"一线"组织进行基础设施建设。

与撒切尔政府相比，布莱尔政府（1997—2007）将私营和志愿部门视为执行其社会福利政策的关键工具，在要求志愿部门提升其服务效率和效力的同时，也要接受政府密切的监管。因此，这一任政府是"将志愿者看作能够与政府合作提供公共服务和社区建设的第三部门组织，并试图通过将志愿服务纳入公民课程，强化年轻人的志愿服务意识，并在年轻人进行志愿服务过程中给予指导，进而使志愿者队伍年轻化"[2]。2008年全球经济危机的爆发后，英国政府"一系列的紧缩政策动摇了英国志愿部门的信心和前景"[3]，为了缓解失业率，应对经济危机并支持40000名失业者（主要是年轻人）自愿参加工作，以帮助他们重返工作岗位，新工党在2009年签发"失业人士志愿经纪计划"（Volunteer Brokerage Scheme

---

[1] Holmes, K., "Volunteering, citizenship and social capital: A review of UK government policy", *Journal of policy research in tourism, leisure and events*, Vol. 1, No. 3, 2009, pp. 265 – 269.

[2] Holmes, K., "Volunteering, citizenship and social capital: A review of UK government policy", *Journal of policy research in tourism, leisure and events*, Vol. 1, No. 3, 2009, pp. 84 – 102.

[3] Chaney, P., & Wincott, D., "Envisioning the Third Sector's Welfare Role: Critical Discourse Analysis of 'Post-Devolution' Public Policy in the UK 1998 – 2012", *Social policy & administration*, Vol. 48, No. 7, 2014, pp. 757 – 781.

for Unemployed People），对此计划，Dean 评述到"志愿工作虽然不是正式的强制性工作，但却越来越成为年轻人不可拒绝必须参与的活动，因为他们越来越需要考虑到自己未来的不确定性"①。

从 1997 年到 2010 年，为促进英国志愿组织成为政府部门在社会服务领域中更好的伙伴，"撒切尔政权将社会福利的任务划分给志愿服务领域，布莱尔政权将志愿服务和为他人提供服务视为公民的义务，志愿组织被赞誉为奉献时代（Giving Age）的理想载体"②。在这一时段，许多最紧迫的社会问题也都需要借助志愿服务行动来解决。因此，Lie 等学者认为"自二战以来确立的志愿服务与公民身份之间的联系从未像现在这样紧密"。③ 尽管这些支持性条件是否能够真正促进英国志愿服务本身的发展并未得到验证，但是可以明确的是此时如若再将"志愿服务作为一种纯粹利他主义和自我牺牲的活动可能已经成为一种不切实际和过时的想法"④，志愿活动似乎不再是个人的选择，而是作为公民必须参与的工作，并且志愿组织提供公共服务已成为一个关键的问题。

然而，讽刺的是，随着国家经济、社会和文化多样性的发展，保守党意识到个人与民族国家的关系越来越成为政府进行社会管理的挑战之一，于是高呼"志愿服务是个人选择"的保守党仍然选择借助志愿服务的力量来满足公共服务的需求，进而改善公民社会，并扬言将通过优先选择长期赠款来减少志愿团体中的官僚主义问题，起草示范协议和建立资金护照计划来减少申请赠款所涉及的工作程序，并以此将英国的志愿服务带入新阶段。最终，保守党在借鉴自身和自由民主党传统的基础上于 2010 年提出"大社会"（Big Society）计划，进一步强调个人，尤其是年轻人对社区乃至整个社会发展的责任。

---

① Dean, J., "How structural factors promote instrumental motivations within youth volunteering: a qualitative analysis of volunteer brokerage", *Voluntary Sector Review*, Vol. 5, No. 2, 2014, pp. 231 – 247.

② Cloke, P., Johnsen, S., & May, J., "Ethical citizenship? Volunteers and the ethics of providing services for homeless people", *Geoforum*, Vol. 38, No. 6, 2007, pp. 1089 – 1101.

③ Lie, M., Baines, S. & Wheelock, J., "Citizenship, Volunteering and Active Ageing, Social Policy & Administration", Vol. 43, No. 7, 2009, pp. 702 – 718.

④ Dean, J., "How structural factors promote instrumental motivations within youth volunteering: a qualitative analysis of volunteer brokerage", *Voluntary Sector Review*, Vol. 5, No. 2, 2014, pp. 231 – 247.

"大社会"计划背后的理念是强调给予公民在个人生活领域更大的自由，这一计划是"保守党在审视社会政策的基础上于2010年前构想出来的，试图将地方州政府和志愿组织结合在一起，以便在财政紧缩和地方政府削减开支的情况下维持重要的社会服务项目"[1]。在这一计划下，志愿服务被定位为影响和补充福利、缓解社会贫困的助手，越来越被要求在可持续社区、农村社区、卫生和社会福利、刑事司法、教育、社会包容和反社会行为等领域协助执行政府发布的一系列政策，这就意味着"志愿者们的活动参数需要由政府政策设定，他们的自主权也受到中央福利机构监督的限制"[2]。对此，Dean指出："这一计划在缺乏实质性内容的前提下鼓励公民在社区中做好事，注定对公共政策的影响微乎其微，但却会给社会大众造成一种危害极大的错觉，即能够而且应该提供众多的核心公共服务的主体是慈善机构或志愿组织，不是国家。"[3]

在"大社会"计划的影响下，青年学生的志愿服务经历与他们就业能力也有了更直接的联系，尽管慈善机构与志愿者的关系是建立在信任的基础上，并不打算承担与就业相关的义务，但却有高达"73%的雇主表示，他们宁愿雇佣有志愿服务经验的人，也不愿雇佣没有志愿服务经验的人"[4]。因此，学生尤其是临近毕业的学生不得不为了就业而去参与志愿服务。这也使得"尽管国家的资助和志愿服务的形象有所波动，但英国的正式志愿服务率一直保持着稳定的参与率"[5]。除此，保守党政府在2011年提出"邻里规划"（Neighborhood Planning）这一全新的志愿服务形式，将其作为一个探索在政治权力范围内邀请社区制订自己的计划，并

---

[1] Halsall, J., Cook, I. & Wankhade, P., "Global perspectives on volunteerism: Analysing the role of the state, society and social capital", *International Journal of Sociology and Social Policy*, Vol. 36 No. 7/8, 2016, pp. 456–468.

[2] Milligan, C., & Fyfe, N. R., "Preserving space for volunteers: exploring the links between voluntary welfare organisations, volunteering and citizenship", *Urban studies*, Vol. 42, No. 3, 2005, pp. 417–433.

[3] Kisby, B., "The Big Society: power to the people?" *The political quarterly*, Vol. 81, No. 4, 2010, pp. 484–491.

[4] Workman, C., "Student Volunteerism in UK Higher Education: Contemporary Orientations and Implications", Doctoral dissertation, CARDIFF BUSINESS SCHOOL, 2011.

[5] Dean, J., "Volunteering, the market, and neoliberalism", *People, Place and Policy*, Vol. 9, No. 2, 2015, pp. 139–148.

利用志愿者领导复杂工作的案例。这一计划下的志愿服务不再是政府高呼的个人选择，而是政府实现公共政策目标所必需的工具。因此，Lukka 和 Ellis 提出"志愿服务再次被政府用来达到自己的目的，这次是为了实现社会和经济的稳定，特别是在社区邻里之间"[1]。志愿者不仅被认为是完成广泛的英国公民任务所必需的，随着全球志愿服务的爆炸性增长，2011 年英国政府甚至资助海外志愿服务组织（Volunteer Service Oversea）组建国际公民服务组织（International Citizen Service），旨在"将英国和发展中国家的年轻人（18—25 岁）聚集在一起，在非洲和亚洲的一些最贫穷的社区做志愿者，已有超过 3.5 万名年轻人在世界各地从事志愿服务"[2]。

（二）英国志愿服务文化建设主要经验

全面梳理英国志愿服务文化建设的长期发展历程，总结分析英国志愿服务文化建设的经验，对我国持续推进志愿服务事业发展、开展志愿服务文化建设具有重要参考价值。

1. 从政府层面完善志愿服务政策和保障激励机制

纵观英国志愿服务文化发展过程，可以总结得到英国志愿服务之所以能够一直存续，且自 19 世纪开始，便在英国社会发展中扮演举足轻重的角色，甚至能够在 20 世纪开始同其他国家合作开展国外志愿服务活动，这一切的发展都离不开历届政府持续重视。从在议会中设置专门处理志愿服务的政府部门到设立专项资金资助特定的志愿组织，无不体现英国政府对其志愿服务的重视，并且也促使英国逐步形成具有组织化、规范化和系统化的志愿服务，尤其是正式志愿服务活动。尽管政府为志愿事业的发展提供了坚实的后盾，通过志愿服务，尤其是在志愿或非营利组织内开展志愿活动，使其成为巩固政府的社会管理职能及发展积极公民的工具，但也必须认识到"只有在适当考虑志愿活动所依据的价值时才能更好地通过

---

[1] Lukka, P., & Ellis, A., "An exclusive construct? Exploring different cultural concepts of volunteering", *Voluntary action London institute for volunteering research*, Vol. 3, No. 3, 2001, pp. 87 - 110.

[2] Ibrahim, H., Abdulai, M., & Abubakari, A., "Culture and international volunteerism: an analytic study of intercultural interactions between UK and Ghanaian volunteers on the International Citizen Service (ICS) program", *Human Arenas*, Vol. 3, No. 2, 2020, pp. 279 - 295.

志愿服务来实现公民身份,强化公民的社会参与"[1],毕竟"志愿服务一直与同情等价值观密切相关,而不是像现在必须在一个由定价机制主导的社会空间中才能发挥作用"[2]。

2. 从社会层面打造全民志愿服务阵地

据英国国家志愿组织理事会统计,几乎三分之一的 16 岁以上的公民在 2020—2021 年至少在一个团体、俱乐部或组织做了一次志愿者,即有 1630 万名英国公民在正式志愿服务 (Formal Volunteering) 领域进行过志愿服务,其中大约有 920 万人报告说他们每月至少进行一次志愿服务,这一人数比例自 2015—2016 年度以来就一直保持相对稳定的状态,即使遭受新冠疫情的影响,这一人数比例也没有出现大范围的降低。除此之外,有不少英国公民还可以依托自己居住或邻近的社区参与非正式志愿服务 (Informal Volunteering),即所有为非亲属提供的无偿性帮助的志愿活动。在 2020—2021 年度,约 2940 万人每年至少进行过一次非正式的志愿活动,1790 万人每月至少进行一次。同样,定期参与非正式志愿服务的数据也同样保持稳定,与 2017—2018 年、2018—2019 年和 2019—2020 年的数据相比并无明显变化,这一人数比例在新冠疫情的影响下,有了较为明显的增长,尤其是一些项目上,诸如"与难以外出的人保持联系"(从 43% 上升到 58%)、"购物、取药或养老金、支付账单或遛狗"(从 23% 上升到 49%)[3]。

这一系列数据的背后与政府坚持将志愿服务与贯穿英国历任执政党的"积极公民"理念密不可分,将参与志愿服务视为青年就业前提的这一认知同样可以促使更多人加入志愿服务行列。尽管将志愿服务活动与人民的,尤其是青年人的就业,切身利益联系起来,背离志愿服务的初衷,但是无可否认的是,只有如此,志愿服务活动才能得到更多公众,尤其是志愿活动主力军——青年人的全面响应,从而为英国各项志愿服务项目的开

---

[1] Lie, M., Baines, S. & Wheelock, J., "Citizenship, Volunteering and Active Ageing", *Social Policy & Administration*, Vol. 43, No. 7, 2009, pp. 702 – 718.

[2] Brown, Kevin M., et al., "On the Concept of Voluntary Association", *Rhetorics of Welfare*, London: Palgrave Macmillan, 2000, pp. 50 – 66.

[3] Kendall, Jeremy. *Policy Controversies and Challenges for Organized Civil Society: The Case of England Before the COVID – 19 Crisis*. Civil Society: Concepts, Challenges, Contexts. Springer, Cham, 2022, pp. 323 – 331.

展提供坚实的人力储备。不仅如此，志愿服务也成为英国诸多退休人士打发闲暇时光、再次为社会发展助力的方式，尤其是一些专业性要求比较高的志愿服务领域。

3. 从组织层面探索服务国家社会发展大局

同其他国家的志愿服务一样，早期英国志愿服务同样主要借助慈善组织为穷人和病人提供帮助。之后，志愿服务成为解决城市化进程的发展下出现的青年问题的方式。两次世界大战的爆发，也催生不少的战时志愿组织和团体，这些志愿者在协助英国最终取得战争胜利作出了不小贡献。福利制度下的英国志愿服务有了更为广泛的活动范围，他们不再拘泥于某些群体，活动范围同样不再拘泥于政府认定的正式志愿服务组织、团体或俱乐部。现在英国的志愿服务开始着眼于国家和社会的发展大局，志愿服务在教育与研究、文化与娱乐、社会关怀等领域所占的比重越来越大，不仅如此，英国国际化的志愿服务战略也在如火如荼地开展。

2020年全球暴发新冠疫情，社区志愿服务，民间志愿组织团体以及线上咨询志愿服务涌现在抗击疫情的前线，符合公众志愿服务多样化的需求，在自觉组织以及自觉服务下，整个社区以及社会井然有序。新冠病毒传染病大流行在全世界引起了志愿服务和社区支持的显著激增。这种社区精神在英国的突出表现包括所谓互助团体的兴起，这是一种由志愿者主导的倡议，来自特定地区的个人聚在一起满足社区需求。在大流行过程中，形成了4000多个地方团体，参与者多达300万人。在国家层面上，国家卫生服务（NHS）志愿响应者计划能够在4天内招募超过75万人，是最初目标的三倍。[①] 此外，一些地方当局在大流行期间进一步推动了社区冠军计划。就社区和志愿组织而言，95%的理事会领导人和首席执行官认为社区团体在应对新冠病毒传染病疫情方面意义重大或非常重大。

（三）英国志愿服务文化建设现代启示

相较于英国，我国的志愿服务虽然起步较晚，但仍有巨大的发展潜力和提升空间。结合英国志愿服务的发展经验，我国可以吸取其有益经验，

[①] Mao, Guanlan, et al., "What have we learned about COVID-19 volunteering in the UK? A rapid review of the literature", *BMC Public Health*, Vol. 21, No. 1, 2021, pp. 1–15.

从以下几个方面进行借鉴，进而更好地发展志愿服务活动。

1. 扩大参与主体，提升志愿者对志愿服务文化的内在认同

就英国等老牌资本主义国家的志愿服务而言，即使是政府出资的志愿服务项目，也大多依托慈善机构，具有较强的自主性和民办性质。英国政府认识到信任在促进捐赠方面发挥的关键作用，并对这一主题越来越感兴趣，布莱尔首相表示，"保持公众对慈善和非营利部门的信任和信心至关重要，如果可能的话，还应提高这种信任和信心"[1]。政府越信任，就越愿意给予志愿部门更多的帮助。这种信任的存在对支持捐赠和维持志愿活动所必需的公众善意直接相关，信任是支撑整个行业持久和发展的核心关键点。[2] 所以，建立健全志愿服务的信任体系建设，扩大志愿服务参与主体，加强志愿服务主体幸福体验的激励保障，提升志愿服务文化内涵的价值认同对我国开展志愿服务文化建设具有重要启示。

2. 丰富志愿活动内容，打造志愿服务文化建设的实践平台

如何维持和激发志愿者投身志愿服务的参与热情一直是志愿服务事业发展需要关注的一个重要命题，一个重要的原则就是充分考虑志愿者自身的主客观因素。在英国，如志愿者听取 NHS 志愿者响应计划反馈所花的时间过长，导致最初的热情消散。后来的数据显示，在该计划的第一周，75 万名志愿者被分配的任务不到 2 万项。[3] 相比之下，那些试图将其业务扩展到街道以外的小型互助团体往往发现，他们缺乏组织、协调、当地关系和信任。在维持志愿服务方面，各团体认为对成功留住志愿者至关重要的因素包括：不要求志愿者参与他们不喜欢的活动。我国志愿服务文化建设需要在志愿服务项目设计的创新实施、志愿服务大数据对接平台的精准运行、志愿服务需求与志愿者供给的高效匹配等方面着实优化。

3. 完善志愿服务政策法规，规范志愿文化建设制度保障

志愿文化的制度体系，就是在志愿精神文化的理念下建树起来的规范

---

[1] Jennifer Miller, "Private Action, Public Benefit-A Review of Charities and the Wider Not-For-Profit Sector", *Business Law Review*, Issue 8, 24, 2003, pp. 201 – 203.

[2] Sargeant, Adrian, and S. Lee, "Donor Trust and Relationship Commitment in the U. K. Charity Sector: The Impact on Behavior", *Nonprofit & Voluntary Sector Quarterly* 33. 2, 2004, pp. 185 – 202.

[3] Mao, Guanlan, et al., "What have we learned about COVID – 19 volunteering in the UK? A rapid review of the literature", *BMC Public Health*, Vol. 21, No. 1, 2021, pp. 1 – 15.

和准则,是需要志愿者从自在到自为共同遵循的。英国政府设置长远的志愿服务规划并制定相关政策,来引导大众参与志愿服务,如英国"千年志愿服务计划",包含着志愿服务的质量标准、监督机制、协调机制等。英国于1601年制定了针对失去家庭的儿童,老、病、残人士提供救济服务的世界上第一部慈善法《济贫法》并沿用至今,2006年进行了一次修订,它所体现的进步就在于"政府以积极作为的方式介入福利领域,干预贫困问题从而部分地承担了相应的社会责任"[1]。目前我国已颁布实施《慈善法》(2016)《志愿服务条例》(2017),但在志愿服务事业发展的法律保障体系建设方面仍需学习国外先进经验,进一步完善志愿服务促进和发展的法律建设。

4. 健全激励机制,深耕志愿服务文化的培育土壤

志愿服务激励机制的制定有助于促进志愿组织的资源整合、志愿精神的彰显和志愿服务事业的长久发展。在英国,志愿服务组织成为政府落实社会福利政策,提高政府在社会公共领域工作效率的主要协助伙伴。英国政府部门意识到实施激励机制的重要性,特意设置为志愿者颁奖、特殊参观权利、外出交流、积分换礼物等多样化的激励措施。英国的"志愿者周"(Volunteer Week)以及10月25日英国一年一度"志愿日"意在提醒人们,要对数百万无私奉献的志愿者们表示感谢,基于"志愿周"的设置还能改善朋友邻居的生活。我们可以借鉴国外对志愿服务参与者的激励措施与制度,在对志愿者个人和组织的政治待遇、荣誉设置、礼遇保障等方面持续创新举措,形成全民志愿服务的浓厚文化氛围。

三 新加坡志愿服务文化建设及经验启示

新加坡是东南亚最富有的发达国家,是一个华人众多、多元文化融合互动的国家。东南亚国家现代意义上的志愿服务事业发展相对西方发达国家而言相对缓慢,但在新加坡,国家领导人高度重视志愿服务事业发展,志愿服务逐渐成为公民的普遍意识和自觉行动,经过努力,新加坡已经拥有了较为

---

[1] 北京志愿服务发展研究会:《中国志愿服务大辞典》,中国大百科全书出版社2014年版,第187页。

成熟的志愿服务组织体系和工作机制。因此，研究新加坡志愿服务文化建设历程和主要经验，对推进我国志愿服务文化建设有着重要的参考价值。

（一）新加坡志愿服务文化发展历程

1965年8月9日新加坡共和国成立。经过50多年的发展，新加坡建立并不断完善志愿服务制度，使其在社会保障体系中的地位逐步凸显。

1. 新加坡志愿服务文化的萌芽阶段

近代时期，新加坡被英国所占据，后于1824年和1945年先后成为英国殖民地。在殖民统治和加入英联邦期间，新加坡的社会治理模式深受英国的影响，尤其"二战"结束后，新加坡人民要求在政府中有更大的发言权，这在一定程度上为新加坡志愿服务的产生奠定基础。英国有着悠久的慈善和志愿服务传统，这一传统深深影响着新加坡的志愿服务和社区治理。此外，作为一个移民国家，新加坡民族众多、文化价值观多元，互助利他群众基础好。"20世纪50年代，新加坡建国之初的志愿服务主要是修桥补路，支持国家建设，以付出时间和体能为主。"[①] 1953年，新加坡修改宪法，公民享有较大的自治权，这为新加坡志愿服务的产生发展奠定一定的政治基础。

2. 新加坡志愿服务文化的发展阶段

自1965年脱离马来西亚后，新加坡经济结构发生较大变化，公民在国家社会治理中的权力要求更高，对社区治理和社会发展的范式有了明确目标。20世纪60年代，新加坡志愿服务"以提高公民素质、帮助就业为主"，70年代以"开展娱乐活动，倡导健康文明的生活方式为主"[②]。面对以往的棚户生活，新加坡提出"社区"概念，以先进的社区管理模式让新加坡公民实现基层民主政治的自由，由此社区志愿服务也开始发展起来。此时，新加坡引进西方社会福利政策并出台系列社会福利方案，这既需要大批具有职业献身精神的社会工作者去实施，还需要动员大量志愿者

---

① 郑德涛、欧真志：《社会管理创新与公共服务优化》，中山大学出版社2012年版，第130页。

② 郑德涛、欧真志：《社会管理创新与公共服务优化》，中山大学出版社2012年版，第130页。

投身于社会或社区各项服务中,这在一定程度上促进新加坡志愿服务事业的发展。

3. 新加坡志愿服务文化的扩展阶段

新加坡于 1985 年颁布《慈善法》,该法将志愿服务纳入新加坡社会公益服务体系之中,对公益慈善目的、登记注册、权利义务、监督机制及法律责任等方面都作了详细的制度阐释。这不仅表明新加坡志愿服务工作和相关制度进一步规范化,而且扩大成为一种由新加坡政府主导、民间社团或协会所组织的具有广泛性的社会服务工作,更在法律意义上确立了志愿服务法律地位,志愿服务规范性特征更加明显。自《慈善法》颁布后,志愿服务团体依法注册,志愿服务团体与基金会等公益慈善组织联系越发紧密。2004 年新加坡全国肾脏基金会被媒体揭露丑闻。2007 年新加坡修订了《慈善法》,成立新加坡慈善理事会。之后,新加坡陆续颁布《慈善组织监管守则》等一系列规章制度,出台志愿服务和慈善团体评估框架规则,20 世纪 90 年代志愿服务涉及的领域有"传播技术、提高素质、帮助入学就业、解决大龄人口婚姻问题、开展社区服务、照顾老人和残疾人等"[①]。

4. 新加坡志愿服务文化的规范阶段

经过几十年的发展,新加坡已形成了一套相对成熟的志愿服务制度体系,引导着新加坡志愿服务走向组织化、规范化、常态化,也使志愿服务成为新加坡普遍的社会共识,正是在这种制度下,新加坡在社会治理中形成了独特的社区文化,实现了从制度到文化的转变,通过志愿服务文化,提升了新加坡国家影响力和文明程度。新加坡的志愿服务工作已经不仅仅局限于调整被救助者的关系,改善被救助者的生活,还注重调整社会结构和社会关系。新加坡志愿服务对象已经普及到救助对象以外的人群,慈善机构数量超过 2000 个,救助或服务范围涉及独居老人、患疾儿童、客工以及流浪小动物。此外,"新加坡将每年 1 月份的第一个星期定为'乐捐周',将 4 月定为'关怀与分享月',将 7 月定为'志愿服务月'"[②]。在政府倡导

[①] 郑德涛、欧真志:《社会管理创新与公共服务优化》,中山大学出版社 2012 年版,第 130 页。

[②] 郑德涛、欧真志:《社会管理创新与公共服务优化》,中山大学出版社 2012 年版,第 131 页。

和众多志愿者努力下,志愿服务已成为新加坡社会风尚和新加坡广大居民的自觉行为,这表明新加坡志愿服务已经进入全面发展繁荣阶段。

综合分析新加坡志愿服务文化建设的历程,可以发现具有如下特点:

(1) 由"主导型"转变为"推动型"

在2010年以前,新加坡政府在志愿服务中居主导地位,"新加坡各级政府专门成立志愿服务工作机构,直接出面组织志愿服务活动以及对志愿者进行培训、指导、调节和监督。政府为志愿服务提供资金支持,其固定投入占全国志愿服务投入所需经费的40%以上"[1]。2010年以后,面对人口老龄化问题等新挑战,近年来新加坡政府对如何推进公益慈善事业进行了战略性调整,对志愿服务团体的支持模式由主导型转变为推动型。首先,新加坡政府转变其在志愿服务领域中的角色。新加坡政府施政更加注重民生,将重大赛事或会议交由新加坡全国志愿服务和慈善中心担当,如2011年第21届世界志愿者协会大会的筹备组织工作就由新加坡全国志愿服务和慈善中心负责,新加坡政府主要起到支持引导作用,如"新加坡前总理李光耀一直亲自担任人民协会主席,其他政府部门官员也在志愿服务组织中担任董事,对志愿服务工作进行直接指导。"[2] "新加坡卸任总统以民间人士身份作为主宾出席此次大会开幕式,这标志着志愿服务已经完成由政府主导型到推动型的转变。"[3] 其次,新加坡政府完成角色转变后,更加积极在制度建设方面引领新加坡志愿服务事业发展。新加坡政府制定的系列制度,强调志愿服务的自发性,而不是强制性,即便是号召国家公职人员做志愿服务,也不作硬性规定,而是采用引导激励等方式方法,努力营造良好的志愿服务环境,改善行善风气上下苦功夫。

(2) 具有制度性和系统性特征

新加坡许多从事志愿服务的机构均为法定机构,经过几十年的发展,在1985年颁布的《慈善法》中将志愿服务纳入新加坡社会公益服务体系之中,对公益慈善目的、登记注册、权利义务、监督机制及法律责任等方

---

[1] 郑德涛、欧真志:《社会管理创新与公共服务优化》,中山大学出版社2012年版,第131页。
[2] 曹卫洲:《国外青年志愿服务概况》,中国青年出版社1981版,第102页。
[3] 李义勤:《新加坡的志愿服务制度》,《中国社会组织》2017年第8期。

面都作了详细的制度规定。不仅如此，新加坡还实行强制性社会组织登记制度，这为进一步规范志愿服务提高了法律保障作用，还在一定程度上取缔了没有依法注册的社会组织。进入21世纪，新加坡颁布《慈善组织监管守则》等系列规章制度，陆续出台志愿服务组织评估框架规则等制度体系。从国家立法层面上看，新加坡形成了法律上的"顶层设计"，保障新加坡志愿服务朝着正确方向发展；从社会管理层面，对于政府和社会团体之间的协调情况形成了一套成熟体系；从居民社区层面，形成了从学校、医院以及居委会等机构的志愿服务运行体制机制；从社会组织层面看，从制度上规定华人社会组织和宗教在社区治理中的角色。概言之，"这些根据社会不同需求而设置的机构，构成了社会化的志愿服务组织体系和制度体系"，① 也在一定程度上表明新加坡志愿服务制度的构建相对完善成熟。

（3）具有社会化和常态化特征

在新加坡，志愿服务或义工工作不仅已经成为新加坡公民的个人自觉行动，还是新加坡公民普遍认同的社会意识。在新加坡政府的大力倡导支持下，在社会中形成了以社区为载体，适合不同群体、不同阶层、不同年龄共同参与的志愿服务队伍或义工队伍。从数量上看，新加坡"从事志愿社区服务和社会福利工作的机构50多家，其中既有社会服务的管理部门如教育部课外活动中心，也有非营利性的私人公司如华社自助理事会等"②，"截至2012年3月，新加坡全国各类基层社会组织就高达3千多个，'基层领袖'人数超过3万人。"③ 这些数据表明新加坡志愿服务具有很强的社会化特征。从管理机构成员上看，新加坡社区最高管理机构成员均是义工或志愿者，即新加坡公共咨询委员会的全部成员都是义工或志愿者。在新加坡的各个选区中，义工或志愿者都是俱乐部理事会的成员。义工或志愿者的人员构成中，包括普通居民、商人、政府官员，他们都活跃在人民协会、公共咨询委员会、调解中心等义工组织或志愿服务组织中坚

---

① 曹卫洲：《国外青年志愿服务概况》，中国青年出版社1981版，第103页。
② 曹卫洲：《国外青年志愿服务概况》，中国青年出版社1981版，第102—103页。
③ 岳金柱、宋珊、何桦：《新加坡志愿服务主要经验做法及其启示》，《社团管理研究》2012年第12期。

持为人民服务。由此可见，一方面，义工组织等组织或协会满足了社会稳定、种族和谐的需要；另一方面，也表明新加坡公民参与志愿服务的个人意识较高，志愿精神已经成为社会的普遍意识，已经朝着常态化发展。

（二）新加坡志愿服务文化建设主要成效

1. 志愿精神深入人心

新加坡作为一个移民国家，需要形成新加坡人民共同的民族意识，并以之为价值导向。在打造新加坡精神实践中，新加坡人形成了共同的价值观，即"国家至上、社会为先，家庭为根、社会为本，社会关怀、尊重个人，协商共识、避免冲突，种族宽容，宗教和谐"[①]。新加坡政府和人民也将这种价值观融入社会发展和社区建设中，如社区管理服务过程的"人本化"，多民族和多元文化融合时的"人性化"，都是新加坡精神的具体实践。

新加坡政府极其重视志愿精神的培育。新加坡制定实施"浸儒计划"，主要目的是培养学生的志愿服务意识，通过以每年选送20%的中学生到国外参加志愿服务两到三周的培训，让这些学生在参与志愿服务中进一步形成志愿意识或志愿精神。新加坡"国父"李宗耀强调"打造新加坡精神，勇敢并具有同情心，自信不自满，这股精神把我们联系在一起，成为团结一致的人民，各自竭尽全力做贡献"[②]。新加坡政府大力支持、营造浓厚的社会志愿服务氛围，新加坡人民已然将参与志愿服务作为公民行为方式，形成"我为人人，人人为我"的价值共识，政府和群众双向协同的力量更进一步促进新加坡志愿服务事业的发展。

2. 志愿队伍稳定，补充了政府对社区的管理

新加坡坚持以政府为主导，依靠民间力量进一步推动志愿服务事业的发展。国家总理担任人民协会主席，政府官员在民间志愿服务组织担任一定的职务，带头为社区事业服务。"新加坡没有统一招募志愿者的机构，

---

① 岳金柱、宋珊、何桦：《新加坡志愿服务主要经验做法及其启示》，《社团管理研究》2012年第12期。

② 郑德涛、欧真志：《社会管理创新与公共服务优化》，中山大学出版社2012年版，第133页。

因而无法统计志愿者的确切人数,但从各机构介绍的情况来看,约占总人口数的5%—10%。"① "目前,新加坡志愿服务组织的专职人员与志愿者比例为1∶20到1∶40,如人民协会专职雇员1500人,志愿者只有3万多人。"②,此外,"新加坡政府实施了全国老年志愿服务运动,目标是再招募5万名老年志愿者"③。新加坡民间志愿服务组织是社会治理、服务社会的重要力量,这些志愿者(义工)主要来源于民间,而且志愿队伍人数基本稳定,表明志愿者(义工)把参与志愿服务作为实现自我、成为合格公民的主要途径。

此外,新加坡重视民间志愿组织还体现在社区建设模式。新加坡土地面积约716.1平方公里,并没有设立省市,而是将国家划分为五个社区,并设立相应的社区发展理事会,并且每个社区都有人民行动党支部、市政理事会、基层组织、慈善团体四大组织,四大组织下面再有公民咨询委员会、民众联络所、居民委员会、邻里委员会、民众俱乐部管理委员会等组织。因而,可以看出新加坡社区治理是以政府指导与社区自治为原则,继而形成"政府主导—大众参与"的社区建设治理模式。而且越来越多的民间志组织或非营利组织参与到社区治理中,这在政府对社区管理中发挥了重要的补充作用。

3. 群众积极参与志愿服务

义工服务、志愿服务已成为新加坡普遍的社会共识和公民自觉行为。根据新加坡志愿服务与慈善中心(NVPC)调查显示,"新加坡人志愿服务参与率从两年前的16.9%提高到23%,参与时间几乎翻一倍,达8900万小时"④。据新加坡华社自助理事会报道,"自2004年起举办的'准备上学咯!'活动,帮助低收入家庭为新学年做好准备。2021年,共有来自8800户低收入家庭的17600名学生从中受惠,比2020年多出100户家庭

---

① 曹卫洲:《国外青年志愿服务概况》,中国青年出版社1981年版,第103页。
② 岳金柱、宋珊、何桦:《新加坡志愿服务主要经验做法及其启示》,《社团管理研究》2012年第12期。
③ Cheng, G., and A. Chan. *Volunteering Among Older Middle-Aged Singaporeans: A Latent Class Analysis*, 2018, p. 565.
④ 郑德涛、欧真志:《社会管理创新与公共服务优化》,中山大学出版社2012年版,第133页。

和 200 名学生"①。新加坡志愿服务已然成为新加坡的普遍意识，也成为新加坡公民的自觉行动。

"新加坡政府在实施管理的过程中，采取多种形式，设置多种渠道使民众之间加强联络沟通，实现政府与民众的交流互动，使政府制定的规划目标与民众的需要愿望达到了最大程度地统一。"② 比如，新加坡公民都广泛参与到社区治理中，并组建有不同的基层服务组织。这些组织的数量在全国有超过 3000 个，一定程度上，表明了新加坡开创政府与公民的交流新形式和新渠道，进一步调动了公民参与到社会治理的积极性和主动性。并且，通过这些基础服务组织，公民能够在有序规范的组织中开展社会服务，并提出意见和建议，不仅满足了自己的生活需要，更增强对新加坡现实政治参与的满足感。

面对不同人群、社会资源、社会力量，新加坡政府以"政府—公民—私人企业"的原则在社区内建立了多种伙伴关系，如公民伙伴、企业伙伴、社区伙伴等，目的是通过建立多种社会的伙伴关系，更能发挥好民众、企业、政府等各方面的优势作用，一方面，能让社区的居民、企业与社区的联系更加紧密，在互利共赢的伙伴关系中，能更加有效地增强居民与企业的凝聚力；另一方面，通过建立伙伴关系，能通过社会捐赠等方式，筹集到更多的社会资源，如开展活动需要的资金，继而能增加社会建设的资金投入，能够进一步完善社区的公共服务社区，进一步丰富社区服务的内容和形式，最后更能提高居民参与志愿服务的积极性和主动性。

4. 志愿服务制度体系完善

制度是活动得以顺利开展的重要保障，只有在制度的规范和支持下，志愿服务行动才能够朝着正确方向发展，才能确保组织的纪律性，在社会治理和社会建设中产生积极有效的文化影响力，而这种志愿服务文化的影响力，又能进一步提升社会文明程度，使国家的形象以及影响力又跃升到

---

① 《新加坡华社自助理事会将动用储备金帮助低收入家庭》，中国新闻网 2021 年 12 月 6 日，http：//www.chinanews.com.cn/hr/2021/12 – 06/9623136.shtml。
② 王克修、王露曼：《新加坡社区文化建设的经验和启示》，《思想政治工作研究》2013 年第 4 期。

新层次。"新加坡的义工身影遍布于社会的各个领域,并被视为公民参与社区服务与公共服务的一种形态,不仅组织化、常态化、规范化,而且基本形成了一个近乎全民参与的体系。"① 在新加坡政府大力支持和青年的积极参与下,新加坡的志愿服务已经形成了较为完善的制度体系,在整个新加坡,形成其国内最大的青年组织——人民协会青年运动,通过人民协会青年运动,新加坡解决了民族问题、增强了社会凝聚力。新加坡政府对志愿服务进行直接指导,经过几十年的发展,新加坡志愿服务制度体系在各方面均较为成熟。如在招募、策划活动、组织活动等具体的工作都要一套完整的制度体系。新加坡青年理事会有一套完整的管理体系,如在基金制度体系方面,"新加坡青年理事会综合协调部下设青年服务基金,专门支持国内青年志愿者开展志愿者活动"②。此外,还将志愿服务纳入法律体系,如 1985 年颁布的《慈善法》,该法是新加坡公益慈善的基本法,其中包括志愿服务团体或组织在内的公益慈善行为制度规定,如社会团体一经注册成为法律实体,便可依据《慈善法》申请注册慈善组织,升级为公益机构继而获享税收优惠等更多权益。

(三) 新加坡志愿服务文化建设经验借鉴

社区志愿服务在新加坡的社会治理中的地位极其重要,是社会管理中最基础的单元,同时发挥着相对完整的社会服务功能作用。新加坡的社区孕育了其社区文化,其文化又反哺社区管理与服务。分析总结新加坡的志愿服务文化,特别是社区文化,对于健全我国志愿服务文化建设有着重要借鉴意义。

1. 要厚植志愿服务文化

新加坡极其重视培育志愿服务理念。新加坡专业教育培训中心会在中三学生中组织"小小企业家、爱心送万家"活动,在中四学生中组织"伸出手、服务长者"的活动,以培养学生的奉献意识。③ 新加坡从基础教育阶段开始培育学生的义工服务意识,这有利于增强新加坡青少年志愿

---

① 张春龙:《新加坡"义工"体系的制度支撑》,《群众》2020 年第 6 期。
② 曹卫洲:《国外青年志愿服务概况》,中国青年出版社 1981 年版,第 107 页。
③ 张春龙:《新加坡"义工"体系的制度支撑》,《群众》2020 年第 6 期。

精神。新加坡志愿服务组织或民众俱乐部中多数义工或志愿者，利用业余时间来服务社会、服务社区，在他们心中已经形成了自愿为社会贡献的志愿精神。在我国，要通过各种途径，让志愿理念融到我们生活的各个地方，继而在整个社会营造出"我为人人，人人为我"的志愿环境，最终孕育出具有中国特色的志愿服务文化。

2. 要大力重视培育民间志愿服务组织

志愿服务组织是最活跃的社会力量，要大力培育民间志愿组织，为政府分忧，为人民解难。在新加坡常住居民有380多万人，"从事志愿服务的人员超百万之众，占总人口的25%"①。此外，"新加坡专门成立志愿工作中心，对志愿者工作进行规范化指导及培训，政府官员几乎都在民间组织中任职，带头参与社区活动"②。在我国要形成具有中国特色的志愿服务，就要在党的全面引领下，大力培育和支持志愿服务组织，让民间志愿服务组织深入人民群众当中，让这些社会组织活跃在基层各个领域，让这些组织发挥"枢纽"功能、桥梁作用，更好地服务百姓需求。

3. 要注重优化志愿服务平台建设

面对新加坡不同选区、不同社会资源和社会力量，新加坡在政府的主导下，建立公民伙伴、企业伙伴等伙伴关系，这些平台的建立，不仅能够增强企业和居民之间的凝聚力，还能让更多的人通过这些伙伴关系更加快捷方便地解决社区或选区的实际问题。如新加坡推出"新加坡关怀计划"，即借助互联网平台，为志愿者提供即时工作机会信息，再如"新加坡星和公司推出企业志愿者计划，每年花费80万新元（相当于400万元人民币），让员工以实际行动支持公益活动"③。我国更应注重志愿服务对接平台建设，整合国家、社会、个人等多部门或民间志愿服务组织力量，以群众需要为中心，做好志愿服务项目，推动形成我国特色鲜明、贴近人民的志愿服务品牌。

---

① 岳金柱、宋珊、何桦：《新加坡志愿服务主要经验做法及其启示》，《社团管理研究》2012年第12期。

② 桂敏、白新睿：《新加坡社区教育公共服务体系助推社区融合的实践探析》，《中国成人教育》2018年第12期。

③ 郑德涛、欧真志：《社会管理创新与公共服务优化》，中山大学出版社2012年版，第132页。

4. 要加强完善志愿服务制度体系

一方面，要进一步健全志愿服务激励机制。新加坡的社区义工服务具备相对成熟的激励制度，并且新加坡已经营造出社会各界人士参与社区义工或志愿服务的社会环境。为此，我国需要建立以精神鼓励为主、物质奖励为辅的激励制度，定期评选优秀志愿者个人、组织或项目等。在我国的就业政策制定和实施中，鼓励将志愿服务参与情况做应聘招录的一项重要参考条件。另一方面，要进一步健全落实志愿服务保障制度。"政府鼓励民众积极投身社会服务，重视将志愿服务纳入法律体系中。"① 通过"分享计划"筹集资金，新加坡保障志愿服务资金充足。我国需要进一步做好志愿服务专项资金保障，通过政府支持和社会资助等方式，筹建各级志愿服务基金会，并将筹集的资金用于志愿服务文化建设、志愿者权益保障等方面，激励社会全员参与志愿服务。

---

① 桂敏、白新睿：《新加坡社区教育公共服务体系助推社区融合的实践探析》，《中国成人教育》2018 年第 12 期。

第 十 章

当代中国特色志愿服务文化建设对策研究

志愿服务事业发展是我国群众性精神文明建设的重要组成部分，是推进国家治理体系和治理能力现代化的重要途径。新时代坚定中国特色志愿服务文化自觉，推进中国特色志愿服务事业发展，需要我们进一步立足中国实际，明确发展方向，探索志愿服务文化运行与发展的基本规律，创新性回答好中国特色志愿服务文化建设的指导思想、目标取向、基本原则和践行路径等时代命题。

一 中国志愿服务文化建设的指导思想

中国特色志愿服务文化建设，首先需要把握和遵循的是与我国文化传统价值观相契合、与社会主义的政治意识形态相一致、与我国基本国情相适应的指导思想的价值引领。换言之，中国志愿服务文化建设的着力展开应首先明确这一体系构建的指导思想，即国家依据什么样的价值主旨回应社会期待，社会依据怎样的主流思想进行行为引领，公民又以何种价值或信仰对志愿服务负有权利、义务或责任。这些都是建构志愿服务文化体系的核心论题，它们构成了中国特色社会主义主题之下的基本维度。有鉴于此，构建中国特色志愿服务文化体系首先要有明确的指导思想。

（一）坚持以马克思主义为志愿服务文化建设根本指导思想

党的十九届六中全会通过的《中共中央关于党的百年奋斗重大成就

和历史经验的决议》中指出,"马克思主义是我们立党立国、兴党强国的根本指导思想"①。只有在马克思主义思想范畴内论证和阐释国家、社会与公民的历史责任与价值关系,透过志愿服务文化体系的建设理解国家、社会与公民的本质内涵,才能把握构建中国志愿服务文化体系的基本框架与价值引领。

第一,以马克思主义为旗帜,坚定志愿服务文化建设的前进方向。马克思主义指导思想是我国各项事业的灵魂。历史证明,只有马克思主义指导下的社会主义发展道路才能带领中国人民走向繁荣和富强。作为不断发展的、系统的理论体系,马克思主义在各个历史时期都给予了中国人民坚定前行的信心和勇气,也为志愿服务文化建设确定了基本框架和价值追寻。无论是仁爱的传统朴素慈善思想,还是近代志愿服务话语体系的展开,都充分囊括在马克思主义的思想体系中。

第二,遵循文化发展规律,定位志愿服务文化建设的政治归属。历史证明,西方价值观既不符合我国的现实,也不服于我国的民族文化土壤。围绕社会主义建设的理论与实际需要,恪守马克思主义的指导思想,才能防止全盘西化的文化倾向,维护社会主义文化的主体地位,才能在根本上构建区别于任何其他社会形态的具有中国特色的志愿服务文化体系,坚持走中国特色志愿服务事业发展道路。

从实践意义看,志愿服务文化的培育与践行是推动马克思主义大众化的现实体现。顾名思义,马克思主义大众化,就是通过质朴简洁的语言把马克思主义的深邃理论讲清楚,把生涩的理论以喜闻乐见的方式走进人民大众的生活,使马克思主义的科学真谛得到普遍认同与践行。因而,构建中国特色志愿服务文化体系也必须以唯物主义的方法论为指导,遵循马克思主义的辩证的、普遍联系的观点。唯有如此,才能把抽象的马克思主义的理论逻辑转变为易于理解的生活逻辑,才能为志愿服务文化的培育和践行奠定广泛的群众认同基础。

第三,永续文化动力源泉,推进志愿服务文化建设的价值认同。马克思主义科学澄明了国家、社会与公民之间的本质内涵及其关系,在构建中

---

① 《中共中央关于党的百年奋斗重大成就和历史经验的决议》,人民出版社2021年版,第66页。

国志愿服务文化体系的理论与实践中也可以更好地解读与体悟马克思主义的科学内涵。中国志愿服务文化建设是一个动态发展的过程，尤其在党的十八大之后，文化建设的主题进入了一个新的阶段，习近平总书记关于志愿服务文化建设提出了一系列新的论断和表述，唯有从马克思主义的思想高度出发予以解读和阐释，方可把握其对构建中国志愿服务文化体系的根本指导意义。

（二）坚持以党的领导统揽志愿服务文化建设之全过程

"中国特色社会主义最本质的特征是中国共产党领导，中国特色社会主义制度的最大优势是中国共产党领导，党是最高政治领导力量。"[①] 坚持党的领导是我们大踏步开创中国式现代化道路的实践结论，坚持党的领导也是我们书写人类文明新形态的理论真知。志愿服务文化建设是一项系统性工程，坚持党的领导也必然在全方位、各环节中引领我国志愿服务事业取得辉煌成就，赋能新时代志愿服务文化建设全过程。

第一，以党的领导，擘画志愿服务文化建设之战略顶层设计。党在执政过程中，运用中国特色社会主义的发展方略、法律制度和道德规范，推行执政思想、纲领路线、方针政策等内容，决定了中国特色志愿服务文化建设具有强大的凝聚和导向功能。这些依据呈现在党的执政理念、执政使命、执政方略及其价值表达中，体现为对志愿服务文化建设主旨的立体化、多维度、综合性的战略引领。可以说，党的领导是中国志愿服务事业的最大优势和最大特色。党的领导以全面性、系统性和整体性的逻辑思维布局志愿服务的中国化战略，谋划志愿服务文化发展的新时代方案，统揽志愿服务文化建设之全过程，以此发挥党的领导在新时代志愿服务文化建设与发展中的统领性作用。

第二，以党的领导，引领志愿服务文化建设之国家治理取向。中国共产党致力于将志愿服务文化建设纳入党的治国理政的战略布局中。2019年党的十九届四中全会审议通过了《中共中央关于坚持和完善中国特色社会主义制度 推进国家治理体系和治理能力现代化若干重大问题的决

[①] 中共中央党史和文献研究院：《十九大以来重要文献选编（上）》，中央文献出版社2019年版，第537—538页。

定》，明确提出"大力弘扬奉献、友爱、互助、进步的志愿精神"[①]，加强以慈善捐赠和志愿服务为主要形式开展分配活动，强调发挥第三次分配作用，并将"不断健全志愿服务体系"列为国家治理体系和治理能力现代化的有机组成部分，这意味着党中央将志愿服务事业上升到了国家战略层面的最高定位。

2019年习近平总书记考察天津市朝阳里社区点赞志愿者，并指出"志愿者事业要同'两个一百年'奋斗目标、同建设社会主义现代化国家同行"[②]。志愿服务要体现"两个同行"，这为新时代的志愿服务事业明确了使命和任务，为推进志愿服务文化在新时代文明实践中的繁荣提供了基本遵循，为志愿服务文化建设提出了更为高远的发展目标。在这一过程中，中国共产党肩负着引领志愿服务文化建设与现代化强国历史进程方向同一、格局一体的神圣使命，也肩负着致力志愿服务文化建设与两个一百年奋斗目标命运与共、步调一致的历史重任，必将凸显志愿服务在国家治理新格局中的重要价值。

第三，以党的领导，凝聚志愿服务文化建设之道德向上力量。从体系构建的主体来说，公民个体、社会组织和政党都是构建中国特色志愿服务文化体系的参与者。党在志愿服务文化体系的构建中，为全社会道德建设提供了基本的价值引领和进取机制。在这一过程中，人民群众的志愿服务文化精神品质得到提升，不断期待的其他公共服务需求的满足也需要通过多重渠道与机制反馈到党和国家的战略方针中，党也进而明确了自己的文化建设责任与担当，坚定党在志愿服务文化建设中的核心领导地位，进而提升党的思想引领能力和执政能力。

（三）坚持以人民为中心坚定志愿服务文化建设之价值立场

人民立场是中国共产党的根本政治立场，坚持以人民为中心是中国共产党领导我国志愿服务文化建设坚定不移的根本立场。

[①] 《〈中共中央关于坚持和完善中国特色社会主义制度、推进国家治理体系和治理能力现代化若干重大问题的决定〉辅导读本》，人民出版社2019年版，第286页。

[②] 张晓红、苏超莉：《志愿兴城——北京市大兴区"志愿之城"建设研究》，人民出版社2019年版，第206页。

第一,坚持志愿服务文化建设的"人民主体地位"。马克思恩格斯运用科学的理论和方法,立足于人民主体地位和人民性的内在要求,揭示了人类社会发展规律,提出了关于人的自由全面发展学说,为指引人民探求自由解放之路,为建立一个没有剥削、没有压迫、人人自由平等的理想社会指明了前进的方向。志愿服务文化建设属于精神文明建设范畴,党必然肩负着加强精神文明建设的责任,并在建设中需要人民的支持,需要与群众密切联系,倾听人民的心愿,接受人民的监督。毛泽东指出,"人民,只有人民,才是创造世界历史的动力"[①]。可以说,志愿服务文化建设是为了人民、依靠人民。因而,以人民的利益为立足点和出发点,凸显人民主体地位,在志愿服务文化建设中充分彰显具体的、历史的人民性理论与实践品格。

第二,坚持志愿服务文化建设"为人民服务"的根本宗旨。"全心全意为人民服务"是中国共产党的根本宗旨,这不仅是中国共产党区别于其他政党的重要标志,也是中国共产党的最高价值取向。为人民服务实际上也是中国志愿服务文化的内涵彰显。在中国共产党创立之初,无数先驱先烈救亡图存,本身就是革命的志愿者,以至党在革命、建设与改革实践中,领导中国人民从站起来、富起来到强起来的奋斗历程,无不是革命的志愿者奋斗与奉献的光辉历程。在此过程中,志愿服务实践始终与党的领导、人民的事业密不可分,并以此积极回应人民对美好生活的向往。在人类追求文明进步的现代社会,在中国共产党把人民对美好生活的向往作为奋斗目标的新时代,"为人民服务"与志愿服务的精神价值和道德追求一脉相承,也必然赋予志愿服务文化建设更加深层次的时代内涵。

综上所述,在志愿服务文化建设中,从体现中国共产党"人民"属性的理论品格,到彰显"人民主体地位"的基本遵循,再到实现"全心全意为人民服务"执政宗旨的价值诉求,其贯穿和表达了中国共产党始终秉持"以人民为中心"执政理念的价值阐发。"以人民为中心"体现了中国共产党的执政党本色和奋斗党形象,无不映照了"自愿、无偿、服务、奉献"的天然特质,与志愿服务文化建设的主题无不构成内容上的义理相通,精神上的一脉相承,以及价值上的内在契合。

---

① 《毛泽东选集》第 3 卷,人民出版社 1991 年版,第 1031 页。

（四）坚持以社会主义核心价值观发掘志愿服务文化之要义精髓

党的十九大报告指出，"社会主义核心价值观是当代中国精神的集中体现，……发挥社会主义核心价值观对国民教育、精神文明创建、精神文化产品创作生产传播的引领作用，把社会主义核心价值观融入社会发展各方面，转化为人们的情感认同和行为习惯"[①]。有鉴于此，我们将阐述和推导社会主义核心价值观作为指导志愿服务文化建设的思想遵循。

第一，在国家层面来看，"富强、民主、文明、和谐"明确了作为实现共产主义准备阶段的社会主义建设的历史使命。贫穷不是社会主义，社会主义社会财富的积累在于以尊重人、实现人的自由全面发展为先。这与资本主义压抑人性、剥削劳动的资本主义方式明显不同。马克思恩格斯把人的自由与全面发展作为人类社会发展的最终价值诉求，而寻求自由的实现路径就必然有赖于通过对人类历史规律的科学揭示，即通过无产阶级的现实的实践活动改变私有制生产关系，将人们从异化劳动中解放出来，摆脱被奴役、被剥削的命运，让人成为社会真正的主人，并在劳动中全面自由地发展自己的个性，这也是社会主义建设的根本目标。马克思科学预测了社会主义必然超越资本主义进入人类新的文明阶段，在这一新的文明体系中，人性将得到应有的尊重，人将摆脱一切奴役而获得真正的自由、发展自己的个性。在马克思看来，人的自由发展指的是个性的自由发展，这种自由建立在与他人、与社会的本质联系基础之上。由此得出，马克思关于人与社会关系的本质认识融贯在社会主义核心价值观的过程始终，这一国家层面的价值观理论基础完全符合我国志愿服务文化建设的主旨要义和价值期待。

第二，从社会层面来看，在"自由、平等、公正、法治"的价值观体系中，社会主义核心价值观昭示着对人与社会共同发展的价值期待，科学地呈现了良序社会的构建图景。社会主义核心价值观立足于历史唯物主义的立场，即将人置于社会历史之维，更加关切自由的实现方式。马克思主义的观点认为，人的本质是社会关系的总和，人的社会关系是在一定历史条件下生成的，人也必然是历史的人、具体的人。正因如此，人与社会

[①] 习近平：《习近平谈治国理政》第3卷，外文出版社2020年版，第33页。

互相依赖、促进并共同推进着社会历史的进步。社会主义核心价值观即是这一历史唯物主义社会观的生动表达，是对自由、平等等人类文明的价值追求，并赋予了新的时代内涵。

马克思关于人的自由的思想，从理性的自由意志的初始呼唤，到基于人道主义的异化劳动批判，再到基于资本批判维度上的自由思想的转折和对自由人联合体的未来价值的期盼，在对人的本质的规定与对个性自由的呼唤的张力之间，展示着马克思对自由的一种终极性的思考。① 在社会主义市场经济之中，自由是人民大众以主人翁身份参与公共生活，与其他社会成员共同合作、共担风险并共享成果的过程。这就要求维护社会成员的主体地位，通过民主参与、民主决策以充分调动人的社会建设的积极性，同时依托法治的力量为构建良好的社会秩序提供保障。社会层面的核心价值观则凸显了我国市场经济的社会主义特质，② 这一理论内容必然包含在社会主义核心价值观所倡导的基本要素之中。

第三，从公民个体看，在"爱国、诚信、敬业、友善"的价值观体系中，更多关注的是人的社会责任与交往理念。即使在今天建设社会主义现代化强国的新征程中，社会也正在经历文化多元的考验，特别是西方自由主义、个体主义等狭隘的视野严重干扰了人们的社会交往与人际关系。而社会主义现代化建设所需要的正是社会成员之间的相互尊重、相互爱护，国家与社会需要的是努力勤勉、乐于奉献、良善友爱的民族共同体、道德共同体。无疑，社会主义核心价值观崇尚的"爱国、诚信、敬业、友善"恰能为社会成员范导正确的价值观、形成健康的人格提供精神指引。

综上所述，社会主义核心价值观从三个层面反映出人的社会属性，从现实的社会历史环境出发，科学地把握了人的社会性本质。其中，既有国家层面的价值观，又有社会层面和个人层面的内容，不仅为志愿服务文化建设的运行与实践提供了清晰的价值目标，也为新时代志愿服务实践提供了确切的价值标准。

---

① 卓高生、谢建芬：《马克思人论中的自由思想探析》，《改革与战略》2018年第8期。
② 李建华等：《社会主义核心价值观构建与践行研究》，人民出版社2017年版，第217页。

二 中国志愿服务文化建设的目标取向

目标指引前行方向，目标凝聚行动力量。在中国志愿服务文化建设中，明确具体的目标指向不但可以激发全体社会成员的志愿服务自觉性和主动性，指引其在交往实践中成为志愿服务的践行者、示范者和促进者，而且能够使得志愿服务文化体系的建立达到有序和高效，促进社会的整合力与凝聚力的提升。具体而言，中国志愿服务文化建设的目标取向应当包含四个层面的内容：从个体视角来说，强调通过志愿服务的践行激活个体德性力量，不断形成志愿服务价值观的内化和德行自觉，体现以人民幸福为核心；从国家层面来讲，强调志愿服务文化在社会主义现代化强国中主流意识形态的塑造，凝聚国家现代化的磅礴力量，强化共同信仰的动力，体现以国家富强为基石；从政党建设来谈，强调志愿服务的组织化力量，凝聚党政群团的力量，筑牢共产党执政的群众基础，强化民族精神纽带，体现以民族复兴为使命；从世界维度来看，着眼于构建人类命运共同体的世界担当，推动中华文化走向世界，通过志愿服务的中国名片展示中华文化的深厚渊源，发展样态的多姿多彩，展现人类文明新形态的内涵。

（一）面向人民，凝聚新时代志愿服务德性之力

"德行"是一个具有浓厚古典渊源的伦理学概念，它通常与"好"这个概念具有紧密关联，一个具备"德行"之人就是好人。从宽泛意义来说，"德行"的界定范畴包含了个体在政治、经济、文化与社会生活中展现的优良道德表现，是一种超越"个体善"之上的"公共善"状态或倾向。人类社会的一切社会活动都要受制于道德力量的规范性约束。在人类生存的社会共同体之中，强调德行就是强调个体对于社会共同体的积极意义，而德行的反面即会走向广义上的道德腐化或败坏。德行的养成能够促进社会美好和谐，美好生活与社会进步又增进个体德行涵养，个体与共同体通过德行而相互成全，德行与社会共同体之间互嵌共生。从志愿服务的本质特征来看，志愿服务本身即是有鲜明德性伦理价值驱动而产生的利他行为，充满了人性善念和道德关怀。志愿服务在奉献爱心、帮扶弱者、抢险救灾、生态保护等实践中向社会传递着"公共善"的力量。志愿服务

文化建设为个体层面的德性价值实现开启了现实进路。

第一,志愿服务可以培育个体的德性基础,燃起幸福的热情。幸福是伴随着人类文明的不断进步而展现的一种人的生活方式或生存状态。对于个人来说,获得生活幸福的生存状态有诸多条件,比如个人的身心健康,社会的和谐安定,以及驾驭各种充沛的物质与非物质资源等。这些都为个人提供了重要的生存与发展条件,是个人所能获得幸福生活的重要前提。而随着时代的变迁,人们主体意识的不断增强,幸福的含义更加广泛,人们对于幸福内容的追求也更为丰富。根据江畅教授的观点,获得幸福的关键要素包含生存需要获得充分的满足、发展和享受的需要获得一定程度的满足,还有进一步获得满足的可能等三个客观条件,然而在具备了幸福所需要的必要的客观条件的情况下,获得和享受幸福的关键就要取决于怎样利用好这些条件为人之更好地生存服务,而此时德性就成为满足这一前提的有效手段。①

德性就是指称人的品质的善的状态,在这里,德性因作为幸福的实现手段而具有了有利于人更好生存的价值。于此而言,不仅在古代社会,个体与集体的命运紧密相连,作为独立个体的大公无私、勤劳、公正等德性对其成员具有至关重要的意义。在现代社会,幸福的实现依然不可缺失德性作为其实现前提,志愿服务中的友爱、互助、互利等德性就是如此。德性作为一种品质,其仅指作为优秀的品质,就是"通过它一个人变成一个优秀能干的人,又能把人所固有的功能实现到完善"②。就是说,人的生存不仅要顾及利己之利,也要利于共同体及其成员,也即人的生存要己他两利兼顾。在这一意义上来讲,通过志愿服务对他人施予关心、帮助和爱护,让他人获得了幸福,看似与主体自己的幸福毫无关系,但实际并非如此。在现实生活中,一个人获得他人的关心与爱护是人之生存的重要方面,也构成人之发展的重要内容,假如人们之间都互相淡漠、互不关心,整个社会就会陷入麻木冷漠的境地,每个人就难以得到别人的关爱与回报,显然就难以实现每个人的幸福,以及人类的整体幸福。由此看来,积

---

① 江畅:《德性论》,人民出版社 2011 年版,第 243—264 页。
② [古希腊] 亚里士多德:《尼各马可伦理学(注释导读本)》,邓安庆译,人民出版社 2010 年版,第 86—87 页。

极参与志愿服务可以培育和提升个体的德性水平,以燃起个体通过这一社会交往形式来获得幸福的热情。

第二,志愿服务能够释放劳动创造的潜能,增进个体的幸福意识。幸福意识就是人们对于什么是幸福以及如何获得和享受幸福的看法、观点和思想的总和。没有幸福意识,人们就不会主动自觉并积极地追求幸福。可以说,幸福意识是人们获得幸福的内在动力和思想前提。而幸福意识形成的最好路径在于亲身参与到获得幸福的社会活动中,才能激发个体持续不断地为收获幸福和提升幸福的品质和内涵而付诸努力。在亚里士多德看来,"幸福不是由诸神赐予我们,而是通过德行和某种学习和训练获得的"①。可见,对于幸福的实现,仅有幸福的观念不足以完成这一使命,还需要进行理性的活动创设获得幸福的情境,并且也只有在创造幸福的活动中,才能培养并坚定个体追求幸福的意识。也正是因为如此,我们说志愿服务通过所倡导的诚实、奉献、友爱精神,彰显博爱、宽容、爱国的公民美德,以一种特殊的劳动载体形式,使主体从道德生活的实践中切身体会到了关爱与助人的获得感,让他人收获的幸福感,并且只有个体通过这种切身的获得感和幸福感的反思和回味,从而思考和体悟人生的生活状态,体验和感受到精神上的满足和幸福,取得对幸福的价值认同,进而增进个体的幸福意识。

综上所述,在规范层面上,德性是生发于人类社会之中的一种具体的规范性力量,但它又不是空泛的、抽象的存在。按照康德的"道德律令",人之所以与动物有别而拥有了伦理尊严与人格高贵,就在于人能够以合乎德性规范的方式来把握现实的生活世界。习近平总书记指出,"必须牢固树立劳动最光荣、劳动最崇高、劳动最伟大、劳动最美丽的观念,让全体人民进一步焕发劳动热情、释放创造潜能,通过劳动创造更加美好的生活"②。因而在实践层面上,个体通过参与志愿服务这一"劳动"的形式,获得了社会价值体悟,可以进一步激发志愿服务创造幸福的价值潜能,进而极大促进公民的德性养成,筑牢社会主义志愿服务文化建设之德

---

① [古希腊]亚里士多德:《尼各马可伦理学(注释导读本)》,邓安庆译,人民出版社2010年版,第63页。
② 习近平:《习近平谈治国理政》第1卷,外文出版社2018年版,第46页。

性根基。可以说，凝聚社会成员的德性力量必然内含于志愿服务文化建设的价值逻辑之中。

（二）面向强国，夯实新时代志愿服务兴盛之本

进入新时代，我国全面建成小康社会的第一个百年奋斗目标如期实现，正在迈向第二个百年奋斗目标奋进的新阶段，这一阶段是全面建设社会现代化强国的新阶段。事实上，建设社会主义现代化强国的过程就必然是实现共同富裕的过程。习近平总书记多次指出，"共同富裕是社会主义的本质要求，是中国式现代化的重要特征"[1]，全面建设社会主义现代化国家"必须把促进全体人民共同富裕摆在更加重要的位置"[2]，"朝着实现全体人民共同富裕的目标稳步迈进"，[3]"要构建初次分配、再分配、三次分配协调配套的基础性制度安排"。[4]可以说，实现社会主义现代化强国的目标，共同富裕是重要和首要的问题，建设社会主义现代化强国与实现共同富裕在其内涵上获得了更加重要的逻辑关联，二者融贯在更加紧密的一体化进程中。

党的十九届五中全会提出，"发挥第三次分配作用，发展慈善事业，改善收入和财富分配格局"，"发挥群团组织和社会组织在社会治理中的作用，畅通和规范市场主体、新社会阶层、社会工作者和志愿者等参与社会治理的途径"。[5]可持续性的第三次分配不仅要靠制度的驱动来落实，这种公众的志愿服务的精神更需要被培育、被激发，才能塑造人人向善、人人乐善、人人为善的志愿服务文化。这就为新时代志愿服务文化建设在助力实现共同富裕视域提供了重要的目标和价值引领。

第一，志愿服务以新的载体形式创造了共同富裕的来源。整个人类历

---

[1] 习近平：《扎实推动共同富裕》，《求是》2021年第20期。
[2] 《中共中央关于制定国民经济和社会发展第十四个五年规划和二〇三五年远景目标的建议》，人民出版社2020年版，第55页。
[3] 曲青山、黄书元：《中国改革开放全景录（中央卷）（下）》，人民出版社2018年版，第303页。
[4] 中共中央宣传部、国家发展和改革委员会编：《习近平经济思想学习纲要》，人民出版社、学习出版社2022年版，第29页。
[5] 《中共中央关于制定国民经济和社会发展第十四个五年规划和二〇三五年远景目标的建议》，人民出版社2020年版，第36页。

史无非是不断创造财富的历史，解放生产力、发展生产力都是为了创造财富。对财富的获取、积累与分配是现代化进程中必须思考的重要命题。其中，"财富向善的进程必是一种超越物质且更为温情的社会互动过程"①。今天，我们习惯于用"公益慈善"以及"志愿服务"作为"财富向善"的一种价值表达方式。近几年我国社会公益资源总量一直呈稳定上升态势，2020 年社会捐赠总量为 1520 亿元，其中志愿者服务贡献价值折现为 1620 亿元，较 2019 年增长的幅度达到 79.40%。②经过 2020 年新冠疫情的洗礼，中国志愿服务的社会贡献开创了新的里程碑，志愿者总量 2.31 亿人，其中有 8649 万名活跃志愿者通过 79 万家志愿服务组织提供志愿服务时间 37.19 亿小时，贡献人工成本价值 1620 亿元。③可见，志愿服务创造的劳动价值不可小觑，它赋予了在推动共同富裕过程中的独特作用。

第二，志愿服务在财富分配体系中彰显了财富向善的力量。在物质财富极大丰富的现代社会，人的生命的有限性与财富积累的无限性形成内在的结构性张力。人是社会性的动物，人也是作为财富的主体，因而人具备社会属性且面临人的生命有限性的制约，在有限的生命面前，日益敲响人们道德反思和行善的警钟，当财富的不断积累挑战生命的有限性之时，人的社会属性就彰显出独有的力量，会使得财富越出其产权边界转化为社会价值，进而超越经济价值形成向上向善的力量。从这一过程来看，具有高社会价值的财富创造来源将逐步占据主要地位，并成为财富分配的基础。从财富的分配机制看，志愿服务通过无偿服务社会，创造了经济价值的同时，更推动形成丰富的社会价值。通过志愿精神的引领，涵养了个体的道德情操，提高了志愿者的幸福感、责任感，对社会形成正向的榜样力量，集聚了道德资本，从而对整个社会形成财富向善的价值导向，提升了志愿服务在社会分配体系中的价值创造能力。

第三，志愿组织参与社会治理凸显人之良善的民间力量。志愿组织作

---

① 王名、蓝煜昕、高皓、史迈：《第三次分配：更高维度的财富及其分配机制》，《中国行政管理》2021 年第 12 期。
② 杨团、朱健刚：《中国慈善发展报告（2021）》，社会科学文献出版社 2022 年版，中文摘要。
③ 杨团、朱健刚：《中国慈善发展报告（2021）》，社会科学文献出版社 2022 年版，第 34 页。

为"第三方力量"和"第三部门",在很大程度上代表着社会某方面的共同利益,通过志愿服务促进公民参与社会治理,会"提升公民对政府决策的接受性,为政府提供合法性基础"①,有利于政治稳定和公共利益最大化。志愿服务之所以能够存在和发展并得到党和政府以及社会各方的重视,关键在于它符合当代社会治理理念和主流价值观,代表了一种新型的、积极的、健康的生活方式,具有多元化的社会治理与社会认同的价值。志愿服务组织往往在社会上扮演着某种理念的倡导者或价值的践行者等多重角色。② 我国志愿服务文化不仅仅是通过志愿服务展现人性之光的道德指向性,而且同时也应具有形而下的、对当前中国社会发展的现实关注,即为实现中国梦助力,为实现国家治理体系和治理能力现代化做出积极贡献的实践性目标指向。志愿组织通过引导人们走出私人生活空间,关注公共利益和社会共同利益,积极参与社会事务的管理和决策,行使国家赋予的权利,代表不同利益群体表达利益诉求,从而缓和社会矛盾,改善人与人之间的关系、人与社会的关系和人与自然的关系,进而促进社会的和谐发展,推动政府治理理念和治理模式的现代性转变,最终实现"善治"。

(三) 面向强党,熔铸新时代志愿服务精神之魂

习近平总书记指出,"一百年来,中国共产党团结带领中国人民进行的一切奋斗、一切牺牲、一切创造,归结起来就是一个主题:实现中华民族伟大复兴"③。中华民族伟大复兴的历史重任已经篆刻在亿万中华儿女的心中,成为党领导人民进行现代化建设的伟大动力。百年大党在领导人民进行革命、建设与改革的伟大事业中,志愿服务事业的发展始终贯穿于"民族复兴"的历史征程中。新时代,筑牢坚固团结的思想意识,提高志愿服务文化自觉,就为志愿服务文化建设提供了目标引领。

---

① [美]约翰·克莱顿·托马斯:《公共决策中的公民参与:公共管理者的新技能与新策略》,孙柏瑛译,中国人民大学出版社2005年版,第153页。
② 张勤:《现代社会治理中志愿服务可持续发展的路径选择》,《学习论坛》2014年第3期。
③ 习近平:《在庆祝中国共产党成立100周年大会上的讲话》,人民出版社2021年版,第3页。

第一，志愿服务要依靠党的群团组织凝心聚力，筑牢党长期执政的群众根基。"群团组织既是群众自己的组织，又是中国共产党联系人民群众的纽带和桥梁。"① 基层群团组织是志愿服务事业发展与壮大的重要推动力量。新中国成立以来，志愿服务事业在党的各级基层群团组织的响应、支持下获得了持续发展，这些主要群团以共青团最为突出，还包括各级工会、妇联等组织，他们在新中国的社会治理实践中发挥了重要作用。在社会主义革命与建设时期志愿服务事业发展中，这些主要群团"率先发起了青年志愿垦荒队，率先组织中国青年志愿者行动，率先鼓励青少年到街巷里弄学雷锋志愿服务"② 等行动，做出了党政群团跨界协作的重要贡献，发挥了群团组织在志愿服务事业发展中的先锋优势。事实上，不仅在革命、建设与改革的各历史阶段，都有群团组织响应党的号召冲锋陷阵的身影，即便在现代志愿服务日益呈现组织化、专业化、规模化趋势之下，在扶贫济困、大型赛会、环保救援、国际交往志愿服务中，群团组织扮演着重要角色。各级群团组织凝心聚力，通过志愿服务的方式，进一步筑牢党长期执政的群众根基。

第二，通过志愿服务形成人民群众的精神纽带，以强健党的群团组织堡垒。实践证明，通过庞大的基层组织的动员来开展志愿服务实践，具有行动力迅速、公信力强、组织化高等优势，可以确保志愿服务活动的顺利展开，可以提高志愿服务参与基层社会治理的效率、效能和效益，可以保障志愿服务主体双方的权利、权益的充分实现，更为重要的是，在志愿服务融入基层社会治理过程中，由于其融于人民群众的生产与生活实践活动中，使志愿精神获得充分的释放和表达，因而也必然获得人民群众的赞许和认同。与个体化的志愿服务实践不同，群团组织的志愿服务实践让志愿服务精神的感染力、影响力更能迅速抵达志愿服务对象，进而影响人们其他社会交往活动中在思想观念、价值选择上都保持与志愿精神价值的一致性。人民群众受益于志愿服务，也被志愿精神所感染和影响，进而激发人们内心的道德情感，燃起人与人之间团结和睦、勤劳勇敢、爱国敬业、自强不息、奋发向上的民族情怀。这一民族情怀是党领导人民在长期共同的

---

① 沈望舒：《论中国特色志愿服务文化》，新华出版社2021年版，第244页。
② 沈望舒：《论中国特色志愿服务文化》，新华出版社2021年版，第246—247页。

社会实践中凝聚民族团结、社会进步的精神纽带，也必然在党领导群团组织发起的志愿服务活动中不断丰富、薪火相传、生生不息，从而进一步夯实党的群团组织扎根基层赢得群众的社会基础。

（四）面向世界，绽放新时代志愿服务文明之光

中国共产党自成立以来，就始终把"为人类作出新的更大贡献"作为执政党的责任使命，习近平总书记提出，"中国共产党是世界上最大的政党，大就要有大的样子"①，并以"为世界谋大同"的开放胸怀提出了"人类命运共同体"的大国方案，丰富了人类文明与进步的价值内涵。"人类命运共同体既是世界文明发展的大势所趋，也是全人类共同发展的模式和目标，体现了和谐、和睦、和爱、共存、共生、共荣等重要理念。"② 基于"谋大同"的世界视角，人类命运共同体可视为合作的共同体、发展的共同体，也是可持续的共同体，是中国共产党人对"建设什么样的世界，怎样建设这个世界"这一时代命题的有力回应，是引领人类文明走向的理性判断。"中国志愿服务文化的终极目标，是讲建设不应回避的，其必然涉及展示中华'天下观'的战略思维。"③ 有鉴于此，人类命运共同体对于中国志愿服务文化建设具有重要的思想启迪价值。

第一，以人类命运共同体为指引，当顺应世界之变以增强文明自觉。中国共产党是"为中国人民谋幸福的政党，也是为人类进步事业而奋斗的政党，中国共产党始终把为人类作出新的更大贡献作为自己的使命"。④ 这凸显了中国共产党的博大胸怀和历史自觉，表明从建党开始，党就充分意识到自身应该胸怀广阔、具备国际主义精神，努力"为人类进步事业"做出新的更大贡献。人类文明进入现代化即意味着人类进入全球化，人类也就进入世界历史时代。马克思说，"各民族的原始封闭状态由于日益完善的生产方式、交往以及因交往而自然形成的不同民族之间的分工消灭得

---

① 中共中央宣传部：《习近平新时代中国特色社会主义思想三十讲》，学习出版社 2018 年版，第 324 页。
② 卢德之：《论共享文明——兼论人类文明协同发展的新形态》，东方出版社 2017 年版，第 69 页。
③ 沈望舒：《论中国特色志愿服务文化》，新华出版社 2021 年版，第 383 页。
④ 习近平：《习近平谈治国理政》第 3 卷，外文出版社 2020 年版，第 45 页。

越是彻底，历史也就越是成为世界历史"①。世界历史的进入，使得"每个文明国家以及这些国家中的每一个人的需要的满足都依赖于整个世界"②。这一世界历史进程揭示出，人类是在世界交往与文明扩展中不断推进人类文明现代化。

在人类命运共同体理念的引导下，志愿服务是全球跨领域的有效执行手段，是推动和平与发展的全球性财富。联合国志愿协调员丁查德（Richard Dictus）曾谈到，志愿服务是直接参与实现可持续发展与和平的一种方式。在全球化背景下，国际化的志愿服务实践离不开人类命运共同体的思想智慧。人类命运共同体倡导推动建设相互尊重、公平正义、合作共赢的新型国际关系，反映了人类共同的价值追求。事实上，志愿服务是当今世界最能为各国人民广为接受的全球沟通和交往"语言"。在志愿服务的交往实践中，要实现马克思世界历史理论所揭示的"历史向世界历史的转化"，就要有一种文明自觉，以此推动各个国家的志愿服务文化的宗旨与目标达成共识。正是在此意义上，志愿服务文化建设的首要任务首先就要确立起开放的心态、理念及其行为方式。

第二，以人类命运共同体为指引，当推动人类文明进步以坚定文明自信。马克思从唯物史观方法提出人类文明三形态说，从人的依赖性到物的依赖性，到自由人的联合体的阶段。黑格尔以思辨的方式提出，人类文明演进是由"信仰走向理性"，理性阶段是人能获得和把握更多自由的阶段，并通过规律性的认识来改变社会。从理念上说，人类的文明是由人的意志所左右，离开人的意志追求，难以对人类文明演化的进程作出充分解释。深入人类文明演进的背后，其潜藏着的是作为人的一种存在方式的现代化标识。这种现代化表征着一种历史趋势或状态，吸引或引导着人类文明的基本趋向，也往往代表着人的一种生活方式或生活向度。

与以往的时代都不同，在人类命运共同体理念的引导下，为我们带来的是普遍交往和开放特征的社会，也就必定要有基本的交往秩序规则。这就要求，志愿服务作为一种交往形态，要在人类命运共同体理念的价值指引下，奉行建设持久和平、普遍安全、共同繁荣、开放包容、清洁美丽的

---

① 《马克思恩格斯选集》第1卷，人民出版社2012年版，第168页。
② 《马克思恩格斯选集》第1卷，人民出版社2012年版，第168页。

世界。① 从实践来看，在国际志愿服务行动中，中国志愿者已在多重领域开展了丰富的志愿服务实践。在全球抗击新冠疫情中，在维护世界和平中，在生态环保的低碳行动中，在全球大型赛会中等，中国志愿服务在世界舞台上推进和平、减贫，在保护生态中传承了奉献、仁善、大爱精神，彰显了同舟共济、协和万邦的理性担当。

综上所述，在新时代的今天，我们拥有更加坚定的文化自信。以人类命运共同体理念启示志愿服务文化建设，不仅要有人类精神、世界情怀，还要承担起全球的人类责任。人类命运共同体是志愿服务实现人类价值的战略支点，志愿服务也是连接人类命运共同体的纽带，是新时代中国的文明实践，并成为新时代文明实践的交往关系典范。中国志愿服务构成国际交往中的文明叙事，必将通过全球志愿服务的中国足迹、中国记忆，展现中国对人类文明的欣赏与尊重，进而夯实人类命运共同体的文明之基。中国志愿服务文化建设应该立足整个人类社会进步的价值追求，既要发扬中华文化的包容的、开放的文化特质，也要形成与世界其他国家的志愿服务文化的交流与互鉴的文明共同体。在志愿服务中展现中华民族的道德优势，增强中华文明的话语底气，弘扬中国形象、贡献中国智慧。

三 中国志愿服务文化建设的基本原则

原则就是使事物达到既定目标过程中所始终遵循和秉持的基本规范、行为范式或理念准则。基本原则就是指导事物有效运行所依据的规范、准则。探究志愿服务文化建设的基本原则是理解志愿服务文化建设的目标指向的延续，它可以更进一步明晰志愿服务文化建设的目标方向，从根本上为新时代条件下志愿服务文化建设提供基本遵循，使其建设的具体思路更加明晰，中心更为突出，定位更为准确。总体来看，新时代我国志愿服务文化建设应突出政治性、先进性、群众性、文明性、开放性五个基本原则。

---

① 中共中央宣传部：《习近平新时代中国特色社会主义思想学习纲要》，学习出版社、人民出版社2019年版，第219页。

（一）遵循政治性为先导，确保志愿服务文化建设的中国立场

政治性原则是中国志愿服务文化建设的首要、先导原则。中国共产党自成立以来，一直高度重视文化建设的政治性问题，并以政治性原则确保党领导各项工作的社会主义方向。在不同时期的文化建设中，先后提出了"双百"方针、"二为"方向、"双创"方略等关于文化建设的基本原则。新时代中国志愿服务文化区别于他国志愿服务文化的最显著的地方在于鲜明的政治性特征，政治性也是中国志愿服务文化建设最坚实的根基和最大的优势所在。

第一，中国现代志愿服务事业的快速发展是在中国共产党的领导下实现的。中国共产党对志愿服务事业的推动是志愿服务取得一切成就的基础和前提。志愿服务伴随着中国改革开放的发展而成为精神文明建设的重要载体，志愿服务在提升公共服务途径、创新社会管理方式、引领社会道德风尚等国家建设的大局中，发挥了重要的功能和作用。从这一历史过程来看，自觉接受党的领导自始至终贯穿于志愿服务建设中，也必然是中国特色志愿服务文化建设的最大特色和最大优势，志愿服务文化建设要以党的指导思想为指导思想，以中国特色社会主义文化建设的总纲领为总纲领，并以实际行动贯彻和落实党的各项路线、方针、政策，始终与党保持高度一致。

第二，中国志愿服务文化建设是社会主义文化建设的重要组成部分。文化作为社会意识的集中反映，对社会存在的发展和社会生产力有着巨大的能动作用。社会主义文化建设的基本原则划定了文化建设的发展方向，也明确了文化建设的边界和底线。文化与生俱来地带有鲜明的阶级性。"社会主义文化"规定了文化建设是有边界的，有着自身独特的"现实场域"，其前提在于坚持中国共产党的领导，坚持中国特色社会主义，文化建设的目标在于服务党的中心任务，发挥价值引领和凝魂聚力的社会作用。[1] 中国志愿服务文化建设坚持政治性原则，体现在始终坚持中国共产党的领导，积极服务党和国家的中心工作和发展大局，积极弘扬和践行社

---

[1] 刘旺旺：《社会主义文化建设若干基本原则的历史与边界分析》，《江苏大学学报》（社会科学版）2018年第2期。

会主义核心价值观,为夯实党执政的阶级基础和群众基础做贡献。

第三,中国志愿服务文化建设只有在党的领导下才能保持正确的发展方向。中国共产党是工人阶级的先锋队,同时也是中国人民和中华民族的先锋队,始终代表着先进文化的前进方向。志愿服务文化建设以实现全体人民共同利益这一工作目标与党的奋斗目标在根本上是一致的。中国志愿服务文化建设作为中国特色社会主义文化建设的重要组成部分,要把围绕中心、服务大局作为基本职责,巩固马克思主义在文化建设中的指导地位,巩固人民团结奋斗的共同思想基础。习近平总书记在全国宣传思想工作会议上的讲话指出:"归结起来,坚持党性和人民性相统一,就是要坚持讲政治,把握正确导向,把体现党的主张和反映人民心声统一起来。只有坚持党性、站在党的立场上才能更好、更全面反映人民愿望。"[1] 建设社会主义文化强国,坚定文化自信,志愿服务文化建设过程中要坚持党性与人民性的统一,为实现中华民族伟大复兴的中国梦提供坚强的思想保证、强大的精神力量、丰润的道德滋养。中国志愿服务文化建设只有保持和增强政治性,才能始终沿着正确方向前进。

(二) 遵循先进性为内蕴,展现志愿服务文化的中国形象

在当代中国,中国特色社会主义文化就是由中国共产党所代表的中国先进文化,是面向现代化、面向世界、面向未来的,民族的、科学的、大众的社会主义文化。其先进性在于它以马克思列宁主义思想为指导,始终立足于建设有中国特色社会主义的具体实践。习近平总书记指出,"先进性,其意义是'先',要务是'进'。"[2] 推进中国志愿服务文化建设,就是要坚持先进性原则,看是否通过志愿服务促进生产力的提高、人民生活幸福、民族复兴强大。

第一,坚持志愿服务文化建设的先进性是由指导思想的先进性决定的。我国志愿服务是在马克思主义的科学理论指导下发展起来的,坚持马克思主义的指导,坚持中国共产党的领导的"红色基因"决定了志愿服

---

[1] 中共中央文献研究室:《习近平关于社会主义文化建设论述摘编》,中央文献出版社2017年版,第26页。

[2] 习近平:《之江新语》,浙江人民出版社2014年版,第143页。

务文化既要代表中国先进生产力的发展要求、中国先进文化的前进方向，更要代表中国最广大人民群众的根本利益。志愿服务肩负着引导群众听党话、跟党走的政治使命，以党的指导思想为行动指南，以党的中心工作为主要方向，这就决定着志愿服务文化建设能够在党的旗帜之下沿着正确的方向不断前行，也决定了志愿服务的发展会越来越好。中国志愿服务文化建设坚持正确的指导思想，坚持正确的发展方向，才能更好地服务群众，满足人们对美好生活的需要，引领人民群众在志愿服务中奉献爱心、奉献自己，为实现强国梦贡献力量。保持志愿服务文化建设的先进性就要紧紧跟随马克思主义理论发展，紧跟党中央的步伐，在发展中时刻保持与人民群众的紧密联系。

第二，坚持志愿服务文化建设的先进性是服务发展大局的时代召唤。我国志愿服务事业是在党的领导下产生和发展起来的，始终沿着党指引的方向前进，始终把为实现党在不同历史时期的目标任务而奋斗作为肩负的时代主题。[①] 志愿服务文化建设自觉适应时代发展，坚持正确方向，才能繁荣兴盛。志愿服务文化建设实现高质量发展必须牢牢把握为实现中华民族伟大复兴中国梦而奋斗的时代主题，紧紧围绕群众需求搞改革、求发展。只有保持和增强其先进性的属性，才能找到工作的着力点和自身的支撑点。中国志愿服务一定要服务于党群需要，为党分忧、为民谋利，以先进引领后进，把社会主义核心价值观融入推动发展伟大实践。志愿服务文化要在提升社会道德水平和文明程度，引领社会形成"我为人人，人人为我"社会风尚，在生动的志愿服务实践中形成"乐于奉献，甘于奉献"的生活方式，让志愿服务成为人与社会联结的新途径、新渠道、新方式。

第三，坚持志愿服务文化建设的先进性是引领群众、组织群众的客观要求。只有用先进的文化才能凝聚起人民的力量，才能吸引广大的志愿者参与到志愿服务中来，才能够引领群众、组织群众在志愿服务中彰显和弘扬"为人民服务"宗旨意识，塑造集体主义的道德原则，倡导和推进社会公德、职业道德、家庭美德，进而推进个人道德品质的提升，推进整个社会的道德水平的提高。志愿服务文化的先进性体现必须牢牢抓住奋力实现中华民族伟大复兴中国梦的时代主题，教育和引导广大人民群众在参与

[①] 胡和平：《深刻理解政治性、先进性、群众性要求》，《光明日报》2015年12月4日。

和接受志愿服务过程中感悟和提升思想觉悟和道德水平，自觉用行动践行社会主义核心价值观。志愿服务文化的先进性还体现在始终站在党和人民的立场上，积极服务群众、维护群众利益、帮助群众脱离困难，从而凝聚人心、化解矛盾、增进感情、激发动力，也只有如此，志愿服务才能够成为党坚实依靠力量、强大支持力量、深厚社会基础。

（三）遵循群众性为基石，体现依靠大众志愿的中国力量

马克思恩格斯在《神圣家族》指出，"历史活动是群众的事业"，"历史上的活动和思想都是'群众'的思想和活动"。[①] 人民群众是物质财富的创造者，是推动历史进步的主体；也是精神财富的创造者，是社会变革的决定力量。志愿服务文化建设要遵循群众性原则，就是要以尊重群众首创、引导群众参与、确保群众受益、争取群众满意为主要内容，这是中国共产党群众观和群众路线在志愿服务文化建设的具体体现，志愿服务文化建设要始终坚持群众性原则：

第一，群众首创是志愿服务文化建设的基本要求和突出特征。一切为了群众、一切相信群众、一切依靠群众是志愿服务根本的工作方法。志愿服务文化的群众性首要的就是要尊重群众的首创精神，充分调动起人民群众的积极性和创造性，利用人民群众的力量和智慧推动志愿服务文化的繁荣与发展。各种形式志愿服务的兴起都是志愿服务组织和志愿者根据人民群众的需求和呼声创造的，实践证明根据人民群众对志愿服务的需求和期盼开展活动的，就能够获得人民群众的支持和认可，就一定能吸引人民群众参与到志愿服务中来，推动志愿服务精神和志愿服务文化的传播与发展。如果志愿服务脱离了群众就容易走向官僚化、空壳化，[②] 最终被人民群众厌恶和抛弃，失去其本心本性。因此，志愿服务文化建设要紧紧扎根人民群众，充分倾听群众呼声，认真调查研究，老老实实拜群众为师，真心实意向人民群众请教，保护好、发挥好人民群众对志愿服务文化创建的积极性和创造性，不断形成新的工作思路，开创新的局面。

第二，群众参与是志愿服务文化建设的基本要求和有效保证。人民群

[①] 《马克思恩格斯全集》第 2 卷，人民出版社 1957 年版，第 103 页。
[②] 人民日报评论员：《切实增强政治性先进性群众性》，《人民日报》2015 年 7 月 10 日。

众是实践的主体，也是志愿服务文化建设的主体。志愿服务文化建设是中国特色社会主义文化强国的重要组成部分，只有全体社会成员认同志愿服务文化、奉行志愿服务精神、支持志愿服务活动、积极投入志愿服务事业，建设中国特色的志愿服务文化才成为可能，志愿服务文化才有深厚的群众基础。群众积极参与到志愿服务文化建设之中，用生动的志愿服务实践来诠释志愿服务文化，唯其如此，志愿服务文化才是落实到了基层。在参与志愿服务的行为实践中，人民群众的思想道德素质水平和服务奉献的精神得到了进一步的固化和升华，志愿服务文化建设的目标才能够真正地实现。没有群众的衷心拥护和积极参与，志愿服务文化只能是空中楼阁，失去了文化本身应有的意义，甚至会引起群众对志愿服务形式主义的反感与厌恶。[①] 群众是志愿服务的主体，也是志愿服务的对象，是志愿服务文化建设的"主角"，分不清主次，颠倒了"搭台"与"唱戏"的位置是志愿服务文化建设最应该引起重视的问题。

第三，群众受益是志愿服务文化建设的根本目的和内在动力。开展志愿服务的目的就是为人民创造更文明、友爱、和谐、互助的社会环境，满足人民对美好生活的需要，让人民群众的利益得到更完整的、更全面的实现。志愿服务文化建设中，无论是制度设计还是行动方案都要把群众受益作为根本的出发点和落脚点，想群众之所想，急群众之所急，办群众之所盼，从群众的利益和需求出发，从群众的急难愁盼问题入手，为群众排忧解难，让人民群众在志愿服务过程中真真正正地得到实惠、得到帮助、得到关爱，从而使每一次的志愿服务实践都成为志愿服务文化的诠释。志愿服务文化建设要坚持贴近实际、贴近生活、贴近群众的原则，为人民群众提供高质量的、针对性的贴心服务，使引导人民群众共同营造良好的社会文化范围、和谐友爱的社会风尚。

第四，群众满意是志愿服务文化建设的价值取向和检验标准。志愿服务文化建设得好不好、对不对等基本问题最终的检验标准就是人民群众满不满意。群众满意既是志愿服务文化建设的方向，也是检验工作的试金石。志愿服务组织和志愿者要根据群众的需要开展具有特色的志愿服务，具体问题具体分析，实事求是，不搞形式主义的表面功夫，真正

[①] 胡雪城：《文明创建要始终坚持群众性原则》，《学习月刊》2006年第9期。

对接起人民群众的客观需要，避免"节日化""运动式"的志愿服务。志愿服务文化创建要本着扎根基层、立足群众的思想原则，用生动的志愿服务实践来帮助人，用健康向上的文化来影响人，弘扬乐善好施、守望相助的志愿服务精神，营造公益氛围，引导群众积极参与。衡量新形势下志愿服务工作的成效，就是要看能否坚持群众性，以群众为中心，让群众当主角；能否真心尊重群众、真诚依靠群众、真情融入群众；能否更大程度地发动群众、教育群众，赢得群众的信任、理解和支持；能否筑牢党同人民群众血肉联系，最终保证在党有号召时，志愿服务有行动、有响应。

（四）遵循开放性为本色，创新志愿文化发展的中国样态

文化建设的系统要具备发展的状态和开放的环境，同样，志愿服务文化建设也需要秉持这种开放的、发展的姿态。在人类文明的进程中，不同国家与民族以各自的民族文化特色与人类文明共融共生。这些千姿百态的文化内涵既有内在的相通性、共同性，也有彼此的差异性、互补性。从中西比较文化的视角，西方志愿服务文化可追溯至古希腊罗马时期，生发于基督教慈善精神，其对个体精神的推崇，以及近代以来形成的志愿服务社区精神等都是值得我们借鉴的。

这就要求我们还要通过国际化的志愿服务实践拓展中华文化的时空，深刻体悟传统志愿文化的博大精深内核。事实上，在广泛的中西志愿文化交流互鉴中，需要我们在与世界不同文明的对话中，获得志愿服务文化建设的新思想、新理念、新方法，如超越物种族群差异对关怀伦理的敬畏，超越种族民族身份对仁者爱人的尊重，超越地域国界限制对天下大同思想的认同等，从而形成反映时代生活、体现时代精神、具有时代气息的新时代志愿服务文化观念，并通过思想、精神与物质、行为的双向转化，从而推进构建符合中国特色的志愿服务理论体系并指导实践。

当今世界，人类面临世界百年未有之大变局，加上新冠疫情阴霾尚未完全散去，气候变化挑战日益严峻，公共安全风险持续上升，在这一新的社会动态变迁中，"志愿服务的独特作用会越来越凸显，不仅是在危机应对的情境中发挥人道作用，还会涉及很多复杂的经济和社会问题的解决过

程，为寻求长期可持续的解决方案贡献能动性作用"[1]。通过志愿服务为交流的纽带作用，人类能够超越文明冲突、超越文化隔阂，实现民心相通；也只有以加强中西文化交流的方式，以面向世界、面向未来的开放姿态，以博大的胸怀广泛吸收世界先进的文明成果，我国的志愿服务文化建设才能获得更好的发展。

四　中国志愿服务文化建设的践行路径

探寻中国志愿服务文化建设的践行路径是社会主义文化大发展、大繁荣的必然要求，是向新时代志愿中国行动注入文化内涵的基本动力。在今后的发展中，重视健全法律法规体系，为中国志愿服务文化发展保驾护航；通过道德教育的养成机制，为中国志愿服务文化思想赋能；通过优化道德科学激励机制，为中国志愿服务文化增添活力；重视用好社会动员机制，为中国志愿服务文化勃发动力；通过完善组织成长机制，为中国志愿服务文化赋活智慧。以此五个机制的逻辑链条形塑志愿中国的文化自觉和文化自信，展现文化自省和文化自强。

（一）健全志愿服务文化建设的法律法规体系

党的十九大报告明确指出，"要推进诚信建设和志愿服务制度化，强化社会责任意识、规则意识、奉献意识"[2]。志愿服务的规范化、制度化发展是完善我国志愿服务法律体系的题中之义。党的十八大以来，规范志愿服务的两部重要法规是《慈善法》（2016）和《志愿服务条例》（2017），堪称开启志愿法治新时代。

《慈善法》首创将志愿服务相关内容纳入，首次在立法层面对志愿服务提供了法治保障；《志愿服务条例》在行政法规层面为志愿服务的规范发展进行了较为系统的规范。以此为例，重点选择"志愿服务主体地位"和"志愿服务组织化发展"两个关键命题，提纲挈领阐释志愿服务法律

---

[1] 张强：《全球志愿服务发展前沿：发展定位与价值测度》，载杨团《慈善蓝皮书：中国慈善发展报告（2017）》，社会科学文献出版社2017年版，第306页。

[2] 习近平：《习近平谈治国理政》第3卷，外文出版社2020年版，第34页。

体系的完善。

第一，关于完善志愿服务的主体地位。

2017年国务院《志愿服务条例》（以下简称《条例》）颁行，成为志愿服务的基本遵循，标志着我国志愿服务事业进入了法制化运行的新阶段。《条例》体现了对志愿服务规范管理的立法初衷，对于指引志愿服务活动的开展发挥了积极促进作用。从立法层级来看，《条例》是国务院发布的，在立法层级中即意味着这是一部行政法规，行政法规是国务院行使和管理国家各项行政工作而制定的行政法规的总称，其以调整行政管理法律关系为主，也就是将行政主体和行政相对人作为其调整对象。

于行政主体而言，其职责应从整体上对志愿服务文化建设的要素、行为等进行全面规划与管理，包括面向志愿服务全过程地从活动发起、资金使用、项目管理以及团队建设等给予统筹指导、规范与监督等。这一点，在《条例》总则第五条第一款明确规定，"国家和地方精神文明建设指导机构建立志愿服务工作协调机制"；第二款指明，指导志愿服务的行政管理工作分由"国务院"和"县级以上地方人民政府民政部门负责"。

事实上，志愿服务作为特殊的公益事业，在实践过程中涉及多方主体和要素，尤其涉及诸多非行政主体，包括党组织领导下的各级共青团、工会、妇联等群团组织。不言而喻，群团工作的重要性体现在党领导的事业是人民群众事业，群众是我们从胜利走向胜利的制胜法宝，党的群众工作在社会主义现代化建设的历史格局中处于十分重要的位置。同时，志愿服务作为国家治理体系的重要环节之一，有助于健全充满活力的基层群众制度，因而也离不开人民群众的广泛互动和过程参与。

从行政主体来看，这也造成了事实上的"多元化管理"模式，志愿服务文化围绕精神文明、社会服务活动中的管理体制不顺，各方主体权责时有不明，监管不足与监管过度并存，使得组织发展动力不足。这与《条例》中行政主体的法律地位不明确有一定关联，一定程度上影响了志愿服务制度化的发展需求。

良法的目标在于善治。"一个健全的法律，如果用一个健全的程序去执行，可以限制或削弱不良效果。"[1] 善治作为国家治理的目标取向，其

---

[1] 王名扬：《美国行政法》，中国法制出版社1995年版，第41页。

意味着国家与公民在公共生活中能够实现良好的互动。新发展阶段，志愿服务事业也要求我们跨越过去的规模粗放型发展阶段，变换到以质量效益型的精细化发展理念为引领，构建志愿服务事业发展的新格局。从而服务于国家治理能力现代化的提升，以为志愿服务的规范化、制度化发展提供法治保障。

第二，关于促进志愿服务的组织化发展。

志愿服务组织是志愿服务事业运行的最重要主体，志愿服务的组织化是志愿服务事业可持续发展的必要条件。2016年颁行的《慈善法》将支持与推动志愿服务组织发展写入其中，表明其立法意旨是通过发展志愿服务组织壮大志愿服务与慈善事业。从立法理念看，《慈善法》采取了"大慈善"格局，因而针对"慈善服务"活动在第七章专设有八条法律规范，第六十一条第一款明确界定，"本法所称慈善服务，是指慈善组织和其他组织以及个人基于慈善目的，向社会或者他人提供的志愿无偿服务以及其他非营利服务"。这说明，在慈善性质的活动中，志愿服务需要遵循《慈善法》的规范。事实上，《慈善法》由于过度强调欧美式的组织化、专业化特征，仅支持志愿服务与慈善服务在具体活动中以组织化的方式进行。换言之，大众慈善或慈善性质的大众志愿服务被排除在《慈善法》之外，这显然与我国传统慈善文化理念不相适应。

按照这一逻辑，如若不强调组织化的发展特征，与现代志愿服务的组织化、专业化发展趋势也相悖。因而，《条例》第三章即设计了有关"志愿服务活动"的规范共十六条，其中九条涉及专门调整志愿服务组织活动。

除此之外，第二十三条第一款规定，"国家鼓励和支持国家机关、企业事业单位、人民团体、社会组织等成立志愿服务队伍开展专业志愿服务活动"。"附则"第四十一条规定，"基层群众性自治组织、公益活动举办单位和公共服务机构自行招募志愿者的，应当参照关于志愿服务组织开展志愿服务活动的规定执行"。

从上述两条规范来看，《条例》的立法意指很明确，"实际上是将志愿服务组织作为主要调整对象，专业化也是志愿服务事业的发展趋势"[①]

---

① 李芳：《准确把握〈志愿服务条例〉的立法重点》，司法部网站，2017年9月6日，http://www.moj.gov.cn/pub/sfbgw/zcjd/201709/t20170906_390167.html。

而支持"成立志愿服务队伍"开展活动，同样体现了对志愿服务的组织化支持倾向。

根据《2020年中国志愿服务发展指数报告》，"《条例》颁行以来，志愿服务项目和志愿者服务时间年均增长率均在50%以上，但志愿服务组织的增长率仅为13.35%，自2016年始，志愿服务组织的增长率呈逐年下降趋势。2020年志愿服务组织总量不足80万家，注册志愿者中每243人才能拥有一家志愿服务组织。近8年来，志愿服务组织无论正式注册与否，其数量和质量均较为滞后，难以满足数以亿计志愿者的参与需求"[①]。

该报告基于"2020年疫情对志愿服务组织开展活动的影响"问卷后得出结论，"组织面临的主要挑战不是疫情（疫情影响是暂时的），而是政策支持与自身能力不足"[②]。这一调研数据同时给出启发性的改进建议，"有效的志愿服务需要组织化、专业化和可持续化"[③]。也就是说，志愿服务组织对于志愿服务发展至关重要，促进志愿服务的组织化、专业化发展，需要有效的法律法规、规章制度等政策作为有力支撑。事实上，仅凭个人的爱心与能力难以回应志愿服务助力国家治理与解决社会问题的深层次需求。在制度化建设同时，需要注重培育志愿服务组织，以组织化的建设充分发挥志愿服务在社会治理中的积极作用。

习近平总书记指出，现在我们已经到了"扎实推动共同富裕的历史阶段"，这就要求志愿服务事业也要展现出新的发展格局。党的十九届四中全会、五中全会均强调，通过第三次分配的作用机制"扎实推动共同富裕"，第三次分配是通过慈善捐赠和志愿服务等方式对社会资源的主动让渡和重新配置，是通过志愿奉献的精神力量促进社会资源的均衡流动。有效发挥第三次分配的作用，亟须培育志愿服务组织，畅通组织化参与渠道，为社会成员积极参与共同富裕创造良好的内外部环境。

---

① 翟雁、辛华、张杨：《2020年中国志愿服务发展指数报告》，转引自杨团、朱健刚《慈善蓝皮书：中国慈善发展报告（2021）》，社会科学文献出版社2021年版，第53页。
② 翟雁、辛华、张杨：《2020年中国志愿服务发展指数报告》，转引自杨团、朱健刚《慈善蓝皮书：中国慈善发展报告（2021）》，社会科学文献出版社2021年版，第60页。
③ 翟雁、辛华、张杨：《2020年中国志愿服务发展指数报告》，转引自杨团、朱健刚《慈善蓝皮书：中国慈善发展报告（2021）》，社会科学文献出版社2021年版，第64页。

总体而言，我国志愿服务基础设施的保障不足，组织的可持续发展生态受到削弱，其外部信任机制和资源也面临匮乏。只有通过完善、健全志愿服务的法律法规来强化引领，进一步营造良好的法治环境，才能为志愿服务事业的可持续健康发展提供坚实的保障。2020年《法治社会建设实施纲要（2020～2025）》已将志愿服务纳入国家法治化建设总体框架，这为志愿服务的制度化发展提供了法律依据。同时借《慈善法》修法完善之契机，健全志愿服务的法律法规体系。通过立法对志愿服务加以明确的制约与规范，完善志愿服务组织的相关内容，减少志愿服务在快速发展中的不确定性风险，激励志愿服务组织不断发展壮大。

（二）强化志愿服务文化建设的道德养成机制

志愿服务文化建设就是要在全社会形成团结友爱、互助共济的传统美德，弘扬奉献、友爱、互助、进步的志愿精神，营造和谐的人际关系和社会氛围，推进形成社会主义的文明风尚。这就要求在志愿服务的主体交往中达成思想共识，在共识中形成全民族团结和睦的精神纽带，互帮互助的和谐氛围。然而，思想共识的达成是一个从理性认同到感性认同的变迁过程，并经过主体自身与认知对象的统一，从他律转化为自律，并内化为主体自身的价值自觉。志愿服务价值观从他律转化为自律的过程，实际上是主体内心深处不断进行自我扬弃的过程，是道德修养的进步过程。这一过程中，教育发挥着重要的作用。于此而言，志愿服务文化即是一种特殊的思想教育资源，又需要通过教育实践和必要的影响机制来引导全社会形成思想共识。可以说，志愿服务文化建设是思想道德建设的养成工程。

志愿服务文化建设要强化人们的思想道德意识，建立起具有约束力的道德自我认知。道德是社会历史的产物，一个社会的道德是一系列道德规范的范式集合。从总体上来说，道德作为一种社会规范是社会生活需要的外化，只有将志愿服务内化为社会个体的道德意识，才能成为自觉行动，而支撑这一转化的内在机制恰是对志愿服务的文化认同。在文化认同中，最重要的是思想认同。所谓思想认同，是指在对志愿服务文化的感性认识基础上，通过学习和认识，个体在思想观念上获得了对志愿服务的规范求同和价值归属感而生成的一种符号与意义赋予过程。思想认同体现着个体对社会的道德文化现象的认知水平，思想认同是个体的伦理价值观中最稳定的要素,思想认同一旦形成,就能对个体的道德实践产生深刻而稳固的影响。

马克思指出,"批判的武器当然不能代替武器的批判,物质力量只能用物质力量来摧毁;但是理论一经掌握群众,也会变成物质力量。理论只要说服人,就能掌握群众;而理论只要彻底,就能说服人"[1]。可见,思想一旦获得社会成员的认同,就成为驱动人们从事志愿服务的强大精神支撑,从而转化为一种激励性的物质力量,鼓舞人们从事志愿服务为美好幸福生活而奋斗。这就要求,要通过中国特色志愿服务体系的理论彻底性、科学性的教育实践,引导人们普遍接受、理解和掌握志愿价值观的内涵,从而改造个体的世界观、人生观和价值观。

实际上,志愿服务的实践过程是社会个体自觉自主的行为过程。首先就是在理性上对志愿服务价值观产生认可和认同,只有被理性说服,才能接受其观念,并对自我意识进行符合志愿服务精神的改造。一般而言,社会个体往往先从表面上转变对志愿服务的态度和观点,经过理性的学习,再过渡到对志愿服务价值观的接受,并据此不断修正个体信念,进而经过价值观的选择、整合纳入其主体的价值自觉中。因此,思想认同是志愿服务践行的出发点。驱动人们从事志愿服务的力量并不是布道式的说教,而是以理论或思想的彻底性来说服人。只有进行深刻的教育实践,才能引导社会公众达成志愿服务的思想共识,激发对个体的吸引力和感召力,才能将志愿服务内化为个体的价值认同。

需要指出的是,志愿服务的思想认同还需转化为情感认同。社会个体的思想始终渗透着情感的因素,志愿服务的践行实际上离不开个体的情感认同,情感认同是在思想认同的基础上,从情感上对志愿服务文化的内涵和价值予以肯定、欣赏、赞同和追求的积极态度,其表现为一种精神动力。正是因为志愿服务文化中所包含的仁爱情感、诚信原则、奉献精神,以及基于民族伟大复兴的全心全意为人民服务精神,能够从情感上吸引最广大人民群众,从情感上激发人民群众的价值自觉,进而与中国特色志愿服务事业产生共鸣,将主体的自觉意识转化为外在的志愿服务行动。

但仔细分析不难发现,要想达到主体自身与认识对象的统一,还要通

---

[1] 《马克思恩格斯选集》第 1 卷,人民出版社 2012 年版,第 9 页。

过不断的志愿服务实践以及道德自律，内化为对志愿精神的自主自觉的追求。这实际上是一种从他律到自律的转化，是志愿服务价值观的内化，也是志愿服务价值观的德性养成。只有不断将志愿服务的道德规范内化为主体自身的道德意志，只有实践主体真正接受志愿服务的伦理价值，才能在社会交往实践中自觉选择和行动。实际上，这一过程即构成了志愿服务的"知情意行"的逻辑链条，遵循了对主体志愿服务德性养成的教育价值。

（三）优化志愿服务文化建设的科学激励机制

激励机制就是通过理性化的制度规范，对践行志愿服务活动中的积极分子、模范人物等给予嘉奖、赞扬、肯定和褒扬，以此激发其参与志愿服务的热情和勇气，调动和鼓励社会成员投身于志愿服务的积极性，坚定全社会对志愿服务的信仰和价值认同。

从一定意义来说，激励机制的设定是制定相关志愿服务法律政策的基本要求。只有在政策的制定中体现志愿服务的这一价值导向，才能范导社会成员积极主动地、持久地践行志愿服务，进而在全社会形成人人志愿的良好氛围。唯有如此，才能鼓励社会成员向上向善，为社会成员树立学习的榜样，推动社会成员积极参与到志愿服务活动中。

从激励的方式来说，应当兼顾物质激励与精神激励相统一的原则，不仅褒扬其志愿服务精神，也赞赏其志愿服务行为，使得志愿先进在精神和物质上都获得了实实在在的利益。这样，不仅志愿者本人受到了精神鼓舞而产生自豪感、荣誉感，也激发了其他社会成员的志愿服务热情而燃起了参与感、使命感；不仅彰显了国家对弘扬志愿精神的肯定与尊重，也为践行志愿服务提供正确的政策导向，有利于志愿服务长效机制的建立。

于志愿服务而言，激励机制的建立显得尤为重要。对于选择从事志愿服务而言，促使社会个体从事志愿服务的驱动力在于其内心的道德自觉，在康德的"道德律令"中就是"人为道德立法"，在儒家伦理中表现为"反求诸己"。

然而，在传统道德文化建设中，国家不仅提出道德建设的目标，设计并规范社会的道德秩序，试图以既定的统一范式主导所有人的道德伦理。由于过分强调国家主导，对社会成员的道德形塑采用单向灌输的模式，因而对志愿服务的道德价值采用树典型、喊口号、运动式等方式来实现，也进而导向了做好事不求回报、不慕名利、不计成本的理念，使得志愿服务文化建设的社会价值并未充分实现。这种设计理念具有一定的强制性，很难从内心深处激发社会成员从事志愿服务的情感认同。

实际上，对志愿服务文化赋能以激励机制具有深厚的伦理基础。志愿服务接受的道德规范与伦理约束与一般的助人行为不同。从服务的内容看，志愿服务的救助对象往往是长期处于生理机能缺失、心理状态弱势的群体，这类群体需要志愿服务的急迫介入。他们需要志愿者给予旷日持久地进行身心照护、心灵慰藉，需要志愿者全身心地走进救助者的心灵世界，倾听他们的心声、感受他们的无助。志愿服务需要与救助者之间结成持久的互动关系，帮助他们建立起生活的信心，才能实现救助的价值意义。对这类群体，若只停留于偶发性帮扶，则无助于其生活境况的改变，其也并非服务对象所期待。也因此，志愿服务才具有更加高尚、可贵的价值。

从服务的对象看，部分救助者自身不具备改变弱势的条件或能力（事实无人照顾的儿童），或永久处于失能状态（高龄的失能老人）。这类群体需要的帮扶更为持久，需要志愿者付出更大的心血和牺牲。当然，这类群体只是志愿服务中的部分服务对象。也因此，这种持续性的志愿服务更能彰显平凡中的伟大精神。

实际上，不仅是上述情形中所述的特殊人群中，值得发挥志愿服务的激励机制予以嘉许，在大多数志愿服务的普通情形中，激励机制依然需要引起足够的重视。《2020 年中国志愿服务发展指数报告》中"针对志愿者的管理规范问题"的调研数据显示，"排在前三位的依次为缺少认可与激励（35.74%）、管理不规范（29.40%）和缺少评估与反馈（21.5%）"[①]。可见，中国志愿者的基础设施建设尚待加强，志愿者激励机制存在明显不足。

综上所述，在现有的政策基础上，应加大社会荣誉性激励，构建科学的激励机制和体系，创新志愿服务对外传播方式，倡导志愿者是令人尊敬的身份象征，志愿服务是每一社会成员的价值经历。通过激励机制的嘉

---

① 翟雁、辛华、张杨：《2020 年中国志愿服务发展指数报告》，转引自杨团、朱健刚《慈善蓝皮书：中国慈善发展报告（2021）》，社会科学文献出版社 2021 年版，第 58 页。

奖，让志愿者有成就感、获得感和荣誉感，也因此让社会成员对志愿服务心怀向往、由生敬意，倡导志愿服务是令人普遍向往的幸福劳动。

（四）用好志愿服务文化建设的社会动员机制

"社会动员是指国家、政党或是社会团体在宏观层面上，通过影响、调动和组织群众积极参与社会实践与社会建设，达到良性状态的一种社会运动。"[①] 社会动员对于社会变迁有着直接的影响，在促进社会治理中也发挥着关键的作用。从土地革命时期开始，我国就依托人民群众开展了独特的社会动员模式，极大调动了人民群众的参与积极性，在走向现代化的过程中，社会动员能够迅速统一人们思想、整合社会资源、振奋民族精神，对于我国经济发展和社会进步产生了深远的影响。进入新时代的社会动员与以往已明显不同，在党的坚强领导下，我国社会运动的开展和运行走向更为规范、理性和成熟。

社会动员是一种依靠人民群众进行社会建设的行政领导方式。因而"行政性"是社会动员的最突出特征。也因此，政治动员也经常被冠以"政治参与""行政参与"等称谓。从我国现代化建设与发展的整个历史进程看，中国式现代化之路既是历史发展的必然趋势，也是中国共产党有目的、有组织地领导中国人民进行社会动员的必然结果。可以说，社会动员是国家现代化建设的重要治理工具，社会动员也是我国志愿服务事业的重要实现方式。

第一，志愿服务是社会动员人民群众广泛参与的过程。

从这一意义来讲，我国的志愿服务与社会动员活动具有紧密相关的联系，是彼此协同、融合与互动的过程。社会动员激发了全民的志愿服务精神而参与到志愿服务行动中来，这一过程是践行中国式民主的集中体现。志愿服务也延伸了公民进行政治参与的视角，极大地激发了民主意识，彰显了全过程人民民主的制度优势，提高了人民群众的政治效能感。

《2021年中国活跃志愿者现状调查报告》指出，"从政治参与上看，活跃志愿者群体比非活跃志愿者政治参与水平更高，政治效能感更强。……无论是政治参与还是政治效能感，活跃志愿者都比非活跃志愿者

---

① 卢德平等：《论中国特色志愿服务方法》，新华出版社2019年版，第151页。

更为积极"①。这也反映在现代民主社会，志愿服务与政治参与已经形成了紧密的关联。众多的社会成员积极投入志愿服务，彰显了关注公共事务的民主意识，也促进了公民现代性理念的提升。

第二，社会动员使得志愿服务的组织化需求提升。

事实上，一直以来，我国的志愿服务依靠国家行政力量有组织、有系统地向前推动和开展。从 SARS 疫情、汶川地震、新冠疫情等突发事件的紧急性志愿服务的巨大需求中，不仅有国家战略、党政部门的领导和协调，也有众多的民间社会组织等及时参与到社会动员的行动中来，集结了众人之力，凝聚了民心力量，产生了巨大的社会效益。《2020 年中国志愿服务发展指数报告》指出，"2020 年度志愿者贡献服务总价值为 1620 亿元。志愿者为社会无偿提供了相当于 185 万名全日制雇员"②。这一巨大的数字正在向世人展示中国志愿服务为了共同的目标奋斗与奉献的坚定信心，体现了新时代志愿服务事业发挥的人力资源价值。同时也说明，疫情的突发暴露了我国社会治理尤其是基层社会风险治理的短板，公共服务的资源与能力凸显不足，也因此给志愿服务事业的快速发展创造了有利契机。

而与紧急性志愿服务相比，社会动员在常态性志愿服务中的作用也有待整合与激发。《2021 年中国活跃志愿者现状调查报告》研究团队"针对政治动员效果"的调查发现，"政治动员志愿服务的效果一般，缺乏自主性，存在一定的形式主义"。"19.03% 的受访者认为'志愿服务项目主要靠团组织分派，缺乏自主性'，19.26% 的受访者认为当前的志愿服务存在'形式主义，不讲实际成效'。"③ 这也表明，政治动员在激发我国志愿服务的内驱力、自主性方面还有待加强，避免将志愿服务活动流于形式，应当在二者之间找到平衡点和交叉点，有效契合社会动员和志愿服务的内在价值。

---

① 邹宇春、梁茵岚：《2021 年中国活跃志愿者现状调查报告》，转引自李培林等主编《社会蓝皮书：2022 年中国社会形势分析与预测》，社会科学文献出版社 2022 年版，第 198—199 页。

② 翟雁、辛华、张杨：《2020 年中国志愿服务发展指数报告》，转引自杨团、朱健刚主编《慈善蓝皮书：中国慈善发展报告（2021）》，社会科学文献出版社 2021 年版，第 50 页。

③ 邹宇春、梁茵岚：《2021 年中国活跃志愿者现状调查报告》，转引自李培林等主编《社会蓝皮书：2022 年中国社会形势分析与预测》，社会科学文献出版社 2022 年版，第 201 页。

综上所述，社会动员是志愿服务的重要动员方式，志愿服务也是社会治理能力的重要环节。尤其在突发性、紧急性的志愿服务中，志愿服务的内容、流程以及服务对象等方面，均凸显出与常态性志愿服务的诸多不同。莫于川教授指出，"应急志愿服务事关国家治理能力"①。社会动员涵盖志愿服务环节的诸多方面，要与时俱进地创新志愿服务的政策机制，整合志愿服务的方式方法，利用好已经融入人民群众的中国特色社会运动方式，更好地发挥好政治动员的社会治理优势。

（五）完善志愿服务文化建设的组织成长机制

志愿服务组织是志愿服务文化的重要元素，是志愿服务文化建设的必要环节。根据《2020年中国志愿服务发展指数报告》的数据，"2020年志愿服务组织共有79.46万家，比2019年增加9.36万家，为近三年来增长数量最少"。"从2016年起，志愿服务组织增长率逐年下降。"② 与志愿服务组织的发展数据不同，"2020年度志愿者总量约为23113万人，比2019年增长2100万人"。"2020年志愿者总数比去年增长了10.28%，其中注册志愿者数量增长率依然强劲，比去年增长23.87%。"③ 可以看出，近几年志愿服务组织的数量增长呈滞后趋势，难以满足日益激增的数以亿计志愿者的参与需求。

事实上，志愿服务组织是现代社会志愿服务组织化、规模化发展的重要主体，是参与社会治理的重要力量。志愿服务活动的规范运行，除了志愿者的参与，志愿组织及其具备的组织治理能力是其重要的发展前提。同时新的时代条件下，志愿服务呈现多元化发展趋势，所涉及的服务领域也日益专业化，对志愿服务组织提出了更高的治理目标和要求。

"十四五"规划明确提出，"支持和发展社会工作服务机构和志愿服务组织，壮大志愿者队伍，搭建更多志愿服务平台，健全志愿服务

---

① 莫于川：《依法防控新冠肺炎疫情与依法化解志愿服务风险——兼论应急志愿服务法治发展的研究课题、创新路径和关键举措》，《中国志愿服务研究》2020年第1期。
② 翟雁、辛华、张杨：《2020年中国志愿服务发展指数报告》，转引自杨团、朱健刚主编《慈善蓝皮书：中国慈善发展报告（2021）》，社会科学文献出版社2021年版，第49、53页。
③ 翟雁、辛华、张杨：《2020年中国志愿服务发展指数报告》，转引自杨团、朱健刚主编《慈善蓝皮书：中国慈善发展报告（2021）》，社会科学文献出版社2021年版，第46、51页。

体系。"① 将志愿服务组织列为基层社会治理的重要社会力量，成为国家发展的战略主题。将志愿服务组织委以如此重任，在于志愿服务组织的天然使命是以促进公共利益为宗旨，能够着眼于民众的需求而提供多元化服务，协助推进政府决策与政策分析，并可为社会发展提供专业技能等。实际上，志愿服务组织在政府、市场与社会之间一直扮演承上启下的角色。因而，志愿服务组织要立足新时代的发展环境，加快迈向组织发展的现代化进程，与国家治理能力现代化保持一致。从国家治理的战略视角谋划志愿服务组织的可持续成长机制愈加必要和紧迫。

第一，重视志愿服务组织的文化建设。

对于志愿服务组织而言，组织文化不仅是志愿服务组织的使命，也是组织走向未来的动力。从现代组织文化的视角看，志愿服务组织的文化建设与发展理念是组织的灵魂和根本，组织的文化建设与组织的章程宗旨息息相关。就是说，志愿服务组织只有将组织文化的理念融入组织章程中，才能更好地引领、规范开展志愿服务活动。在组织文化引领下，加入或招募到本组织的志愿者才能形成高度的责任感和使命感，才能通过组织文化的熏陶潜在地增强志愿者对组织的归属感和认同感，不仅提高其从事志愿服务活动的积极性，更重要的是吸引其再次或长久在本组织从事志愿服务的信心和信念。这就要求志愿服务组织要有富有吸引力、感召力的组织文化，以形成组织的凝聚力。

一方面，组织文化的实质是重视和尊重志愿者人才。志愿服务组织尤其如此，《2020年中国志愿服务发展指数报告》针对"志愿服务组织发展面临的挑战"的选项中，"缺适合的志愿者（28.57%）"位列第四。② 志愿者是组织发展战略第一资源。随着技术不断进步，志愿服务组织迫切需要志愿者提供更为专业的技能，但志愿者作为组织发展的人才支撑又往往未被充分利用而忽略掉。

事实上，越来越多的志愿者以他们的特长加入志愿组织中，志愿者可

---

① 《中华人民共和国国民经济和社会发展第十四个五年规划和2035年远景目标纲要》，人民出版社2021年版，第153页。

② 翟雁、辛华、张杨主编：《2020年中国志愿服务发展指数报告》，转引自杨团、朱健刚主编《慈善蓝皮书：中国慈善发展报告（2021）》，社会科学文献出版社2021年版，第60页。

以为组织的发展提供专业性知识或技能服务,筹集组织发展资金,开发志愿服务项目,以及为组织发展进行战略谋划等。在具体的志愿服务实践中,相当一部分具备专业技能的志愿者往往被派去从事体力劳动,而丧失了专业技能的发挥,这就难免让他们产生失落感,进而降低了再次参加本志愿组织的愿望。因而,志愿者的专业技能与志愿服务项目相匹配就显得尤为重要。

另一方面,组织文化的重要方式认可志愿者的贡献。大多数志愿服务组织往往并未对志愿者给予高度重视,而代之以重视志愿服务项目的完成度,原因在于志愿组织并未充分衡量志愿者为其贡献的价值。《志愿服务条例》第二条明确:"志愿服务是指志愿者、志愿服务组织和其他组织自愿、无偿向社会或者他人提供的公益服务。"① 李芳教授指出:"无偿性是指志愿服务属于无偿行为,志愿服务的提供者从事志愿服务行为不能获得相应的对价。"② 人们通常认为"无偿"就是免费,但"免费"并非无价值。志愿者从事的志愿服务创造了巨大的社会价值。"2020 年,有 8649 万名活跃志愿者通过 79 万家志愿服务组织提供志愿服务时间 37.19 亿小时,贡献人工成本价值 1620 亿元。"③ 类似的我们还可以找到更多的数据。就是说,从志愿服务组织应当对志愿者从事的志愿服务给予充分的尊重,以吸引他们再次加入该组织。这就要求志愿服务组织充分尊重志愿者的才能,并针对具体的项目任务对接相应的人才,以此创造机会,尽展志愿者的才华。

综上所述,志愿服务组织通过发挥志愿者的专业特长,让志愿者人尽其才,不仅增强了志愿者的使命感、荣誉感,而且获得了富有成就感的志愿服务体验;不仅实现了社会价值,完成了志愿服务组织的使命,而且提升了自身的专业能力,也因此吸引志愿者成为该组织的倡导者、募捐者和传播者。在这一逻辑链条中,志愿者获得了认可与提升。只有志愿组织创

---

① 王莹等:《社会治理创新的伦理路径与制度支持研究》,人民出版社 2019 年版,第 517 页。

② 李芳:《准确把握〈志愿服务条例〉的立法重点》,司法部网站,2017 年 9 月 6 日,http://www.moj.gov.cn/pub/sfbgw/zcjd/201709/t20170906_390167.html。

③ 翟雁、辛华、张杨:《2020 年中国志愿服务发展指数报告》,转引自杨团、朱健刚主编《慈善蓝皮书:中国慈善发展报告(2021)》,社会科学文献出版社 2021 年版,第 34 页。

造富有感召力的文化，才能吸引志愿者信奉组织的使命，并为之全身心播撒爱心和倾注奉献精神。

第二，开发专业化的组织发展项目。

《2020年中国志愿服务发展指数报告》针对"2020年疫情对组织的主要影响"选项中，"无法开展志愿服务活动（42.86%）；组织管理能力和自身运营能力不足，难以应对疫情挑战（41.84%）；志愿服务项目水平亟待提升（30.61%）；志愿者流失（25.51%）"[1]。从这些选项中可见，志愿服务组织面临的挑战，除了资金、政策等外部环境，也存在由于组织的专业能力不足，从而导致组织的治理能力不足等一系列问题。

项目是志愿服务组织的生命。随着公益事业门槛的降低，众多志愿服务组织都集中在近似领域开展志愿服务项目。志愿服务组织应避免同质化竞争导致的资源无效整合和资源浪费，尽早调整组织发展战略，开发专业化的公益性服务项目。从战略选择看，公益项目是志愿服务组织的重要核心竞争力，一项优质的公益项目可以树立组织形象，提升公众对组织的信任度。项目越优质，被公众考虑和关注的概率越高，可获得的捐赠（金钱或财物、技术与人力等志愿服务）也就越多，进而项目的公信力和影响力就会成为组织的最大资产，组织就会获得持续发展的旺盛生命力。

以养老服务为例，我国慈善养老服务发展较为滞后。尽管《慈善法》将"慈善服务"列专章，由于规定宽泛实效并不理想。社区养老服务发展不充分，个人志愿养老服务渠道也欠佳，打通社区慈善和社区志愿者的契合点也没有较好体现。事实上，很多志愿服务组织缺乏从事养老志愿服务项目的能力。虽然志愿者队伍人数连年激增，但是缺乏专业性的志愿者队伍，导致志愿服务组织的活动仍以传统的物质和资金帮扶为限，对于专业性的养老服务、临终关怀、精神慰藉等养老服务项目较难涉足。改变这种现状，推动志愿养老服务的发展，除了《慈善法》层面作出修改，在志愿服务组织的范畴内，就为志愿服务组织的项目设计提供了可能。

---

[1] 翟雁、辛华、张杨：《2020年中国志愿服务发展指数报告》，转引自杨团、朱健刚主编《慈善蓝皮书：中国慈善发展报告（2021）》，社会科学文献出版社2021年版，第60页。

结　　语

　　习近平总书记在统筹推进新冠疫情防控和经济社会发展工作部署会议上，充分肯定了广大志愿者等真诚奉献、不辞辛劳，为疫情防控做出了重大贡献。新冠疫情发生以来，来自各行各业的志愿者活跃在疫情防控第一线，彰显了理想信念、爱心善意、责任担当，显示了中国社会团结一心、敢于斗争、敢于胜利的坚定步伐。回顾疫情防控阻击战中志愿者的无畏付出和体现的志愿服务文化，进一步理解其社会意义，正是弘扬文明风尚、践行核心价值、树立"中国精神"、完善中国特色社会主义社会治理的一项长期研究课题。

　　第一，抗击新型冠状病毒感染疫情中志愿服务文化展现出新时代社会文明观。志愿服务是社会进步的一种文明形式。第40届联合国大会通过决议，从1986年起，每年的12月5日为"国际促进经济和社会发展志愿者日"，其目的是唤起更多的人以志愿者身份参加这项社会公益活动中来。此次抗击新型冠状病毒感染情战，广大志愿者不畏艰险、奋起前行，不需号召、自发请战，找准服务对象、填补工作缺位，按照政府统一部署，担当危险和应急任务，为打赢全国范围的疫情阻击战做出了重要贡献。他们的行动展现出中国志愿者的时代风貌，早已超越传统文化中的"好人"意识，实现了自我的精神超越，表现出新时代文明向上的社会意义，他们的行动必然写进当代中国为民族复兴而奋斗的编年史中。

　　第二，抗击新型冠状病毒感染疫情中志愿服务文化推出了新一代青年志愿者形象。此次抗击新型冠状病毒感染疫情中广大青年志愿者奋战一线，不论医务工作者或是其他人员，大量的80后、90后、00后青年志愿者奋勇当先，大爱在肩，不惧生死，甘于奉献，生动演绎了有理想、有信念、有担当、有作为的新时代中国青年形象，延续着"中国精神"的谱系，记述着中华民族走过的奋斗岁月和抗争荣光。近代以来在中华民族的每一次危难面前，总有一批批年轻的爱国者挺身而出，为救国救民奉献青春。如今抗击新型冠状病毒感染疫情中广大青年志愿者身上所表现的"志愿服务文化"既是对革命前辈的精神继承，又反映了青年一代家国情怀、人民至上的时代风采。

第三，抗击新型冠状病毒感染疫情中志愿服务文化进一步推进志愿服务的日常化、常态化。此次新型冠状病毒感染疫情突如其来，对志愿者来说是一场遭遇战，虽未曾演练但能第一时间参战，显现出志愿者行动的常备状态，"召之即来，来之能战"。已持续三年的抗击新型冠状病毒感染疫情志愿服务改变了过去人们对志愿服务"节日式、运动式、宣言式的表层化状态"。广大志愿者在党的统一领导下发挥其在社区基层服务中的自主性优势，为政府分忧、为群众纾难、为社会赋能，呈现制度化、规范化、可持续化的文明实践样态，必将随着全面建设社会主义现代化国家迈向新征程。

我国志愿服务事业发展方兴未艾，而志愿服务文化建设对推进崇尚志愿服务时代风尚的形成至关重要，其相关的理论与实践仍有许多问题值得进一步探讨。本研究在现有理论研究基础上取得了一些有价值的成果，但囿于能力有限，其中仍留有一些问题有待进一步的探究与讨论：

一是对志愿服务文化实证研究的理论模型构建科学性检验问题。本项目量化实证研究部分主要是通过志愿服务文化认同的四重"洋葱"模型构建，借助自制志愿服务文化认同量表及内外影响因素对我国志愿服务文化建设公民认同水平及作用机理开展研究，对其影响因素的全面性检测未来仍需在全国广大样本的采集甚至世界其他国家进行实验数据分析才能进一步提升其科学化水平。

二是对志愿服务文化实践案例选择代表性问题。研究团队在研期间，主要在上海市、广东省、浙江省等相关党政机关、高校、志愿服务组织开展了实地调研，但2020年以来全国各地发生新型冠状病毒感染疫情以来，原计划赴更多地方开展调研的行程多次调整，虽然做到了新时代文明实践志愿服务文化、青年大学生志愿服务文化、社区志愿服务文化建设的三层有代表性的个案研究，但总体来看为研究便利起见，三类地方实践案例选择均集中于一地，未来有待深入全国各地进一步开展实地调研以全面掌握全国经验。

三是研究对策具体路径操作性问题。项目负责人系省志愿服务专家库成员，在校内也组建队伍成立公益慈善和志愿服务研究中心，与当地文明办、民政局、共青团合作共同成立志愿者学院开展志愿者培训、决策咨询、项目孵化等工作，与志愿服务组织骨干互动积极，主动组织和参与青年志愿服务活动，全方面进行参与式行动研究。在此基础上本研究也提出志愿服务文化建设的系统化机制路径思考，但对其具体操作层面的可行性和实效性仍需在未来持续跟踪观察。

附录 1

公民志愿服务文化认同态度调查问卷（预测试版）

下面是一些关于志愿者、志愿服务、志愿服务文化的描述，请您在"非常不符合→非常符合"框中选上（打√）最符合您自己的判断。

序号	项目	非常不符合	较不符合	不确定	较符合	非常符合
B1	我看到志愿服务标志就会产生亲近感	1	2	3	4	5
B2	我看到志愿服务标志就想主动参加志愿服务活动	1	2	3	4	5
B3	我穿上志愿服务统一服装就会感觉自己是一名真正的志愿者	1	2	3	4	5
B4	我穿上志愿服务统一服装大家更愿意找我帮忙	1	2	3	4	5
B5	我认为志愿服务证书可以记录志愿服务美好时光	1	2	3	4	5
B6	我获得志愿服务证书之后愿意继续坚持做志愿服务	1	2	3	4	5
B7	我认为有专门的活动场地有助于志愿服务长期开展	1	2	3	4	5
B8	我愿意通过新时代文明实践中心（所、站）参与志愿服务活动	1	2	3	4	5
B9	我认为志愿者是无私奉献、不计回报的人	1	2	3	4	5
B10	我认为志愿者是充满爱心、乐于助人的人	1	2	3	4	5
B11	我经常能在志愿服务的过程中得到乐趣	1	2	3	4	5

续表

序号	项目	非常不符合	较不符合	不确定	较符合	非常符合
B12	我经常能在志愿服务过程中得到他人的赞赏	1	2	3	4	5
B13	我认为提供志愿服务是公民应尽的社会责任	1	2	3	4	5
B14	我认为通过志愿服务关心帮助他人没有价值	1	2	3	4	5
B15	我认为志愿服务组织需要相应规章制度规范管理	1	2	3	4	5
B16	我在参与志愿服务活动中能得到科学有序地指导	1	2	3	4	5
B17	我在参与志愿服务过程中会遵守相关规则	1	2	3	4	5
B18	我在参与志愿服务过程中经常得到专业培训和人身安全保障	1	2	3	4	5
B19	志愿服务规章条例帮助我顺利完成志愿服务活动	1	2	3	4	5
B20	我在参与志愿服务过程中各项合法权益得到有效制度保障	1	2	3	4	5
B21	我看到身边的人帮助他人，我也会去帮助他人	1	2	3	4	5
B22	我在帮助他人的过程中不断形成自主习惯	1	2	3	4	5
B23	我愿意在力所能及的范围内开展志愿服务	1	2	3	4	5
B24	我愿意经常参加志愿服务活动	1	2	3	4	5
B25	我愿意把志愿服务当成生活的重要部分	1	2	3	4	5
B26	我愿意把参与志愿服务当作一种生活方式	1	2	3	4	5

附 录 2

公民志愿服务文化认同态度
调查问卷（正式版）

您好：

　　感谢您参与"中国公民志愿服务文化认同现状"调研活动。

　　根据课题研究需要，我们将对您的基本信息、志愿服务文化认同态度及其影响因素、志愿服务文化自信认知等情况进行了解和调查。此次调查的任何相关资料绝对保密并只作为学术研究之用。请您按照真实情况认真、客观填写。全部完成问卷大约需要花费 8 分钟的时间。若无特别说明的均为单选。请在相应的选项内选上（打√）最符合您的判断。

　　您的参与是对我们工作和志愿服务事业极为重要的支持！

　　再次衷心感谢您的合作！

当代中国志愿服务文化建设课题调研组

第一部分　个人基本信息

A1. 您的性别
①男　　　　　　　　　　②女

A2. 您的年龄
①18 周岁以下　　　　　　②18—39 周岁
③40—59 周岁　　　　　　④60 周岁及以上

A3. 您的婚姻状况

①未婚　　　　　　　　　　②已婚

③其他_____

A4. 您的身份

①在校学生　　　　　　　　②教师

③社工　　　　　　　　　　④医务工作者

⑤国家公务员　　　　　　　⑥企业管理人员

⑦企业员工　　　　　　　　⑧农民

⑨（退役）军人　　　　　　⑩自由职业者

⑪个体经营者　　　　　　　⑫未就业人员

⑬离退休人员　　　　　　　⑭其他职业_____

A5. 您的文化程度

①小学　　　　　　　　　　②初中

③高中　　　　　　　　　　④大专

⑤本科　　　　　　　　　　⑥研究生

⑦其他_____

A6. 您的政治面貌

①群众　　　　　　　　　　②共青团员

③中共党员（含中共预备党员）④民主党派人士

⑤无党派人士

A7. 您目前生活所在区域

①华东地区　　　　　　　　②华中地区

③华南地区　　　　　　　　④华北地区

⑤西部地区

A8. 您的生活常住地

①农村　　　　　　　　　　②乡镇

③城市

A9. 您的宗教信仰

①佛教　　　　　　　　　　②道教

③基督教　　　　　　　　　④伊斯兰教

⑤其他宗教信仰　　　　　　⑥无

A10. 您目前年平均收入水平

①5万元以下　　　　　　②5万—10万元
③11万—15万元　　　　 ④16万—20万元
⑤21万—50万元　　　　 ⑥51万元以上
⑦在校学生无收入

A11. 您是不是注册志愿者

①是　　　　　　　　　　②否

A12. 您参与志愿服务的频率

①经常参与　　　　　　　②偶尔参与
③从不参与

第二部分　中国公民志愿服务文化认同态度

下面是一些关于志愿者、志愿服务、志愿服务文化的描述，请您在"非常不符合→非常符合"框中选上（打√）最符合您自己的判断。

序号	项目	非常不符合	较不符合	不确定	较符合	非常符合
B1	我认为志愿服务证书可以记录志愿服务美好时光	1	2	3	4	5
B2	我穿上志愿服务统一服装大家更愿意找我帮忙	1	2	3	4	5
B3	我获得志愿服务证书之后愿意继续坚持做志愿服务	1	2	3	4	5
B4	我认为有专门的活动场地有助于志愿服务长期开展	1	2	3	4	5
B5	我穿上志愿服务统一服装就会感觉自己是一名真正的志愿者	1	2	3	4	5
B6	我愿意通过新时代文明实践中心（所、站）参与志愿服务活动	1	2	3	4	5
B7	我在参与志愿服务过程中经常得到专业培训和人身安全保障	1	2	3	4	5
B8	我在参与志愿服务过程中各项合法权益得到有效制度保障	1	2	3	4	5

续表

序号	项目	非常不符合	较不符合	不确定	较符合	非常符合
B9	志愿服务规章条例帮助我顺利完成志愿服务活动	1	2	3	4	5
B10	我在参与志愿服务活动中能得到科学有序地指导	1	2	3	4	5
B11	我认为志愿者是充满爱心、乐于助人的人	1	2	3	4	5
B12	我认为志愿者是无私奉献、不计回报的人	1	2	3	4	5
B13	我经常能在志愿服务的过程中得到乐趣	1	2	3	4	5
B14	我认为提供志愿服务是公民应尽的社会责任	1	2	3	4	5
B15	我愿意把志愿服务当成生活的重要部分	1	2	3	4	5
B16	我愿意把参与志愿服务当作一种生活方式	1	2	3	4	5
B17	我愿意经常参加志愿服务活动	1	2	3	4	5

第三部分　中国公民志愿服务文化认同的影响因素

下面是关于中国公民志愿服务文化认同的影响因素，请您在"非常不符合→非常符合"框中选上（打√）最符合您自己的判断。

序号	项目	非常不符合	较不符合	不确定	较符合	非常符合
C1	我同情需要帮助的人	1	2	3	4	5
C2	我认为和谐的人际关系在和谐社会中占有重要地位	1	2	3	4	5
C3	我认为帮助他人使我感觉良好	1	2	3	4	5
C4	我认为帮助他人使我觉得自己是被需要的	1	2	3	4	5
C5	我认为团结互助是一种可贵的品质	1	2	3	4	5
C6	我认为服务社会奉献自己的生活才有意义	1	2	3	4	5
C7	我认为地方党委政府出台激励政策有助于市民自觉参与志愿服务	1	2	3	4	5

续表

序号	项　目	非常不符合	较不符合	不确定	较符合	非常符合
C8	我不愿意参加由地方政府单位发起的志愿服务活动	1	2	3	4	5
C9	周围有志愿组织促使我参加志愿服务	1	2	3	4	5
C10	我认为志愿组织专业可靠	1	2	3	4	5
C11	我现在工作的单位有对员工开展志愿服务活动的要求	1	2	3	4	5
C12	我认为学校开展思想品德教育增强了志愿者的社会责任意识	1	2	3	4	5
C13	我生活的社区邻里互助、人际关系和谐	1	2	3	4	5
C14	我的家庭成员经常受到社区志愿者的帮助	1	2	3	4	5
C15	我的家庭成员感情融洽、家庭和睦	1	2	3	4	5
C16	我的家庭成员参加过志愿服务活动	1	2	3	4	5
C17	网络和新媒体上传播志愿者感人事迹，让我对志愿者有更多的敬意	1	2	3	4	5
C18	网络或新媒体上报道的志愿者事迹，激励我当一名优秀的志愿者	1	2	3	4	5

第四部分　中国公民志愿服务文化自信认知

以下为中国公民志愿服务文化自信认知状况，请您根据问题及选项，选择最符合您自身的选项（打√）。答案没有对错之分，对每一个句子无须多虑。

D1. 您认为志愿服务文化对当今社会的影响（单选）

①很大　　　　　　　　　②较大

③一般　　　　　　　　　④没有

D2. 您觉得当前中国志愿服务文化建设面临的主要困难有（多选）

①政府不够重视

②公民对志愿服务文化不够了解

③志愿组织缺乏文化管理理念

④部分公民素质不适应志愿服务要求

⑤志愿服务文化建设资金不足

⑥缺乏优秀的志愿服务项目

⑦其他_____

D3. 您认为志愿服务文化自信表现为（多选）

①对志愿服务文化发展前途充满信心

②对建设具有中国特色的志愿服务文化充满信心

③对志愿服务活动的悦纳

④对志愿服务文化的广泛传播

⑤对志愿服务文化自身价值的充分肯定

⑥其他_____

D4. 您认为志愿服务文化自信发展应该着力于（多选）

①个人提高对志愿服务文化的认识，有意识的自我提高

②通过教育引导公民认同志愿服务文化，增强志愿服务文化自信

③突出强调志愿服务文化在文化强国战略中的重要地位

④加强志愿服务文化建设，引领和发展社会主义先进文化

⑤树立志愿服务文化开放包容的态度

⑥其他_____

问卷到此结束，再次感谢您的参与！

参考文献

一　著作类

《马克思恩格斯文集》第1—10卷，人民出版社2009年版。

《马克思恩格斯选集》第1—4卷，人民出版社2012年版。

《列宁专题文集》第1—5卷，人民出版社2009年版。

马克思：《1844年经济学哲学手稿》，人民出版社2000年版。

马克思、恩格斯：《德意志意识形态》，人民出版社2003年版。

《毛泽东选集》第1—4卷，人民出版社1991年版。

胡锦涛：《胡锦涛文选》第1—3卷，人民出版社2016年版。

习近平：《习近平谈治国理政》第1—3卷，外文出版社2018年、2017年、2020年版。

习近平：《干在实处 走在前列：推进浙江新发展的思考与实践》，中共中央党校出版社2013年版。

习近平：《之江新语》，浙江人民出版社2013年版。

习近平：《在庆祝中国共产党成立95周年大会上的讲话》，人民出版社2016年版。

习近平：《决胜全面建成小康社会　夺取新时代中国特色社会主义伟大胜利》，人民出版社2017年版。

习近平：《在纪念马克思诞辰200周年大会上的讲话》，人民出版社2018年版。

习近平：《在教育文化卫生体育领域专家代表座谈会上的讲话》，人民出版社2020年版。

习近平:《在庆祝中国共产党成立 100 周年大会上的讲话》,人民出版社 2021 年版。

习近平:《在北京冬奥会、冬残奥会总结表彰大会上的讲话》,人民出版社 2022 年版。

习近平:《习近平重要讲话单行本（2021 年合订本）》,人民出版社 2022 年版。

中共中央文献研究室:《十八大以来重要文献选编（上中下）》,中央文献出版社 2014 年、2016 年、2018 年版。

中共中央文献研究室:《十九大以来重要文献选编（上中）》,中央文献出版社 2019 年、2021 年版。

中共中央文献研究室:《习近平关于社会主义文化建设论述摘编》,中央文献出版社 2017 年版。

中共中央宣传部:《习近平新时代中国特色社会主义思想三十讲》,学习出版社 2018 年版。

中共中央宣传部:《习近平新时代中国特色社会主义思想学习纲要》,学习出版社,人民出版社 2019 年版。

《中共中央关于党的百年奋斗重大成就和历史经验的决议》,人民出版社 2021 版。

《中共中央关于坚持和完善中国特色社会主义制度 推进国家治理体系和治理能力现代化若干重大问题的决定》,人民出版社 2019 年版。

《中华人民共和国国民经济和社会发展第十一个五年规划纲要》,人民出版社 2006 年版。

《中华人民共和国国民经济和社会发展第十二个五年规划纲要》,人民出版社 2011 年版。

《中华人民共和国国民经济和社会发展第十三个五年规划纲要》,人民出版社 2016 年版。

《中华人民共和国国民经济和社会发展第十四个五年规划和 2035 年远景目标纲要》,人民出版社 2021 年版。

《新时代公民道德建设实施纲要》,人民出版社 2019 年版。

《中华人民共和国慈善法》,人民出版社 2016 年版。

《志愿服务条例》,法律出版社 2019 年版。

鲍宗豪：《当代中国文明论——文明与文明城市的理论研究》，中国出版集团东方出版中心 2019 年版。

北京志愿服务发展研究会：《中国志愿服务大辞典》，中国大百科全书出版社 2014 年版。

曹卫洲：《国外青年志愿服务概况》，中国青年出版社 1981 年版。

陈立思：《比较思想政治教育》，中国人民大学出版社 2018 年版。

陈秋明：《大学生志愿服务理论与实践》，商务印书馆 2018 年版。

陈元中：《中国共产党执政文化建设研究》，人民出版社 2012 年版。

戴烽：《公共参与——场域视野下的观察》，商务印书馆 2010 年版。

丁帅：《大学生志愿服务中价值观培育研究》，经济日报出版社 2020 年版。

丁元竹等：《志愿服务指标体系研究》，清华大学出版社 2018 年版。

丁元竹、江汛清、谭建光：《中国志愿服务研究》，北京大学出版社 2007 年版。

董放新、童军：《志愿服务组织管理》，华南理工大学出版社 2020 年版。

樊浩：《文化与安身立命》，福建教育出版社 2009 年版。

方立明：《义与利的自觉：温商伦理研究》，上海三联书店 2014 年版。

费孝通：《推己及人（上）》，大众文艺出版社 2010 年版。

冯英等：《外国的慈善组织》，中国社会出版社 2008 年版。

冯英等：《外国的志愿者》，中国社会出版社 2008 年版。

共青团北京市委员会、北京青年研究会：《志愿者形象及其社会影响》，人民出版社 2009 年版。

关成华、涂勤：《2017 中国志愿服务经济价值测度报告》，中国社会出版社 2018 年版。

何炜金：《文明实践与当代志愿服务》，社会科学文献出版社 2020 年版。

洪振宁：《试论温州文化的区域特色》，上海人民出版社 2011 年版。

江畅：《德性论》，人民出版社 2011 年版。

金安平编：《国外志愿服务重要文献选辑》，张俊虎、刘浩译，中国文联出版社 2018 年版。

金小红：《社会管理创新视野下志愿服务研究》，华中科技大学出版社 2016 年版。

李建华：《社会主义核心价值观构建与践行研究》，人民出版社 2017 年版。

李茂平：《大学生扶贫志愿服务研究》，中国社会出版社 2021 年版。

李茂平：《志愿服务与道德建设》，中国社会出版社 2020 年版。

李培林等主编：《社会蓝皮书：2022 年中国社会形势分析与预测》，社会科学文献出版社 2022 年版。

梁绿琦：《志愿服务与大学生社会主义核心价值观培育研究》，中国社会科学出版社 2016 年版。

梁漱溟：《中国文化的命运》，中信出版集团 2016 年版。

廖建军：《回归初心——中国慈善公益的思考》，中国社会出版社 2017 年版。

卢德平等：《论中国特色志愿服务方法》，新华出版社 2019 年版。

卢德之：《论共享文明——兼论人类文明协同发展的新形态》，东方出版社 2017 年版。

卢汉龙主编：《慈善：关爱与和谐》，上海社会科学出版社 2004 年版。

陆士桢：《中国特色志愿服务概论》，新华出版社 2017 年版。

吕鑫：《当代中国慈善法制研究困境与反思》，中国社会科学出版社 2018 年版。

罗立军、汪家华：《传统文化与志愿服务实践》，暨南大学出版社 2020 年版。

彭柏林：《当代中国志愿服务伦理研究》，吉林人民出版社 2017 年版。

彭怀祖、吴东照：《重读〈雷锋日记〉——以先进典型研究为视角》，人民出版社 2021 年版。

钱理群：《论志愿者文化》，生活·读书·新知三联书店 2018 年版。

荣德昱：《青春与伙伴同行：我国志愿服务法律法规与政策选编》，浙江工商大学出版社 2017 年版。

上海市精神文明建设委员会办公室：《上海志愿服务蓝皮书（2020）》，上海人民出版社 2020 年版。

沈望舒：《论中国特色志愿服务文化》，新华出版社 2021 年版。

唐凯麟、张怀承：《成人与成圣——儒家伦理道德精粹》，湖南大学出版社 1999 年版。

陶倩：《当代中国志愿精神的培养研究》，上海人民出版社 2013 年版。

陶倩等：《新时代中国特色志愿服务发展研究》，社会科学文献出版社

2018年版。

天津市和平区文明办：《志愿和平——新时代全域志愿服务发展模式研究》，人民出版社2020年版。

王洪松：《当代中国的志愿服务与公民社会建设》，中国政法大学出版社2015年版。

王名扬：《美国行政法》，中国法制出版社1995年版。

王雁：《项目大赛引领下的浙江志愿服务发展的实践探索》，浙江工商大学出版社2020年版。

王义明、谭建光：《青年公益创业与志愿服务研究》，人民出版社2015年版。

王莹等：《社会治理创新的伦理路径与制度支持研究》，人民出版社2019年版。

魏娜等：《经验·价值·影响：2008北京奥运会、残奥会志愿者工作成果转化研究》，中国人民大学出版社2010年版。

魏娜：《志愿服务概论》，中国人民大学出版社2018年版。

徐光春：《马克思主义大辞典》，崇文书局2018年版。

许莲丽：《新时代中国志愿服务理论与实践的新探索》，人民出版社2018年版。

薛婷：《社会认同的逻辑——集体行动的理性与感性之争》，清华大学出版社2017年版。

杨道波等：《国外慈善法译汇》，中国政法大学出版社2011年版。

杨团：《慈善蓝皮书：中国慈善发展报告（2017）》，社会科学文献出版社2017年版。

杨团、朱健刚：《慈善蓝皮书：中国慈善发展报告（2020）》，社会科学文献出版社2020年版。

杨团、朱健刚：《中国慈善发展报告（2021）》，社会科学文献出版社2022年版。

余逸群、纪秋发：《中国志愿服务历史、实践与发展》，北京理工大学出版社2019年版。

俞可平：《中国公民社会的兴起与治理的变迁》，社会科学文献出版社2002年版。

袁贵仁：《人的哲学》，人民出版社1987年版。

袁媛、谭建光：《中国志愿服务：从社区到社会》，人民出版社2011年版。

张红霞：《文化多样化背景下大学生志愿服务育人功能研究》，中国社会科学出版社2020年版。

张晓红：《论志愿服务教育》，人民出版社2017年版。

张晓红、苏超莉：《志愿兴城——北京市大兴区"志愿之城"建设研究》，人民出版社2019年版。

张晓红：《志愿服务理论与实践》，中国青年出版社2019年版。

张永新、良警宇：《中国文化志愿服务发展报告（2016）》，社会科学文献出版社2016年版。

张仲国、聂鑫、刘淑艳：《雷锋精神与志愿者行动》，中国财政经济出版社2013年版。

张祖平等：《志愿服务组织管理精选案例汇编》，人民出版社2016年版。

赵敦华：《基督教哲学1500年》，人民出版社1994年版。

郑德涛、欧真志：《社会管理创新与公共服务优化》，中山大学出版社2012年版。

中国志愿服务联合会：《邻里守望在中国》，人民出版社2017年版。

中国志愿服务联合会：《中国志愿服务发展报告》，社会科学文献出版社2017年版。

钟永圣：《雷锋精神与中华传统文化传承》，中国财政经济出版社2013年版。

周中之：《慈善伦理——文化血脉与价值导向》，上海三联书店2021年版。

朱健刚：《行动的力量——民间志愿组织实践逻辑研究》，商务印书馆2008年版。

朱贻庭：《伦理学大辞典》，上海辞书出版社2002年版。

朱友渔：《中国慈善事业的精神》，商务印书馆2016年版。

卓高生：《大学生志愿精神作用机理及实证研究》，中国社会科学出版社2015年版。

资中筠：《财富的责任与资本主义演变——美国百年公益发展的启示》，上海三联书店2015年版。

[法] 阿尔贝特·施韦泽：《文化哲学》，陈泽环译，上海人民出版社2017

年版。

［法］阿兰·图海纳：《我们能否共同生存——既彼此平等又互有差异》，商务印书馆2003年版。

［法］皮埃尔·布尔迪厄：《文化资本与社会炼金术：布尔迪厄访谈录》，包亚明译，上海人民出版社1997年版。

［古罗马］马可·奥勒留·安东尼：《沉思录》，陈洪操译，北京工业大学出版社2016年版。

［古罗马］西塞罗：《图斯库兰论辩集》，李蜀人译，中国社会科学出版社2021年版。

［古希腊］亚里士多德：《尼各马可伦理学》，廖申白译，商务印书馆2003年版。

［古希腊］亚里士多德：《政治学》，颜一等译，中国人民大学出版社2003年版。

［美］罗伯特·F. 墨菲：《文化与社会人类学引论》，王卓君译，商务印书馆1991年版。

［美］罗伯特·S. 奥格尔维：《志愿服务、社区生活与伦理道德：美国社会的视角》，上海财经大学出版社2018年版。

［美］罗伯特·费特南：《使民主运转起来》，王列、赖海榕译，江西人民出版社2001年版。

［美］罗伯特·帕特南：《独自打保龄球——美国社区的衰落与复兴》，刘波、祝乃娟等译，北京大学出版社2013年版。

［美］丹尼尔·贝尔：《资本主义文化矛盾》，赵一凡等译，生活·读书·新知三联书店1989年版。

［美］马克·A. 缪其克等：《志愿者》，魏娜等译，中国人民大学出版社2013年版。

［美］莱斯特·M. 萨拉蒙：《全球公民社会：非营利部门视界》，贾西津等译，社会科学文献出版社2007年版。

［美］曼瑟尔·奥尔森：《集体行动的逻辑》，陈郁、郭宇峰、李崇新译，格致出版社2019年版。

［美］摩尔根：《古代社会》，杨东莼等译，商务印书馆1983年版。

［美］乔纳森·弗里德曼：《文化认同与全球性过程》，郭建如译，商务印

书馆 2003 年版。

［美］塞缪尔·亨廷顿：《文明的冲突》，周琪等译，新华出版社 2017 年版。

［美］塔尔科特·帕森斯：《社会行动的结构》，张明德、夏遇南、彭刚译，译林出版社 2012 年版。

［美］托马斯·内格尔：《利他主义的可能性》，应奇、何松旭、张曦译，上海译文出版社 2015 年版。

［美］约翰·克莱顿·托马斯：《公共决策中的公民参与：公共管理者的新技能与新策略》，孙柏瑛译，中国人民大学出版社 2005 年版。

［美］詹姆斯·科尔曼：《社会理论的基础》（上），邓方译，社会科学文献出版社 1992 年版。

［新西兰］罗莎琳德·赫斯特豪斯：《美德伦理学》，李义天译，译林出版社 2016 年版。

［意］葛兰西：《实践哲学》，徐崇温译，重庆出版社 1990 年版。

［印度］阿玛蒂亚·森、［阿根廷］贝纳多·科利克斯伯格：《以人为本：全球化世界的发展伦理学》，马春文、李俊江等译，长春出版社 2012 年版。

［英］亚当·斯密：《道德情操论》，蒋自强、钦北愚、朱钟棣等译，商务印书馆 2017 年版。

二 期刊报纸类

陈晶环：《青年志愿服务对社会管理创新的意义》，《中国青年政治学院学报》2012 年第 6 期。

陈伟东、吴岚波：《困境与治理：社区志愿服务持续化运作机制研究》，《河南大学学报》（社会科学版）2018 年第 5 期。

陈曦、潘小俪、刘晓东：《构建大学生志愿服务长效机制 加强和改进大学生思想政治教育——北京科技大学实践类课程〈大学生志愿服务〉的建设和探索》，《思想教育研究》2009 年第 8 期。

党秀云：《论志愿服务的常态化与可持续发展》，《中国行政管理》2011 年第 3 期。

邓国胜:《奥运契机与中国志愿服务的发展》,《北京行政学院学报》2007年第2期。

邓国胜、辛华:《美国志愿服务的制度设计及启示》,《社会科学辑刊》2017年第1期。

邓国胜:《中国志愿服务发展的模式》,《社会科学研究》2002年第2期。

杜仕菊、程明月:《马克思共同体思想:起点、要义及愿景旨归》,《马克思主义理论学科研究》2019年第6期。

冯建军:《基于积极公民培养的参与式公民教育》,《中国教育学刊》2016年第2期。

傅帅雄、刘雨青、黄顺魁:《提升大学生志愿服务活动的思想政治教育功能的思考》,《思想理论教育导刊》2016年第11期。

高和荣:《论社区志愿组织与志愿服务的完善——以福建三个社区为例》,《福建论坛》(人文社会科学版)2011年第4期。

高嵘:《美国志愿服务发展的历史考察及其借鉴价值》,《中国青年研究》2010年第4期。

高向东、章彬:《城市青年志愿服务的机制建设》,《当代青年研究》2006年第5期。

高小枚:《论志愿服务组织发展的制度环境》,《山东社会科学》2015年第5期。

顾洪英:《充分发挥志愿服务在大学生思想政治教育中的载体作用》,《思想理论教育导刊》2014年第6期。

桂敏、白新睿:《新加坡社区教育公共服务体系助推社区融合的实践探析》,《中国成人教育》2018年第12期。

韩芸:《图书馆志愿服务管理研究》,《中国图书馆学报》2008年第2期。

郝立新:《新时代文化发展的重大成就和宝贵经验》,《中国人民大学学报》2021年第6期。

贺寨平:《国外社会支持网研究综述》,《国外社会科学》2001年第1期。

胡伯项、刘雨青:《日本志愿服务的工作机制及其借鉴》,《国家行政学院学报》2015年第5期。

胡和平:《深刻理解政治性、先进性、群众性要求》,《光明日报》2015年12月4日。

胡剑谨：《切实建好新时代文明实践中心 绘就"大爱温州"美丽画卷》，《中国志愿》2020年第5期。

胡凯、杨欣：《论大学生志愿服务的思想政治教育功能》，《思想教育研究》2010年第2期。

胡雪城：《文明创建要始终坚持群众性原则》，《学习月刊》2006年第9期。

江汛清：《关于志愿服务若干问题的探讨》，《中国青年政治学院学报》2002年第4期。

姜玉洪、李烨：《弘扬志愿文化促进社会和谐——让志愿服务成为人的一种生存方式》，《东北农业大学学报》（社会科学版）2011年第5期。

李国荣：《现代志愿服务行为的理论基础研究》，《中国青年研究》2009年第1期。

李国荣：《现代志愿服务行为的理论基础研究》，《中国青年研究》2009年第1期。

李辉、孙雅艳：《志愿文化：高校德育的新载体》，《思想理论教育》2012年第5期。

李凌：《志愿服务对推动第三次分配、促进共同富裕的重要价值》，《中国志愿服务研究》2021年第2期。

李茂平：《志愿服务与社会主义核心价值体系大众化》，《社会主义研究》2012年第4期。

李芹：《城市社区老年志愿服务研究——以济南为例》，《社会科学》2010年第6期。

李玮、林伯海：《中国志愿精神培育的社会环境优化》，《江西社会科学》2018年第3期。

李义勤：《新加坡的志愿服务制度》，《中国社会组织》2017年第8期。

刘冬林：《重视过程管理——关于高校图书馆志愿者服务可持续发展的思考》，《图书馆》2014年第2期。

楼慧心：《马克思主义研究领域在慈善研究中的集体失语及其分析》，《人文杂志》2009年第2期。

陆士桢：《建设独具中国特色的志愿服务体系》，《中国国情国力》2016年第3期。

陆士桢、李泽轩:《论新时代中国特色志愿服务的新格局》,《中国青年社会科学》2019 年第 5 期。

罗明星、陈丽平:《社区志愿服务:作为思想政治理论课实践教学方式的探讨》,《思想教育研究》2016 年第 6 期。

马剑银:《当代中国慈善话语的多元文化谱系》,《中国非营利评论》2021 年第 1 期。

苗大培等:《构建我国体育志愿者组织的理论探讨》,《体育科学》2004 年第 9 期。

闵小益:《二十世纪五十年代上海青年志愿垦荒队及其活动述略》,《上海青年管理干部学院学报》2006 年第 1 期。

莫于川:《依法防控新冠肺炎疫情与依法化解志愿服务风险——兼论应急志愿服务法治发展的研究课题、创新路径和关键举措》,《中国志愿服务研究》2020 年第 1 期。

欧阳雪梅:《新中国社会主义文化建设的演进及基本经验》,《当代中国史研究》2019 年第 5 期。

秦琴、孙玉曼:《中国特色志愿文化的丰富内涵与价值探析》,《理论观察》2019 年第 11 期。

曲小远、应巨林、白炳贵:《基于温州高校新青年下乡的志愿服务机制研究》,《教育理论与实践》2017 年第 30 期。

任平:《论马克思主义慈善观》,《学术研究》2010 年第 5 期。

任平:《全球文明秩序重建与中国文化自信的当代使命——兼论建构马克思主义中国化的文化形态》,《中共中央党校学报》2017 年第 1 期。

任志勇、王丽新:《关于培育新时代中国志愿服务文化的思考》,《学校党建与思想教育》2018 年第 8 期。

邵政严:《试论我国青年志愿服务的价值与影响因素》,《中国青年研究》2010 年第 7 期。

沈杰:《志愿精神在中国社会的兴起》,《中国青年政治学院学报》2009 年第 6 期。

孙广成:《面向用户的公共图书馆志愿者服务延伸途径研究》,《图书与情报》2014 年第 5 期。

谭建光:《中国青年志愿服务十大品牌及其价值——改革开放 40 年的社会

创新案例分析》,《青年发展论坛》2018 年第 2 期。

谭建光:《中国特色的志愿服务理论体系分析》,《青年探索》2015 年第 1 期。

谭建光、周宏峰:《中国志愿者:从青年到全民——改革开放 30 年志愿服务发展分析》,《中国青年研究》2009 年第 1 期。

唐巍、王晓霞:《发扬志愿服务精神提升社会文明治理》,《天津日报》2019 年 3 月 25 日。

唐义、杨洋:《美国公共图书馆志愿服务现状调查及启示》,《图书馆理论与实践》2021 年第 9 期。

陶东风、吕鹤颖:《雷锋:社会主义伦理符号的塑造及其变迁》,《学术月刊》2010 年第 12 期。

陶倩、曾琰:《志愿服务之于价值共同体的建构探析》,《社会主义核心价值观研究》2017 年第 1 期。

田庚等:《我国新农村建设中社区志愿文化导向机制研究》,《重庆工商大学学报》(西部论坛)2008 年第 4 期。

田丽娜:《论志愿精神与社会主义核心价值观的契合性》,《思想教育研究》2015 年第 9 期。

田鹏颖:《雷锋精神展示中华优秀文化的永恒魅力》,《思想教育研究》2012 年第 2 期。

万光侠:《百年文化建设的历史经验》,《红旗文稿》2021 年第 20 期。

王劲颖:《美国基金会发展现状及管理制度的考察与借鉴》,《中国行政管理》2011 年第 4 期。

王玖姣:《建党百年来文化建设的基本经验》,《科学社会主义》2021 年第 3 期。

王克修、王露曼:《新加坡社区文化建设的经验和启示》,《思想政治工作研究》2013 年第 4 期。

王莉、孙建华:《我国志愿文化发展路径研究》,《中华文化论坛》2016 年第 4 期。

王名、蓝煜昕、高皓、史迈:《第三次分配:更高维度的财富及其分配机制》,《中国行政管理》2021 年第 12 期。

魏娜、王焕:《国内外志愿服务研究主题演进与热点比较研究——基于

2008—2018 年的数据分析》,《中国行政管理》2019 年第 11 期。

魏娜、王焕:《突发公共卫生事件下应急志愿服务体系与行动机制研究》,《南通大学学报》(社会科学版) 2020 年第 5 期。

魏娜:《我国志愿服务发展:成就、问题与展望》,《中国行政管理》2013 年第 7 期。

吴鲁平:《志愿者的参与动机:类型、结构——对 24 名青年志愿者的访谈分析》,《青年研究》2007 年第 5 期。

谢立黎、陈民强:《美国老年志愿服务制度、实践及启示》,《中国志愿服务研究》2021 年第 1 期。

徐家良:《互联网公益:一个值得大力发展的新平台》,《理论探索》2018 年第 2 期。

颜睿:《志愿精神的文化渊源与现代价值》,《思想教育研究》2018 年第 8 期。

杨洁:《主分馆制社区图书馆开展志愿者服务的管理模式探讨》,《图书馆》2013 年第 3 期。

尹强:《论当下中国志愿文化的兴起与发展——兼论中国优秀传统文化与西方进步文化的融通与结合》,《学术探索》2015 年第 1 期。

余蓝:《大学生志愿精神培养的障碍性因素分析》,《当代青年研究》2009 年第 12 期。

余逸群:《我国青年志愿服务与慈善文化论纲》,《北京青年研究》2016 年第 3 期。

袁桂娟:《创意中国的新文化——志愿文化的价值研究》,《继续教育研究》2014 年第 12 期。

岳金柱、宋珊、何桦:《新加坡志愿服务主要经验做法及其启示》,《社团管理研究》2012 年第 12 期。

曾天雄、卢爱国:《分开与合作:社区志愿服务机制创新研究》,《湘潭大学学报》(哲学社会科学版) 2014 年第 1 期。

詹晨、李丽娟、张玉钧:《美国国家公园志愿服务管理经验及其对我国的启示》,《世界林业研究》2020 年第 5 期。

张春龙:《新加坡"义工"体系的制度支撑》,《群众》2020 年第 6 期。

张红霞、张耀灿:《论校园文化建设视阈中的大学生志愿服务》,《思想理论教育导刊》2013 年第 1 期。

张杰：《我国志愿服务组织的行政化倾向及校正路径》，《理论月刊》2014 年第 9 期。

张勤：《现代社会治理中志愿服务可持续发展的路径选择》，《学习论坛》2014 年第 3 期。

张网成：《我国志愿者管理现状与问题的实证分析》，《中国社会科学院研究生院学报》2011 年第 6 期。

张晓红：《高校志愿服务教育课程化路径探索》，《思想教育研究》2011 年第 5 期。

张耀灿：《关于弘扬志愿服务精神的几个问题》，《思想政治教育研究》2011 年第 5 期。

张佑辉：《第三次分配中的志愿服务：意义、机理与环境》，《中国志愿服务研究》2021 年第 2 期。

张祖冲：《我国志愿文化构建的维度》，《思想政治教育研究》2013 年第 5 期。

赵卓、亓少元：《美国体育志愿者的培养体系及启示》，《浙江体育科学》2009 年第 5 期。

郑春荣：《德国志愿服务：特点、趋势与促进措施》，《中国青年研究》2010 年第 10 期。

郑永廷：《论精神文化的发展趋向与方式——兼谈精神生活的丰富与提高》，《思想教育研究》2009 年第 8 期。

钟辰：《推进志愿服务的理论视野》，《当代青年研究》1998 年第 3 期。

朱继东：《新中国文化建设的基本经验及启示》，《湖南科技大学学报》（社会科学版）2019 年第 6 期。

朱婧薇：《雷锋精神的文化建构与当代传承》，《中国青年研究》2021 年第 10 期。

朱薇：《新中国思想道德的顶层号召和战略引领》，《雷锋》2022 年第 3 期。

卓高生：《坚持走中国特色志愿服务之路 让志愿服务蔚然成风》，《人民日报》2020 年 4 月 7 日。

卓高生、谢建芬：《马克思人论中的自由思想探析》，《改革与战略》2018

年第 8 期。

卓高生、易招娣:《服务学习理论视域下大学生志愿精神培育策略探析》,《河北学刊》2014 年第 3 期。

三 外文类文献

Alchian, A. A. *The Economics of Charity Essays on the Comparative Economics and Ethics of Giving and Selling*, with Applications to Blood, London: Institute of Economic Affairs, 1973.

Andreoni, J., "Giving with impure altruism: Applications to charity and Ricardian equivalence", *Journal of Political Economy*, Vol. 97, No. 6, Dec., 1989.

Becker A., "An Experimental Study of Voluntary Nonprofit Accountability and Effects on Public Trust, Reputation, Perceived Quality, and Donation Behavior", *Nonprofit and Voluntary Sector Quarterly*, Vol. 47, No. 3, 2018.

Bonnesen, L., "Social Inequalities in Youth Volunteerism: A Life-Track Perspective on Danish Youths", *Voluntas*, Vol. 29, No. 1, 2018.

Bonnesen, L., "Social Inequalities in Youth Volunteerism: A Life-Track Perspective on Danish Youths", *Voluntas*, Vol. 29, No. 1, 2018, pp.

Brindle, David, "A History of the Volunteer: How Active Citizenship became the Big Society", *The Guardian*, November 21, 2015.

Brown, Kevin M., et al., *On the Concept of Voluntary Association. Rhetorics of Welfare*, London: Palgrave Macmillan, 2000.

Bussell, H., & Forbes, D., "Understanding the volunteer market: The what, where, who and why of volunteering", *International Journal of Nonprofit and Voluntary Sector Marketing*, Vol. 7, No. 3, 2002.

Capecchi S., Di Iorio F., Nappo N., "Volunteering and Self-Assessed Health Within EU28 Countries: Evidence From the EWCS", *Nonprofit and Voluntary Sector Quarterly*, Vol. 50, No. 1, 2021.

Chaney, P., & Wincott, D., "Envisioning the Third Sector's Welfare Role: Critical Discourse Analysis of 'Post-Devolution' Public Policy in the UK 1998 – 2012", *Social policy & administration*, Vol. 48, No. 7, 2014.

Cheng, G., and A. Chan. *Volunteering Among Older Middle-Aged Singaporeans: A Latent Class Analysis*, 2018.

Cloke, P., Johnsen, S., & May, J., "Ethical citizenship? Volunteers and the ethics of providing services for homeless people", *Geoforum*, Vol. 38, No. 6, 2007.

Compion, S. "The Joiners: Active Voluntary Association Membership in Twenty African Countries", *Voluntas*, Vol. 28, No. 3, 2017.

Coule, T. M., & Bennett, E., "State-Voluntary Relations in Contemporary Welfare Systems: New Politics or Voluntary Action as Usual?" *Nonprofit and Voluntary Sector Quarterly*, Vol. 47, No. 4_suppl, 2018.

Cox J., Oh EY., Simmons B., et al., "Doing Good Online: The Changing Relationships Between Motivations, Activity, and Retention Among Online Volunteers", *Nonprofit and Voluntary Sector Quarterly*, Vol. 47, No. 5, 2018.

Dean J., "Class Diversity and Youth Volunteering in the United Kingdom: Applying Bourdieu's Habitus and Cultural Capital", *Nonprofit and Voluntary Sector Quarterly*, Vol. 45, No. 1, 2016.

Dean, J., "How structural factors promote instrumental motivations within youth volunteering: a qualitative analysis of volunteer brokerage", *Voluntary Sector Review*, Vol. 5, No. 2, 2014.

Dean, Jon, "Manufacturing citizens: the dichotomy between policy and practice in youth volunteering in the UK", *Administrative theory & praxis*, Vol. 35, No. 1, 2013.

Dean, J., "Volunteering, the market, and neoliberalism", *People, Place and Policy*, Vol. 9, No. 2, 2015.

De Clerck, T., Willem, A., Aelterman, N. et al., "Volunteers Managing Volunteers: The Role of Volunteer Board Members' Motivating and Demotivating Style in Relation to Volunteers' Motives to Stay Volunteer", *Voluntas*, Vol. 32, No. 6, 2021.

Demir FO., Kireçci AN., Yavuz Görkem Ş., "Deepening Knowledge on Volunteers Using a Marketing Perspective: Segmenting Turkish Volunteers According to Their Motivations", *Nonprofit and Voluntary Sector Quarterly*,

Vol. 49, No. 4, 2020.

Downward P., Hallmann K., Rasciute S., "Volunteering and Leisure Activity in the United Kingdom: A Longitudinal Analysis of Males and Females", *Nonprofit and Voluntary Sector Quarterly*, Vol. 49, No. 4, 2020.

Dunn, J., Scuffham, P., Hyde, M. K. et al., "Designing Organisational Management Frameworks to Empower Episodic Volunteering", *Voluntas*, Vol. 33, No. 2, 2022.

Dury S., Brosens D., Smetcoren A-S., et al., "Pathways to Late-Life Volunteering: A Focus on Social Connectedness", *Nonprofit and Voluntary Sector Quarterly*, Vol. 49, No. 3, 2020.

Einolf CJ., "Parents' Charitable Giving and Volunteering: Are They Influenced by Their Children's Ages and Life Transitions? Evidence From a Longitudinal Study in the United States", *Nonprofit and Voluntary Sector Quarterly*, Vol. 47, No. 2, 2018.

Erasmus, B., Morey, P. J. "Faith-Based Volunteer Motivation: Exploring the Applicability of the Volunteer Functions Inventory to the Motivations and Satisfaction Levels of Volunteers in an Australian Faith-Based Organization", *Voluntas*, Vol. 27, No. 3, 2016.

Feenstra, R. A., "Blurring the Lines Between Civil Society, Volunteering and Social Movements. A Reflection on Redrawing Boundaries Inspired by the Spanish Case", *Voluntas*, Vol. 29, No. 6, 2018.

Feenstra, R. A. "Blurring the Lines Between Civil Society, Volunteering and Social Movements. A Reflection on Redrawing Boundaries Inspired by the Spanish Case", *Voluntas*, Vol. 29, No. 6, 2018.

Ferreira, M. R., Proença, T. & Proença, J. F., "Volunteering for a Lifetime? Volunteers' Intention to Stay in Portuguese Hospitals", *Voluntas*, Vol. 26, No. 3, 2015.

Finlayson, G., "A moving frontier: voluntarism and the state in British social welfare 1911 – 1949", *Twentieth Century British History*, Vol. 1, No. 2, 1990.

Forbes KF., Zampelli EM., "Volunteerism: The Influences of Social, Religious, and Human Capital", *Nonprofit and Voluntary Sector Quarterly*,

Vol. 43, No. 2, 2014.

Fyall, R., Gazley, B., "Applying Social Role Theory to Gender and Volunteering in Professional Associations", *Voluntas*, Vol. 26, No. 1, 2015.

Girginov, V., Peshin, N. & Belousov, L., "Leveraging Mega Events for Capacity Building in Voluntary Sport Organisations", *Voluntas*, Vol. 28, No. 5, 2017.

Güntert ST., Neufeind M., Wehner T., "Motives for Event Volunteering: Extending the Functional Approach", *Nonprofit and Voluntary Sector Quarterly*, Vol. 44, No. 4, 2015.

Grant, Peter, "Philanthropy and Voluntary Action in the First World War: Mobilizing Charity", Newyork: Routledge, 2014.

Gross HP., Rottler M., "Nonprofits' Internal Marketing and Its Influence on Volunteers' Experiences and Behavior: A Multiple Mediation Analysis", *Nonprofit and Voluntary Sector Quarterly*, Vol. 48, No. 2, 2019.

Halfpenny, P., and Lowe, D, *Individual Giving and Volunteering in Britain*, 7th Ed., Charities Aid Foundation, Tonbridge, Kent. 1994.

Halfpenny, Peter, "Economic and sociological theories of individual charitable giving: complementary or contradictory?" *Voluntas: International Journal of Voluntary and Nonprofit Organizations*, Vol. 10, No. 3, 1999.

Halsall, J., Cook, I. & Wankhade, P., "Global perspectives on volunteerism: Analysing the role of the state, society and social capital", *International Journal of Sociology and Social Policy*, Vol. 36 No. 7/8, 2016.

Haski-Leventhal, D., "Elderly Volunteering and Well-Being: A Cross-European Comparison Based on SHARE Data", *Voluntas*, Vol. 20, No. 6, 2009.

Haski-Leventhal D., Paull M., Young S., et al., "The Multidimensional Benefits of University Student Volunteering: Psychological Contract, Expectations, and Outcomes", *Nonprofit and Voluntary Sector Quarterly*, Vol. 49, No. 1, 2020.

Hems, L., and Passey, A., *The UK Voluntary Sector Statistical Almanac* 1996, National Council for Voluntary Organisations Publications, London: 1996.

Hjort, M., Beswick, D., "Volunteering and Policy Makers: The Political Uses of the UK Conservative Party's International Development Volunteering Projects", *Voluntas*, Vol. 32, No. 6, 2021.

Holmes, K., "Volunteering, citizenship and social capital: A review of UK government policy", *Journal of policy research in tourism, leisure and events*, Vol. 1, No. 3, 2009.

Hoogervorst N., Metz J., Roza L., van Baren E., "How Perceptions of Altruism and Sincerity Affect Client Trust in Volunteers Versus Paid Workers", *Nonprofit and Voluntary Sector Quarterly*, Vol. 45, No. 3, 2016.

Hoolwerf, L. K., and T. N. M. Schuyt., *Giving in Europe: The state of research on giving in 20 European countries*, Lenthe Publishers, 2017.

Ibrahim, H., Abdulai, M., & Abubakari, A., "Culture and international volunteerism: an analytic study of intercultural interactions between UK and Ghanaian volunteers on the International Citizen Service (ICS) program", *Human Arenas*, Vol. 3, No. 2, 2020.

Jennifer Miller, "Private Action, Public Benefit-A Review of Charities and the Wider Not-For-Profit Sector", *Business Law Review*, Issue 8, 2003.

Jone L. Pearce, *Volunteers: The organizational behavior of unpaid workers*, Routledge, 1993.

Kaltenbrunner, K., Renzl, B., "Social Capital in Emerging Collaboration Between NPOs and Volunteers: Performance Effects and Sustainability Prospects in Disaster Relief", *Voluntas*, Vol. 30, No. 5, 2019.

Kendall, Jeremy. *Policy Controversies and Challenges for Organized Civil Society: The Case of England Before the COVID – 19 Crisis.* Civil Society: Concepts, Challenges, Contexts. Springer, Cham, 2022.

Kendall J., *The economic scope and scale of the UK voluntary sector in comparative perspective.* New york: Routledge, 2004.

Kim Y-I., Jang SJ., "Religious Service Attendance and Volunteering: A Growth Curve Analysis", *Nonprofit and Voluntary Sector Quarterly*, Vol. 46, No. 2, 2017.

Kisby, B., "The Big Society: power to the people?" *The political quarterly*, Vol. 81, No. 4, 2010.

Kulik, L., Arnon, L. & Dolev, A., "Explaining Satisfaction with Volunteering in Emergencies: Comparison Between Organized and Spontaneous Volunteers in Operation Protective Edge", *Voluntas*, Vol. 27, No. 3, 2016.

Lanero A., Vázquez JL., Gutiérrez P., "Young Adult Propensity to Join Voluntary Associations: The Role of Civic Engagement and Motivations", *Nonprofit and Voluntary Sector Quarterly*, Vol. 46, No. 5, 2017.

Lazar, Adela, and Adrian Hatos. *European Philanthropic Behavior Patterns: Charitable Giving, Non-Profit and Welfare Regimes in the European Union*. Transylvanian Review of Administrative Sciences 15. SI, 2019.

Lee C., "Which Voluntary Organizations Function as Schools of Democracy? Civic Engagement in Voluntary Organizations and Political Participation", *International Journal of Voluntary and Nonprofit Organizations*, Vol. 33, No. 2, 2022.

Lee Y., "Facebooking Alone? Millennials' Use of Social Network Sites and Volunteering", *Nonprofit and Voluntary Sector Quarterly*, Vol. 49, No. 1, 2020.

Lie, M., Baines, S. & Wheelock, J., "Citizenship, Volunteering and Active Ageing", *Social Policy & Administration*, Vol. 43, No. 7, 2009.

Lukka, P., & Ellis, A., "An exclusive construct? Exploring different cultural concepts of volunteering", *Voluntary action London institute for volunteering research*, Vol. 3, No. 3, 2001.

Mainar, I. G., Servós, C. M. & Gil, M. I. S., "Analysis of Volunteering Among Spanish Children and Young People: Approximation to Their Determinants and Parental Influence", *Voluntas*, Vol. 26, No. 4, 2015.

Maki A., Snyder M., "Investigating Similarities and Differences Between Volunteer Behaviors: Development of a Volunteer Interest Typology", *Nonprofit and Voluntary Sector Quarterly*, Vol. 46, No. 1, 2017.

Malinen S., Mankkinen T., "Finnish Firefighters' Barriers to Volunteering", *Nonprofit and Voluntary Sector Quarterly*, Vol. 47, No. 3, 2018.

Mannarini, T., Talò, C., D'Aprile, G. et al., "A Psychosocial Measure of Social Added Value in Non-profit and Voluntary Organizations: Findings from a Study in the South of Italy", *Voluntas*, Vol. 29, No. 6, 2018.

Mao, Guanlan, et al., "What have we learned about COVID-19 volunteering in the UK? A rapid review of the literature", *BMC Public Health*, Vol. 21, No. 1, 2021.

Marshall, G. A., Taniguchi, H., "Good Jobs, Good Deeds: The Gender-Specific Influences of Job Characteristics on Volunteering", *Voluntas*, Vol. 23, No. 1, 2012.

Mesch DJ, Rooney PM, Steinberg KS, Denton B., "The Effects of Race, Gender, and Marital Status on Giving and Volunteering in Indiana", *Nonprofit and Voluntary Sector Quarterly*, Vol. 35, No. 4, 2006.

Milligan, C., & Fyfe, N. R., "Preserving space for volunteers: exploring the links between voluntary welfare organisations, volunteering and citizenship", *Urban studies*, Vol. 42, No. 3, 2005.

More-Hollerweger, Eva, et al., *The Palgrave Handbook of Volunteering, Civic Participation, and Nonprofit Associations*, London: Palgrave Macmillian, 2016.

Moseley A., James O., John P., Richardson L., Ryan M., Stoker G. "The Effects of Social Information on Volunteering: A Field Experiment", *Nonprofit and Voluntary Sector Quarterly*, Vol. 47, No. 3, 2018.

Nencini, A., Romaioli, D. & Meneghini, A. M., "Volunteer Motivation and Organizational Climate: Factors that Promote Satisfaction and Sustained Volunteerism in NPOs", *Voluntas*, Vol. 27, No. 2, 2016.

Nesbit R., "The Influence of Major Life Cycle Events on Volunteering", *Nonprofit and Voluntary Sector Quarterly*, Vol. 41, No. 6, 2012.

Nina Eliasoph, *Making Volunteers Civic Life after Welfares End*, Princeton university Press, 2011.

Nina Eliasoph, *The Politics of Volunteering*, Polity Press, 2013.

Nisbett, G. S., Strzelecka, M., "Appealing to Goodwill or YOLO-Promoting Conservation Volunteering to Millennials", *Voluntas*, Vol. 28, No. 1, 2017.

Okabe Y., Shiratori S., Suda K., "What Motivates Japan's International Volunteers? Categorizing Japan Overseas Cooperation Volunteers (JOCVs)",

Voluntas, Vol. 30, No. 5, 2019.

Quaranta, M., "Life Course, Gender, and Participation in Voluntary Organizations in Italy", *Voluntas*, Vol. 27, No. 2, 2016.

Rabbi Charles Simon, *Building a successful volunteer culture*, Jewish lights publishing, 2009.

Ramsden, S., & Cresswell, R., "First aid and voluntarism in England, 1945 – 85", *Twentieth Century British History*, Vol. 30, No. 4, 2019.

Robert J. Rosenthal, *Volunteer Engagement 2.0 Ideas and insights changing the world*. John Wiley &Sons, Inc., Hoboken, New Jersey, 2015.

Rotolo T., Wilson J., "State-Level Differences in Volunteerism in the United States: Research Based on Demographic, Institutional, and Cultural Macrolevel Theories", *Nonprofit and Voluntary Sector Quarterly*, Vol. 41, No. 3, 2012.

Rotolo T., Wilson J., "The Effects of Children and Employment Status on the Volunteer Work of American Women", *Nonprofit and Voluntary Sector Quarterly*, Vol. 36, No. 3, 2007.

Roy, Kakoli, and Susanne Ziemek, *On the economics of volunteering*. No. 31. ZEF Discussion Papers on Development Policy, 2000.

Roy, Kakoli, and Susanne Ziemek, *On the economics of volunteering*, No. 31. ZEF Discussion Papers on Development Policy, 2000.

Ruiz Sportmann, A. S., Greenspan, I., "Relational Interactions Between Immigrant and Native-Born Volunteers: Trust-Building and Integration or Suspicion and Conflict?", *Voluntas*, Vol. 30, No. 5, 2019.

Rutherford, Alasdair., "Get by with a little help from my friends: A recent history of charitable organisations in economic theory", *The European journal of the history of economic thought*, Vol. 17, No. 4, 2010.

Sajardo, A., and I. Serra, "The Economic Value of Volunteer Work: Methodological Analysis and Application to Spain", *Nonprofit and Voluntary Sector Quarterly*, Vol. 39, No. 5, 2011.

Salamon, L. M., and S. W. Sokolowski, *Global Civil Society: Dimensions of the Nonprofit Sector*. Kumarian Press, 1999.

Sanzo-Pérez, M. J., Rey-Garcia, M. & Álvarez-González, L. I., "The Drivers of Voluntary Transparency in Nonprofits: Professionalization and Partnerships with Firms as Determinants", *Voluntas*, Vol. 28, No. 4, 2017.

Sargeant, Adrian, and S. Lee., "Donor Trust and Relationship Commitment in the U. K. Charity Sector: The Impact on Behavior", *Nonprofit & Voluntary Sector Quarterly*, Vol. 33, No. 2, 2004.

Simsa R., Rameder P., Aghamanoukjan A., Totter M., "Spontaneous Volunteering in Social Crises: Self-Organization and Coordination", *Nonprofit and Voluntary Sector Quarterly*, Vol. 48, No. 2S, 2019.

Slootjes, J., Kampen, T., "'Is My Volunteer Job Not Real Work?' The Experiences of Migrant Women with Finding Employment Through Volunteer Work", *Voluntas*, Vol. 28, No. 5, 2017.

Smith, J. D., *Volunteers: Making a Difference? Voluntary organizations and social policy in Britain*, New York, Palgrave, 2001.

Smith, J. D., "Volunteers: Making a Difference? Voluntary organizations and social policy in Britain", New York: Palgrave, 2001.

Stukas AA., Hoye R., Nicholson M., Brown KM., Aisbett L., "Motivations to Volunteer and Their Associations With Volunteers Well-Being", *Nonprofit and Voluntary Sector Quarterly*, Vol. 45, No. 1, 2016.

Susan J. Ellis, Katherine H. Noyes, *By the people: A History of American as volunteer*. San Francisco. Oxford: Jossey-Bass Publishers, 1990.

Taghian, M., Polonsky, M. J. & D'Souza, C., "Volunteering in Retirement and Its Impact on Seniors Subjective Quality of Life Through Personal Outlook: A Study of Older Australians", *Voluntas*, Vol. 30, No. 5, 2019.

Tang F., "Retirement Patterns and Their Relationship to Volunteering", *Nonprofit and Voluntary Sector Quarterly*, Vol. 45, No. 5, 2016.

Taniguchi, H., Marshall, G. A., "The Effects of Social Trust and Institutional Trust on Formal Volunteering and Charitable Giving in Japan", *Voluntas*, Vol. 25, No. 1, 2014.

Taniguchi, H., Marshall, G. A., "The Effects of Social Trust and Institutional Trust on Formal Volunteering and Charitable Giving in Japan", *Voluntas*, Vol. 25, No. 1, 2014.

Taniguchi H. , "Men's and Women's Volunteering: Gender Differences in the Effects of Employment and Family Characteristics", *Nonprofit and Voluntary Sector Quarterly*, Vol. 35, No. 1, 2006.

Taniguchi, H. , "The Determinants of Formal and Informal Volunteering: Evidence from the American Time Use Survey", *Voluntas*, Vol. 49, No. 1, 2020.

Tiefenbach, T. , Holdgrün, P. S. , "Happiness Through Participation in Neighborhood Associations in Japan? The Impact of Loneliness and Voluntariness", *Voluntas*, Vol. 26, No. 1, 2015.

Tracy d. Connors, *The Volunteer Management Handbook (Second Edition) Leadership Strategies for Success*, John Wiley & Sons, Inc. , Hoboken, New Jersey, 2015.

Trautwein S. , Liberatore F. , Lindenmeier J. , von Schnurbein G. , "Satisfaction With Informal Volunteering During the COVID-19 Crisis: An Empirical Study Considering a Swiss Online Volunteering Platform", *Nonprofit and Voluntary Sector Quarterly*, Vol. 49, No. 6, 2020.

Vantilborgh, T. , Bidee, J. , Pepermans, R. et al. , "A New Deal for NPO Governance and Management: Implications for Volunteers Using Psychological Contract Theory", *Voluntas*, Vol. 22, No. 4, 2011.

Wang, L. , Handy, F. , "Religious and Secular Voluntary Participation by Immigrants in Canada: How Trust and Social Networks Affect Decision to Participate", *Voluntas*, Vol. 25, No. 6, 2014.

Wemlinger E. , Berlan M R. , "Does Gender Equality Influence Volunteerism? A Cross-National Analysis of Women's Volunteering Habits and Gender Equality", *Voluntas*, Vol. 27, No. 2, 2016.

Wolozin, Harold, "The economic role and value of volunteer work in the United States: An exploratory study", *Journal of Voluntary Action Research*, Vol. 4, No. 1-2, 1975.

Workman, C. , "Student Volunteerism in UK Higher Education: Contemporary Orientations and Implications", Doctoral dissertation, CARDIFF BUSINESS SCHOOL, 2011.

Wu Z, Zhao R, Zhang X, Liu F., "The Impact of Social Capital on Volunteering and Giving: Evidence From Urban China", *Nonprofit and Voluntary Sector Quarterly*, Vol. 47, No. 6, 2018.

Zimmeck M., *Government and Volunteering: Towards a history of policy and practice. Volunteering and Society in the 21st Century*, London: Palgrave Macmillan, 2010.

后　　记

　　本书是我主持的国家社科基金重点项目"当代中国志愿服务文化建设研究"（项目批准号17AKS011）的最终成果。将志愿服务文化建设作为研究论题，源于2015年我参加首届中国志愿服务论坛，专家们就中国志愿服务理论体系建构中有关志愿服务文化建设的前沿性观点，让我获益匪浅。从2017年立项、设计写作框架、研讨写作提纲、确定调研方案，再到书稿写作、专家咨询和修改，已经有五个年头了。这五年，学科建设、教学科研、行政服务工作叠加，深感压力山大。但终究没有被压垮，在大家的帮助和支持下，较好完成了各项任务。今天，再次端详完成的书稿文字，回忆字里行间，是有一种满足和收获感的。

　　缘木思本，感谢全国哲学社会科学工作办公室的信任，在我完成了第一个国家社科基金青年项目后，继续将这个有着重大理论和现实意义的重点课题交付给当年还只是副教授的青年教师来主持。感谢浙江省哲学社会科学工作办公室和温州大学的全力支持和奖掖，使得本项目顺利完成。

　　本书是集体智慧的结晶。根据研究规划，由我提出整体思路框架、写作提纲，负责撰写并修改、统稿。其中，书稿第一章由卓高生完成；第二章由周志峰、卓高生共同完成；第三章和第四章由卓高生、潘乾、陈瑞洋共同完成；第五章由卓高生、董海涛完成；第六章和第七章由卓高生、陈瑞洋、郭仁露、李云等共同完成；第八章由卓高生、曹汀、曲小远共同完成；第九章由卓高生、张一蝶、安保国、黄全开共同完成；第十章由卓高生、董海涛、潘乾完成。同济大学的李博博士、浙江越秀外国语学院的王佳桐副教授、温州大学的段新明副教授参与了课题研究工作。本书课题组成员在《人民日报》《中国社会科学报》《中国社会科学文摘》等发表了多篇高质量的阶段性成果，为顺利结题打下扎实基础。

本书在实证研究部分，主要分调查问卷数据采集和质性研究访谈组织。在调查问卷的组织发放和回收工作方面，特别感谢志愿汇—中青益信（杭州）科技有限公司胡恒琦团队给予的热情帮助，我们通过志愿汇App线上发布、问卷星等方式在全国区域进行问卷发放和回收，确保在新冠肺炎疫情期间顺利做好数据采集工作；在质性研究访谈工作方面，温州市委宣传部、温州市文明办、共青团温州市委员会、鹿城区"红日亭"志愿组织、嘉善县文明办、上海市民政局等单位有关同志都给调研给予大力支持和帮助。

本书的完成还要感谢钟明华教授、肖贵清教授、俞思念教授、陶倩教授、任映红教授，以及其他许多指导帮助过我的专家、老师和朋友们；感谢我的研究生们在资料整理、数据采集、文稿校对等方面作出的努力；感谢中国社会科学出版社张林编辑和其他工作人员为书稿的编辑、文字润色和出版付出了辛勤劳动；在相关问题研究中，本书还引用参考了大量前人研究成果，在此向大家深表谢意。

今年是毛泽东同志题词"向雷锋同志学习"发表60周年，是中国青年志愿者行动开展30周年。志愿服务文化是中国特色社会主义先进文化在现代社会呈现的一种独特文化状态和精神风貌，我们相信中国志愿服务文化之花能够光彩绽放，引领推动中国特色志愿服务事业更好发展。

"问题就是公开的、无畏的、左右一切个人的时代声音。问题就是时代的口号，是它表现自己精神状态的最实际的呼声。"毫无疑义坚持"问题导向""求真至善"是打开一切科学的钥匙，虽囿于能力水平"至善"于我们难以到达，但我们坚信如果将此转化为"求学问是"的使命动力，在"博学、审问、慎思、明辨、笃行"中超越自我局限，必能达致学术研究的更高境界。

卓高生

2023年3月于温大